U0121116

国家出版基金项目
NATIONAL PUBLICATION FOUNDATION

"十三五"国家重点
图书出版规划项目

晚清思想史
资料选编
1840—1911

第 九 卷

主编　郑大华　俞祖华

选编　刘　平　俞祖华　贾小叶

　　　任　青　刘　纯　周　游

　　　马守丽　朱映红　郑大华

岳麓书社·长沙

第九卷目录

十五、20 世纪初革命派的启蒙思想 / 1

导　论 / 1

1. 批判专制制度，要求人权与自由 / 2

引　言 / 2

·章太炎

客帝匡谬 / 3　　　　　订孔第二 / 6

平等难第二十八 / 8

明独第二十九 / 10

·佚　名

权利篇 / 11

·遁　园

专制之结果 / 16

·刘师培

中国民约精义（存目）/ 19

·林　獬

说君祸（警语录之二）/ 19

·吴 魂

中国尊君之谬想 / 22

·凡 人

无圣篇 / 25

·雷昭性

名说 / 33

·在 迷

尚独篇 / 40

2. 批判纲常名教，提倡伦理道德革命 / 46

引 言 / 46

·马君武

女士张竹君传 / 47

·陈独秀

恶俗篇（存目）/ 49

·林 獬

闽中女学会述略 / 49

·金天翮

女界钟（存目）/ 52

·吕碧诚

论提倡女学之宗旨 / 52　　敬告中国女同胞 / 55

兴女权贵有坚忍之志 / 56

论上海宜设女学报及女学调查会 / 58

兴女学议（存目）/ 59

·秋 瑾

敬告中国二万万女同胞 / 60

警告我同胞 / 61　　《中国女报》发刊辞 / 63

敬告姊妹们 / 64

· **家庭立宪者**

家庭革命说 / 66

· **陈 王**

论婚礼之弊 / 69

· **竹 庄**

论中国女学不兴之害 / 74

· **丁初我**

女子家庭革命说 / 77

· **亚 特**

论铸造国民母 / 80

· **柳亚子**

哀女界 / 83

· **黄 公**

大魂篇 / 87

· **燕 斌**

《中国新女界杂志》发刊词 / 90

· **张竹君**

女子兴学保险会序 / 91

· **何 震**

女子宣布书 / 94   女子解放问题 / 96

· **李石曾**

祖宗革命 / 105   三纲革命 / 108

· **鞠 普**

毁家谭 / 113

· **吴稚晖**

无父无君无法无天 / 116

· 绝　圣

排孔征言 / 119

· 谢　震

《女报》发刊词 / 121

论可怜之节妇宜立保节会并父兄强青年妇女守节之非计 / 122

· 陈以益

男尊女卑与贤母良妻 / 124

· 佚　名

论三从 / 126

· 吴贯因

《留日女学会杂志》题辞 / 127

· 林士英

论女子当具独立性质 / 130　　婚姻改良论 / 132

· 愤　民

论道德 / 135

十六、20 世纪初民主革命思想的兴起 / 141

导　论 / 141

1. 孙中山的早年思想 / 143

引　言 / 143

· 孙中山

上李鸿章书 / 144　　　　　檀香山兴中会章程 / 153

檀香山兴中会盟书 / 154　　香港兴中会章程 / 154

拟创立农学会书 / 156　　　复翟理斯函 / 157

伦敦被难记（存目）/ 159

与《伦敦被难记》俄译者等的谈话 / 159

中国的现在和未来——革新党呼吁英国保持善意的中立 / 160

与宫崎寅藏平山周的谈话 / 175

致港督卜力书 / 176　　　　　致刘学询函 / 179

与章太炎的谈话 / 180　　　　与章太炎的谈话 / 181

与刘成禺的谈话 / 182　　　　支那保全分割合论 / 182

复某友人函 / 187　　　　　　复黄宗仰函 / 188

敬告同乡书 / 189

2. **改良思想与革命思想的消长** / 191

引　言 / 191

·康有为

与赵曰生书 / 192

答南北美洲诸华商论中国只可行立宪不能行革命书 / 196

致李福基等书 / 221　　　　　告同胞印事书后 / 222

·梁启超

敬告我国民 / 224

中国历史上革命之研究（存目）/ 228

·黄遵宪

驳革命书 / 229

·章太炎

驳康有为论革命书 / 235

与马良书 / 245

中夏亡国二百四十二年纪念会书 / 246

·飞　生

近时二大学说之评论 / 247

·佚　名

为外人之奴隶与为满洲政府之奴隶无别 / 254

·薛锦江

二十世纪之中国 / 256　　　　革命制造厂 / 257

·邹　容

革命军 / 259

·刘师培

论留学生之非叛逆 / 282　　　论激烈的好处 / 283

·黄　兴

在华兴会成立会上的讲话 / 285

·陈天华

论中国学生同盟会之发起 / 286

复湖南同学诸君书 / 288

猛回头 / 289　　　　　　　　警世钟 / 313

论中国宜改创民主政体 / 340

中国革命史论 / 344　　　　　绝命辞 / 354

·汪兆铭

民族的国民 / 357

·胡汉民

述侯官严氏最近政见 / 384

十五、 20 世纪初革命派的启蒙思想

导　论

20 世纪初，革命派在积极从事反清革命的同时，又以饱满的热情批判封建专制主义、纲常名教和封建迷信，宣传资产阶级的人权、自由和平等思想，并提出了改造国民性的问题，为 20 世纪初期的思想启蒙做出过重要贡献。与 19 世纪末维新思想家的启蒙思想相比较，20 世纪初革命派的启蒙思想具有许多新的特征和内容。但长期以来，学术界对此关注不够。实际上，20 世纪初革命派的启蒙思想是联结 19 世纪末维新思想家的启蒙思想和五四新文化运动时期新文化派的启蒙思想的桥梁，在晚清乃至整个中国近代启蒙思想史上占有非常重要的地位。20 世纪初革命派的启蒙思想主要体现在四方面：批判专制制度，要求人权与自由；批判纲常名教，提倡伦理道德革命；批判奴隶性，提倡国民意识；批判封建迷信，宣传科学思想。

1. 批判专制制度，要求人权与自由

引 言

批判专制制度，要求人权与自由，这是 20 世纪初革命派启蒙思想的一个重要内容。和 19 世纪末的维新思想家一样，革命派用来批判封建专制制度的理论武器也是西方资产阶级的政治思想和学说。他们以卢梭的民约论，重新解释了君主与国家的起源。他们指出：上古时代，是没有什么皇帝和官吏的，人人都是老百姓。后来由于各种公共事务太多，需要有人专门负责，老百姓便推举几个有德行有才干的人负责此事，同时还订立了几条法律，供大家遵守，这样便产生了君主和国家。后来，人们渐渐忘了国家是多数人共同思想共同行为的结合体，少数首领便乘机弄起权来，把共同体的国家变成了一家一姓的私产，而自尊曰君曰皇帝，而本来是主人的老百姓反而成了他的奴隶、臣民。所以，君、皇帝都是窃国窃权的独夫民贼，他们没有和人民订立契约，其权力不是人民给予的，因而是非法的，人民有权力推翻其统治。除了以民约论重新解释君主与国家的起源外，革命派还以进化论的原理否定了君主专制制度存在的合理性。在他们看来，判断一个政体适不适宜生存的标准有二：一是看它能不能增加绝大多数人的幸福。二是看它能不能发达绝大多数人的智识道德和活动力。专制政体既不能增加绝大多数人的幸福，又不能发达绝大多数人的智识道德及活动力，因此也就没有任何存在的理由，必然要为新的能增加绝大多数人幸福和发达绝大多数人的智识道德及活动力的政体所淘汰。他们由此得出结论：20 世纪之天地，盖断不容专制余威稍留其迹。革命派批判专制制度的目的，是要人权和自由。什么是人权？他们指出，所谓人权也就是做人的权利，具体而言，人因保其体肉精神之本分，即有物之权利；人因继续其子孙之本分，即有婚姻之权利；人有干预国政之本分，即有参政之权利；人因不受他人制缚之本分，即有自由之权利。革命派从天赋人权的思想出发，认为这些权利是与生俱来的，任何人都不能加以剥夺。与人权相联系的，是自由的问题。什么是自由？根据《说国民》一文作者的解释，粗言之则不受压制，即谓之自由焉耳。这种压制主要表现在两方面：一曰君权之压制，一曰外权之压制。而欲脱君权、外权之压制，则必先脱数千年来牢不可破之风俗、思想、教化、学术之压制。专制制度的种种罪恶，归根到底在于它蔑视和践踏了人权和自由。这也是专制制度不能留存于 20 世纪的根本原因。

章太炎

客帝匡谬

自古以用异国之材为客卿，而今始有客帝。客帝者何也？曰：如满洲之主中夏是也。夫整军之将，司税之吏，一切假客卿于欧美，则以鸡林、靺鞨之宾旅，而为客帝于中国也，何损？知是，而逐满之论，殆可以息矣。

抑夫客卿者，有用之者也。客帝者，孰为之主，而与之玺绂者乎？明堂、大微，不司其勋；岱山、梁父，不载其德。盗沃土于中夏，而食其赋税。既无主矣，而客于何有？曰：已矣！弗复道矣。《咸池》之均，弗可以入里耳矣。必若言之，吾则曰：中夏之共主，自汉以来，二千余年，而未尝易其姓也。

昔者《春秋》以元统天，而以春王为文王。文王孰谓？则王愆期以为仲尼是已。欧洲纪年以邪苏，卫臧纪年以释迦，而教皇与达赖剌麻者，皆尝为其共主。中夏之共主，非仲尼之世胄则谁乎？梅福之讼王章也，见新室盗汉之朕而塞之也；及王章不可讼，而上绍殷之议，其指归则以圣庶夺适为臬。是何忘汉之社稷，而为此阔疏之计邪？夫固曰：素王不绝，黑绿之德不弛，则中夏之域，亘千百世而有共主。若夫摄斧扆、掌图籍者，新乎？汉乎？则犹菌鹤马蜩之相过乎前而已矣。繇福之说，苟言大同，必有起于侧陋，握石椎而怀神珠者，吾民以为可恃，然后君之。斯固拥戴也，亦不得世及矣。若犹是世及也，冠冕未裂，水土未堊，则中夏之共主，其必在乎曲阜之小邑，而二千年之以帝王自号者，特犹周之桓、文，日本之霸府也。苟如是，则主其赏罚，而不得尸其名位。中夏有主，则为霸府于丰镐、秣陵、汴、雒、北平者，汉乎？满乎？亦犹菌鹤马蜩之相过乎前而已矣。苟摄之者不得其指，而自以镇抚九有，若天之有摄提大角，斯犹大夫之胪岱，其罪不赦。此汉唐之所以为天囚非命，而客帝之所以愈迫民以攘逐也。

难者曰：今之衍圣公，其爵则九命，其册封则必于京室。今倒植其分，霸其封之者，而帝其受之者，其左夫？

曰：已矣！弗复道矣。吾固曰《咸池》之均，弗可以入里耳矣。

《繁露》有言："天子不臣二代之后，而同时称王者三。"是则杞、宋之在周世，其名则公，其实则王也。（《书·梓材》："以厥臣达王惟邦君。"《正义》曰："郑以王为二王之后。"）夫以胜国之余蘖，不立其图法，不用其官守，然犹通三统而王之。况朝野皆奉其宪典，以纲纪品庶者欤？名曰衍圣公，其实泰皇也。

若夫锡命之典，自汉之封绍嘉以至于今，更十七姓，七十有余主，而不能以意废黜之。夫非一代之主所得废黜者，则亦非一代之主所得册封也。虽微册封，于孔氏之位何损？其册封，则骜主媚臣之自为僭滥，亦犹乾隆之世，英吉利尝一通聘，而遽书之以为入贡之藩云尔。且昔者成周之末，王赧已虏，而东周特畿内之侯也。其于七王，爵位固不相若，亦侍祠贡献惟谨，且听其黜陟焉。宋氏之于金、元，亦尝至乎称臣称侄矣，然而言神州之王统者，终不以彼而夺此。苟以是为比，则衍圣当帝，而人主之当比于桓、文、霸府也，岂顾问哉？

虽然，此犹千载之蠹事，臧于石室，史官儒生，得守空文以持其义，而世主未尝既其实也。土箸之后，逆取顺守，尚已。方其盛时，持重万钧，环天下而为臣妾，虽临辟雍，固不欲捐其黄屋，以朝孔氏之尝酐，斯已泰矣。及夫陵夷积弱，处逃责之台，被窃铁之言，大枋既失，势侪于家人，宁奉表以臣敌国，而犹岿然自谓尊于玄圣之裔，岂不忸哉！

乃夫宾旅侵突而为君者，故迩梁远，以华夏为异类，蜂刃所抵，类祸厥宗，而无所殷痛。杨州之屠，嘉定之屠，江阴之屠，金华之屠，啖肉也如黑鸶，窃室也如群麠。其他掊发窖藏，掘冢坏陵，而取其金鼎玉杯、银尊珠襦之宝以为储藏者，不可以簿籍计也。及统壹天下，六官犹耦，防营犹设,（明末马、阮筑板矶城为西防。左良玉叹曰："今西何所防？殆防我耳！"今之驻防，则谁防乎？名不正，言不顺，二百年泄泄然而不改，异夫！）托不加赋以为美名，而以胡骑之饵饷刳敝府库；迍有狱讼，则汉民必不可以得直；迍有剧寇，汉臣贤劳而夷其难；创夷既起，又置其同族于善地以乱其治。吾义士之谋攘逐者，亦宁有过职乎？

逐加于满人，而地割于白人，以是为神州大诟。夫故结肝下首而不欲遑，非其丧志，鉴于蜀、宋也。蜀相之结荆杨也，非忘报也，彼甚曹氏，则吴不得怨；故覆于南郡，烬于白帝，再挫之忿，而不敢复焉。宋与女真，宗祢之痛也，引蒙古以灭之，终自戕败，庙算失也。故地处其逼，势处其陧，九世之仇，而不敢复焉。何者？荦牛之斗，玄熊响怒以格其间，则二牛皆脔也。

且夫今世又有圣明之客帝，椎匈啮臂，以悔二百五十年之过矣。彼疏其顽童，昵其地主，以百姓之不得职为己大耻，将登荐贤辅，变革故法，使卒越劲，使民果毅，使吏精廉强力，以御白人之侮。大东辛颛之胄，且将倚之以为安隐，若是又可逐乎？虽然，弗逐，则高义殆乎格，配天之志殆乎息矣。决胜负于一朝，两族皆偾，而不顾其后者，日莫涂远之所计，虽非少康，犹之伍员也。中夏虽坏败，宁无其人邪？其攘逐满洲也，在今日，其不攘逐满洲也，亦在今日。客帝诚圣明，则必取谟于陆贽，引咎降名，以方伯自处。（《唐书·陆贽传》："德宗议更益大号，贽奏言若以时屯，当有变革，不若引咎降名，以祇天戒。"）禘郊之祭，鸡次之典，天智之玉，东序之宝，一切上之于孔氏；彤弓黄钺，纳陛矩〔秬〕鬯，一切受之于孔氏。退而改革朝官，皆如宗人府丞。（朝官皆满汉二员，独宗人府丞，则只一汉员。）圈地之满、蒙，驻防之八旗，无置马甲，而除其名粮，一切受治于郡县。自将军以至佐领，皆退为散秩。大政既定，奏一尺书，以告成于孔氏。吾读《伊尹书》，有九主，有素王。吾读《中候》，至于霸免（郑注："霸犹把也，把天子之事。"），有受空之帝（郑注：谓楚义帝）。今以素王空帝，尸其名位，而霸者主其赏罚，则吾中夏所君事者，固圣胄已。其建霸府于域中，则师不陵正，而旅不逼师，臣民之视客帝，非其后辟，其长官也。霍光也，金日磾也，李晟也，浑瑊也，其种系不同，而其役使于王室也若一，则部曲之翼戴之也。汉乎？满乎？亦犹菌鹤马蜩之相过乎前而已矣。君臣不属，则报志可以息，虽弗攘逐，无负于高义。然则二族皆宁，而梅福之大义，且自今始既其实焉。以是流衍于百王，而为宪度，其有成劳于中夏也，亦大矣！

难者曰：今中国赢病，炊之则僵，犁五稔必仆。虽尊崇孔氏，以息内讧，其何瘳乎？曰：尚观明堂合宫之法，官天下则帝孔氏，百世丕天之大律，非独为滑夏之代而已。且夫发愤为天下雄，则百稔而不仆；怠情苟安，则不及五稔而亦仆。吾所议者，为发愤之客帝言也。夫苟怠惰苟安，虽采椽茅茨，若自处于臣虏，可以亡国；发愤而为雄，而后以降名尊主为可恃也。不然，则一饭之顷，已涣然离逖矣，安能五稔？

共和二千七百四十一年，章炳麟曰：余自戊、己违难，与尊清者游，而作《客帝》。饰苟且之心，弃本崇教，其违于形势远矣！且汉帝虽孱弱，赖其同胤，臣民犹或死之。满洲贱族，民轻之，根于骨髓，其外视亡异欧美。故联军之陷宛平，民称"顺民"，朝士以分主五城，食其廪禄。伏节而死义者，亡一于汉种。非人人阘茸佣态，同异无所择，孰甘其死？繇是言之，满洲弗逐，欲士之爱国，民之敌忾，不可得也。浸微浸削，亦终为欧美之隶已矣。今弗能昌言自主，而以责宣尼之主祐，面欺！箸之以自劾录，而删是篇。（《訄书重订本·前录》）

订孔第二

远藤隆吉曰："孔子之出于支那，实支那之祸本也。夫差第《韶》《武》，制为邦者四代，非守旧也。处于《人表》，至岩高，后生自以瞻望弗及，神葆其言，革一义，若有刑戮，则守旧自此始。故更八十世而无进取者，咎亡于孔氏。祸本成，其胙尽矣。"（远藤氏《支那哲学史》）

章炳麟曰：凡说人事，固不当以禄胙应塞。惟孔氏闻望之过情有故。曰：六艺者，道、墨所周闻。故墨子称《诗》《书》《春秋》多太史中秘书。女商事魏君也，衡说之以《诗》《书》《礼》《乐》，从说之以《金版》《六弢》。（《金版》《六弢》，道家大公书也，故知女商为道家。）异时老、墨诸公，不降志于删定六艺，而孔氏擅其威。遭焚散复出，则关轴自持于孔氏，诸子却走，职矣。

《论语》者晻昧，《三朝记》与诸告饬、通论，多自触击也。下比孟轲，博习故事则贤，而知德少歉矣。荀卿以积伪俟化治身，以隆礼合群治天下。不过三代，以绝殊瑰；不贰后王，以綦文理。百物以礼穿揉，故科条皆务进取而无自戾。（《荀子·王制》上言："道不过三代，法不贰后王。"下言："声，则凡非雅声者举废；色，则凡非旧文者举息；械用，则凡非旧器者举毁；夫是之谓复古。"二义亦非自反。雅声、旧文、旧器，三代所用，人间习识。若有用五帝之音乐、服器于今，以为新异者，则必毁废。故倞注曰："复三代故事，则是复古不必远举也。"）其正名也，世方诸彻识论之名学，而以为在琐格拉底、亚历斯大德间。（桑木严翼说。）由斯道也，虽百里而民献比肩可也。其视孔氏，长幼断可识矣。

夫孟、荀道术皆踊绝孔氏，惟才美弗能与等比，故终身无鲁相之政，三千之化。才与道术，本各异出，而流俗多视是崇堕之。近世王守仁之名其学，亦席功伐已。曾国藩至微末，以横行为戎首。故士大夫信任其言，贵于符节章玺。况于孔氏尚有踊者！孟轲则踬矣，虽荀卿却走，亦职也。（荀卿学过孔子，尚称颂以为本师。此则如释迦初教本近灰灭，及马鸣、龙树特弘大乘之风，而犹以释迦为本师也。）

夫自东周之季，以至禹，《连山》息，《汩作》废，《九共》绝，墨子支之，只以自陨。老聃丧其征藏，而法守亡，五曹无施。惟荀卿奄于先师，不用。名辩坏，故言淆；进取失，故业堕；则其虚誉夺实以至是也。

虽然，孔氏，古良史也。辅以丘明而次《春秋》，料比百家，若旋机玉斗矣。谈、迁嗣之，后有《七略》。孔子死，名实足以伉者，汉之刘歆。

白河次郎曰："从横家持君主政体，所谓压制主义也。老庄派持民主政体，所谓自由主义也。孔氏旁皇二者间，以合意干系为名，以权力干系为实，此儒术所以能为奸雄利器，使百姓日用而不知。则又不如纵横家明言压制也。"案：所谓旁皇二者间者，本老氏之术，儒者效之，犹不若范蠡、张良为甚。庄周则于《马蹄》《胠箧》诸论，特发老氏之覆。老、庄之为一家，亦犹输、墨皆为艺士，其攻守则正相反，二子亦不可并论也。故今不以利器之说归曲孔氏。余见《儒道》篇。（《訄书重订本》）

平等难第二十八

天地之道，无平不陂。故曰：水平而不流，无原则遽竭；云平而雨不甚，无委云，雨则遽已；政平而无威，则不行。然则平非拨乱之要也。

昔者平等之说，起于浮屠。浮屠之言平等也，盖亏盈流谦，以救时弊，非从而纵之，若奔马之委辔矣。何者？天毒之俗，区人类为四等：以婆罗门为贵种，世读书主祭；其次曰刹利，则为君相将士；其次曰毗舍，则为商贾；其次曰首陀罗，则苦身劳形，以事畎亩，监门畜之，而臧获任之。是四类者，庆吊不通，婚媾不遂，载在册府，世世无有移易。夫椭颠方趾一也，而高下之殊至是。此释迦所以不平，而党言平等以矫正之也。揉曲木者，不得不过其直，恣言至其极，则以为鬻卵毛鳞，皆有佛性，其冥极亦与人等。此特其左证之义，觊以齐一四类，而闳侈不经，以至于滥，有牛鼎之意焉。愚者滞其说，因是欲去君臣，绝父子，齐男女。是其于浮屠也，可谓仪豪而失墙矣。

且平等之说，行之南北朝，则足以救敝，行之唐宋以后，则不切事情。是何也？当门地之说盛时，公卿不足贵，累囚俘虏不足贱，而一于种胄乎辨之。至唐高俭定《氏族志》，犹退新门进旧望，右膏粱左寒畯。盖其俗尚之敝，与天毒同风。观夫王源与富阳满氏为婚，班列不当，无损于礼教豪发。而沈约弹之，以为生死点辱，于事为甚，若以兹事为至僻回者。嘻！其挈也。于斯时也，而倡平等之说于其间，则菅蒯之弃，蕉萃之哀，息矣。其有助于政教，必不訾矣。

今自包衣而外，民无僮仆。昔之男子入于罪隶、女子入于舂稿者，今亦及身而息。自冕黼黻铖以逮蓝缕敝衣者，苟同处里闬，一切无所高下。然则以种族言，吾九皇六十四民之裔，其平等也已夙矣。复从而平之，则惟去君臣，绝父子，齐男女耳。

昔者《白虎通德论》之言，以人皆上天所生，故父杀其子当诛。晋献公罪弃市，以杀其大子申生故。夫忍戾至于戕贼其所爱，则何人而不戕贼？又上绝其考妣之性，使无遗育，其在辟，宜也。今缪推其同出于上天以立义，虽夏楚之教，没其慈爱，而诬之以酷烈，责之以自擅；若是，虽法吏之囚锢役作其罢民，亦酷烈自擅也。（欧美法有囚锢役作，无夏楚。说者必谓夏楚酷于囚锢役作，亦思数日之困悴，与一时之呼暴，在受者果孰甚乎？父之于子，必不忍囚锢役作之；成年而后，或施以夏楚，亦与榜掠异状。宁得倒置其重轻也。）

乃夫男女之辨，非苟为抑扬而已。山气多男，泽气多女（《淮南·坠形训》语）。泽女不骈适则不夫，山女不适骈则不养（俄罗斯人威斯特马科《婚姻进化论》有此说，今本之），数也。中国无媒氏以会男女，其数不彰。一岁之为盗贼罪人、劳作饿夫以死者，皆男也。男之雕丧，则怨女自多，而不得不制妾媵以通之。且人类者，欲其蕃衍，与一女伉数男，则不若一男而伉数女。夫以一男而伉数女，此犹三十辐共一毂，即其势固不可以平等，就除妾媵矣。

有生与之技，有形与之材，官其剂量，则焉可平也？第马而殊骏驽，第人而殊佣下与卓跞，亦剂量殊尔，然犹以其第厚薄之。虽舜与造父者，亦若是厚薄之，况不易之剂量哉！（案：普鲁士宪法，女子不得嗣君位，此大陆主义与偏岛固殊，亦剂量然也。）昔樊英有疾，其妻使婢候问，英则下床答拜，曰："妻，齐也，礼无不答。"（《后汉书·方术·樊英传》）君子齐其礼，而不齐其权也。

古者谓君曰林烝，其义为群，此以知人君与烝民等，其义诚大彰明较箸也。及其骈然独立于民上，欲引而下之，则不能已。夫一哄之市，必立之平，一卷之书，必立之师；虽号以民主，其崇卑之度，无大殊绝，而其实固已长人。故口：以不平平，其平也不平。彼道家之言曰：虽有忮心者，不怨飘瓦。然则以投钩定赏罚，以三载考绩易总统，是特当轴处中者之所以避怨讟，顾贤桀安取乎？

夫父子夫妇之间，不可引绳而整齐之，既若是矣，君臣虽可平，抑于事故无取。故曰：平等之说，非拨乱之要也。

虽然，吾尝有取矣，取夫君臣之权非平等，而其褒贬则可以平等也。昔者埃及之王称法老，死，大行至窆所，或颂其德，或指其邮，以得失相庚偿，过多则不得入墓。其王亦深自亟敕，惧罗罪辟，莫敢纵欲。是故中国称天以诔天王，而《春秋》有罪者不书其葬。（《訄书重订本》）

明独第二十九

遇灵星舞僮而谓之曰："子材众庶也。"则按剑而恶。俄而曰："子材固卓荦，天上所独也。"则笑屑然有声矣。则又曰："子入世不能与人群，独行而已。"则又按剑恶。呜呼！是何于名誉则欲其独，而入世则以独为大邮也？彼瘤俗也，僮子且然，而况丈夫哉！

眯夫，其乱于独之名实！夫大独必群，不群非独也。是故卓诡其行，虓然与俗争，无是非必胜，如有捲勇，如不可敌者，则谓之鸷夫而已矣；厚其泉贝，膏其田园，守之如天府之寀，非己也，莫肯费半菽也，则谓之啬夫而已矣；深溪博林，幽间以自乐，菑华矣，不菑人也，筋鸟矣，不筋宾也，过此而靓，和精端容，务以尊其生，则谓之旷夫而已矣。三者皆似独，惟不能群，故靳与之独也。

大独必群，群必以独成。日红采而光于鼍，天下震动也；日柳色而光于夕，天下震动也；使日与五纬群，尚不能照寸壤，何暇及六合？海尝欲与江河群矣，群则成一渠，不群则百谷东流以注壑，其灌及天表。曰：与群而成独，不如独而为群王。灵鼓之翁博，惟不与吹管群也，故能进众也。使嘉木与莸群，则莫荫其下，且安得远声香？风之冯风也，小雏不能群，故卒从以万数。贞虫之无耦，便其独也，以是有君臣，其类泡盛。由是言之，小群，大群之贼也；大独，大群之母也。

不眯于独，古者谓之圣之合莫，抱蜀不言，而四海喧应，人君之独也。握其节，莫与分其祢，士卒无敢不用命，大率之独也。用心不枝，孑然与精神往来，其立言，诵千人，和万人，儒墨之独也。闭合而省事，思凑单微，发其政教，百姓悦从如蒲苇，卿大夫之独也。总是杂术也，以一身教乡井，有贤不肖，或觚之，或挞之，或具染请之，皆磬折而愿为之尸，父师之独也。吾读范氏书，至《独行传》，迹其行事，或出入党锢。嗟乎！非独，何以党哉？

古之人欤，其独而群者，则衣冠与骨俱朽矣。今之人，则有钱唐汪翁。其性廉制，与流俗不合。自湖北罢知县归，人呼曰"独头"，（案：独头，语甚古。《水经河水注》"河北雷首山"引阚骃《十三州志》云："山一名独头，山南有古冢，陵柏蔚然，欑茂丘阜，俗谓之夷、齐墓。"是则以其狷介赴义，号曰独头，因名其山矣。）自命曰"独翁"，署所居曰"独居"。章炳麟入其居，曰："翁之独，抑其群也。"其为令，斡榷税，虽一锱不自私，府臧益充，而同官以课不得比，怨之：其群于州部也。罢归，遇乡里有不平，必争之，穷其氏，豪右衔怨，而寡弱者得其职姓：其群于无告者也。悖礼必抨弹，由礼必揖：其群于知方之士也。夫至性恫天下，博爱尚同，拘录以任之，虽贾怨不悔，其群至矣，其可谓独欤？入瞽师之室，则视者独矣；入伛巫跛击之室，则行者独矣。视与行，至群也，而有时谥之曰独。故夫独者群，则群者独矣。人独翁，翁亦自独也，案以知群者之鲜也。

呜呼！吾求群而不可得也久矣。抑岂无辑辞以定民者吾与之耦？天下多败群。故西入周南，而东亡命郁夷之野，悦得一二。当是时，水陆未移，官号未革，权概未变，节荡未毁；俎犹若俎，钲犹若钲，羽犹若羽，簜犹若簜，戚犹若戚；而文武解弛，举事丧实，引弓持柄，无政若雨。是为大群之将涣，虽有合者，财比于虮虱。于是慺然而流汗曰："于斯时也，是天地闭、贤人隐之世也。"虽然，目睹其支体骨肉之裂而不忍，去之而不可，则惟强力忍诟以图之。

余，越之贱氓也。生又羸弱，无骐骜之气，焦明之志，犹憯凄切怛，悲世之不淑，耻不逮重华，而哀非吾徒者。窃闵夫志士之合而莫之为缀游也，其任侠者又吁群而失其人也，知不独行，不足以树大莘。虽然，吾又求独而不可得也。于斯时也，是天地闭、贤人隐之世也。吾不能为狂接舆之行唫，吾不能为逢子庆之戴盆。吾流污于后世，必矣！（《訄书重订本》）

佚　名

权利篇

一、总论

吾痛吾中国之礼仪三百威仪三千也，胥一国之人以沦陷于卑屈，而卒无一人少知其非，且自夸谓有礼之邦，真可谓大惑不解者矣。礼者非人固有之物也，此野蛮时代圣人作之以权一时，后而大奸巨恶，欲夺天下之公权而私为己有，而又恐人之不我从也，于是借圣人制礼之名而推波助澜，妄立种种网罗，以范天下之人。背逆之事，孰逾于此！夫人所以为万物之灵者，非以其有特别高尚之质格欤？自由平等，是其质格中最高尚者，所以异于禽兽者在此。而立上下贵贱之别，以丧其质格。而天下之人，犹动言礼教奉若神明而不敢渝，侈言古圣先王之大法而不敢犯，何其愚哉！礼立于中国三千年矣，而中国之文弱也几千岁。汉患匈奴，唐患契丹，外夷之患何世无之，甚至若金、若辽、若元、若北魏、若后唐，皆得逞其凶悍，以奴隶中国。何不闻中国之英雄豪杰出而为夷酋长耶？曰礼使之然也。甚矣！礼之耗人血消人气，不至于死亡不止也。彼族之得中国权者，当其开国伊始，劲旅雄师何其壮哉；一染中国之礼，而败亡继之何其速哉。知礼之有害人，而益悲我四万万人消没于礼之一字也。吾思之，吾痛之，吾思改革之。

可以救吾民之质格、打破礼法之教者，无他，吾只恃权利思想。

夫权利思想，即爱重人我权别之谓。我不侵害人之权利，人亦不侵害我之权利，设有来侵害我者，防御之，恢复之，不容少须假借，不准退委揖让，是权利思想之大旨也。乃闻敌人之鼓而顺旗蔽日，望联军之旗而壶浆在道，甚至约定兵解，而父老攀辕以请留，直视地球之上，无一不可作我主人翁者。夫国家之存亡，恒视其国民权利思想之厚薄以为衡；国民如是，将何以存！噫，人之为此无血气之卑态者，非无由也。分贵贱，别上下，各有专责，在彼固以为此贵而上者之事，我不敢渝焉者也。夫人生活于天地之间，自有天然之权利，父母不得夺，鬼神不得窃而攘之。并立于大地之上，谁贵而谁贱；同为天之所生，谁尊而谁卑。我愿我四万万人，去礼法，复权利，踊跃鼓舞以登真世界。不见泰西文明诸国之宪法法律乎？一条一字，莫不为保护利权而立，犹慈母之养护其爱子，惟恐其疾病死亡。白色人之横行于大地也在此。

因人之不能孤立独行也，于是有家族、有社会、有国家以挟持之。家族、社会、国家，非别物也，由人之团结而成者也。由前而论，人为家族、社会、国家之母，无人则彼无以立；由后而论，家族、社会、国家为人之母，无此而人无以存。夫家族、社会、国家，既为人人共有之物，而人之于家族、社会、国家，即有应尽之义务，以维持于其间，否则家族、社会，国家不得一存，而人亦将随其后，而灭之也。夫义务者何，即权利之里面耳。有权利始能有义务，无权利即不能有义务；爱权利即爱重义务之本，不爱重权利决无爱重义务之理。芸芸国民，无爱重义务之念，我对人民也放弃其义务，人对我也亦放弃其义务。举国相率而弃其义务，欲其国之隆昌也，何异缘木而求鱼！四万万人分为四万万国之不暇，而望其统一也，不其难乎！

事有终始，物有表里，法律权利之表也。德意志硕儒莱布尼紫曰："法律学者，权利学也。"旨哉言乎！权利之表为法律，法律之里即权利，不可分而二之者也。夫法不与礼有相近者乎，礼为圣人之所制，法为立法者之所定，均非出于自然而由人力为之者也。然此二者之本质，则有天壤之差。定上下贵贱之分，言杀言等，委曲繁重，虽父子夫妇之亲，亦被其间离，非礼之本质乎？以平等为精髓，无压抑之理，无犯人自由之律，非法之本质乎？重礼则养成卑屈之风，服从之性，仆仆而惟上命是听，任如何非礼，如何非法，而下不得不屈从之。君可不敬，臣不可不忠，父可不慈，子不可不孝，是重礼者之代表也。卑屈服从之奴性，呜呼极矣！至若法律，则凡百条项，皆本诸自由平等之原则。君臣平等也，父子平等也，夫妇平等也，男女平等也，无贵族平民之别，无奴隶自由民之分，人有平等之权利，人有不受人卑屈之权利，人有不从顺人之权利。权利思想，伟乎大矣！当此生存竞争之世，权利为竞争之利器，君权赫赫去日无时，列强雄雄来日方多，我国民无权利以抵抗之，地球狭小，其将何以托足耶！人民虽多，其将何以蓄生耶！今列陈权利之义，望我国民幸一察焉。

二、权利之定义

权利者何也？泰西学者议论纷纷，各有短长，今择法兰西学者之所主张而发明之。一曰权利之目的，二曰权利之作用，三曰权利之实质，三者明而权利之定义昭然矣。

一、权利之目的　权利之目的何在？曰使人全其本性而已。夫人之为物也，具耳、目、口、鼻、四肢、五脏肉体上之诸官能，又有心思智虑精神上之官能。其动作也，犹机械之有机关而不可或遏者也，有目则不可不视，有口则不可不食，有耳则不可不听，有鼻则不可不知臭味，有脑髓则不可不思想。耳、目、口、鼻、脑髓皆有其本性，若昕、若视、若思想，是全其本性之所以也。作用合度即人之本性全，本性全即人生之目的达。

人性之目的在全其本性，亘万古走东西而不异；而其所以达此目的之方法，则必以人类进化之程度为衡。而其实果何如乎？史奴尤曰："凡百人事，皆出自人返至人；万般事业，悉由人作，而莫不以满足人之需用为目的。"斯宾塞尔曰："知此一个人，即可知社会及凡百现象云；盖社会之诸现象，皆不过个人本性发表于外界之影象也。"旨哉二子之言也。宗教、道德、政治、学艺、实业，皆本诸人性而生，而归宿于人性者也。农工商非以供人之衣食起住为目的之乎，学问非以启人之智为目的乎，医术非以驱除人之疾患为目的者乎，宗教非以安人之心地为目的者乎，政治非以保护人之福宁为目的者乎，战争非以满足人之胜心为目的者乎，婚姻非以满足人之爱情为目的者乎。一切人事皆以全人性之一部分为目的，人性曷若此之贵重耶！犹若绝代佳人，为人所爱慕，举世之人，皆欲娶而归之金屋，由四面八方争引之，而佳人伫立中途，万目中心。人性之于一切人事也亦然，人之所以尊贵也在此。

权利之目的不出乎全人性之一部，与宗教、政治等不相差也；而又为人之保障，似较政治、农、商尤为可宝可重。古人谓：礼重于食色。余曰：权利以维持之，危亡之不待，何食色为。吾独怪吾中国人之徒知食色之可重，而不知权利之当宝。财产为人夺掠，妻子为人辱戮，悲夫！

二、权利之作用　悲夫！黄帝神农之子孙，皆肃静之奴隶也，以谦让为教，以忍耐为宝典。娄师德之唾面自干，张公彦之百忍堂，是吾中国之代表也。出人袴下，取笑一市，而中国称之为大勇；人斥汝左颊，汝可以右颊受之，而中国称之为君子。呜呼，中国之大勇、君子，竟若是之卑屈耶！噫，吾知其由来矣。先圣先王之典章训诲，禁止之词满纸皆是，而许助之词仅有也。曰勿逾规，曰勿奸淫，曰己所不欲勿施于人，以无为为主义，而未尝曰，汝之权利，被人侵害，汝当恢复之也。人之所以忍耐谦让，团结于胸中，而不可破者，岂非以此阶之厉也。不知先王之为是言也，所以待同种同群者如是，至于异族异种则万万不可。今世何世，而犹以忍耐谦让为最高质格！家庭之训子本乎此，学校之教育本乎此，胥一国之人，皆以忍耐谦让为美德，争相模效修养之，日无暇刻，岂不痛哉！西人指此种人，谓肃静之奴隶，不亦宜乎！中国人其欲为肃静之奴隶乎？其欲为壮快之自由人乎？欲为肃静之奴隶则已，如欲为壮快之自由人，则不可不知权利之作用。

权利之作用何也？曰竞争，曰强制。竞争者，富强之兆也。人之生也，莫不欲充其欲望；夫欲望无限，则其所欲望之物亦无涯矣。土壤有限，生物无穷，则其所欲望之物，亦不能无尽。因之互相欺侮，互相侵夺，而竞争之理，于是乎大开。惟其竞争也烈，则人之思想智识益发达而不遏，譬如镜磨之正所以助其明也。夫中国材智之士，惟三国列国为最多，非以竞争使之然也。欧洲诸强国，其始以兵争，继之以智争，至于今，大则政治法律，小则农工曲艺，至若一举一动，无不含竞争于其间；而中国独恃礼让而不恐。夫生此天演界中，能争自存者优，不能争自存者劣。我爱谦让之美德，而于人之不谦让何？谦让者实为弱者劣者之基础也。茫茫膏壤，将为白人之殖民地，呜呼悲矣！所谓强制者何？制人不制于人之谓也。人之权利，各有畛域，而不可以互相侵害。倘有大逆不道，犯天赋人权之公理而无所忌惮者，则必防御之，恢复之，虽力有不敌，智有不足，亦必犯百死以相抗，而勿稍踟蹰。盖人之生也，死而复生，然后谓之生，不然则偷生也。权利不保，人性不全，可谓之人乎！制于人则权利失，权利失则人性不全。夫不能制人者必为人所制，天地间仅此两途，故强制者万不可一日缺。君人者侵此权利，是路易十四也；行政者侵此权利，是奥相梅特涅也。强制力之伟大如是，忍耐陋风，岂克容于斯世！

三、权利之实质　自来言权利之实质者不一：以权利之实质为利益者有之，英国学者之所唱也；以权利为威力者有之，德国学者之所唱也。兹不能具论，吾摘法国学者之言而略述一二。权利之实质，即人之本分也。夫人生息于世，非徒有体质而已，必有当为与不当为之本分。当为者何也？即上节所述，全其本性之事也。不当为者何也？即损害于人之事也。全己之本性，与不损害于人，二者即本分。本分即权利之实质，权利因本分而生。人因保其体肉精神之本分，即有物之权利；人因继续其子孙之本分，即有婚姻之权利；人因干与国政之本分，即有参政权；人因不受他人制缚之本分，即有自由权。种种权利，皆以本分为本。人践履其本分，无论人类有限之力不足妨害而侵犯之，即不可思议之造物亦恐退处于无权也。

综以上三者论之，则权利之定义，可章然明矣。今更为一大断语以总之曰：权利者，人人为全其本性，以与他人竞争而强制他人者也。大陆风云，日急一日，白人足迹，无地无之。哀哀国人，有何权利，妻子财产，任人取夺，灭种灭国，危在旦夕。读我权利首篇者，可以思也！（《直说》第二期，1903 年 3 月）

遁　园

专制之结果

呜呼，以四百兆积民成国、积国成天下者之公产业，为一二由战争、由盗篡、由世袭者攘为一人之私产业。而又拓世遗统，万叶为量，其位神明，其道崇尚，出言则为圣旨，署纸则为上论，徽号则为圣神，命名则为天子，一人曰是其众不敢为非，一人为非万众不敢曰是。我祖国历五千年死守其一家一姓之积威私利者比比皆是，莫不欲皇统棉棉，万禩一系，以孤立独存于上，保其赫赫烈烈不可侵犯之主权，此之谓专制。

专制者，野蛮政府之代名词也。张平子曰："掩四海而为家，富有之业，莫我大也。"盖预以至尊崇、至艳羡、至堂皇、至美焕之一物，悬以示天下，以为皇帝陛下位极九五，为无为，事无事，抚图箓受贡珍，极人间赤狐嘉颖皓兽丹鱼之瑞，紫贝流黄金华银朴之宝，越女齐姬曲房隐涧之乐，适情任性，为所欲为，涂毒天下之肝脑，敲击万夫之膏髓，以殉独夫民贼而不稍悔吝者分也。而犹曰前圣之绪，布护流衍而不韫韣，取之无尽用之不竭，似无怪视为固有，滋长其残暴不仁之迷梦焉。

专制者，蒙蔽政府之机械厂也。西人有市府，以发达公民之机关；东人有士族，以推倒幕府之角逐。中国则不然。无士民参议之完全，有中央集权之压抑，而又最恶人之干预也，定议，决一计，明知众议不协，指摘孔多，而杆杆然为之不顾也。而一二伴食宰相，奉承意旨，搬演欺饰造出（由寡人政治趋于一人政治）之一日，而国民终其身束缚于阶级制度之下，其全体能力未由得伸，而皇帝不知也。且又好责人以难能也，长官责吏椽以赔垫，枢府责疆臣以报效，奉公于法之中，舞弊于法之外，是在高踽位置者，预授以贿赂公行之技，为巧为藏身之一天然公府不二法门也。搪塞既工，清议何畏，弥缝既密，谴斥何从，而皇帝又不知也。专制之前途，永永黑暗而不能放一线光明于二百四十九星球之一方面，有如是夫！

专制者，复亡政府之导火线也。夫天生民而作之君，君也者所以代吾民卫其身家性命财产而为万众之公仆也。若是者民有权而君无权。而何以僭居天位，端拱南极，山河一统，据为己有，甚则发激楚之结风，扬郑卫之皓乐，徒事穷宠殚物媮耳快目；富有帝王思想，伸头角于神州，竟攘窃焉以为独一无二之家产。无怪窥伺其侧者，嫉之、羡之、梦之、营之、祷筮而求之、决冲而拒之，动无算奸雄草窃心，以斩木揭竿相与从事于大泽乡中，激成革命之原动力，以演出胡亥望夷、子婴轵道之悲惨下场。吁！巨鹿纵火莺花不春，大好舞台而今安在！一部廿四史，其间作乱犯上、弑逆篡夺之风潮之膨胀，所以独多于专制时代者，水石相激，雷电相吸，有不知其然而然者。昔项籍观始皇出游，悻悻然号于众曰，彼可取而代，厥后亡秦必楚。孰非独夫民贼沉沉于极不平等之位置，重名天下亡命冒不韪之暴举动耶！

专制政体为害于国既若此矣，而其种种退化恶现象，千古一辙不谋而合者，则有三大结果。一亲藩倡乱也。藩封觊觎，嫡庶争夺，家国虔刘，骨肉喋血，如秦之嫪毒伏诛，汉之七国分统，吴之四王挽害，晋之八王剃夷，隋之兄勇寻仇，唐之元武召叛，宋之太宗争嗣，元之铁木迭儿叛乱，明之燕王、汉王、安化王争统，孰非由于私天下于一人而不公天下于天下者阶之厉耶！一外戚擅权也。外家用事，一爵高人，后党预政，三纲倒置，汉之吕、霍，晋之杨、贾，唐之武、韦，阙下黄牛之妪荫望夸人，南山兰田之傅炙手可热。又其甚者，田蚡以椒房得侯，比至帖势见疏，麾之不去，马防以一门国封，连势四时，凭托天地，途人为之敛容。孰非有天下者独伸权力，故事宽大，维持回护若辈于不及觉，有以酿其骄纵睢恣之风哉！一权奸试篡也。群小塞途，太阿倒授，三纲绝维，土瓦崩解，炎刘运衰，内变蜂起，卓、操为之嚆矢，而司马懿锄曹，诸葛恪废孙，王敦、苏峻叛司马以扬其波，势将不可遏已。刘裕篡晋，萧道成篡宋，萧衍篡齐，宇文篡西魏，绍世篡陈，杨坚篡周，南北朝之国统离析甚矣。朱温篡唐，徐温篡吴，石敬篡后唐，郭威篡汉，李唐五代纷更亦如之。至若宋、元、明之蔡京、章惇、秦桧、燕帖木儿、铁木迭儿、王振、刘瑾、严嵩、魏忠贤辈，跋扈祷张，早挟异志，特未见实事耳，而逆贼肉腥，岂足食哉。伊古赘阉遗丑，傫狡锋镝，孤人子，寡人妻，粗人家国，类皆借驱除不仁之专制君主以为口实，有如是夫！有如是夫！

专制哉，其始以为私产豢养，人不得而犯之者；其结果竟脓血泡幻，一似召人之夺我所有，以宰割我刘蚀我屠毒我哉！专制哉，其继以为私产花息，惟一人所独据者；其结果竟鱼肉糜烂，一似任人之铲我固有，以墟我地、奴我民、夷我国哉！专制君主及专制君主之私人，当如何化其外界民潮，以完全全国民之自由权，不得死守东方若洪水若猛兽之野蛮专制历史，再制造出无限铁血主义，显为一二人之仇敌也幸已。然则欲革专制之瘤习，殆非伸民权抑君权不为功。君权何由抑？曰立宪。民仅何由伸？曰立宪。中央积权之政府无比肺肠无论也；幼稚时代之国民无此资格可虑也。专制固不免为中国危，立宪更不能为中国望，可若何！可若何！

遁园曰：否否，不然。国者大团也，民者小团也，君者积无数小团而合为一体、以成一大团为众小团之代表也。国也、民也、君也，苟同物而一气，不相搀扰，不相侵压，不相隔塞，不相悖谬，民之最大多数最大幸福，即国与君之最大多数最大幸福也，民之最高程度最高价值，即国与君之最高程度最高价值也。立平等之律，异自由之权，行广济兼爱之仁，励独立自尊之志，享和平安全之福；去数千年故有之旧阶级制度，以组织全国国民一新社会。俾国民自有新社会思想，以缔造全国国民一新国家。俾国民自有新国家思想，而后二十世纪之中国国民，将为菲立宾之阿圭拿度，将为杜兰斯哇之古鲁家，将为匈牙利之噶苏士，而后二十世纪之中国国君，不为被弑之亚历山大第一，不为忧死之亚历山大第三，不为发展于殆哉之法王路易第十六。匕鬯不惊，山河无恙，圆颅方趾，洽洽洋洋，我祖国之提倡民族主义者，顺其风潮，乘其势利，不难植身新大陆一方面，于千重万重直接间接之异种专制政体之下而脱其轭。曰：华华众生，如登春台，求所谓专制之一切魔障，将大索十日而不得矣。（《扬子江》第四期，1904年10月9日）

刘师培

中国民约精义（存目）

（《刘申叔先生遗书》卷十六）

林　獬

说君祸（警语录之二）

现在的新党，天天说自由，天天说平权，天天说中国政体专制。但这种守旧的人，都说他是离经畔道，看他同蛇蝎一般，一点儿不相信，为甚么原故呢？他们讲民权的人，虽晓得中国政体坏，但政体详细的地方，他们还是不知道，所说的话都是由报章上抄袭来的，这报章上说的话又是从新书上抄撮来的，一点儿没有凭据。就是有几个能够看西书的，他据的书也不过《民约论》《万法精理》几部。这书上讲的话是指西国政体说的，不是指中国政体说的。虽说这话有道理，但中国这班守旧的人。都道中国的政体共西国不同。君权虽坏，断断是不能不用的；民权虽好，断断是不能行的。他说这句话，你们维新的人，也不好辩驳，你们才要辩驳，他引几句旧书上的话说出来，就弄得理屈词穷无话可说了。所以这一种狗屁不通的人，就是天天说革命，恐怕再过几十年，还是没有人相信。把西人顶好的好话，都被他们带坏了，那里能够革命呢？我深晓得这种弊病。所以我们讲民权都要有凭据，就是有凭据还要引证中国古书，教现在的中国人，都晓得从前的通人。也有说皇帝不好的，并不是我们抄袭洋书，也不是我们拾康梁的唾余，就是这班守旧的人，自然也不能反对了。你们如若不相信，我就把古人说君祸的话，一段一段的演出来。

朱晦庵先生说道："现在的天下，是个百姓公共的，不是皇帝一个人私有的。"（《孟子集注》）

陆子静先生说道：典宪两做字，里面道理大得很，惟独有道理的人，才

能够晓得。后世的皇帝，把他自己所撰的《苛法》叫做《宪典》，这就叫个《无忌惮》（《语录》）

叶木心先生说道："我听见古时候的皇帝都是以德服天下的，没有个用势力吓天下的。"（《君德篇》）

王伯厚先生说道："百姓虽然弱得狠，但一点儿不能轻视他。所以古时候的好皇帝，不说敬民，就说畏民。你看陈涉是个匹夫，他就可以亡秦国，可见百姓是狠可怕的了。孟子说民为贵，就是这个意思。"（《困学纪闻》）

吕新吾先生说道："天地间顶尊重的有两椿。一椿叫做理，一椿叫做势。但拿两椿比较起来，理较势还为重要。在朝廷里面讲理，就是做皇帝的人也不能拿势力来争胜，就是他拿势力来争胜，我们的理，还是当伸于天下万世的。"（《呻吟语》）

刘练江先生说道："天下的地方，是皇帝共百姓公共的东西。共天下公共的叫做公，皇帝一个人独有的叫做私。如若做皇帝的人，把公共的事情一点儿不理，专做一己的私事，这天下的百姓就没有地方可托了。"（《王者以天下为家说》）

黄漳圃先生说道："古书上说为百姓立君，可见皇帝是百姓立的。所以百姓存，皇帝也存，百姓亡，皇帝也亡；皇帝的存亡，都是系在做百姓的身上，一点儿不能自主。由这样看起来，做皇帝的人有时候较百姓尊贵，做百姓的人，也有时候较皇帝尊贵。"（《存民篇》）

王船山先生说道："上古时候，本没有皇帝，不过天下的百姓，都要推一个有德有功的人，奉他做主，里面有一顶好的人就奉他做皇帝。到了秦朝，就把天下当做自己的了，这就叫做以私废公。"（《读通鉴论》）

黄黎洲先生说道："上古的时候，个个人自私自利，所以大家商议，立个皇帝起来。到了后世，做皇帝的人，把天下当做自己的家产，要做百姓的主人翁。所以做皇帝的人，是个天下的大患。你看天下大得狠，百姓多得狠，为甚么几百兆人都不着重，独奉承皇帝一个人哩？"（《明夷待访录·原君篇》）

顾亭林先生说道："天下大得很，不是皇帝一个人可以独治的，都要共人分治。"（《日知录》）

唐铸万先生说道："圣人定尊卑的名分，并不是教皇帝骄亢的，到了后世做皇帝的日尊，做臣子的日卑。皇帝看臣子，就同畜生一般，一点儿不恭敬，所以好人愈过愈少，治道愈过愈退。"（《潜书·抑尊篇》）

胡石庄先生说道："做皇帝的人，无论发一椿思想，做一椿事情，自己都不能做主。所做的事，都是百姓大家要做的，所不做的事，都是百姓不肯做的。所以百姓的下情，都要教他上通，一点儿不能壅塞。"（《绎志圣王篇》）

戴东原先生说道："后世在上位的人，于百姓的事情，一点儿不注意，专要拿空理责臣下。在下位的人，就是有理，也要说他理屈；在上位的人，就是没有理，也要说他理直，所以天下人民的情欲，都不能上达。"（《孟子字义疏证》）

王兰泉先生说道："圣贤做皇帝，都是他不得已的地方。所以尧把天下让舜，舜把天下让禹，没有一个喜欢做皇帝的。大约皇帝的责任大的很，凡百姓的事情，都要一个人管，这做百姓的人，看见皇帝天天劳心，所以把贡税纳上来，报皇帝的恩德。后世的租税，就是从这时起的。"（《答吕青阳书》）

全榭山先生说道："《洪范》惟辟作福三句话，是箕子有为而发的。大凡做皇帝的人，都要奉天命天讨，说惟辟作福就是不奉天命，惟辟作威就是不奉天讨。况且做皇帝的人，既然作威福，他们做臣子的人，就也有窃皇帝权柄作威福的了，那哩能够不为害家国呢？"

余存吾先生说道："皇帝共宰相，都是被百姓用的，并不是用百姓的。现在治民的人，开口说百姓卑贱，但没有百姓，这治民的人，也就没有依赖了。"（《民贵篇》）

魏默深先生说道："天下有三椿顶要紧。一椿是势，一椿是利，一椿是名。圣贤做皇帝。都要把这三椿公诸天下，所以国家里面都是由百姓大家积成的，这做皇帝的不过百姓里面的一个人，把天下还要当做百姓的天下。"（《古微堂内集》）

以上的话，都是中国通人说出来的，也有伸臣权的，也有伸民权的，也有讲民约的，大抵都是说皇帝不好。可见吾们中国人，也狠有懂公理的了。大约人同此心，心同此理，他们外国人既能够晓得君祸，我们中国人那哩就不能晓得君祸呢？不过现在的中国人，一点儿旧书都不看，还要拾西学皮毛，骂中国古人没思想。由我看起来，中国的政体专制，也是渐渐的进化，虽有名分尊卑的邪说，但思想自由也是个个人都有的。他们生在中国，天天看见专制政体的坏处，那哩能够不说？不过说出来的话，都是不甚显露。共西人的激烈不同，所以西学未输入以前，也没有人把这话看重；到了现在，外国的革命风潮大的了不得，中国的政体一定是要受他影响的。我所以把中国通人说的话，凡牵涉平权自由的，都把他引出来给你们列位看看，教你们晓得革命两个字，也是中国的通人很赞成的，就是倾覆政府的事情，也就可以有人做了。（《中国白话报》第十一期，1904 年 5 月 15 日）

吴　魂

中国尊君之谬想

一手掩尽天下目，一人独压万人上。举全国中似人非人、似兽非兽、潜伏蠕动、混沌神经尚未凿开之一种多数驯奴，皆瞠目咋舌，惊为天神下降，而蒲伏屈膝于其马前，凛凛然求博主人之欢心，惟遭主人呵斥鞭扑是恐。由一种恐怖思想，遂视威权炎赫之专制魔王，一若神圣不可侵犯，而吮他痈，舐他痔，图博顶带之心生焉。君主之敛民膏血以肥一姓之私囊也听之；俄而开衅他族，赔款数百万数百兆，皆取之民间，以应敌人无厌之要求亦听之；俄而以他人之土地，双手奉献于碧眼红须之人，以为贡媚列强之外交计亦听之。大好神明子孙四百兆同胞性命，一任专制君主蛮族酋长，吮其精血，攘其权利，买其土地，尽数将我国民绑入法场，而我国民真如所谓袖手以作壁上之观，面缚以待死期之至，而毫无抵抗力也。此千年之睡狮乎？大梦方酣，几濒于死，而彼猎人，张罗网，挟药弹，漫山遍野而来，各逞其飞而食肉之野心，东割一肠肺，西断一咽喉，四分五裂，鲜血淋漓。此睡狮非特不知剥肤之痛，并感谢新主人之厚恩，深刻于脑中而不能忘，谓他人父，谓他人君，向之忠甲国者，不难忠于乙国，自令以往，必至丙国丁国，无不可认为异姓父母矣，痛矣哀哉！我国民有国之名，无国之实，盖已为第二印度第二波兰久矣，如之何不令人痛绝耶！

伤心伤心！我祖宗所斩荆棘冒风霜苦心创造之古国，自由钟其终绝响销声，永远沉沦，万劫不复，无复昂首伸眉上指天下画地之一日乎？抑雄飞有志，骥足终伸，撞同仇之警钟，张独立之义旗，师十三州抗英之盛举，锄专制虎，建少年国乎？此今日最重要最切近之问题，而为好男儿所当研究者也。由前之说，则我中国为不治之绝症，茫茫禹域，无处可容汉人种立足之区，必将被优种人驱之深山穷谷之中，与彼生苗熟苗红种黑种同为灰烬。我不忍见此等伤心状况也。由后之说，则我汉人种可以扬威异域，纵横地球，挞欧美六强国而莫敢谁何。我不觉欣幸于心，登高而大呼中国万岁、自由国民万岁不止也。

虽然，此特理想耳，空谈耳。不过既有此希望，而又从事于铁血主义，倘或有望耳，今且不论。论中国君权所以发达之原因，有数端焉。

一由于圣人教忠之学说。忠者，君与臣对待之名词也。臣当忠君，君亦当忠臣。故曰：君使臣以礼，臣事君以忠。可知君而无道虐民，则臣不当效忠于君，乃圣人倡君尊臣卑之说。一人为刚，万人为柔，以孔子之圣，而曰民可使由之，不可使知之；曰事君尽札，人以为谄。孔子以后，孟子较独开生面，曰君轻民贵，曰君之视臣如土芥，则臣视君如寇仇，以汤放桀为诛独夫，不谓弑君，则孟子明白公理多矣。但孟子固能打破此重难关乎？未也。曰保民而王莫之能御，曰若保赤子，则孟子意中，但得仁君爱民如子而已足，暴民固不欲睹，民权亦无暇伸长也。至唐之韩愈，言君者出令者也，臣者行君之令而致之民者也，民者出粟米麻丝贡货财以事其上者也。又拟文王拘幽，操曰臣罪当诛，天王圣明。后儒评其深得文王之心。试问文王伐崇，崇侯谗之纣辛，因被囚，乃一入狱中，即现出困顿乞怜之态，昔何勇而今何怯，昔何叛逆而今何顺从，谅文王必不尔尔也。而韩愈之言，亦所谓道其所道，非我所谓道也。呜呼，所谓圣人为君主教揉升木，而君主因而利用之，祭庙、拜圣像、用圣言，彼非真信圣人也，信圣人学说之足以驾驭国民也。庄生言圣人不死，大盗不止，其说真切中病根哉。

一由于君主之利用圣人学说。君主无圣人，则其压制臣民较难，惟有圣人而君主乃得操纵自如，以济其奸。以沛公之马上得天下，犹亲祀圣庙。武帝雄才大略，竟令士人非圣人之书不得进。中国腐儒，且美武帝之崇儒，不知武帝用暗杀手段，民气之消磨殆尽矣。论者谓其祸烈于秦政之焚书，讵刻论哉，盖秦政之焚书，而书之种子不绝，其害历千万年而未已也。历代君主，当定鼎之初，即以偃武修文为要药，无他，圣人固言尚德不尚力也。君主已习闻之，因窃其义而用之。彼固以圣人学说，纯正无弊，不妨屡用之。文则尚学，学则尊君，尊君则子孙万世帝王之业可固。又复出一令曰：当法圣人，非圣者无法。使之不敢不从，而后可以高枕。由是言之，圣人与君主，互相为因，互相为果，岂一人之咎哉。

一由于科举之取士也。秦始皇坑儒焚书，又下令诽谤者族，偶语诗书者弃市，销兵器以弱平民，杀英雄以弭民变。然将欲愚民，适所以智民。故陈涉首难，大张旗帜，而天下云集应响，并起亡秦，固已制造国民军不少矣。英雄阴险之君，有鉴于此以前日之虎狼手段，于己有大不利，乃弃其硬手段而用软手段，使天下有志之士，连袂并辔，游于科举之一途。予之虚衔以称其愿，而效忠守正，油然而生，不敢有异志；加之赏赐以鼓其兴，而后所谓读书人源源而来，如蚁之附毡，如蝇之逐臭，难以中止矣；限之格式以正其品，而后及格者文虽劣而获取，不及格者虽如何磅礴郁积，掷地作金石声之文，必被摈斥焉。且也有犯规，有庙讳，禁用新字面，违之者或扣考，或发学戒斥，或提其父师，夫安得不令人气短耶！设之轻枷以防其弊，所以寒其胆，使士人知有王章也。囚之囹圄以困其身，欲使其受不洁之空气，与秽污之气，戕贼其身心也。延长其岁月以误其时，使士人常与科举为缘，其既得一级，必更思进一级，否则历数十年之风霜雨雪，久困于名场，则其人必已为颓然之老翁，不能有为矣，不足惧也。呜呼，此唐太宗所以开科举以饵人，明太祖行八股之谬制，为阱于国中，而以国民为禽兽，毫不顾惜也。

其他由刺客之绝灭，而君主遂无一可惧之人；由历史之感召，而民之视君如天，自视为蚁民小民焉；由家奴走狗之充塞，而君主益如虎之添翼也。君主恶贤人，而家奴走狗为之兴党祸也；君主事逸乐，而家奴走狗为之修园囿也。有能尽言，言其大略。

呜呼呜呼！此劫灰余烬之病夫国乎，内制于蛮奴，外扼于洋鬼。相如虽勇，未逢完璧之期；怀王受欺，谁返商于之地。则号称铁血男儿者，岂徒作报演说，算能事已毕乎？夫固欲沐浴于腥风血雨之中，壮游于炮雨枪林之际，自为其危而与人以至安。张良之大铁锥，荆卿之利匕首，其飞鸣出匣轰然落地，直取国中专制魔王之首于百步之外乎，此其时矣！此其时矣！我国民岂未闻乎，奈何崇拜君主，已达绝顶，种族异同，在所不辨，呶呶焉曰忠君忠君，曰立宪立宪；曰少年惑于邪说，无父无君？跖犬吠尧，安知公理与非公理哉！（《复报》第一期，1906 年 5 月）

凡　人

无圣篇

此篇所论，有疏于学理处。且訾毁孔子，不无过当。然以吾国士夫素崇孔子，莫敢怀疑，故数千年来思想滞阁不进，学术陵迟，至不可救。此篇虽不免矫枉过正，然录之亦可觇思想进化之一斑云尔。本社识。

秦汉以降，历世相传，有不可思议之一怪物焉，曰圣人。其为怪也，富贵者淫之，威武者屈之。君主不可得而臣，而利用之以钳制其下；尚古者不可得而友，而利用之以慑服其徒。强权之患，由是始恣。汉之世，法律未备，虽断狱不成，犹以《春秋》解之，其势力之宏，慨可知矣。而世之好事者流，遂视为奇货可居，从而和之。以益增其魔力。宋代理学，穷于圣人泥而难通也，则引入名家，以为圣门之徒。（如程子谓诸葛武侯有儒者气象是。）明季佛学方盛，学者惧圣人无以自存也，则阴释阳儒，以为混同之计。沿至今日，斯风加长，视圣人之灵爽，照耀无穷，行将立亿万万年立宪君民师表之业。是以腐儒俗子不惮烦苦，引经征典，广为牵合：以仁民爱物为无上平等，以诚意正心为真正自由（虽谭嗣同不以为耻而作《仁学》，其他可知），甚至以《周礼》制度为适合宪章（《周礼政要》盖主斯义，而近日研法政学者鲜能逃此劣见）。《大学》格致为圣门科学（昔见于《时务论》，为康、梁之徒倡言于戊戌年间），《论语》二十篇足与泰西各家相比较，适成其为至圣。（近出《新论语》一书专攻斯业。）乌乎！是诚大古之人惑也！余尝纵议今古，横览西东，迨未见圣人产于人世间。向使秀灵之气独钟我国，足以世食其赐，则我国之盛，我民之福，是当超轶乎各国之上，为世界第一等国矣；奈之何征之往史，既如彼其黑暗，按之近势，且奄奄垂亡，不可终日，甘让第一等国之位次，而二而三，循将递降焉而未识伊于胡底？探本而论，得非圣人为之厉阶欤？于是圣人之果有与无，遂磅礴于余脑筋中，郁积而不能释。思之思之，乌容于言？爰草是篇，命曰《无圣》。岂曰辟圣？乃研圣之之所谓；岂敢沮学圣者？诚悲至圣者之少。圣其有乎？余实望之。圣果不可得而至焉，余将与天下痛辩之，一洗旧污，用迸彼怪物于国门之外。

考世界相称之为圣也，固不止中国，希腊有苏格拉底，印度有释迦佛尊。然苏氏之后，步其尘者无人，各树一帜，演为分析学派。佛则专研哲理，断绝妄想，述之虽千万其说，其不言现世之假象也则一。总无若中国所谓定于一尊者：政法，圣之政法也；理论，圣之理论也；伦理，圣之伦理也；下至洒扫应对进退之节，礼乐射御书数之文，无不根原于圣，而惟圣是准。三者相提而衡之，将谓希腊、印度之圣不及中国之圣欤？世界无或有此说也。将谓中国之圣非得与彼希腊、印度并峙欤？则事实毋可掩也。抑将谓彼二圣不过贤能之称，我国之圣则为民立极，足为万世法欤？则彼二圣何尝非以是为圣，俾后人遵守？而其结果也，或反乎前说，发明古人之所不及知，或永为专家，逸出乎凡人之为不及察。惟我中国，异其旨趣，千万年如朝夕，未尝稍越其范围，而变本加厉，累世益增（例如历代增加圣人之徽号是），骎骎焉将非与中国相终古也不止。余悬是疑而深研之，乃恍然世之美大之称，多夸张其辞而未必的实。"圣"之一字，盖尤荒诞无稽，几于不可究极也。

夫泰西曷尝有圣之意义哉？自东洋译述之，则本其圣之观念，因易之为圣。（译圣且有二种：一为宗教之圣，为 saint，表示信仰之意也；一为哲学之圣，为 sage，锐敏也，伶俐也，贤明也，聪明也，皆可以此为称。）此圣之研究，直可谓中国独有之问题，非世界之公案也。余即专言中国。圣字之在古代也，原作为圣。上一象天，下一象地，中有二日，合之为圣，以表圣之为美，有倍胜于日者。此足征荒古未开化之思潮，多妄谬无伦。《书》始见"容作圣"之语，蔡传解曰："于事无不通之谓圣。"浅尝言之，圣复何奇？其次，见于《周易》，曰："圣人作而万物睹。"是万物发见于圣人后。未识圣人之前，有动植物，昌与盛未？及圣之大成者出，则孟子结之曰："大而化之之谓圣。"夫既化矣，大已无有，性灵空存于两间，道化际生于四处，于一人之心理犹恍，为万世之法守何在？此皆流于文饰，而称之不符其义者也。至后世，言之愈支，非谓其德无不包、其学无不至，即谓生而知之、非困而学之者。而彼为圣者，竟自以天生德于予，以为天未丧斯文，是直自附于上天骄子之列，承天眷命，无敢彼何。其眩世盗世，有类世之所谓真人仙人者。宜乎世人惑之，竞相追逐，转相告从，以为进取名利无上法门。祸水涓涓，久成江河，谁能挽其狂澜，破其妄执，以发一线光明耶？余心戚戚然，思救护群生，咸渡苦海，恢复其天然之智慧，感发其自由之精神！不至复为圣人傀儡，冀为前途开新纪元，故敢倡言无讳，以明彼圣人之伎俩，用示我学界。

　　一曰圣学　夫学之定义，今人难之。学之名词，非一种之学所能独占，又非各学科之外所能独立，盖各学科之所同有，以精确知识与互相关系之精确知识相连贯，而构成各学科之发生也。彼圣学者，姑无论其不能兼有各学而足称为圣，即其一部分之圣学，已有言之而难通者。朱子曰："学之为言，效也。"程子曰："学以圣人为至。"是学者所以效圣人也，故谓圣学。问何以效之？则将曰：效孔子。问孔子何效焉？则将曰：祖述尧、舜，宪章文、武。问尧、舜、文、武何效焉？彼则已无辞对，必出遁辞曰：圣法天也。若问：孔子何以不法天，间接效尧、舜、文、武？为圣学者何以不法天、不效尧舜文武，至再间接而效孔子？今之世人何以间接至四五，而朱而程而圣门诸贤而始及孔子，去孔子之所祖述而尚瞠乎其后？是何以愈降愈下耶？且法天，何不曰天学？效尧、舜、文、武，何不曰尧、舜、文、武学？效程、朱、孔子，何不曰程、朱、孔子学？而胥言为圣学哉？吾得一言代而为之答曰：非以效法之说为圣学注脚，则圣无立足之地，而学之自由发达，将有千百出于诸圣之上者，儒者无术再以圣学诱人入奴隶籍矣。噫！是诚何心哉！

　　二曰圣道　夫道之为物，判然分殊。《周易》曰："立天之道，曰阴与阳；立地之道，曰柔与刚；立人之道，曰仁与义。"是中国多元论之始，曷尝有所谓圣道哉？《书》言道心、人心，是惟心之论，非曰圣道。《中庸》率性谓道，是性、命之说，非曰圣道。惟孔子一贯之旨，为圣道说之所由起，然一贯安在乎？不过曰忠恕而已，此人生论也，乌足以言圣道？或又曰：夫道若大路然，为众人之所共由。是则自生民以来即有道，又乌足以言圣道？然则所谓圣道者，岂非以世道皆在于圣道中乎？若是，则安往而非圣道？子张学干禄，圣道也；子路助卫乱而死之，圣道也。利禄可图，名分可乱，而胥列于圣人之门，则庄子所谓盗跖行道之喻，妄意室中之藏谓之圣，入先谓之勇，出后谓之义，知可否谓之知，分均谓之仁，不益见圣道之溥遍无外乎？然彼圣道则不认此也。割不正不食，为饮食之节；席不正不坐，为举止之礼；五尺之童羞称五霸；圣人之徒在攻杨、墨。其余术数纵横之流，同异坚白之论，固斥之为异端邪说，不稍宽假者。不知彼所谓圣道，何其偏倚若此，而不伦如彼也！吾人为之解释曰：讲性、命而不参之以名、利，则无以扩其范围，以笼络人心；谈道德而不饰之以礼节，则无以大其声势，以愚惑人情。若夫兼容百家，由分析而调和而综合，实研一元之妙者，非其原有之目的物，即有一二妄说，无足征矣。

上来所言，不过据道学家所自誉其为圣者，而略及之，其谬点固不止此。如言圣德也，有大德不逾闲、小德出入之训，未识不逾与出入，在外欤？在内欤？或合小大，而即有圣德之可言欤？宁如今日之所谓公德，尚为圆满完美乎！又如言圣经也，圣人作者谓之经，贤人作者谓之传，经、传定义之标准，以其人欤？以其言欤？所谓不以人废言者安在欤？无惑乎汉、唐之际，伪书百出，妄托诸圣贤之手，而无敢或议也。宁如近世所谓学案，较为真实分明乎！凡如此者，吾人通彻而观察之，无论其为圣明、为圣功、为圣法，举不足再深惑于人而可以永存者，是吾人确信之点，无少或疑矣。惟进此而言，则圣之一事，有耶？无耶？彼不足为圣，抑别有圣之可称者耶？是本篇研求之正鹄，欲与我学界所商榷者。请试言圣之关系，作为证明。

一、无圣之前有圣　前节引"圣法天"一语，未及加辩，亦乌足为据哉？《易象》曰："地势坤，君子以厚德载物。"此为法地乎？否乎？若承认此说，则前说为不备。若并认二说，则是未能脱奴隶观念，而人无完全独立之资格也。昔人云：人亦小天地。何若言天地为小、吾人为大乎？原人之始生也，由下等动物，出类拔萃，得占优胜，未始有所法守也；由未化人类，升堂入室，得脱劣败，未闻有所遵循也。尧、舜之前无尧、舜，始得有大有为之资料，以成其禅贤之美；汤、武之前无汤、武，始得有诛独夫之创举，以显其征伐之义。禹承舜而不必效舜，不失其为大；伊尹相太甲，而不必守臣节，未或讥其妄。夏尚忠也，非承夫前；商尚质也，非承夫夏；周尚文也，非承夫商；亦皆不损其为三代之盛。此足征自由发生，乃克有成，曷尝有所效法而始有圣之可言战？故余曰：无圣之前有圣。

二、有圣之后无圣　闻是言者，不疑为矛盾乎？兹先当说明者，即前节所谓圣字，不过贤能之特称耳。自互相标异之圣不出，而统一专制之圣乃生。孟子曰："孔子者，集诸圣之大成也。"自有是说，圣之一字乃上升九天，横亘四极，永为万世矜式，永为万世无能矜式者。曷言之？盖学圣未有能至圣者也。圣门诸子，亲炙圣教，不过曰得其一体。颜子独称庶几，而德育之外，材艺何见？此当时亲学圣者，无一圣焉。后人更学之。汉儒以考据学圣，《书经》"粤若"二字，聚讼数万言不能解，《春秋》"春王正月"一句，解释数十说未能尽，是圣一变为考据之圣，而至圣者无闻焉。宋、明以来更学之。程、朱以义理、气质二性为根据，陆、王以良知良能为功用，是圣又变为性、命之圣，而别之为二，然至圣者无有焉，至近世，学之不坠，益间接而求。由考据学圣者，曰汉学，不敢曰圣；由性、命学圣者，曰宋、明学，不敢曰圣。圣乎！其难及乎！何其仰在前而忽焉在后也？余考其事实，有所谓：有圣之后无圣。

三、不学圣而有圣可言者　此视乎其学，非关乎其名也。易言之，其人中之卓异、学中之极观乎，予之以圣，夫岂不宜？老子祝圣人之死者也，而《道德经》之玄妙，乃为思想界之圣；庄子认圣人为大盗积者也，而《南华经》之雄壮，乃为言论界之圣，杨子为我，克为为我者之圣；墨子兼爱，应为兼爱者之圣。刑名之圣有申、韩，纵横之圣有秦、仪。虽后世杜甫之诗，为诗中圣，可也；羲之之笔，为书法圣，亦可也。推至近世之文艺家、小说家、金石家，能鸣一艺，特见其长者，殆无不可称之为圣，并重于世，即今日所谓专门者是也。然专门之学，未有自谓其学已达极点，足为永世法而不可易者。故虽一简章之末，必曰：改正之处，待之异日；虽一言语之微，必曰：一人之见，必经公决。究其心，岂不以为确定而始敢建议乎？诚以学问之中，无敢我擅，而未来之发见无可限量也，准是以谈，则见圣者为空简之一名词，实之者在乎所学。以为有焉，则误于第一着；纵而效法之，则又误于第二着，而失败以至于终。故不学圣而有圣可言者，应列为圣字之一定义。

由一之说明，则圣常为创始物；由二之说明，则圣非为不变物；由三之说明，则圣非普遍物。合言之，圣可由特异而生，未可由一般而名，缩其范围，虚其意义，不认其有永久存在力可为群生世守不易。是余所以假定为无圣主义，以为我万有社会说法也。其理由抑有三：（甲）破专制之恶魔，必自无圣始。人不可得而圣，王岂可得而圣耶？此圣王之义较圣人之害为尤甚。试观历代开国始主，未有不称为圣王者，是盖征服者自上之徽号，与言圣人者为圣学之护身法，同一技能耳，其为掩耳盗铃，难逃智者之目。惟圣王与圣人有亲密之关切，圣王非有圣人不克施其术，圣人非赖圣王不能行其说。不将其相系之根苗斩除而绝灭之，则其奴隶臣民、事其君上之私衷，终无由消化以发现其天良，其弊不至于天王圣明、臣罪当诛不可，是何日始有天日耶！此余主张无圣者，一也。（乙）谋人类之独立，必自无圣始。人类赖有圣人，以为他山之助；非赖有圣人，以为下乔入谷之谋。念数千年来，制伏于圣之藩篱，而毫无所取益，则尊彼如神明不可侵犯者，果何为哉？且圣之起原，无非由未开化人群之迷信而成于上世者，其始也，又无非由厌劳安逸之一念，养成仰赖守成之顺奴，习焉不察，遂若性成。不明示以圣之界说，而证其为无，除其见闻之误谬，振其耳目之聋聩，则人类永难回复原有之地位，不奴于圣王则隶于圣人，其祸亦不至灭种不已。此余主张无圣者，二也。（丙）立学界前途之大本，必自无圣始。更小别之为二：一、直接，文学是也；二、间接，科学是也。科学为实际上之经验，不患复为圣迷，将有不离自离之势，无俟赘言。若夫文学，如法政，如哲学，势必激之使反。仍抱孔孟主义，以其固有之思想，用感本国之感情，是宁非发扬国粹、保持遗学？用意何尝非是？惟如前节所言穿凿之例，岂惟助长，毋亦害义。当今文明战争世界，岂容有余孽者所克独立，以冀侥幸？况吾国学有渊源，非止孔、孟一支，平其心，静其气，无所重轻，兼采众说，以求公理，则虽余固未能谓孔、孟都无可取也。惟强余以为至圣，沮人生之自由，禁学术之发达，再为第二汉武，定于一尊，则余不忍泯此良心也。故今时虽有一二新说，竞相自见，然不破坏旧有之门户，发明无圣之真义，则学界安见不复蹈宋、明故辙耶？此余主张无圣者，三也。此三者，固余标出之三大主义，无可或少者，缺其一则其国仅存，缺其二则其国必亡。例如：于甲义则不从，而从乙、丙，且不失为立宪国体，苟且偷生；如于乙、丙则不从，而于甲也且固守不易，是盖野蛮、非人类的专制国，有如今之清政府束手无策、坐而待毙者。若兼从三者而尽得其利，则其民族之盛，当如旭日东升，百邪毕灭，突进无前，称为上国，虽昔日之法，今日之美，其殆未之能及。我同胞其采之，我士子其思之，今后兴衰其惟视吾国民之所适从哉！

然闻者有疑余言乎？试就心理上所不能外之例，以补释之。设有问曰：无圣主义，理则是矣，行则非焉。大凡一大民族，必有统一之教，为一般人民之准极，然后其国易治，其政易理。是以泰西列国，多有宗教以为之本，故兴也勃焉；中国无宗教以为之基，故败也忽焉。幸孔子为历代国是，足补其缺，今若一破坏之，将见扰乱治安，未可收拾，吾子奚又喋喋为？答曰：此说未达其正也。夫宗教与学术，判若二事，非可牵强融通，互相交换之所可收其效果。不观印度乎？佛以哲学而立宗教，高则高矣，其如今日之亡灭何！不察彼泰西乎？宗教不过为众生信仰，学界鲜有隶属之，其为教之程度较佛为逊，而结果则远过之。吾国无宗教，为不幸之事，抑知为不幸中之幸有易转移者。盖我国思想原质有特异之点，即脱上世迷信，进于人生常道也。孔学见重于世，亦以其学圆滑，多有利用之处，以达常人目前之所求，与宗教界之信仰尚有彼此之分，特先入为主，多难为孔学绳墨耳。今不求其根本，以发其无迷信之特质，更例以宗教，为统一之计，是不啻嫌国民之愚昧尚浅，更加之厉，不亦志与愿违乎？窃尝谓吾国欲立宗教，当纯以统一民族为正的，不当兼以统一学说为正的。约言其法，即统一于一大民族之原祖，不统一于邹、鲁一家之溺说，务使人之智识言论有完全自由，不染宗教习惯，以为万有学发生之机会。此余主张别立宗教以为统一，不认孔学有统一国教之善果也，夫恶得不辨正为？又使有言曰：凡文明民族，必出大圣，以代表之。如希腊生苏氏，印度生释氏，吾汉土生孔子，实为有历史以来之荣光。夫焉有自去其代表，足以自号为得，而能与列国竞胜，收新创建之幸福欤？余又辟之。昔日人曾有以此说问静轩，颇以日本无圣为言。静轩曰："视邦俗而然耳。夫有桀、纣而生汤、武，有乱贼而生孔子。于印度亦然。彼两国风俗皆恶，天故为之生圣人。日本自古风俗美且善，无用圣人，是我之所以优于彼也。"此说似非足征，然有合于无圣之理。远藤氏亦言曰："孔子之出于支那，实支那之祸本也。"彼盖以尊圣为圣人咎，庸知咎即在圣耶？且代表之荣，皆客观之事实，非主有之本象。中国之学，上有老、墨，下有百家，非独为孔子，则孔子无代表之实也明甚。假曰代表，乃代表其一时，非代表于永世。今日有大于孔子者，则代表将移于今；后日有大于今日代表者，则代表复移于后。由外人观之，尚未能溺于陈迹；在吾人学之，顾可夸耀其荣，且自划不前欤？此说较前问为浅，而未始非所当及也。言至此，则又有一问题发现。圣既无矣，则凡为圣之附属品，如贤人，如君子，其尚有可称道之价值否？余犹有说焉。贤人之称，不属于圣人者，则仍之，是无足深道矣。惟君子之称，为士子历来之大耻，无能道破其义，以绝其词，而且持以相励，成为美谈，是未可以无辩。夫君者何？君王也。子者何？继承之后嗣也。士子读书论道，不过为君之子，例如圣承天而治，称为天子者然，其鄙陋亦何若是？《论语》首章第一字言学，末句言成君子，是圣人之学，学为君之子，以承佐其治。换言其真象，岂非认君作父，以助独夫谋万世之业耶？子夏称好学曰：事父母能竭其力，事君能致其身。是事君重于事亲，而能以父母遗体转致于君，诚可谓君之贤子肖子，岂可止言为君之子而不加贤字肖字耶？此皆误于圣学以君为国家之一原则，是何以为之深讳也？故君子之与圣人，其相关也又如此，不得不与圣人同时并去之。闻者复疑吾言乎？盍于清宵良辰而深思之！

稿成，或有见者，默然若有所思，既而蹵然进曰：吾有以穷子之说。子所举者，咸为学圣者之过，非得追咎于圣人。使学圣人者，皆能至圣，则普天之下莫非圣人，子将何以云无圣？余聆之微笑曰：子未悟余所谓有圣之后无圣也！孔子曰：岁寒然后知松柏之后凋。老子曰：六亲不和有孝慈，国家昏乱有忠臣。征之往事，未有不从比较，而能显有特异者。且人同此心，而此理不必同；即同此理，而所至不必同。老、庄，古之大哲人也，使天下尽如老、庄，无或异其途而别其用，则天下有乱无治矣。孔、孟之圣，无所致用，益何足为天下的？语云：两雄不并立。理有固然。焉有普天之下皆成圣人耶？子之说，不克自立，何以见教？曰：然则周秦诸子多称圣人，亦非？曰：周秦诸子之所谓圣者，多表扬王者之治绩，即所谓常为创始物，由特异而称，非由普遍而立教也。间有准之以为教者，盖各圣其圣，非若后世之所谓圣焉。曰：然则子倡无圣，并君子而亦无之，必使人尽为小人始快乎？曰：是何言！小人固非为恶之称也。在昔为上下之称，在俗为未成人之称，今日本犹以成人者为大人、小儿为小人，岂亦从而分善恶乎？自《大学》"小人闲居为不善"一语，儒者遂定为为恶者之代名词，非其原义矣。夫人恶有所谓小者？同生于地球之表，圆首方趾，同也，饮食起居，亦同也。如以其举止或动静者为小，则人胥为小；如以其行为不善者为小，则为不善者益无忌惮，虽为恶犹不愧为人中之小者也。桓宣武有言：大丈夫不传芳百世，亦当流臭万年。若此者，为大乎？为小乎？势必谓之大奸恶矣。儒者因词立名，类不完密，子以是见质，殊不足自道其意。子之意，非为道德之防一破，而人道将有堕落之虞乎？意则善矣，惜也无术以成人之善。余正欲人达于至善耳，故不使人为君之子，再入奴隶圈中，略存一些臭味，为文明进步之障碍也。夫人克独立，不甘为君之子，以为学问，则人格日高，世风日美，循此以往，将有自由发达之望，而人之品类又增进一级，岂不较止不为小人者为愈乎？言未竟，或者急进曰：余恍然矣！乞子速问于世。其能复有新说，以资考察与否，殊未可卜。余谢其敏捷，因志之篇末。(《河南》第三期，1908 年 5 月，署名"凡人")

雷昭性

名　说

蟠天际地之中，有一不可解者，大足以浑涵太虚颎洞而不觉其量之广，小足以勘入微尘纤渺而不觉其量之狭。其能力之所及，非但足以转移恒河沙万数之世界而颠倒错综之，即操万物主宰之权、为世界创造之主者，亦无不在其指挥命令之间，而不能越彼范围之外，而况蕞尔弹丸之地球者乎！故地无论东西，时无论古今，上下数千年，纵横数万里，蛮触战争之历史，傀儡登场之戏剧，无不受其驱逐，而后相与扰攘于不休。而其神力犹不专在于显著也，更且密布于生人日用寻常起居动作，而无一息之可违，而凡色身〔声〕香味触法之交涉线，皆有于隐微中，以为之左史右监。黠慧者知其作用之大足以使之制亿兆倮虫之生死也，于是利用其能以盚入于人身心腹肾肠之内，迷茫其精神于生前，更固结其灵魂于死后，而其受祸之巨者又莫如东亚之病夫焉。呜呼，是何魔力，何其磅礴郁积而茫无涯耶？何其孕育含宏而大无外耶？何其纷纭繁赜而括无遗耶？何其细密玄幽而渺无测耶？果孰为之提挈，孰为之操纵，孰为之阐扬，孰为之奔走，而使之飞扬跋扈于修罗场中，往复弥纶于大千界上，以颠倒众生苦恼群伦于历劫不磨至死不休也？吾用是神游乎苍莽浑沦之外，以穷探乎玄黄未剖之先，仰而观，俯而察，静而思，曲而求，而知造此网罗羁绊者之非他，即同此圆颅方趾先我而生之恶魔也。有疑吾言者乎？曷不观乎"名"之一字。

　　寥廓无垠，窈冥玄澹者何？不可状，不可言，而名曰"太空"。于是一言"太空"，而即若有浑沦之形印于心矣。太空之中，微尘钟落，不可状，不可言，而名曰"星球"。于是一言"星球"，而即若有灿烂之象状于脑矣。孰使太空浑沦，星球灿烂？思而不得，名以"上帝"。于是一言"上帝"，而若徬徨瞻顾，有俨临乎其上者矣。夫太空、星球之可得而名，犹有象可求也；若上帝果何在耶？名以上帝而上帝存，不名以上帝而上帝渺。然则上帝者，可以名生之，即可以不名死之矣。且其名之也，以上帝之名尊耶，则亦名之者自尊此名。设当命名之时，以狗名为最尊，则易上帝而狗，人不将日崇拜狗耶？狗亦何贱，上帝亦何尊，亦名之者自尊自贱耳。不但此也，苍苍者天临于上，莽莽者地居于下，芸芸者人处于中，孰区之曰天、地、人，孰别之曰上、中、下，易其天、地、人之称，变其上、中、下之位，谓天为地，谓地为人，谓人在上，谓地在中，谓天在下，错综例置独不可耶？岂一名之而即永定耶？且近观之万汇，若者曰飞，若者曰潜，若者曰动，若者曰植。吾谓翼而翔者曰植，蹄而驰者曰潜，蛰而居者曰动，花而秀者曰飞，又讵不可耶？何为必徇他人之名耶？又若蜿蜒而长者曰龙蛇，蹒跚而圆者曰龟鳖，吾何妨谓龙蛇为圆，龟鳖为长？游泳者曰水族，驰逐者曰山兽，吾又何妨谓水族宅山，山兽窟水？由斯例以推，则以跳跃者为蚕，攀援者为鸟，飞翔者为牛马猪羊，咆哮者为草木花卉，浮空者为山岳河海，定著者为雷电风云，柔媚者为豺狼虎豹，尊贵者为皂隶倡优，而历史上赫威濯灵之圣帝明王英君烈辟，亦可谓之为魑魅罔两〔魍魉〕牛鬼蛇神矣。噫嘻，诞矣谬矣，魔耶梦耶，何语无伦次，任意呓语，而惑人之甚耶！乌知乎名无一定，理有可推。彼名之者何人，亦犹是耳目心思，于茫无一名之时任意名之而已。吾亦犹是人，彼可名，吾独不可名，且独不可易彼之所名以就吾之名耶？然而彼先我后，彼幸而吾不幸，彼之所名者既已历万古而相沿，吾生于数千年之后，欲夺彼命名之机以归吾，其谁肯相从耶？谁不颠狂我、痴妄我耶？呜呼！惟其先命名者之万古相沿而不可易，而其害乃大不可名。吾盖观于"名"之一字，而不禁为吾国数千年怆凉感喟，欷歔欲绝焉矣。

且夫万象森罗，遍垓埏而满八极，彼能创名之以便生人之日用，吾即沿用其例，以苟同乎时俗，亦习惯之所宜，而无祸害之可指，夫又何必纷纷扰扰，强夺其名以自寻烦恼耶！而吾所叹息痛恨者，则以无形之名牢笼社会，而使万古之英雄豪杰，不敢稍越其范围，如马之就羁勒驾御，不至驰驱于垂毙不止也。盖在疏仡、循蜚之上世，睢盱其俗，汤穆其天，各安其澹泊，各循其食游，而无有争竞攘夺之是非存焉。后起之枭雄，知民情恬澹者，非但不足以供驱使而神主威，且不足以造专制而恣剥夺，于是创为君臣之伦，忠义之说，定之为人纪人纲，制之为大经大法，顺之者为纯正循良，背之者为悖乱恶逆。上以此教，下以此劝，于是乎伪道德之惑乱斯民者，遂深锢于人心而牢不可破。而无耻贱儒，献谄贡谀以求亲媚者，又从而铺张扬厉推波助澜以益之毒。由是名分所关，动则有咎。拮据况瘁以辛勤于陇亩者，父母妻子之不遑饱，而天家之贡赋先征；鞠育劬劳以抚养于怀抱者，庭闱依恋之得终，而王事之敦促已迫。而犹可曰合人民团结之精神，乃足以奠苞桑而捍外侮。若夫无端而剥脂膏，无端而恣杀戮，一任昏暴者之蹂躏鱼肉，宰割烹醢，而蹈汤不怨，赴火不辞。鞭扑敲笞之余，血肉狼藉之后，呼吸弥留，犹牢守"臣罪当诛，大王圣明"之一念，以留臣节于天壤，传青史于后人。历观载籍，坐此执迷不悟之愚夫，盖累累焉而不可胜道，夫非名教之杀人于无形者乎！而其教泽之所及，且至涵濡乎闺闱，青年丧夫，无家无嗣，孤苦伶仃，饔飧莫继之犹必徇首阳之风徽，泯古井之波澜，以求贞鬼之荣名于青简，盖"饿死事小"之一语，又不知于饿乡中埋几许幽魂矣。呜呼！是何道德！是何纲常！果于国计民生强兵富国上有几许利益，而徒锢蔽乎无限之痴鬼于九幽十八狱而沉沦不悟？吾恨祖龙早没，不坑尽世间迂儒，焚尽世间曲说，以拨妖云而睹星日也。勿谓吾言激也。中国之道德莫盛于南宋，而当金兵肆虐，黄河南北之民，肝脑涂于兵刃何限，试问可曾执"道德"二字以吓退金人、拯救同胞否耶？而徒博带峨冠，高坐讲筵，以迂淡性命之精微，天人之奥妙，安得不令人喷饭也。虽然，吾亦非谓纲常名教之全不可用，要在斟酌时宜，变通旧说，去其大惑之端，存其无弊之条，庶不致阻碍社会之进步。不然，吾见斯世迷茫而莫知所适，且有趋于极端以推翻千古陈案者矣。然即使有此，宁得谓其非乎？今之中国，已如大厦之将倾，非推去旧宇，重建鸿模，其何以历星霜而蔽风雨！故欲谋今日之中国，必先涤尽旧日之陈朽，以改易社会之观念，非好异也。凡人囿于陋习，拘墟狭隘而不化者，非乡曲之庸夫，即礼会之蟊贼。若夫造时势之英雄，其心胸直超出乎万古以上千载以下而莫之或羁，岂区区为腐儒陋说所惑乎！其必曲审乎时势，洞察乎东西，以求酌量乎适合国民心理之学说，贯输转移于其间，之后尽以铸造新国民，以竞争新世界。而其说之遇、之迎合顽固社会与否，则非所计矣。不观之卢梭乎，当其著书立说，创为奇论之时，举世排击而莫之或顾，而岂知转移欧洲以成今日之世界，实彼说孕育之祖焉。吾固不必求吾国有其人仿其说也，然而平居馨香祷祝者，一若心目间必有改造道德之一伟人，而特未知果符所愿否耳。呜呼！吾之说亦不就绳墨之中，而为伪道德家所斥。然而中国数千年痴死之游魂，闻吾之言，其必恍然思，猛然省，以痛哭流涕于青枫落月间矣！

　　虽然，吾论名至此，不得不生一界说。盖名有无形与有形之别。凡名之害，均属于无形，而有形者不与。如吾上文所言，其前之名万物，有形者也；后之名学说，无形者也。有形者因其名而名之，但取乎利用之便。无形者则空洞无端，游移莫定，任取一空言之学说以为准绳，即能潜移默化，以牢锁难明之智识而使之局缩以入彀。故有形之名不妨沿袭，无形之名必当排除。中国数千年受祸之深，在于无形，已不俟赘言。而又观之西欧，其受无形之名之影响亦与中国相伯仲，特分别观之，而其得利有过于受祸者焉。盖无形之名之足以转移世界而使人沉迷于中生死不变者，莫如宗教。欧人开化，本以神道设教，故伪创上帝之名，设立宗教，以范群盲，而靡焉从风之余，势力增涨，遂一跃而握全欧之政治权。观彼当日法皇之权力，非足之凌驾百辟而予夺自如者乎？故其时虽有英君雄主，亦无不蜷伏于法皇势力之下，而国家之不能进步，政治之不能改良，亦职此之由。脱令法皇威权不杀，正恐长此黑暗，与东亚帝国同患疲癃矣。然则东西不同，而受学说、宗教空名之害，如出一辙焉矣。然而欧洲民权之发生，亦正在无形之名。盖彼都上世，在部落时代，即有国民总会之发生。（今瑞士山中，犹有会趾遗迹可考。）其遴选代表，为国民任事，较今统领之任期为尤短。而其会中即有一学说以为范围焉，其言曰：国民者，国之主体，总摄主权者也；代表者，承主权之命令以行政者也。故代表为国民之公仆，不得侵越主权，否则斥革而屏诸部落之外。（总日本法学杂志《美浓部氏欧洲国民总会考》大意。）自有此会，而国民为主之观念，深印于欧人之脑。虽其后由部落进为国家，代表之喧宾夺主，倒行逆施，渐成专制，而国民固仍以公仆视之。特太阿倒持，相顾而莫可如何，一旦有新学说以撩拨之，遂合旧日之思想，一发而摧折如夷。盖自法兰西发难以来，遂不容有一专制政体存矣。夫宗教也，国民总会之宣言也，同一不可捉摹之空名，而一衰颓、一膨涨者何？同一创无形之名，而有创于个人与创于众人之判。创于个人者，所以驾驭众人，而使权力独归于己，其意私；创于众人者，所以制限个人，而使权力分归于众，其意公。私则害而公则利，其终不相敌，夫又何疑。夫欧洲宗教家之用心，固与中国之民贼不谋而合，而欧洲则有国民总意相抗，观于此不禁为吾国先民惜矣。然则吾虽排斥无形之名，而无形之名之出自公意者，又当在维持之列。且欲改造吾国之伪道德，又非斟酌国民之总意不可。吾且将取彼以易此，而又何排斥之有。夫无形之名之当取当舍且如是，况乎有形之名，于沿袭利用中，又有大关系存于今者乎！谓予不信，更申言之。

　　名者实之宾，有其名必有其实。于无实之名之大可非外，而求其有实际之可凭者，则其例正不可胜举，而要以切要于人群之竞争者为至不可忽。试即世界观之，其争竞剧烈而未尝一朝已者，莫如种族。盖同一人类也，而黄、白、红、棕之名判，遂各从其名，起自卫其种之观念。其对于他种也，始则嫉妒之，继则排斥之，终且欲灭绝之以扩张其种于全世界。观白人阴鸷酷厉之野心，何在不具是凶焰，以对付他种？是岂过于褊狭乎，亦激于种之一名而发于天然不自觉耳。吾人亦一种也，讵可使黄色之名归于淘汰，以快他种之心乎！故观于种名，而使吾人顿生奋发之感矣。然犹过于肤廓也，同一种中，更有国名为畛域。于是各图国家之发展，各谋势力之恢张，又于同种中相倾相轧以争斗扰攘于不休。势相均力相抗也，则如弩目金刚，峙然角立；若其不敌者，固不惮锄灭之以广其幅员。吾国自有历史，鸿名丕著，而今则远蒙异种之侵？近受同种之侮，岌岌乎有不能常保此名之势。呜呼！开国之初，筚路蓝缕，披荆斩棘，经几许艰难，历几多战争，而始保有此疆土，确定此提封，以使子孙栖息食游于不替，独奈何任人攫取，让人酣卧也！讵甘忍听其沉沦而不思拯救乎？夫犹太、波兰、印度、朝鲜之名，固有存在于人口，而其实果何如？吾愿吾人思吾国得名之实，保其实以长保其名，毋令后之人于历史上读吾国之名词而有欷歔凭吊之感也。抑吾窃怪乎今之人动则訾曰好名。夫惟名之可爱而后好之，好其名斯能宝其实，如一国之民不好其国之名，则他人即摧灭之而易其名，亦毫无所动于中，甘为他人奴隶而不耻。盖爱国之心，即生于好国之名，而亡国之民反是，孰谓国民好名之为非耶？而或曰：所谓好名之可訾者，指个人自好其名，非国家之谓。而吾谓个人不好其名则尤不可，而特恐其好之不甚。旷观数千年历史，横览五大洲人物，其有享鸿名而喧传于奕祀者，必能宣扬其国威，发展其民族，恢廓其版图，扩张其权力以凌驾乎邻邦；震撼乎宇内，而后声灵赫濯，姓名彪炳。世果有好斯名者，其必思宏彼功烈，与之争辉媲美，而非徒虚自表扬，漫为于夸，遂足与伟人争胜也。吾国今日而有如是好名者，吾将百拜稽首以欢迎之，而肯讥议之以阻其雄心隳其盛气也乎？倘随流俗之口，则是欲人潜光养晦于山林泉石，不求闻达，甘老烟霞。而试问随麋鹿以嬉游，依木石以终古者，衰草斜阳之间，累累荒冢，何可胜道，果何益于国家而以此隐姓埋名之荒伧为贵欤？幸此孤僻之徒鲜耳！使人人皆思高蹈，不染尘埃，则举国皆巢由，果谁为之耕？谁为之织？谁为之理家？谁为之治国？是无须人亡之，而彼已自亡矣。虽第其品诣，远迈卑污龌龊之鄙夫，而其率斯民以向归无用，罪尤不可逭焉。嗟乎，沮溺耦耕，接舆慢世，安知非借隐遁以邀名，舍曰欲之，而必为之辞，吾正将以《春秋》之笔直诛其心，而讵肯稍以为贤，曲为之讳乎！然吾之所论，不过就国家而定其是非，若于滔滔浊世中，洁身自好，亦个人孤行其志之苦衷，正不必过于深求矣。夫就以上所论，吾国固专重乎好名。然或有鄙陋之夫以一材一艺自诩，腐朽之士以一文一诗自矜，洋洋自得，沾沾自喜，意若博得微名，即足以留传不朽，斯则毫不足取，好亦可嗤。若夫希荣慕宠者流，以博青紫、膺轩冕、耀乡里、骄妻孥为至荣之名者，则卑贱之尤，而不足辱吾之笔矣。然则同一好名，而因大小之殊，即有优劣之异。求名之士，果当何去何从？虽然，吾陋矣，吾陋矣，世盖有超乎吾言之例，而有无名之英雄者焉。其居心在国家，其处事在隐秘，其行为则如神龙之变化莫可端倪，不求人知而人亦莫得而知，而实能建伟大之事业，吾盖心仪其人而不能确指其实，是讵可于普通人民求之，而以名不名律之耶！抑又有下焉者，盖凡有一出类拔萃之英雄，建惊天动地之事业，虽彼一人独享成功之名，而实有亿万无名之英雄，共宣毅力以相助，是盖不必求名而能克尽人群之义务，亦尚论者之所嘉焉。呜呼！时至于今，危若朝露，而急公者渺，爱国者稀，惟名之一字，尚足以驱策其心，鼓励其气，否则沉酣不醒，死亡无日矣。语曰：三代以下，惟恐其不好名。善哉斯言，先得我心矣！然亦当自量其材力，自审其经纶，大名固有可歆，天智亦有所限，膺大名之英雄未尝不可作无名之英雄，要在以国事为急，而不必一格相绳。爱国君子，曷深长思乎！

由是观之，宇宙间之大不可量、小不可察、紊不可理、隐不可知者，一定以名而遂各得其归宿，各安其部位，各受其限制，各被其驱遣。大哉名乎！六合之中，八荒之外，有生无生之伦，孰能解脱而不就其约束乎！然而不可解脱之内，偏寓变幻之机，若合若离，亦玄亦妙，谁实为之，而以穷名之术乎？夫有形之名亦至不可易矣，然星球可名为秭米，微尘可名为世界，蜗角可名为战场，蚁垤可名为泰岱，须弥可名为芥子，沧海可名为桑田，此非形之可指，而名之不定者乎！不宁惟是，橘化而枳，荃化而茅，鹰化为鸠，雀化为鸰，鼠化为驾，老枫化为羽人，贞女化为顽石，有定之物化为无定之名，而有形之名穷。若夫无形之名，以空疏之规模，制人于无可遁匿，一似可以历变化而不逾。然有雍姬而父夫难于处，有左儒而君友不能全，有嵇绍而忠孝无所立。是故同一事也，在此为地义天经，在彼为大逆不道；同一人也，在彼为豪杰英雄，在此为乱臣贼子。不能悬一诣以为定评，即不能执一说以衡天下，而无形之名亦穷。然则将何以定之？佛氏有言：一切世界，皆非世界，凡有所相，皆是虚妄。则吾将以无相例之，而划灭有形之名乎？除去过去、现在、未来，而使吾心空诸所有。则吾将以虚无遇之，而破除无形之名乎？然而为是思想，是必离世界而立于独，否则吾虽去之，人自执之，终亦何济。吾乃正告乎吾人曰：名虽有迁移，而固有之名则亘古而不易，如吾种、吾国、吾身之名，皆确定而不可变。吾惟执此固有者，极言身之精神以实存之，而凡定而不定之可以游移、可以变更者，正不妨浚吾灵明之神智，以操纵转移之，而又何惮其纷纭，被其束缚也乎！（《越报》第一期，1910 年 11 月，署名"铁厓"）

在　迷

尚独篇

　　瞻彼沧海，风波茫茫，棹彼中流，澎湃汪洋。真理之不易，人道之忧也。世人处幽闉，方且以为固然。是其浸俗成性，习焉不察欤？抑举国皆迷，莫之是正欤？昔斯宾著论，特揭心习，穆勒成书，亦奖小己。盖心不良，无以与于道德；而小己之人格不立，合群之事苦矣。吾为此惧，比于忧天。抒摅心知，衷于人理，志为箴膏起废，作《尚独篇》。

　　人生七尺躯，介然立于宇宙间，有耳目以视听，有手足以动作，有心脑以思判，有性情以触感，体用周赡，机关完立，是故可屈可伸，可行可止，可生可死，无倚待，亦无羁束。天生使独，固如是也。乃自时远敦庞，人相侵欺，强者挟其策，弱者御其辔，巧者窃其羊，拙者献其牢，自是而政教兴，礼法设，道德昭，公理立，是非纷纠，扰扰万绪起矣。夫政以冶民，教以扶民，礼以立民，法以保民，道德以缮其性，公理以匡其韦。民所有事，帝王贤豪既已越俎而代之矣，吾民复生此耳目、手足、心脑、性情何为哉？将以奉令承教与，抑自循彝则与？将以师古尚贤与，抑自起作用与？将以徇流俗审美刺与，抑自尽其天职与？如以为自循彝则、起作用、尽天职耶，则是强人以遵循者殊太多事，况强人遵循，将自以为标准，使人人是正也。人道之标准，果可立乎？彼亦犹人也，而吾谁与正之？然且自卫之政府，自利之豪猾，往往意造一境，以便其私，吾又谁与正之？总之，诸事缘起，出于使权便己者多，而出于持世进民者少也。是故刑威欲其厉，诰诫欲其深，仪节律文欲其繁，闲情诛心欲其细。若然，民将免过而恐未能，遑计其他，是惟悚惧依倚，饬苟且之心，迎合人意，而驯习乎服从。自主自由将何所用，而智德情感久为裸缯戎髦矣。是故圣典神诰，蠹心之虫也；令则宪章，传情之索也；至善民极，伐性之斧也。悲夫，吾遍考世界之国，不独专制然也。有君主，有共和，有酋长政体，风教固殊，奴性不异。本之由此一因而来，故政有文野，受害维均也。夫生物天演，不进则退，荧魂旷枯，精莩旷沉，人进于手而退于尾矣，马退于趾而进于蹄矣，以数千年之心演转变，能勿进退于其间乎？故悚惧之情极，则豪放之心隐；依倚之意胜，则持守之力微；苟且之念萌，则远大之志晦；迎合之门开，则推测之路塞；服从之性深，则好恶之理绝。于是政府万能，古人千是。圣贤豪杰，天生此以模范我也；宗教礼法，天设此以陶铸我也。众之所趋，理弗宜避；众之所止，义无容前。乃至一颦一笑一步一趋，皆有所师承仿效矣。赤子欤？草偃欤？此时之民其是，无怪乎父母师保风化之言满天下也。是故今日民德之败，存于宓乎；人道之忧，中于行习。施碱矼者，不于其形而于其神；程期验者，不于其速而于其渐。准己量人，是思改进，愿言其凡，得五途焉。

一、生事。人自成年以后，所勤勤忧劳，强半惟衣食之务，一生之事业托始焉。怙祖业者，失志气矣；累社会者，溺天职矣。天下无自致之物，世业遗产，非由乃祖父独立经营以渐累乎？社会财产，非由各个人独立经营以积聚乎？不作而享，谓之庸福；不劳而食，谓之苟生。是故膏粱纨绔，多不令之子孙；游手传食，亦天演所淘汰。我思古人，许行并耕之说，陈仲庇盖之言，非云矫情，实则求己正性，保节持志，无出此术也。鸟之在山也，兽之在原也，不以饥渴而赋其群以代之；及其在樊笼也，虽有饲养者，彼无幸于得食矣。彼夫衣文绣，食厚稗，诩诩然得意矣，而不知其乐之存于口体也，浮靡虚憍，食辄数万钱，动辄数百人，谓此消耗，于何弥补？是非附权贵、觊荣宠、贪狠以贼社会不能致。吾忧其所享益丰，其去人弥远矣。今日上流人士，往往深中此习。持五斗米过堂下，不胜羞耻，及其挥金如土，则若天生地长，不假人力者。一旦家产潇荡，无以为生，往往丧其廉耻，依亲托友，乞怜富贵之家，甚或凶刁欺狡，鱼肉平民。其良者乃以此另执恒业，光复土宇，且因是而创勋立名者有之矣。中人子弟，不事操作，往往资尽望绝，降为乞丐、流为盗贼者有之矣。是故圣贤豪杰之业，每出于草茅下士，为其冯依都绝，有以作其志气也；为其欲求不奢，有以葆其真素也；为其习业恒常，有以寄其心思也；为其勤苦不倦，有以劳其肋骨也；为其茹辛蘸苦，有以贞其节概也。自求足乐，则累人为羞；劳动适性，则疏懒无聊。业万不同，生必有所执，尺布斗粟，皆将有所易以得之。昔者玄德织屦，刘裕耕田，宁人牧羊，戴震裨贩，及其功成学显，修名烂然，胥是道也。故生计者，事业之母也。爱人者勿与，自爱者勿取。立己立人，理宜如是。博施济众，传产遗业，久矣为腐德戕志之蟊贼矣。

二、行己。人之生也，父怙母恃，寒暑饥渴，举以资之，故倚赖实为第二之天性。既乎成人，责望于政府，希冀于社会，犹其倚赖于父母也。探隐恤怀，有好而先为之致，有恶而先为之除，彼固以养至于成人，而仔肩者息也。乃父权之已满，子志之不竞，事必推委，行必观望。有离家族，别梓里，则意虚神摇，莫之适主，故居必群，行必侣。一旦大事集于个人，则梦中闻雷，跌其丧矣。惟社会亦以其习惯，谓索居寡欢，常有以牵制个人之行止，举所谓自适己事者，亦贡献于其群。惟人与己，相胥沦丧，又何云天之不生才也。悲夫，人世犹流水，前逝后继，若何滂滂，而圣贤豪杰，乃以表表著闻。为似浑金璞玉，磨之砻之则成至宝，弃之则等于土石。人惟游集于庭梓，心花未开，经验不积，虽年至耄耋，犹童子也。是故德慧术智，恒生于疢疾。孤臣孽子，恩援继绝，义无他顾，祸福生死，决于一判之顷，悲忻苦乐，存于独知之地，故能悚聪龠明，厘然解于纷纠，远于嫌疑，脱于险阻。抑吾闻之，身犯虎威者，谈之色变；亲尝鸩毒者，道之心惊。吾人独立涉世，身交国群，固以亲身实验为谊极。故外缘愈多，则推判弥广。临大难，濒大险，无可商筹，无可告语，惟于困心衡虑，自主自择。其或置之万死，而事急计生，往往偏得独活。盖人之知识，至难完密。彼处其常，我处其变，彼其照之不若我遍也，析之不若我微也，择之不若我精也，以彼当此，虽千不敌一矣。是故大窾错节，常遗智者以游刃之地。此独行之功所为大可恃也，至于独居索处，亦吾人修身缮性之场。垣堵以内，吾身所止，作止急徐，惟吾自主。劳则我歌，悲则我怀，阴阳之感，苦乐之会，惟吾喻之，而官骸之用，乃趋于真纯。方寸以内，吾心所止，情念起息，我自见之，天良之契，深于荣宠，神明之责，过于刑罚，夜征诸梦寐，昼征诸衾影，故不以法律所加而为善，不以法律不加而为恶。且尘俗夐远，无外物之干，无嗜好之摇，神智通明，志气淡定，如止泉，如秋山，故能音响不惊，怪幻不迷。是亦可以致宁静之志，葆清真之操，养深重之气，励坚贞之节者矣。此独居之功所为大可恃也。夫独行不易，则生沉勇；独居不疑，则生沉智。沉智故宠辱不能侵，哀乐不能入，大纷大惑不能乱；沉勇则涉重险而不避，当大故而不惊，临大节而不夺。虽然，此非难能之事也，立基于小，致功于微，斯已矣，惟小与微，所以成大。其后殆以为万如此则道德无推行社会之权力，且将为人所唾弃。（近法部定新刑律，论之者即斥其妨害礼教。夫法律本为桎梏愚民之具，况新律出于官吏之手，其良楛正不足深论，特既有以妨害礼教。斥新律者，则新律或者稍愈于旧律，亦未可知。盖旧律最乖谬之处，正为拘守不通之礼教，如吾向者所言最足为民害耳。居今日而犹欲保存此礼教，则其人之冥顽不灵，不待言矣。余别有《非礼教篇》阐发斯恉。）夫道德而至于恃法律为保障，则此道德之为道德，其价值亦可想而见矣。此余之所以断然斥为伪道德也。嗟嗟！自今以往，不昌明自由平等博爱之真道德，则强者绖臂而攫食，弱者摇尾而乞怜，世界亦不复成为世界。但欲昌明真理道德又不可不排斥伪道德，盖伪道德与真道德有不能两立之理。语曰：明其为贼，故乃可服。则余述此篇之微意矣，余岂好辨哉，余不得已也。

　　三、情感。人之情感发乎性，是故小儿生而有悲苦欢笑之天能。周乎五路，是故见金鼓而色喜，闻鹃声而心悲。际乎精神，是故昼法惧者梦遒迫，梦悲泣者醒哀沉。要皆动于不自知、不自已，而振乎无，竟乃所以为真情感也。倘来之外铄不能久也，牵强之好恶不能立也。故好贤如《缁衣》，恶恶如《巷伯》，伤时如《小宛》，乐饥如《衡门》，皆古人真情流溢，所以昭垂于天壤。昔列子有云：以人言而用我，亦必以人言而弃我。群居放言，鼓浮动之血气，离于其群，则冰消云尽。得毋任耳目而弃心性，如传热之物，旋热旋冷者乎？或且心志怯弱，顾惜情面，碍于习惯，而不能用其天良？抑或圣君贤相，大人先生，以其私意定为国，是著为公理，某也当好，某也当恶，不从者为字法；某为公益，某为群害，不率者为韦众，字法韦众，是为罪大恶极。哀哀愚民，乃始就范围，望准极，意雅不欲，而不敢弗好，心原未忤，而不敢弗恶。驯至生非所欣，死又不可。下迄饮食男女

之微，亦听命于他人。强笑不欢，强哭不涕，貌从心非，欺人罔己，天真
懿德，举汨乱矣。乃夫忧深知远之士，又欲辟一心境，以导化于其群。此
何说也！汝果是乎？人果非乎？如以人之性情妄也，汝独诚乎？如以人可
化也，天何不生以汝所欲化之人心？民德无幸，降此厉灾，是所望于大雄
之士，葆真杜伪，勿眩眯于莠言乱政，任赤子之心，爱恶嗜欲，一推于至
诚，充酒后梦醒之懿性，哀乐耻尚，出之以天真，勿碍于形，勿谋于人。
且悲欢厌忻，存于玄秘之地，隐衷奇嗜，虽慈母不能得之于其子，而况其
凡。面貌异状，心习异用，性质异传，犹猫之不知犬，犬之不知羊也。而
使狼谋鹿，几何其不相左矣。夫惟服牛乘马，以其身供人驱使，感情举无
所用之，人非牛马，何为其然！是故乐天怀性，莫贵于自适其情，如彼日
球，热自中出，如彼植物，胚珠萌芽，长成草木，如彼精金，内质铿粹，
不受外干。小之悲悯身世，大之悲天悯人，小之器物财产之宝重，大之土
地国权之顾惜，内之父母兄弟之爱推而至于同胞，外之虎狼盗劫之恶推而
至于民贼，要皆自主不惑，强立不返，庶几好恶有真，他人不能牛马我也。

　　四、言思。心之官在思。人自幼时，遭物而问，更事而疑，固己自具
思考之天能矣。长而积验于社会，受成于学力，而推理之业以著。从古迄
今，社会所以增进，群德所以日新，皆惟哲人智士，有以指导其趋向之故。
理想也者，其所以适进化之马与？故无间为同为异，为纯为驳，要皆惟吾
自主。古人之言创耶，我不可为之因；古人之书非耶，我不可为之是。学
问有心得、裨贩之分，识见有奴隶、主人之别。每见操觚之士，博采陈言，
加以连缀，便矜矜持为己有，不知学问在殚精致思，克自树立，成一家言。
拾金于市，固不如采铜于山。使以剽窃捃摭为学乎，则析之仍归各个人，
于我何与？乃且古人之是非，奉之为铁案，一若笔削之余，勿容我辈置喙
也者，若然，则仅生古人足矣，何须我辈？而首鼠之徒，方且左顾又盼，
使建一义可以大造于人群，但见社会所弗道，彼亦帖耳而不敢用其思。心
之所处，古今之通义也，口之所道，斯世之常言也。有新理，有创闻，则
目为邪说，指为诐词，诋为离经叛道，诟为惑世诬民。问其所以，则固曰
是非圣人之言也。智不周于万物，而敢定古今之是非；见不出于户牖，而
敢程人间之言论。一人唱之，百人和之，其说乃为法言，为公论。不经不
常之胜义，乃愈无以立。加以政治、宗教恶真理之破其伪也，则又从而摧

残之，将使三古以还更无言论，政教而外别无义理。天赋之神明，乃真为循规步矩之用矣。悲夫，古今以来，聪明才秀之士岂少也哉，乃大半误于倚篱拾慧，而精至不刊之言，亿不得一焉。夫想理非物，不可以程量也，在得之者各极其是耳。故使悬一义焉，古人所视为莠言，今人或以为要道矣；他人所视为定理，而我或以为盲论矣。古人不能必今人，犹今人不能必后人也，他人不能强我，犹我不能强他人也，安得定一程以限之？是故苏格纳底之哲学，路索之《民约》，所南之《心史》，卓吾之《焚书》，要皆遭时不惠，奋神独往，志无所歆乎荣宠，情无所概乎死生，真理名言，乃得以显著于世。是故辩理陈言，要在自立。操之愈异，见之弥真；攻之愈众，持之弥独。但使心脑尽毕生之用，理解极自信之篇，虽举斯世而目我为邪说，为诐词，为离经叛道，为惑世诬民，亦大快事。循古者忘今，逐人者失己。吾惟致吾知，宣吾志，存此于天地闲冷之区斯已矣，何必与竖子论曲直哉！……（《克复学报》第二、三期，1911 年 8、9 月，署名"在迷"）

2. 批判纲常名教，提倡伦理道德革命

引　言

　　批判纲常名教，提倡伦理、道德革命，这是 20 世纪初革命派启蒙思想的又一重要内容。他们指出，纲常名教不是什么天经地义的大经大法或人类固有之物，而是封建统治者创造出来的，其目的在于以伪道德之迷信保君父等之强权。革命派对纲常名教的批判，矛头首先指向的是君为臣纲。因为君为臣纲是纲常名教的核心，是封建君主专制制度的护身符。《三纲革命》一文的作者指出："据强权而制服他人者君也，恃君之名义威权而制服他人者臣（官）也，故曰君为臣纲，又曰官为民之父母。"对于这种强权，该作者发出了愤怒的质问："君亦人也，何彼独享特权特利？曰因其生而为君，是天子也。此乃迷信，有背科学。若因其有势力故然，此乃强权，有背真理。"为了批判君为臣纲，否认这种强权，革命派还对父为子纲以及以父为子纲为核心的大家族制度进行了批判。当然，革命派着墨最多的是对夫为妻纲及封建礼教对广大妇女压制的批判。他们揭露在夫为妻纲的关系下，丈夫对妻子俨然具有第二君主之威权，杀人无死刑，役人如犬马，而妻子在丈夫的压制下，此身一误，蹂躏终生，备受压迫、凌辱和摧残。因此，家庭之压制亦莫甚于夫权。除在家庭中受夫权的压制外，广大妇女还要在社会上受君主专制和封建礼教的压迫，出入无自由，交友无自由，婚姻无自由，长期处于沉沉黑狱之中，她们既是被奴役的奴隶，又是倍受污辱的玩物，穿耳缠足，命运极为悲惨，乃至全国女界皆成冢中枯骨，绝无生气。革命派还特别批判了封建礼教以女德、妇道的名目对广大妇女的束缚和压迫。在批判夫为妻纲及封建礼教对广大妇女压制的同时，革命派还大力提倡男女平等、妇女解放。如果说批判纲常名教是破的话，那么主张伦理道德革命则是立。革命派的一个重要观点，是认为伦理道德是随着社会的进化而进化的，社会进化了，原有的伦理道德不适应了，就必须用新的伦理道德取代旧的伦理道德。他们因而主张改革或革命中国的旧伦理、旧道德和落后风俗。

马君武

女士张竹君传

佛兰西人之尝言曰：Le mensonge est un très vilrin défaut。任公曰：凡欲赞一人，不可着过度语。盖铺扬太过，则人将并其真者而亦不信也。予为此传，乃记张竹君屡次演说之辞予所亲闻者，及竹君亲知之所为予称述者，无一句虚饰语。竹君者，诚中国之女豪杰，不可不记录其言论行事，以唤起中国二万万睡死腐败妇女之柔魂也。壬寅二月八日，马贵公记于横滨。

张竹君者，中国广东广州府番禺县人，故为世家。竹君生数岁而患脑筋病，半身觉麻木不仁，其家则送之于其城之博济医院，嘱美利坚医士嘉约翰医之，渐愈。时竹君年虽幼稚，已能觉西医之精妙，绝胜中国疲癃老腐之所谓医生者，乃发愿留博济医局学医。既十三年，而尽通西国内外科之学，得执照焉。竹君既学医成，则自筹资，建南福医院于广州之河南。施医药，救贫穷，收女弟子十余人，自教之，医学外并及普通格致学。每讲学时，未尝不痛惜抚膺，指论时事，慷慨国艰也。自耶苏教入中国以来，无中国妇人登讲台讲福音者。有之，自竹君始。予以辛丑秋羁广州，闻竹君贤，往见之。竹君辄纵言中国男女隔绝之害，及自己办事之方针及历途。予大奇之，乃遍述之于同志。自时厥后，每礼拜竹君讲演之期，听者尝增数十人矣。竹君虽信耶苏，然绝不谈《创世记》《默示录》诸等荒诞无据之语。其所提倡者，天父一尊、众生平等、爱敌如友、君为民役诸最精之论而已。耶苏书之尤悖实理者，竹君辄驳正之。其言曰：保罗谓女子不当施教，此谬论。男女平权，岂有女子不可施教之理？耶苏谓人不当谋衣食，如雀鸟然，彼未尝求食，而上帝自有以养之。此亦不然。今日列强膨胀，学战极烈，稍自懈怠，即难自存，固当各求实学，立己立人，岂有人不谋食之理？国者，人所合成，故人人当自尽其个人之义务，若如是言，乃教人惰也，人岂雀鸟之比乎？且今日在中国之所谓牧师者，皆犹中国之八股脚色也，绝罕提倡泰西格致、政法之学，以益中国者。吾辈处此争竞极烈之世，非皆有专门实学，以担任社会公众之义务，而徒日日为灵魂永生之说，将何益哉？竹君又曰：在今日主张革命者，诚豪杰。然世间上事事物物，声声色色，动起往复，皆有其原因焉。无原因，则无效验。今世之主张革命者，徒求效验而已，无造原因者。皆求为华盛顿、拿破仑，无甘为福禄特尔、卢梭者，此所以无功也。吾侪今日之责以〔任〕，在输入泰西政法、格致等等美新之学术，殆既审我汉种之文明，果高胜于他族，然后自立之论可起也；既审我汉种之文明，果并驾于欧西，而后排外之论可起也。竹君又曰：欧西之论自由者，曰个人之自由，以他人之自由为界。吾谓自由可以行星之运行比之。其运行，自由也。其运行而遵其一定之轨道，此其界也。竹君议论之精新每类此。吾窃不解二十三岁之弱女子，何以文明程度，高起如此。吁！黄种可畏也。竹君与史坚如之妹最莫逆，而持论行事多不同。竹君不但能为议论而已，又极勇于办事。竹君去岁季冬，集众演说，谓本年南福医院共费四千金，已行医所得及捐款共三千余金，又借贷数百金以足之也。今年壬寅，竹君改南福医院为小女学堂，教习二人，其一则吾母也。竹君闲时招集广东绅宦之眷属，及其所知之志士，集名园大演说，发明男女所以当平等之理，以为女人不可徒待男子让权，须自争之。争权之术，不外求学。又不当为中国旧日诗词小技之学，而各勉力研究今日泰西所发明极新之学。竹君今欲立一广东女学会，经营尚未成也。竹君之说耶稣教，恒出范围，故牧师等皆目之为狂，谋有所以驯伏之。然凡广东稍有知识之人，无不敬爱竹君者。竹君自谓待人行已〔己〕皆法耶稣，法其师嘉约翰，故其待南福医院之病人，备极慈爱。有就医者之老妪叹曰："南福医院者，人间之天堂也；五姑（竹君行五）者，人间之神仙也。我生年六十余矣，欲呼五姑为母，五姑年轻，恐太不似；欲呼五姑为女，我又何敢耶？其实我之生女三人，其待我有谁能及五姑一小部耶？"呜呼！竹君真能法耶稣者，真能法嘉约翰者！竹君持不嫁主义，以为当舍此身以担今日国家之义务，若既嫁人，则子女牵缠，必不能如今日一切自由也。呜呼，岭云万重，将为一弱女子开拨之。须眉男儿，据中国三千年来特尊重之体格，占今日中国特高尚之地位者，可不奋起哉，可不奋起哉！

附赠竹君诗二首：

沦胥种国悲贞德，破碎河山识令南。

莫怪初逢便倾倒，英雄巾帼古来难。

推阐耶仁疗孔疾，嫛婷亚魄寄欧魂。

女权波浪兼天涌，独立神州树一军。（《新民丛报》第七号，1902 年 5 月 8 日）

陈独秀

恶俗篇（存目）

（《安徽俗话报》第三、四、六、七、十一册，1904 年 5 月 15 日，5 月 29 日，6 月 24 日，7 月 13 日、9 月 24 日，署名"三爱"）

林 獬

闽中女学会述略

林獬归自杭州，见邦人君子咸以各省学堂、学会之盛及海内外文明之现状，皆已骎骎。凡在同志，罔不且泣且奋，思攘臂而入竞争之场，索进化之管钥。黄君鲁贻首兴福州蒙学堂，郑君章孙推广闽报处，杨君小宋、高君亦相、李君昇章议更设藏书楼于城东。不一旬间，规模大定矣。于是林獬与诸同志泣稍止，更为索本探原之谋，厥有闽中女学会一举。诚有虑夫通人达者或未审其用意所在，妄加訾议，致败吾群。斯诚吾支那全部之一大不幸也。因述大意如左方。

述者曰：中国人数号四万万，女子居其半。凡组织此东方一百五十三万四千九百五十三方里莫大之帝国者，惟此二万万女子；制造异时恒河沙数神圣遗传之种族者，惟此二万万女子。夫使无此二万万女子，则国不能若是大，人种不能若是绵绵，可知也。然则女子之与国关系，与种关系，讵曰不重，讵曰不大。

我教主孔氏之删《诗》也，首《关雎》。系《易》首乾坤阴阳。经言："君子之道，造端夫妇。"孟氏言："男女居室，人之大伦。"至如《内则》《女范》《烈女传》，中国言女学之书多矣。然则古圣大贤曷尝不重女子。降及后世，严男女之际，若筑长城而界中外。为男子者，视女子为玩弄之具，以为舍玩弄外，举一切世上之事理名物皆不应知，不应闻，蔀其天聪，夺其天赋，而女权遂浸衰，而女学遂凌替焉。

日本贝原益轩氏之言曰："世以三从为女德之要，翳古以来女子之从顺男子也，男子则视为固有之权利，女子则视为应尽之义务。于是，男日以纵，女日以困。究其原之所由起，亦由慈悲之心屡历变迁而后至也。夫温和恬静、抑己让人，女子皆发自于性，男子以其便于己也，顺其性之所发，益立苛说以来缚之。女子遂为所愚，历劫不解。故女子者，易制易兴之人也。"林獬闻其语，悁悁而悲曰：嗟乎！拯千年之浩劫，植坤道于颠危，其吾党哉！其吾党哉！

吾闻之泰西教育家之言曰：凡教育之公例三：曰德育、曰智育、曰体育。是三者与国力之强弱、人种之优劣，皆有密接关系。故为女子者不经是等教育，则为不完全之人。夫以四万万之人，不完全者居其半，而又举神州遗传种族之大任，如此不完全之人，则曷怪黄种之以劣鸣于天下矣。

请言人种，地球人种六，红、黑、棕不足论，黄、白称强。然黄与白并立，一则翘然以高，一则俯然以卑，则躯干之修伟不若；一则深眼高鼻虬髯，一则模糊其五官焉，则容貌之端整不若。即近今强国如日本，而于人种改良一事犹有遗憾。至于爱国之精神，保护宗教之义务，明晓世界之公理，辨析五洲之名物，白民之脑力、思想、灵魂，举皆视黄为强。由前之说，则女子体育之关系也；由后之说，则女子德育智育之关系也。

泰西教育分四期，曰婴儿期、幼年期、少年期、成年期。婴儿期入母亲学校，盖即家庭教育之说也。弥勒巴曰："教子之道，惟在父母。"故为女子之有学与否，及其性之善恶邪正，皆与其子女所禀之性有同类。（盖幼时教育之道，虽父母兼任其责，而历观古今成就卓卓者，皆受贤母之教育为多；父之智愚，尚其次也。）成濑仁藏曰："教子之功，莫重于胎教。而初生十年间，有不可忽者。"盖幼时所习，老死不亡。故西方之谚曰："摇篮所学，入墓方休。"诚以儿童之时，脑质未固。有所容受，辄不易忘。西历千八百七十六年英国妇人设立一会，名曰母会，发明为母至要之理。入会者凡一万五千余人。夫以我国今日之女子，骤语以若是责任，鲜不谢不敏。而能操家政，勤女红，吟风咏月，斗草拈花，方且以才艺矜里党矣。

林獬曰：今我中国不欲强其国、优其种则已；否则斯任之所寄，必不仅在能操家政、勤女红、吟风咏月、斗草拈花之女子也。夫玉树临风，凌波微步，娇羞可怜，谓足娱目；而不知通国之人已弱其半。以半强半弱之国众与夫男女均强之种敌。其败也奚侍著蔡。矧夫所谓男子者，不本于胎教、母教，则其根器亦未必强。夫安得中国不终成为中国。

今枢臣、疆吏议兴学堂，而不及女学。且如湖北石女士、江西康女士、上海薛女士，求之我国万不得一，则寻师难。海上报馆寥寥数家，而又不及女学。则开通智识难。今更求其次于石女士、康女士、薛女士，而能识高等、普通者，开一女学塾以课其徒。自八九岁以上十五岁以下，亦少其人，则兴学难。今更求其次，但足为速成师范、略有普通之识解者授徒以课，或能胜教师之半任者，又少其人，则倡率难。即有其人，而一塾之用，月无虑百金；尚不知彼缙绅先生之肯为吾助而不膨胀其阻力与否，则经费难、持久难。

今欲求免兹六难而又得竟吾志者，其惟学会哉！其惟学会哉！吾谓学会入手，必求其至简至易，无务高远以困难女子。其平日功课，先识字，由识字以至解释字义，以至拼句，以至能演白话，以至能作白话短信，以至能作文言。度其时期，必在一年之后，或一年半，乃可毕事。自是可以阅报及粗浅书籍，遂稍稍进以普通之书及高等普通三年，足为师范。吾又谓：若过今三年，则彼八九岁以至十四五岁之女子待教正急也。拟于斯会开办一年后，择会中女子能作文言者、优等者立为速成师范以课稚女。稚者竟功，则彼速成之教师已能言高等普通。真足为师范而无愧矣。

夫有人类，斯有竞争，竞争之心男女并有。文明国男女质性学问相等，故其竞争之心亦同。野蛮国男子无竞争，而竞争独女子偏重。然权利之放弃也，不知竞争；知识之浅陋也，不知竞争；受男子之压制，供男子之玩弄，日养成其奴隶牛马之性质，而驯伏莫动，不知竞争；惟于其十百女群之中衣服争华朴、家族争贵贱、饮食争美恶、居处争苦乐、财产争多寡，以至杯盘琐屑之物，于先后姑嫂间莫不有争。今诚能移其争于学问，则吾斯会之设，固一女子之竞争场也。女学大昌，人种进化，其诸芽蘖于斯

钦？（《南洋七日报》第二十三、二十四期，1902 年）

金天翮

女界钟（存目）

（《廿钟界》，署名"爱自由者金一"）

吕碧诚

论提倡女学之宗旨

女学之倡，其宗旨总不外普助国家之公益，激发个人之权利二端。国家之公益者，合群也；个人之权利者，独立也。然非具独立之气，无以收合群之效；非借合群之力，无以保独立之权。其意似离而实合也，因分别详言以解明之。

有世界必有竞争，而智慧之机发焉，优劣之种判焉，强弱之国别焉。竞争之道，惟合群乃能取胜，盖万事莫不成于合群，而败于解体也。上智之士，合群力以争于全球；下焉者，积私力以争于同族；而顽谬之鄙夫，则以一身之力，争于同室焉。今顽谬之鄙夫，闻兴女学、倡女权、破夫纲等说，必蹙额而相告曰："是殆欲放荡跅弛，脱我之羁轭，而争我之权利也。"殊不知女权之兴，归宿爱国，非释放于礼法之范围，实欲释放其幽囚束缚之虐权。且非欲其势力胜过男子，实欲使平等自由。得与男子同趋于文明教化之途，同习有用之学，同具强毅之气。使四百兆人合为一大群，合力以争于列强，合力以保全我四百兆之种族，合力以保全我二万里之疆土。使四百兆人，无一非完全之人。合完全之人，以成完全之家；合完全之家，以成完全之国。其志固在与全球争也，非与同族同室之男子争也。或曰：中国之自强，在二百兆之男子足矣，奚用女子为？而不知国之有男女，犹人体之有左右臂也，虽一切举动操作，右臂之力居多，然苟将左臂束缚之，斫断之，尚得为活泼之躯乎？尚得为完全之体乎？假使此一臂之人，穴居野处，与人无争，虽缺一臂之力，尚可勉强支持；若驱之入人群争竞之场，其有不颠而踣者鲜矣。在昔日以半强半弱之国众，闭关自守，尚不至骤形其颓坏。今则门户洞辟，万国往来，以半强半弱之国，与彼男女均强之国敌，其败也，不待智者而知。近日日本盲哑儿童之入学者，约万余人；英国妇人复有聋瞽学堂之设。彼本残疾之人，尚不舍为弃材，岂中国二百兆完体之人，反舍之为弃材乎？中国自嬴秦立专制之政，行愚弱黔首之术，但以民为供其奴隶之用，孰知竟造成委靡不振之国，转而受异族之压制，且至国势岌岌，存亡莫保。吁！可畏哉！而男之于女也，复行专制之权，愚弱之术，但以女为供其玩弄之具，其家道之不克振兴也可知矣。夫君之于民，男之于女，有如辅车唇齿之相依。君之愚弱其民，即以自弱其国也；男之愚弱其女，即以自弱其家也。自剪其爪牙，自断其羽翼，故强者虎视眈眈，欲肆其擒搏手段焉。国势至此，再不觉悟，更待何时？惟愿此后合君民男女，皆发深省，协力以图自强。自强之道，须以开女智、兴女权为根本。盖欲强国者，必以教育人材为首务。岂知生材之权，实握乎女子之手乎？缘儿童教育之入手，必以母教为基。若女学不兴，虽通国遍立学堂，如无根之木，卒鲜实效。故外国婴儿学塾，多以妇人为师也。欲求强种者，必讲求体育，中国女子，不惟不知体育为何事，且紧缠其足，生性戕伐，气血枯衰，安望其育强健之儿？固无怪我中国民种之以劣闻也。由是观之，女学之兴，有协力合群之效，有强国强种之益，有助于国家，无损于男子。故近世豁达之士，每发其爱力，倾其热诚，以提倡之。其不明此理者，则每以分己权利、脱己羁轭为忧。吾闻李文忠对德相毕司麦，自夸其平粤寇之功，毕司麦犹以杀戮同种讥之。今男子以本国女子受己压制为荣，岂不大谬乎？既无权术压制敌国，徒施其野蛮手段，压制同室无能为力之人，存一己之私见，忘国家之公益，吾故目之为顽谬鄙夫也！

右论国家之公益。

今欲激发个人之权利，姑先从个人之形体上论起。夫此身者，为天所赋，完全自由之身也。与以支体，使能运动；与以耳目，使能见闻；与以唇舌，使能语言；与以精神，使能发思想，运智机。天之生人，未尝不各与一完全之形体也。既得形体以生于世间，犹未得求生之道，必待大圣鸿哲出而为之筹画，使各遂其生。故上古之民茹毛饮血，穴居野处，乃有有巢氏出，教民架木为屋，以蔽风雨；神农氏教民稼穑，以养其身；黄帝元妃教民蚕桑。以暖其体。为日愈久，而筹画愈精，乃得成一雍容和煦之世界，俾人民优游其间，各遂其生焉。故圣王之治天下，不令一夫失所；欲不令一夫失所，必不夺个人之权利。权利者，遂其生之要素也，视己之资格能为何等之人，即为何等之人；视己之才干能为何等之业，即为何等之业。士农工商种种生业，随己之所欲而趋之，此即应有之权，无甚羁勒之苦也。乃中国之民，同生于公众之世界，同具个人之形体，忽严划为两界，男子得享人类之权利，女子则否，只为男子之附庸，抑之、制之，为玩弄之具、为奴隶之用。荀奉倩曰："女子以色为主。"太史公曰："女为悦己者容。"是指为玩弄之具明矣。诗曰："乃生女子，载寝之地。"又曰："唯酒食是议。"则甫出母胎，便寝地以卑之，以酒食为责任，是指为奴隶之用明矣。造其驯伏之性，夺其自主之权。权者，人身运动之大机关也，无权则身为木偶。虽有支体以资运动，然压制之、排叱之，即不得运动；虽有耳目以资见闻，然幽闭之不许出户，即不得见闻；虽有精神以利思想，然不许读书，以开心智，即难发思想，是天赋之形体已不能为己有焉。夫奴隶乞丐，虽无一长物，而一身尚可为己有，女子乃竟奴隶乞丐之不若，更何言乎女学！更何言乎女权！至于事业，为官为吏，固不可得矣。以至于为士不能，为农不能，为工不能，为商不能，下至欲为奴隶亦不克自主，只有仰面求人给衣食，幽闭深闺如囚犯而已。囚犯犹有开赦之日，此则老死无释放之期。嗟嗟！是何乾坤，而有此惨澹昏黑之地狱耶！昔白傅诗云：为人莫作妇人身，百年苦乐由他人。盖古人已知其隐痛矣。然今试举一女子，问之曰：尔苦耶？乐耶？必曰：吾乐也。无所苦也。此皆由性质之腐败、思想之壅塞、脑力之消亡、奴隶之性造成习惯，不以为苦，只求得衣食之资、花粉之费，便相安而自足矣。哀莫大于心死，吾二万万同胞诚可谓身未亡而心已死之人也。呜呼！一枕黑甜，沈沈千载，哀我同胞，何日是鸡鸣兴起时耶？惟愿此后，各唤醒酣梦，振刷精神，讲求学问，开通心智，以复自主之权利，完天赋之原理而后已。夫夺人自主之权，即阻人运动之机；阻人运动之机，即断人求生之道。人生于世，孰不求生？今日之言自主，乃环球最当之公理，绝无可讳者也。凡我同志，其慎重以图之，勿畏难而退败，则幸甚。

右论个人之权利。

结论：民者，国之本也；女者，家之本也。凡人娶妇以成家，即积家以成国，故欲固其本，宜先树个人独立之权，然后振合群之力。盖无量境界、无量思想、无量事业，莫不由此一身而造。此身为合群之原质，若此身无独立之气，虽使合群，设遇攻敌，终不免有解散败坏之虞。故独立者，犹根核也；合群者，犹枝叶也。有根核方能发其枝叶，借枝叶以庇其根核。二者固有密接之关系，而其间复有标、本之判别，窃冀览者毋河汉焉。(《大公报》1904 年 5 月 20、21 日，署名"碧城女史吕兰清稿")

敬告中国女同胞

凡我女子之生于中国，不克与男子平等，且卑屈凌辱，置于人类之外者，固为万世一定不移之例矣。盖中国以好古遵圣为癖，以因循守旧为法，于所谓圣贤之书，古人之语，一字不敢疑，一言不敢议。虽明知其理之不合于公，其言之不适于用，亦必守之护之，遵之行之。至一切教育、法律、风俗，明知其弊有损于世，明知其腐无补于今，亦不肯改革，曰古法也，曰旧章也。传曰："惟女子与小人为难养也。"乃竟侪女子于小人矣。孟子曰："必敬必戒，毋违夫子。以顺为正者，妾妇之道也。"《诗》曰："乃生女子，载寝之地。"因而有夫纲之说，因而有三从之义。设种种之范围，置层层之束缚，后世遂奉为金科玉律，一若神呵鬼护之不可移易者矣。只此好古遵圣，因循守旧八字，遂使我二万万之女子，永永沉沦，万劫不复矣。今欲超拔我二万万沉沦之女子，必须破此一定不移之旧例；欲破此一定不移之旧例，必须辟其好古遵圣、因循守旧之积习。否则闻导女子之自由，倡个人之权利者，必群起鼓噪之，排抑之。愚不敏，请呈浅言以辟其积习。夫圣贤者，虽有过人之卓识，盖世之圣德，恐终不免有缺陷处。且时势变迁，人情移易，古法虽精，恐不合于今世，况未必能垂之久远而无弊也。缘世事莫不贵乎变通，法律以日改而日平，教育以日讲而日善，学术以日究而日精，智慧以日斗而日辟。变通不已，真理乃见。故泰西常曰古不如今，世道日进故也；中国则曰今不如古，世道日退故也。今人之病痛，谓除古人之耳目外，即无耳目；除圣贤之思想外，即无思想。故无论有弊无弊，惟敬谨守之而已。法国大学家笛卡儿之学说曰："若但以古人之耳目为耳目，以古人之心思为心思，则吾之在世界不成赘疣乎？审如是也，则天但生古人可矣，而复生此千百万亿无耳目无心思之人，以蠕缘蠹蚀，此世界将安取之？"故笛氏之言，最能破学界之奴性，实获我心。吾常语人曰：无论古圣大贤之所说，苟其不合乎公理，不洽乎人情，吾不敢屈从之。无论旧例之所沿袭，众人之所相安，苟其有流弊，有屈枉，吾不敢不抉摘之非。尽违圣贤之议论，尽废古人之成说，不过择其善者而从之，不善则改之耳。如此，然后可与言进化，可与言变通，可与言改革。且教育者，随世界而转移者也。况立此颓败之国，生此竞争之时，为风潮之所驱，不自立则不可以自存者乎！此吾率土同胞所当打破迷团，力图自立，拔出黑暗而登于光明；上以雪既往众女子之奇冤，下以造未来众女子之幸福，使之男女平等，无偏无颇；解其幽囚束缚之苦，御其凌虐蹂躏之残；复国人自主之权，遂造物仁爱之旨，以协力自强，立于人群竞争间。此吾之所馨香祷祝，以盼于重造世界之英雄也。吾同胞，吾同胞，盍一奋然兴起乎？（《大公报》1904 年 5 月 24 日，署名"碧城"）

兴女权贵有坚忍之志

登山者，不可畏路径之崎岖；涉海者，不可畏风波之险恶；创伟业者，不可畏事体之艰难。窃维中国人心涣散，志气不坚，发一言辄模棱，举一事类团沙。或空言无补，或有始无终，或事已垂成，往往因顽固之阻挠，而意兴颓败，致使功废半途，为后世之遗憾。我女子不幸而生于支那，憔悴于压制之下，呻吟于桎梏之中，久无复生人趣。岂知物极则反，忽而有男女平权之倡，此又不幸中之大幸也。夫女权一事，在外国则为旧例，在中国则属创举；外国则视为公理，中国则视为悖逆。盖彼顽固之辈，据惟我独尊之见，已深印入脑筋，牢不可破，讵能以二三书生之笔墨争哉！虽然，钢刃可折，不可使曲；匹夫可杀，志不可夺。彼强权者，亦视吾有牛马驯伏之性，故被以羁轭耳。若我有自立之性质，彼虽有极强之压力，适足以激吾自立之志气，增吾自立之进步，亦何虑乎？夫以二万万之生灵，五千年之冤狱，虽必待彼苍降一绝世伟人，大声急呼，特立独行，为之倡率；终须我女子之痛除旧习，各自维新，人人有独立之思想，人人有自主之魄力，然后可以众志成城，虽无尺寸之柄，自能奏奇功于无形，获最后之战胜。但今之兴女权者，较创国家、夺疆土为尤难。创国业者，犹众人之所共闻也，历史之所共见也。若女权，则我中国闭关自守，数千年来从无一人发此问题，为众人耳所未闻，目所未见。男子闻之，固叱为怪异矣；即女子受压制之教育，既成习惯，乍语以此二字，亦必茫然不解。是必须先为之易旧脑筋，造新魄力，然后再为之出暗世界，辟新乾坤，岂非较之创国尤难乎？而女权之兴，虽较创国为难，若告厥成功之日，则其功较创国独伟，其利益较皇祚独重，其幸福且将永久享受而无穷。自丁酉、戊戌以来，女学始萌芽于上海，骎骎乎颇有进步。迨至今日，则女学校立矣，女学会开矣，女报馆设矣，女子游学之风行矣。此不过草创伊始，为日未久，故尚待改良，徐图精进。然行之日久，我女子岂不能实收回其固有权利乎？今欲求持久，则力有不足，且顽固诸辈，复压制阻扰之，其何以能成此宏功，偿此大愿哉？则曰贵有坚忍之志而已。使吾二万万同胞，各具百折不挠之定见，则阻力愈大，进步愈速。处此黑暗世界，野蛮之辈甚多，迂儒之习未改，訾诋谤诽，自所不免。而事之有益于众生，无害于国家者，我女流必人人皆视为应尽之责任，宁冒万死而不辞。虽能糜其身，而不能夺其志；虽能阻其事，而不能缄其口；虽能毁其名，而不能馁其气。竭力为之，今日不成，明日为之；明日不成，后日为之，鞠躬尽瘁，死而后已。果能如此，而终不获与男子同趋于文明教化之途，为平等自由之人者，则余未之信也。若有其志而不思达其愿，勤厥始而不免怠厥终者，则贻同志之羞，与顽固以口实。所谓胜则王侯，败则贼寇，遭后世之唾骂，反不若今日之不兴此女学、不倡此女权之为妙也。与其蜷伏哀鸣，何如登高痛哭？近世哲学家曰，二十世纪为女权发达之时代。是为二百兆女子祸福转移之大关键哉。时不可失，海内同志诸君子，其共勉之哉！（《大公报》1904 年 6 月 13 日，署名"吕碧城"）

论上海宜设女学报及女学调查会

凡一国革新之际，必头绪纷纭，万端待理，然其第一切要之事，则莫如教育。盖教育者，国民再造之机关，国家命脉之所存系也。吾国自变法以来，举国以兴学为急务，固得其要领矣。识时之士，更为探本穷源之策，而提倡女学。是以近数年间，凡通都要埠，莫不逐渐开办女学堂，而女学生之出洋者，亦以日多。上海一邑，尤为女学荟萃之区。姑毋论其内容如何，即表面观之，亦勃然灿然，一文明之现象矣。然窃尚有所戚戚于怀而不能自已者，则以吾国女学，当此幼稚时代，纷歧复杂，未能统一。宗旨既殊，门径各异，少相关之情，无调查之会，一任其自消自长于冥漠之中。欲求其改良进化，速发达而无堕落，以臻于完美之境，亦大难矣。且沪上人物殷繁，风气奢靡，虽日接文明之气，然岂无一二恶风劣俗，混入其间？是又须吾女学界诸君，有抉择力，有淘汰力，有消化力，然后方能受其益而祛其弊。然此等识力，求于青年之女学生，实非易易。然则补救之术将何如哉？或谓若统归国家摄理，划定规制，编定教科，提纲挈领，而一事权，则不致散漫无稽，冥行而盲进。然而为此说者，亦非吾所敢闻也。何则？无论此说之于现时事势不可行，即能行矣，而不观今日之男学校乎？风潮冲突，层见叠出，官府兴学之宗旨，恒与国民教育主义相反对。男子尚如此，其待女子，更可知矣。夫由前之说，放任之弊也；由后之说，干涉之弊也；是均未能尽善也。然则究何以维持而匡正之乎？无已，其仍求之我国民自治之道。自治之道奈何？曰是在我人之有真心实力者，出其毅力，固立团体。创一机关，以互相稽察，为互相监督，则我女学界之前途，庶有豸乎！

报纸者，近人所谓社会之监督，国民之向导也。且凡读书者，莫不阅报纸，即莫不受其感化力。故报纸恒握操纵学界之权，而适能于学校之外，补教育之不足。故近年以来，各种之科学，皆有专门之报，以助其发达；独我女学，尚付阙如。虽偶出一二种，其体例亦未称完善，一似女界之杂志，并非专讲女学者。且多尚浮华虚饰之辞，而无精当确实之理。故其于女学界之势力也亦甚微。今宜创一女学丛报，月出二册，专讲女学，以纯正之宗旨，透辟之识力，主持清议。凡教育之原理，女学之讲义，皆不厌其详。凡学堂之优劣，学课之高下，学制之变更，亦潜心探访，随时登录，褒之贬之，俾知所劝戒，则劣者有惕励，而勤者益奋勉矣。

其外宜设立女学调查会，东西洋各种事业，皆重调查。一业有一业之调查，一地有一地之调查，随时报告，以通声息，故能察其消长，悉其利弊，辨其得失，因得从此以改良。夫办事之方，必出以理想，加以参考，经以实验，方知有所去取也。吾国女学，草创之始，一切未从实地经验。兼之师范乏人，教授、管理之方法，未免失宜。加以各各分立，声息隔阂，甲处有所经验而改革，乙处固未知也，且将率而行之；乙处既已经验而心得，丙处犹未知也，更无从仿而效之。辗转遗误，暗中摸索，其稽延时日，可胜道哉；今若实力调查，详明揭示，俾令办学务者，于得失利弊，了如指掌，则有所抉择，不惮改革。且为各女学互通声息，互相联络之机关，果能行之如法，吾知女学进化之速，当可翘足待也。近者闻苏州设立私塾改良会，以热心教育之士，行其实行主义，以改良各私塾，其影响于我国前途者颇大。彼蒙、小学之学生，何其幸也。惟我女学，尚未闻有经营筹画，谋所以改良之者。其故何耶？夫强国之道，固以兴学为本源。而女学尤为根本之根本，源头之源头。本之不固，其枝不荣；源之不清，其流必浊；其理固莫易也。然则今日女学改良一事，乌得目为缓图而恝置之也哉？

按：中国女学，诚为当务之急。记者每思有所贡献，只以未得暇晷，尚未如愿。兹得吕女士来稿，以女士而谈女学，其中肯明切，自不待言矣。然窃更有所进者。女学之当团结、当划一固也，而尤当注意实业。何则？一草木之荣也，始有种，继有本，而后乃有花叶；一人一国之发达也，始于开通，继以实力，而后乃放文明之光华。未开通而用实力，其实力未能当也；无实力而仿文明，其文明不过忽现之花而已，无益于事也。今者男学生之求学，渐知由空谈而入实业矣，我谓女界其尤急。（《教育杂志》第十二期，1905 年 9 月 13 日，署名"吕碧城"）

兴女学议（存目）

（《大公报》1902 年 8 月 12 日）

秋 瑾

敬告中国二万万女同胞

唉！世界上最不平的事，就是我们二万万女同胞了。从小生下来，遇着好老子，还说得过；遇着脾气杂冒、不讲情理的，满嘴连说："晦气，又是一个没用的！"恨不得拿起来摔死。总抱着"将来是别人家的人"这句话，冷一眼、白一眼的看待；没到几岁，也不问好歹，就把一双雪白粉嫩的天足脚，用白布缠着，连睡觉的时候，也不许放松一点，到了后来肉也烂尽了，骨也折断了，不过讨亲戚、朋友、邻居们一声"某人家姑娘脚小"罢了。这还不说，到了择亲的时光，只凭着两个不要脸媒人的话，只要男家有钱有势，不问身家清白，男人的性情好坏、学问高低，就不知不觉应了。到了过门的时候，用一顶红红绿绿的花轿，坐在里面，连气也不能出。到了那边，要是遇着男人虽不怎么样，却还安分，这就算前生有福今生受了。遇着不好的，总不是说"前生作了孽"，就是说"运气不好"。要是说一二句抱怨的话，或是劝了男人几句，反了腔，就打骂俱下；别人听见还要说："不贤惠，不晓得妇道呢！"诸位听听，这不是有冤没处诉么？还有一桩不公的事：男子死了，女子就要带三年孝，不许二嫁。女子死了，男人只带几根蓝辫线，有嫌难看的，连带也不带；人死还没三天，就出去偷鸡摸狗；七还未尽，新娘子早已进门了。上天生人，男女原没有分别。试问天下没有女人，就生出这些人来么？为甚么这样不公道呢？那些男子，天天说"心是公的，待人是要和平的"，又为甚么把女子当作非洲的黑奴一样看待，不公不平，直到这步田地呢？

诸位，你要知道天下事靠人是不行的，总要求己为是。当初那些腐儒说什么男尊女卑、女子无才便是德、夫为妻纲这些胡说，我们女子要是有志气的，就应当号召同志与他反对。陈后主兴了这缠足的例子，我们要是有羞耻的，就应当兴师问罪；即不然，难道他捆着我的腿？我不会不缠的么？男子怕我们有知识、有学问、爬上他们的头，不准我们求学，我们难道不会和他分辩，就应了么？这总是我们女子自己放弃责任，样样事体一见男子做了，自己就乐得偷懒，图安乐。男子说我没用，我就没用；说我不行，只要保着跟前舒服，就作奴隶也不问了。自己又看看无功受禄，恐怕行不长久，一听见男子喜欢脚小，就急急忙忙把他缠了，使男人看见喜欢，庶可以借此吃白饭。至于不叫我们读书、习字，这更是求之不得的，有甚么不赞成呢？诸位想想，天下有享现成福的么？自然是有学问、有见识、出力作事的男人得了权利，我们作他的奴隶了。既作了他的奴隶，怎么不压制呢？自作自受，又怎么怨得人呢？这些事情，提起来，我也觉得难过。诸位想想，总是个中人，亦不必用我细说。

但是从此以后，我还望我们姐妹们，把从前事情，一概搁开，把以后事情，尽力作去，譬如从前死了，现在又转世为人了。老的呢，不要说"老而无用"；遇见丈夫好的要开学堂，不要阻他；儿子好的，要出洋留学，不要阻他。中年作媳妇的，绝不要拖着丈夫的腿，使他气短志颓，功不成、名不就；生了儿子，就要送他进学堂，女儿也是如此，千万不要替他缠足。幼年姑娘的呢，若能够进学堂更好；就不进学堂，在家里也要常看书、习字。有钱作官的呢，就要劝丈夫开学堂、兴工厂，作那些与百姓有益的事情。无钱的呢，就要帮着丈夫苦作，不要偷懒吃闲饭。这就是我的望头了。

诸位晓得国是要亡的了，男人自己也不保，我们还想靠他么？我们自己要不振作，到国亡的时候，那就迟了。诸位！诸位！须不可以打断我的念头才好呢！（《白话》第二期，1904年10月）

警告我同胞

我于今有一大段感情，说与列位听听。

我昨天到横滨去看朋友，在路上听见好热闹的军乐，又看见男男女女、老老小小都手执小国旗，像发狂的一样，喊万岁，几千声，几万声，合成一声，嘈嘈杂杂，烟雾冲天。我不知做甚么事，有这等热闹。后来一打听，那晓得是送出征的军人，同俄国争我们的东三省地方，到那里打仗去的。俄国，我们叫它做俄罗斯，日本叫它做露西亚，这就叫征露的军人，所以日本人都以为荣耀，成群结队的来送他。最奇怪的就是我中国的商人，不知羞耻，也随着他们放爆竹，喊万岁。我见了又是羡慕，又是气愤，又是羞恼，又是惭愧，心中实在难过，不知要怎样才好。只觉得中国样样的事，色色的人，都不如他们。却好我也坐这次火车走的，一路同走，只见那送军人的人越聚越多，万岁、万岁、帝国万岁、陆海军万岁，闹个不清爽。到了停车场，拥挤得了不得。那军人因为送他的人太多，却高站在长凳上，辞谢众人。送的人团团绕住，一层层的围了一个大圈子。一片人声、爆竹声夹杂，也辨别不清。只见许多人手执小国旗，手舞足蹈，几多的高兴。直等到火车开了，众人才散。每到一个停车场，都有男女老幼、奏军乐的、举国旗的迎送。最可羡是那班小孩子，大的大，小的小，都站在路旁，举手的举手，喊万岁的喊万岁，你说看了可爱不可爱？真正令人羡慕死了。不晓得我中国何日终有这一日呢？

唉！列位，你看日本的人，这样齐心，把军人看得如此贵重，怎么叫他不舍死忘生去打仗呢？所以都怀了一个不怕死的心，以为我们如果不能得胜，回国就无脸去见众人。人人都存了这个念头，所以回回打仗都是拼命攻打，不避炮火。前头的死了，后头又上去。今日俄国这么大的国，被小小三岛的日本，打败到这个样子，大约就是这个缘故呢。并且当军人的家眷，都有恤费。这家人家如有丈夫、儿子、兄弟出征，就算这家人家很荣耀的；若是做贸易的人家，门前就挂了出征军人的牌子。各处旅馆、酒馆、照相馆及卖买各铺店，都大书特书地写道"陆海军御用品""军人优待半额"。明明是一百钱的东西，军人去买，只要半价。可怜我们中国的兵，每月得了克扣下来的几钱口粮，又要顾家，又要顾己，够得甚么呢？见了营官统领，就像老鼠见了猫的一样。当差稍不如意，就骂就打。有点声名的人，见了兵勇，把他当作是什么贼奴一样，坐都不愿意同他坐在一处。富贵的人家，自己尊贵得了不得，锦衣玉食，把自己看得同天神一样，把兵卒轻视得同甚么贱人都不如。及等得有战事起来，又要他去打仗，不管餐风宿露，忍饿受寒的辛苦，只叫他舍死忘生的去打仗，你说能够做得到做不到呢？纵然打了胜仗，那些锦衣玉食的营官、统领来得功，兵的身上并没有好处，而且那官并没有到过战场，不费丝毫力气，反占了功劳，得了保举，你说怎么叫人家心服呢！怪不得这些兵勇要贪生怕死，见了敌人，就一溜烟跑了。中国如今一说起这些兵丁，都说是没有受过教育，所以如此。一提起我们中国人没有受过教育的害处，千言万语，我也叙不完。三天两日，我也说不尽。众同胞们不要性急，待我下回再仔细说给你们听听

吧。……（《白话》第三期，1904 年 10 月）

《中国女报》发刊辞

世间有最凄惨、最危险之二字曰：黑暗。黑暗则无是非，无闻见，无一切人间世应有之思想、行为，等等。黑暗界凄惨之状态，盖有万千不可思议之危险。危险而不知其危险，是乃真危险；危险而不知其危险，是乃大黑暗。黑暗也，危险也，处身其间者，亦思所以自救以救人欤？然而沉沉黑狱，万象不有；虽有慧者，莫措其手。吾若置身危险生涯，施大法力；吾毋宁脱身黑暗世界，放大光明。一盏神灯，导无量众生，尽登彼岸，不亦大慈悲耶？

夫含生负气，孰不乐生而恶死，趋吉而避凶？而所以陷危险而不顾者，非不顾也，不之知也。苟醒其沉醉，使惊心万状之危险，则人自为计，宁不胜于我为人计耶？否则虽洒遍万斛杨枝水，吾知其不能尽度世人也。然则曷一念，我中国之黑暗何如？我中国前途之危险何如？我中国女界之黑暗更何如？我女界前途之危险更何如？予念及此，予悄然悲，予怃然起，予乃奔走呼号于我同胞诸姊妹，于是而有《中国女报》之设。

夫今日女界之现象，固于四千年来黑暗世界中稍稍放一线光矣；然而茫茫长路，行将何之？吾闻之：其作始也简，其将毕也巨。苟不确定方针，则毫厘之差，谬以千里。殷鉴不远，观十年来，我中国学生界之现状，可以知矣。当学堂不作，科举盛行时代，其有毅然舍高头讲章，稍稍习外国语言文字者，讵不曰新少年，新少年？然而大道不明，真理未出，求学者类皆无宗旨，无意识，其效果乃以多数聪颖子弟，养成翻译、买办之材料，不亦大可痛哉！十年来，此风稍息，此论亦渐不闻；然而吾又见多数学生，以东瀛为终南捷径，以学堂为改良之科举矣。今且考试留学生，某科举人、某科进士之名称，又喧腾于耳矣。自兹以后，行见东瀛留学界，蒸蒸日盛矣。

呜呼！此等现象，进步欤？退步欤？吾不敢知。要之，此等魔力必不能混入我女子世界中。我女界前途，必不经此二阶级，是吾所敢决者。然而听晨钟之初动，宿醉未醒；睹东方之乍明，睡觉不远。人心薄弱，不克自立；扶得东来西又倒，于我女界为尤甚。苟无以鞭策之、纠绳之，吾恐无方针之行驶，将旋于巨浪盘涡中以沉溺也。然则具左右舆论之势力，担监督国民之责任者，非报纸而何？吾今欲结二万万大团体于一致，通全国女界声息于朝夕，为女界之总机关，使我女子生机活泼，精神奋飞，绝尘而奔，以速进于大光明世界；为醒狮之前驱，为文明之先导，为迷津筏，为暗室灯，使我中国女界中放一光明灿烂之异彩，使全球人种，惊心夺目，拍手而欢呼。无量愿力，请以此报创。吾愿与同胞共勉之！(《中国女报》第一期，1907 年 1 月)

敬告姊妹们

我的最亲爱的诸位姊姊妹妹呀，我虽是个没有大学问的人，却是个最热心去爱国、爱同胞的人。如今中国不是说有四万万同胞吗？但是那二万万男子，已渐渐进了文明新世界了，智识也长了，见闻也广了，学问也高了，身名是一日一日的进步了；这都亏得从前书报的功效嚄。今日到了这地步，你说可羡不可羡呢？所以人说书报是最容易开通人的智识的呢。唉！二万万的男子，是入了文明新世界，我的二万万女同胞，还依然黑暗，沉沦在十八层地狱，一层也不想爬上来。足儿缠得小小的，头儿梳得光光的；花儿、朵儿，札的、镶的，戴着；绸儿、缎儿，滚的、盘的，穿着；粉儿白白、脂儿红红的搽抹着。一生只晓得依傍男子，穿的、吃的全靠着男子。身儿是柔柔顺顺的媚着，气虐儿是闷闷的受着，泪珠是常常的滴着，生活是巴巴结结的做着；一世的囚徒，半生的牛马。试问诸位姊妹，为人一世，曾受着些自由自在的幸福未曾呢？还有那安富尊荣、家资广有的女同胞，一呼百诺，奴仆成群，一出门，真个是前呼后拥，荣耀得了不得；在家时，颐指气使，威阔得了不得，自己以为我的命好，前生修到，竟靠着好丈夫，有此尊享的日子。外人也就啧啧称羡，某太太好命、某太太好福气、好荣耀、好尊贵的赞美，却不晓得他在家里何尝不是受气受苦的！这些花儿、朵儿，好比玉的锁、金的枷，那些绸缎好比锦的绳、绣的带，将你束缚得紧紧。那些奴仆，直是牢头、禁子看守着。那丈夫不必说，就是问官、狱吏了。凡百命令皆要听他一人喜怒了。试问这些富贵的太太奶奶们，虽然安享，也有没有一毫自主的权柄咧？总是男的占主人的位子，女的处了奴隶的地位，为着要依靠别人，自己没有一毫独立的性质。这个幽禁闺中的囚犯，也就自己都不觉得苦了。

阿呀！诸位姊妹，天下这奴隶的名儿，是全球万国没有一个人肯受的，为什么我姊妹却受得恬不为辱呢？诸姊妹必说：我们女子不能自己挣钱，又没有本事，一生荣辱，皆要靠之夫子，任受诸般苦恼，也就无可奈何！安之曰命也这句没志气的话了。唉！但凡一个人，只怕自己没有志气；如有志气，何尝不可求一个自立的基础，自活的艺业呢？如今女学堂也多了，女工艺也兴了，但学得科学工艺，做教习，开工厂，何尝不可自己养活自己吗？也不致坐食，累及父兄、夫子了。一来呢，可使家业兴隆；二来呢，可使男子敬重，洗了无用的名，收了自由的福。归来得家族的欢迎，在外有朋友的教益；夫妻携手同游，姊妹联袂而语；反目口角的事，都没有的。如再志趣高的，思想好的，或受高等的名誉，或为伟大的功业，中外称扬，通国敬慕。这样美丽文明的世界，你说好不好？难道我诸姊妹，真个安于牛马奴隶的生涯，不思自拔么？无非僻处深闺，不能知道外事，又没有书报，足以开化知识思想的。就是有个《女学报》，只出了三、四期，就因事停止了。如今虽然有个《女子世界》，然而文法又太深了。我姊妹不懂文字又十居八九，若是粗浅的报，尚可同白话的念念；若太深了，简直不能明白呢。所以我办这个《中国女报》，就是有鉴于此。内中文字都是文俗并用的，以便姊妹的浏览，却也就算为同胞的一片苦心了。惟是凡办一个报，如经费多的，自然是好办了；如没有钱，未免就有种种为难。所以前头想集万金股本（二十元做一股），租座房子，置个机器，印报编书，请撰述、编辑、执事各员，像像样样、长长久久的办一办；也不枉是《中国女报》为二万万女同胞生一生色；也算我们不落人后，自己也能立个基础，后来诸事要便利得多呢。就将章程登了《中外日报》，并将另印的章程，分送各女学堂，想诸位姊妹，必已有看过的了。然而日子是过得不少了，入股的除四五人以外，连问都没有人问起。我们女界的情形，也就可想而知了，想起来实在痛心的呢！

我说到这里，泪也来了，心也痛了，笔也写不下去了。但这《中国女报》，不就是这样不办吗？却又不忍使我最亲爱的姊妹，长埋在这样地狱中，只得勉强凑点经费，和血和泪的做点报出来，供诸姊妹的赏阅。今日虽然出了首册，下期再勉力的做去，但是经费狠为难呢。天下凡百事，独力难成，众擎易举。如有热心的姊妹，肯来协助，则《中国女报》幸甚，中国女界幸甚。（《中国女报》第一期，1907 年 1 月）

家庭立宪者

家庭革命说

革命，革命，中国今日不可以不革命！中国今日家庭不可以不革命！

家庭革命者何也？脱家族之羁轭而为政治上之活动是也，割家族之恋爱而求政治上快乐是也，抉家族之封菩而开政治上之智识是也，破家族之圈限而为政治上之牺牲是也，去家族之奴隶而立政治上之法人是也，铲家族之恶果而收政治上之荣誉是也。革命者何也？以政治上之不自由而影出国民种种之不自由，是故自由死而致国权死，国权死而致国民死，而欲不死我国民，则惟有采恶感毒血以为之药石，此毒血实产美妙之花、文明之果也。然此花与果乃经第一重之家族主义摧挫夭阏而不发达，则中国其何由发达，是故家族不可以不革命。

国家者，个人之堆垛积也；而家族者，其立体也。人群之立，其犹算数乎，愈演而愈进则国权荣矣，一演而不进则国权悴矣。国权荣则国中之一切政治机关随而伸，是故其国兴；国权悴则国中之一切政治机关随而缩，是故其国灭也。夫家族与国家，中间进化程度相去不过一阶级，而成效若是其仙驰也。中峰雷雨，上界方晴，后堂笙歌，前门乞食；则家族主义之停顿隔绝，乃使我国民无国家思想之一大原因也。

欧西人之视家族，犹夫中国人之视家族。欧西人之于家族也，未尝无爱情，未尝不有团结，未尝存一破坏之思想；然而入其室而其气和，籥其宫而其容益，窥其经济法律之权限而井然划然也，学年而入学，稍长而游历，虽妇孺童仆皆有政治之常识也。若我中国二千年来，家庭之制度太发达，条理太繁密，父子、兄弟、夫妇之间爱情太笃挚，家法族制、丧礼祀典、明鬼教孝之说太发明，以故使民家之外无事业，家之外无思虑，家之外无交际，家之外无社会，家之外无日月，家之外无天地。而读书、而入学、而登科、而升官发财、而经商、而求田问舍、而健讼私斗赌博窃盗，则皆由家族主义之脚根点而来也。夫古昔圣贤帝王之设教以提倡家族，原以为是国家之雏形，而岂料其为国家之坚敌也。国亡而家何在，家有令子而国无公民，吾为此惧。

十八世纪法国大革命，虐杀贵族僧正二十五万，其终也至八十余万，血雨洒地，腥风扑人，而后法兰西民主国出也。十七世纪英国大革命，登英王查理士于断头之台，转战四年，终始二十余年，国会闭而复开，民党仆而复起，血雨洒地，腥风仆人，而后英吉利立宪国出也。今吾提倡家庭革命，岂欲挈吾同胞相率而为商臣、为冒顿乎，又岂望吾同胞相率而为周公、为石碏、为李世民乎。既挽射天之弓，复演紾兄之剧；箕帚诟谇，森森者戈矛；床第恩私，离离者荆棘；孔丘所以见盗跖而拜，朱均不免篡尧舜之统。身非枭獍，亦非空桑，吾其为五洲万国之大罪人哉！然而吾所谓移政治之革命于家庭者，盖别有说。

政治之革命，由国民之不自由而起；家庭之革命，由个人之不自由而发；其事同，其目的同。政治之革命，由政治上一切机关与夫国权民权之削弱不能挽救，而后以革命为进行；家庭之革命，亦由政治上一切机关与夫国权民权之削弱不能顾问，而后以革命为初步；其目的同，其感情初异而实同。今吾中国普通社会之家督，其权力实如第二之君主。第君主之统系在人为，而家督之统系在天造；君主之统系在后起，而家督之统系在先天。故忠孝不能以并提；而吾之所谓不忠不孝，乃亦有平和激烈之判。家庭革命者，犹经济革命、女权革命之谓也，平和之至也。

世界之国家主义，何日而破民族帝国之范围；国民之竞争，何日而化民族帝国主义之畛域。世界犹部落也，国际犹家族也。嗟尔欧洲之民，扬大旗、擂大鼓、呐大喊，顺风扬帆，满载民族帝国主义，乘潮流以入中国，张目皇皇大搜大索，而与夫中国无帝国之民族遇，是尚得有国哉！是尚得有家哉！无家无国，是尚得谓之国民哉！是故欲革政治命，先革家族命。

今请揭家庭所以必革命之要素，分其界说如次。

一曰父之界说。吾爱我祖国，吾望我青年。然而青年者，皆受家庭之支配者也。教育之不如法，而奴隶宗旨、牛马人格之谬种日以蕃，经济之不自由，而学问补助、社会建设之公德无由起。爱身而不爱国，利己而不利群，如是以为家训也。而倘有干蛊之才，出言惊座，具振兴国权、恢复人道之思想，不曰此子赤我族，即操大杖以随其后矣。尽国民而为无脑、无血、无灵魂之辈，而后乃为克肖、为亢宗。父之界说此其一。

二曰母之界说。父与母之权限名分无别也，苟别之则父于其子尚专制，母于其子多爱情。然而爱情之荼毒，较诸专制焉而入人尤深。平日居处相偎，饮食相哺，被之温暖以柔脆其体魄，禁之运动以颓靡其精神，出门负笈则垂涕泣而送之，杖剑远游则媚神求佛、投签问卜以祝之，早婚以縻其远志，吸烟以困其长图，此真吾中国近日之普通母教也。此我国民所以无范滂、柳仲郢、苏轼其人也。母之界说此其二。

三曰兄之界说。凡文过怙恶、干涉牵制之流毒，已往之人才不如现在之人才。盖同此青年世界，则社会之风潮变动，不能不同受影响，故经历广而侦探明，而反动一起于骨肉之间，则制革命之原料，父也有不如其兄者矣。跖兄惠弟，臭味差池，性不关于遗传，力乃感于同化。吾见近日夺产析屋，往往同室操戈，忿争不息，贻二老以深忧；独至学问政治之关，则明知义不当从，而无如天泽之旁，复增一重之压制，有不得不俯首屈服而听其所为者矣。兄之界说此其三。

四曰妻之界说。吾言妻之界说而吾不得不为吾国民耻也。谓吾中国女权不发达，何以闺房之内，具有一王刑政之功，默化潜移，比条教号令为速。吾见伟大之丈夫，而受支配于纤柔之女子，盖不少也。吾窥其要，亦有二端：一即专制。室人交谪，悍妻施威，须髯戟张，头颅轻贱，此其一也；一即爱情，风云壮志，消铄春华，儿女深情，淡忘国是。出门三里发怀乡之病，封侯一去学回文之吟；左顾孺人，右弄稚子，此乐何极，如南面王，此其二也。总之闺房感化之力，实较父母兄弟为多。凡吾国民，如病如醉，如眠如死，而无一毫学问之思想、政治之能力者，其受病皆由此也。妻之界说此其四。

吾揭此数界说而吾首疾，吾心痛，吾悲吾祖国之前途，殆未可以救也。吾欲剚刃于顽父、嚚母、劣兄、恶妻之腹，拔出吾数千万青年于家族之阱，而登之于政治之台也。国民乎！国民乎！欧风吹汝屋，美雨袭汝房，汝家族其安在哉！醇酒妇人，名山文字，万劫一尽，同为飞烟。急起直追，今犹可及，摆脱桎梏，掉游康庄，其必自家庭之革命始矣。两害相权，盖取其轻；革命之害，犹愈于困守家族，视国亡而莫救者万万也。

中国家庭革命之鼻祖曰神禹，以随刊之劳，三过其门而不入是也；次则楚子文之毁家抒难是也，又次则汉卜式之输家财助边，霍去病之匈奴未灭何以家为是也；又其次则张睢阳之杀妾以食士，赵苞之别母以战鲜卑，温峤之绝裾以建义旗是也。故有民族之思想者，必不肯受家族之圈限。则欲为政治上之公民，亦无以全家族之孝行也。且吾国民其无诧，事苟有益于国，虽大孝亦何以加哉！

吾言至此，而家庭所以必革命之要备矣。虽然，吾有进也：欲革政治之命者，必先革家族之命，以其家族之有专制也；而革家族之命者，尤必先革一身之命，以其一身之无自治也。吾国民！吾国民！无凉其血，槁其容，俳优其行，呜呼其派，灰木其心，禄利其志趣，智德力三育不进步，徒日日建家庭三色之旗，号于众曰革命革命。吾恐家之破而国未必完也，家之索而种未必有救也。知我罪我，吾言固不任其咎哉。(《江苏》第七期，1903 年 10 月 20 日)

陈　王

论婚礼之弊

于此有一事焉，先万物而生，首群伦而立。广而言之，则两半球之公理也，有机体之元点也，嬗古遽今之黏合质也，推陈除新之改进具也，人类之交际于以胚胎，社会之组织于以成立，驯而至于蠖飞蠕动，跂行喙息之物莫不导源于此，而于以相呴相姁、相覆相育，以与人类相存相养于天演界中。狭而言之，则人人出依赖入独立之关键也，脱羁绊就自由之徽帜也，凡人无特别之高权于此则有特别之高权，凡事无完全之幸福于此则有完全之幸福，举凡所谓自由、平等、快乐、高尚诸主义，莫不奄而有之，而于以爱居爱处、爱歌爱和，以与灵魂游息于活泼之家庭。此非我人所常谈而不异之婚姻之一事乎？

我尝考夫太西之风俗矣，男年及冠，女年及笄，此时也，均令自出觅偶，为之 Courting 求偶，如彼此相许，则脱指上钻戒，互相赠贻，是即中土文定之意，而简约堂皇，实远过之。且太西夙重分居之制，故男子须有职业，可以自立，始得娶妻之资格，不则虽女子殉情相从，亦必为国宪所许可。既成婚之后，男子有保护其妻之责任，妇人有赞助其夫之义务；情周意洽，永无愆尤。故入其室，喁喁如也，睹其人，怡怡如也。若当夫良辰佳日休息之期，则或者车马同载，轰隐而来；或者携手同行，迤逦而去，莫不载色载笑，悠然自得。于此尤足征其风俗之至则，人伦之乐事。乃返而观之中国之社会。当其结婚之始，斟酌门第如入闹市，议论钱财如聚大讼。既婚后，入其室，有嘅其叹者；睹其人，有啜其泣者。乃浸而妇姑勃溪矣，浸而兄弟阋墙矣，而大好之家庭，自此遂终无宁岁。以故荡荡之道几为畏途，坦坦之衢或成陷阱，种类以之大殚，国气因而不振。即其末而求其本，沿其流而溯其源，其所以致之，必有故矣。今请就素所知者，约得婚礼通弊六条。条而论之如下：

一、男女不相见之弊　中国古俗，有不避男子于道者，则摈之于五达之衢；及至中古，又有男女不相授受、不相为礼等训，代守勿失，以至于今。盖男女不相见之制，由来远矣！夫男女交涉之间，一国之教育系焉。故见其国之男女，互相亲爱，如见大宾，一若相忘于牝牡之外者，必其国之教育美备者也。见其国男女互相虐弄，阶级秩然，一若淫谑之外无事业者，必其国之教育芜败者也。中国风俗之起原，固已占劣败之位置，而其结果之恶劣，则尤以婚礼为之首。夫人之交友，必其渐磨切磋志同道合者，而后久而益敬，终而不忘也；若其无故以合，则鲜不无故以离。交友之道，犹然如此，矧长处一庭、名为配偶、终身不改如夫妇者，乃以素无谋面、茫不知心之人。一时之间，遽相配合，久而久之，其反唇反目之事，固势所必有矣。夫人情意不洽则气脉不融，气脉不融则种裔不良，种裔不良则国脉之盛衰系之矣。盖男女不相见之弊，有如此者。

一、父母专婚之弊　男子二十而冠，冠则离父母而独立。自立之后，则父母之义务尽，而子女之责任起矣。人生婚事，实居冠后，故婚姻之事，揆之公理，即之人情，例由子女自立，父母不得专尸其责。且吾为此言，非故于父母有所瑕疵也，实亦有为父母回护者在。盖以婚大事，不可不慎重之，而慎重之之至，则非自男女自约自结不为功；又以婚难事，男女之终身系焉，若自男女自为之，则事成交得其益，事败无所归怨。由此言之，为人父母者，何乐而不为此哉！乃中国父母之于子女婚事，当其始，有所谓问名纳采者，则父母为之；至其中，有所谓文定纳币，则父母为之；及其终，有所谓结襦合卺者，亦莫非父母为之。盖自始至终，而当婚之两主人翁，曾不得任一肩，赞一辞，惟默默焉立于旁观之地位，是焉得不谓之大怪事乎！夫人情莫不欲其子女之成立，然必先绝其依赖之根性，导之于独立之地位，而后可。人当冠婚之际，正立身定性之初，于斯时，乃纵其晏安，恣以行乐，依赖之性定，则独立之性消。中国人以依赖根性闻于大地，而长为神州之污点者，未始非父母养成之也。父母专婚之弊有如此。

一、媒妁之弊　中国之有媒妁，所以防男女之淫也。而我直大言曰：媒妁者，中国淫风之起原乎！何以言之？天下防淫之法，当以自由结婚为最上乘。中国自由婚制之不立，由于男女不相见及父母专婚二事，而此二事之恃以不败者，实惟以媒妁为之用。故媒妁者，自由结婚之大蟊贼也。然此特言媒妁之不善耳，若夫媒妁之弊，则尤不可尽言。夫媒妁者，古人以之比于鸠鸧，后世以之伦于谩姐，故世之为媒妁者，大率皆趋附之徒，好事之辈。其本意所在，或以之博取厚酬，或以之交欢豪族，财帛之外，他非所顾。于是短长其言，上下其手，事成则己任其功，事败则人受其祸，其心术与狐蜮相去无间矣。其流弊所及，乃至富家巨族，论婚聘室，多有由婢妾往来游说，及至事成，然后延一二高年硕望者，出而为之缔结，以为饰人耳目之举者。盖始而将儿女大事，委之旁人，继而直倒持太阿，授权奴隶矣。夫其人格如此之卑，其心术如此之乖，为弊昭昭，当为世人所共晓。然中国人以泥于古制，不即去之，遂使此卑鄙之制，长存于全国社会，以为自由结婚之限障。乌乎！使中国习而不革，循此以往，而欲望怨夫旷妇，绝迹于社会，濮上桑间，绝响于里闾，此必不可得之数矣。虽然，是何因缘而至是，莫非媒妁之祸也。媒妁之弊有如此。

一、聘仪奁赠之弊　聘仪奁赠之弊，我国社会上优知之矣，谓其易使人失其时，家受其害也。然我以为欲祛其弊，必清其源，而聘仪奁赠之起源，与其为弊之所在，要不在此。夫中国古制，有所谓男有室女有家者，申其意，即谓男女自婚而后有新室家也。不然，以中国近俗观之，则男子未婚固有室，女子未嫁亦有家。不仅此也，男子既婚或未有家，而女子已嫁则先失其家矣，是岂中古人之所谓哉！男女既婚而分居，为大地万国不可逃之公例，而中国自古即见及之，亦神矣。虽然，既曰有室，则必有以构造之；既曰有家，则亦有以绸缪之。由此言之，则聘仪奁赠之制，殆为组织新家室之预备乎！第宜互相斟酌，称其有无，且勿使出之父母耳。后人因之习而不察，失其自立之本意，成为互市之浇风。或且竞事纷华，互相凌驾，富者竭其脂膏，贫者亦思步武，相穷以力，相尽以财，不至于犬竭兔毙不止。以此诸因，遂生诸果，往往庆贺未终，丧吊已至，爱情未结，怨讟旋生者，多不可以数举焉。呜呼，溯厥由来，非分居之致不行，误解此问题所致乎！故聘仪奁赠之制，若与分居之并行，则有利而无弊；而误用之于装饰观瞻，则其弊有如此。

　　一、早聘早婚之弊　　父母专婚，已为中国仅有之大特色矣，虽然，犹未尽其变相焉。其变相之尤奇者，有早聘、早婚二事。我今请先言早聘。早聘之中，有所谓指腹为婚者与所谓抱中论婚者。指腹为婚者，两人彼此交好，而两家又同时有孕，则预约彼此各生男女，则互结为婚，以申爱谊；是谓之指腹为婚。抱中论婚者，其原因大率类此，惟两家儿女，均在孩提，故异其名曰抱中论婚耳。夫婚姻之事，断非父母所得干涉，吾前已论之详矣，今复言父母用意之所在。其意以为儿女者，己之财产也，己之附属也，既为财产则产主自不得不专其权，既为附属则物主自不得不处其事，于是于男女之婚姻则主之，职业则主之。习而久之，以为可专之于生后，何不可主之于生前，由是早聘之风起矣。盖事势至此，而父母之于子女，非惟以为财产附属，抑且以为交欢之物，遗赠之具矣。若与之而并立者，则复有早婚一事。早婚之俗，为弊至大，人所共知，兹不多赘。要之，此两事者，一则为中国子女失权之所由，一则为中国人种日劣之大原，皆于今日社会上种族上大有关系者也。表而出之，早聘、早婚之弊，有如此者。

　　一、繁文缛节之弊　　国中少一分利，即多一生利；社会少一奴隶，即多一主人。夫乐工礼生谓之六局，喜婆媒妪是为六婆，此两六者，实惟赘人，亦曰惰民，大之足以蠹国，小之足以病身。然此数人者，皆须待人而动，而不能自为动。其用之者，不一其端，而独惟婚礼为之最。故一婚之起也，始则用之，中则用之，终则用之，盖与婚事，若瞽之有相，不可一日缺。然我尝窃维其故：乐工者侑酒娱宾之用耳，礼生者鸣赞起拜之用耳，喜婆媒媪者扶持装饰之用耳，卤簿仪从者装饰观瞻之用耳，其与婚姻之至则皆渺不相关。且其事既非专门，人人皆优为之，审能一反旧俗，除卤簿仪从为野蛮风俗且无用之物外，其余皆倩亲若友执之，如太西婚礼，亲友咸为鼓乐，或为跳舞，以尽欢忱，而成婚之时，则倩年高望重者，接洽男女之间，谓之 jqand giaer，以此易彼，我不知其间得失为何如也！且也徒以一人之事，动劳百千之众，揆之公德，已属有亏；况以耳目之故，驱人于奴隶之域，上以病国，下以殃民乎！由此言之，繁文缛礼之制，其弊有如此者。

吾叙以上之六弊已毕，我于我子女之依赖也，不禁心为之怜；于其父母之专制也，不禁齿为之切；于其媒妁之干涉也，不禁意为之索；于其奁币之纷杂也，不禁额为之蹙；于其早聘与早婚也，不禁腕为之扼；于其仪文之繁琐也，不禁口为之哑。呜呼，此六者于中国婚礼，不过鸟之一羽，兽之一体耳，其他之可惊可愕可骇可叹之事，历落纠纷，尚在不可毕陈之数。而何以已使人闻之色变，见之目瞪，读之舌挢，思之魄荡，终乃如睹奇鬼，如入恶梦，心摇摇而无主，魂渺渺而无归也。呜呼，是焉得不为中国之大特色乎！

吾尝以之求欧洲诸大国矣，非惟从无此事，亦未尝闻此事也；又求诸文明稍次之国，或亦闻此事，然未闻有此事也；求诸已亡之国，如印度、埃及等，或亦有此事，而今则绝无仅有矣。呜呼，世界皆入于文明，人类悉至于自由，独我中国，犹坚持其野蛮主义，墨守其腐败风俗，以自表异于诸文明国之外，遂使神明之裔濒于沦亡，衣冠之族侪于蛮貉。我今思之，我焉得不于中国婚礼有重憾乎！

虽然，文野之殊，自由与专制之别耳，中外婚礼之殊，其故亦在于是，而失之毫厘，谬以千里，遂致原分派异，霄壤悬殊。呜呼，自正正俗，允为大人；自新新民，实惟君子。是果谁之责哉！我今欲发大愿，出大力，振大铎，奋大笔，以独立分居为根据地，以自由结婚为归着点，扫荡社会上种种风云，打破家庭间重重魔障，使全国婚界放一层异彩，为同胞男女辟一片新土，破坏男女之依赖，推倒专制之恶风，遏绝媒妁之干涉，斩芟仪文之琐屑。咄！我务将此极名誉、极完全、极粲烂、极庄严之一个至高无上、花团锦簇之婚姻自由权，攫而献之于我同胞四万万自由结婚之主人

翁！（《觉民》第一至五期合刊，1904 年）

竹 庄

论中国女学不兴之害

地球生人以来，斯有男女。男女同生天地间，同有天赋之权利，同有争存之能力。故文明之国，男女并重，教化日以进，国力日以强。独我中国女子，五千年来沉沦于柔脆怯弱黑暗惨酷之世界，是何故哉？吾一言蔽之曰：女学不兴之害也。夫女学不兴之害，今日人人知之矣，吾且推论其害之所极，而胪举其大端曰：害于个人者三，害于家族者三，害于社会者二，害于国家者二。

曷言乎害于个人也？曰：戕其肢体，锢其智识，丧其德性。世之论者曰：女子缠足，皆男子之罪也。夫男子诚有罪矣，毋亦女子之不学有以致之也。圆颅方趾，同是国民，胡为缠足一事，虽慈母之于儿女，不得不忍心害理以行之！揣其本意，亦甚可笑，盖恐其将来不能嫁耳。夫女子无学不能自立，虑其见弃于人，至残其肢体而不悔，终身为废人，亦足悲矣。所谓害于个人者一也。人在动物中，所以为高尚者，为其有智识也，故为人务发达其智识。智识愈富，为用愈大。男子宜如此，女子何独不然！往古陋儒，鉴于哲妇倾城之祸，不探其本原，辄倡为瞽说，一则曰：惟酒食是议。再则曰：无才便是德。是犹独夫民贼，畏其民犯上作乱，日以愚民为事也。民智终不可遏，改革之惨祸随之，今中国女子皆无学，宜乎倾城之祸可危矣。然而牝后亡国之活剧，不绝于我国之历史，盖天然之智识，无学问以济之，则横决溃溢，无所不至。其下者则蠢如鹿豕，虑不出衣服金钱，足不出户庭，愚陋暗昧，仅为男子之附属物，至可悯也。所谓害于个人者二也。人之天性，未必不善，辅之以学，则如春雨润花，顺其天然而培植之，养成一身之道德，而人格于以完。女子既不学，则天性本驯者，日以顺从为事，依赖之外一无所称；否则乖戾谬误，妇姑勃豀，扰乱家庭。执吾国人而问之，盖含忍太息而莫能明言者，殆十家八九也。岂女子之性皆不善哉？逆其性，丧其德，有以致之耳。所谓害于个人者三也。

　　曷言乎害于家族也？曰：贫窭之媒，流传弱种，家庭无教育。我国人所以贫，皆生利者寡，分利者多也。泰西女子，无有如中国之终身坐食，不能生利者。我国之人，自上流社会以至下流社会，无不曰家累家累，所谓家累者，即妻女之坐食也。一人谋生，依以为生活者常二三人也，甚或五六人也。合全国计之，坐食者，殆过其半，而妇女居多数。所谓贫窭之媒是也。儿女之生，常得父母之遗传性。缠足之母，运动不灵，血脉停滞，人人皆病夫；所生儿女，亦瘠弱夭昏，多不获尽其天年，其得成立者类多病夫。故我国人以病夫贻笑地球万国，揆厥所由，大率根于秉赋。所谓流传弱种是也。人生所最急者，莫如家庭敢育。家庭之中，与儿女最亲者莫如母。故文明国小学校教师，多以女子任之，为其与小儿最亲也。我国女子无学，则家庭无教育；童蒙所习见习闻者，非佞佛茹素之类，即谗潜诉詈之事，其害至大，影响及于全国不可救药，殊足悲也。所谓家庭无教育是也。

　　曷言乎害于社会也？曰：迷信僧道，败坏风俗。僧道之说，诱人以未来之祸福。我国妇女，愚昧无知，且以身为女子之苦，无所希望，乃希望于来世，而僧道之说适足以中之。于是全国教育妇女之权，乃为僧道所扼，诵经礼忏，拜佛焚香，举国如狂，滔滔不返。至于贫家妇女，积其针黹所得金钱，蓄诸数十年，以供僧道之一掷，天下之至愚可悯，孰甚于是。富豪之家，布施巨万，以崇饰寺庙土偶者又无论矣。所谓迷信僧道者此也。夫人不能恒苦而无乐，故文明国之教育，学业与游戏并重，社会之中，则有舞踏〔蹈〕、赛马、角力诸运动，凡以舒展其气血，强健其筋骨也。中国之待妇女，拘束深闺，耳不得闻外事，目不得见外物，恒苦无乐，绝少发泄之处；而惟烧香佞佛之事，得借口外出，父不能禁绝其女，夫不能禁绝其妻。于是佛会种种名目，如庚申坐夜之类，不可枚举，一日之中，恒数起焉。有游观之乐，有饮食之乐，为妇女者，不知不觉，潜驱默运，相率入其中，虽贤明者不能免也。其下焉者，则丧身败德之事，皆由于此。所谓败坏风俗者此也。

　　曷言乎害于国家也？曰：亡国之源，亡种之源。国家者，积民而成也，无民则不能成国。民气涣散不能争存于强权之世界，则其国必亡。我国之

灭亡，翘足可待矣，吾岂能以亡国之祸，归咎于女子！然吾闻之，国家之
强，必其国无一妄用之民而后可。我国四万万人，女子居其半，此二万万
之女子，皆无用之人也。而此二万万之男子，其有完全国民之资格者，几
何人哉；且为此二万万之女子，相牵相掣，以沦胥于贫且弱之境遇也。抑
又闻之，女权愈振之国，其国愈文明；女权愈衰之国，其国愈衰弱。今我
国女子，大都废人、病夫，乃愚乃顽乃怯乃惰，遑论女权！虽欲国之不亡，
乌得而不亡！所谓亡国之源也。女子者，国民之母，种族所由来也。黄种
之繁远过于白种，而白种之强远过于黄种，白种人常能以少数制黄种人之
多数。南洋美洲，华民数十万，往往受制于数千白种人之下，驱之如牛马，
戮辱之如羊豕；上洋一埠，白种数千人，而隐然敌国，黄种人虽多，无如
之何也。日本与我同种，且于博览会中，置我种于野蛮人类馆矣，吁，可
痛哉！推原劣种之由，固由智识之不竞，亦实由体魄之脆弱。体魄脆弱，非
由国民之母皆缠足之故哉！抑又闻之，南洋之棕色人，美洲之红夷，台湾
之土番，皆日渐消耗，而印度、波兰亡国之民，生齿亦日以促。劣种人与
优等种遇，则灭亡之祸，必不可免。亡国之祸，殆不若亡种之惨也！所谓
亡种之源也。

　　凡女学不兴之害，吾既论列之矣。近岁以来，沪滨明达之士，始有创设
女学校者，务本女塾起于前，爱国女校起于后，而文化、宗孟、城东女学
社继之。内地如湖北、杭州、苏州，亦有继起者。吾尝考验女学生之性质，
而知年幼女子之锐敏于学，远过于男学生；而其感觉之灵捷，爱力之团结，
则又非男子之性情涣散各私其私之可比。则信乎中国女子非不可教，惜其
埋没数千年，虽有英杰之姿，亦不可得见。今女学萌芽，仅此区区少数之
女学生，而已崭然显其才智也。又惜乎中国如是之大，而仅得此区区少数
之女学生，恐教育未能普及，而我国之亡已久矣。然大病垂危，医药终不
能废，吾犹幸及见此区区少数之女学生，而希望多数之女子，接踵而起也。
抑又闻之，东西各国之改革，皆起自下，无有起自上者，且多借女子之力。
吾国女子，正宜奋发其争存之能力，规复天赋之权利，以扫除依赖男子之
劣根性，各自努力于学问，以成救国之女豪杰，夫而后中国或有可望也。
异日有玛利侬、苏菲亚其人乎？庶几于二十世纪中遇之矣！（《女子世界》
第三期，1904 年 3 月）

丁初我

女子家庭革命说

战云惨淡，卷东大陆而南；祖国江山，夕阳明灭，若隐若现间。回视吾香闺万户，"后庭花落不开门，正是春眠不觉晓"。噫嘻吁！革命！革命！家庭先革命！

革命者，脓血之舞台也。家庭者，生意之乐园也。人生幸福，孰过天伦，顾于春和日暖金闺绣阃之场，亦欲演雨骤风狂可怖可惊之大惨剧，咄，大不祥！咄，大不道！咄咄，大怪物！

呜呼！革命何物乎，权利之代价，奴隶之变相，不得已而一用之爆药也。故今日非处专制压制下不必言革命，非处再重专制压制下，更不必言女子家庭革命。同胞乎！女子乎！勿先骇而走，其息惊喘皇遽之香汗，听吾平和解决之一言。

欧洲十八九世纪，为君权革命世界；二十世纪，为女权革命世界。今中国犹君权时代也，民权之不复，而遑言女权！虽然，女权与民权，为直接之关系，而非有离二之问题。欲造国，先造家，欲生国民，先生女子。政治之革命以争国民全体之自由，家庭之革命以争国民个人之自由，其目的同。政治之革命由君主法律直接之压制而起，女子家庭之革命由君主法律间接之压制而起，其原因同。试观今日家长之威严，直有第二君主之权力。君主之权力，人奉之，家长之权力，半人为之，半天赋之，其剥夺权利一耳，其禁削自由一耳。苟无权利，即为人奴；苟非自由，即为天囚。悲哉！悲哉！人禽之界，判此几希。论家国革命之先后，并无秩序之可言，论男女革命之重轻，则女子实急于男子万倍。

然则吾言革命，而不剖革命之胎原，女子能免魂褫而胆裂乎？夫权利者快乐之物也，家庭实自由之产地，而革命实平和之进行也。大好巴黎百万之头颅，不恤快掷以争一日之权利；南北花旗无量之自由热血，只偿奴隶一问题。呜呼！天下牺牲现在之生命，希求同胞未来之幸福者，尚且怡然为之；况今日家庭革命之故，非真手炮火于萧墙，见戈矛于床第也！执其权，达其变，因其时势而利用，移政治革命之精神，为激烈平和之解判，盖所谓革命者，固学术革命、经济革命之例辞也，平和之至，且快乐之至也。

快乐不能得，必先尝其痛苦，平权不能获，必先用其强权，此普通社会之公例。未有畏难荼弱之徒，得有功成圆满之一日者；未有强梁跋扈之夫，坦然出势力以相授者。我中国女子之权利得之非极难，权利中之快乐获之又易易。试观掷万民之膏血，以死抗强暴无知之官吏，运子妇之能力，以感化亲爱相见之家人，孰易孰难，不言而决。同胞姊妹，尚有所逡巡却顾而不进行乎！然世固无袖手熏香，而能卜幸福之不期遇也，我姊妹其不甘自杀，我姊妹其急自改图。

家庭革命之必要若是，家庭革命之平和而快乐又若是，吾请历数革命之阶级，以为同胞下手之方法焉。

一、父母　天伦乐事，其人生无上幸福哉！然徇一时之亲爱，丧终身之人格，辱身犹小，辱亲莫大焉。吾中国女子之根性，谬种遗传者无论矣。襁褓未离，而三从四出之谬训，无才是德之謺言，即聒于耳而浸淫于脑海，禁识字以绝学业，强婚姻以误终身，施缠足之天刑而戕贼其体干焉，限闺门之跬步而颓丧其精神焉，种种家庭之教育，非贼形骸即锢知识，其不生而夭者幸耳。嗟嗟同胞！万万大好女儿，乃禁狱囚徒之为伍，无知动物之不如。吾谓女子一生，被父母爱者独多，其受父母罪者亦最酷。劝我同胞，亟发自由之精神，乘间而运革命之机关焉。

二、兄弟　代父母而操家庭教育之权者，惟兄弟，然同化之力，独较父母为多焉。有女不令其读书，有子必求其上进，科名毒焰，文章余臭，濡染满身，渐且薰传于手足。况饮食相共，居处相依，无父母之恩，而有父母之虐，出入必禁限，言论必防闲，结婚必得全权之承诺。平日置妆析产，亦往往有一二同气之忿争，独至于名义关头，则且俯首屈膝而俱唯命者，此家庭第二重之压制。是可忍，孰不可忍？革命乌得不进行？

三、翁姑　洗手羹汤，躬操井臼，贤妇人职业，其天责之常哉。然勃溪悍跋之威权，实为女子第二重之地狱焉。吾验中国普通之社会，未闻有娶妇三年，而无一言交谪者，其合不以情交，其心必存异视，以至箕帚细故，奴婢谗言，无非为荆棘戈矛之地。其禁遏自由之权力，且不逊父母兄弟而尤过之。谁无子女，乃忍陵夷，谁非同胞，乃忍胡越。哀哉！哀哉！红丝一缕，轻贱芳躯，孽镜终身，浸淫美疢，是受同种之侵陵为不足，再受异族之奴囚也。吾直欲劗刃于暴夫悍妇之腹，拔千万女同胞于家族之火坑，而登之莲花之舞台也。

四、夫　入其室而和气迎人，登其堂而交际有节，觇其道路而同车携手乐意融融，欧美自由之空气，直弥漫于夫妇之生涯，而胡以视吾中国，颜拘挛而足趔趄也。吾中国民权不复久矣，而独至闺房之内，俨然具有第二君主之威权，杀人无死刑，役人如犬马，对称贱曰：妾，自号尊为天。呜呼！男子何修？女子何罪？吾叹中国夫妇之道苦，直起因于结婚之问题，而结果于相从地下。此身一误，蹂躏终生，悲哉！悲哉！世间之爱情莫如夫妇，家庭之压制亦莫甚于夫妇；宁断爱情不受压制，能去压制始长爱情。诸姊妹勿以革命为斩情之利剑，吾且欲扬家庭独立之旗，击鼓进行于女权世界，不忍使二万万个人天赋之权利，牺牲于独夫之手也。

综观女权削弱之原因，半由亲族爱情之羁勒，半由家庭礼法、社会风俗之浸淫，而何莫非由于君主立法之三千年如一日。同胞乎！女子乎！欲革国命，先革家命；欲革家命，还请先革一身之命。有个人之自治，而后有团体之建设，有不依赖之能力，而后有真破坏之实行。否则日呼革命，而欧云尽卷，美雨其零，不出数年，将牺牲汝家族，肉袒而迎于道矣。读"国破家何在"之句，愿同胞一深长思也。

然则三千年来陵灭之女权，一旦夺之万重黑暗之幕下，顾反手得奏凯旋之曲乎？进行不得遂其志，顾全军如墨，遍树降幡下玉阶乎？"不流汗不得，不竞争不克"。愿同胞溅热泪，运妙腕，奋一往无前之精神，持百折不回之愿力，相机而行事，因势而利导，种种天赋完全之权利，得一鼓而光复之。有学问而后有知识，有交际而后有社会，有营业而后有生利，有出入自由而后去种种之束缚、得种种之运动。终之以婚姻自由，为吾国最大问题，而必为将来发达女权之所自始。"自由花发春何处，革命风潮卷地来"。吾所最尊敬最亲爱之同胞，其无恐怖，无罣碍，无傍徨而却曲，静听今日英伦第一声。参政之凯歌，以兴乎来！（《女子世界》第 4 期，1904 年 4 月）

亚　特

论铸造国民母

衣冠涂炭，臣妾腥膻，吾黄帝神明之统裔，经十日、三屠之惨毒，种之不灭仅矣。积今三百年来，惟兹亡国子遗，呻吟婉转于异族铁蹄之下，日受种种束缚，种种贱戮，种种剥削，至此而民愚矣，财尽矣，老弱病沟壑，强壮习跳梁。而外界风潮，又浸淫澎湃，将卷东大陆而去，国一亡不足而再亡，人一奴不足而再奴，如此黑暗！如此陆沉！爱国之士，呼号奔走，泪竭唇焦，曰吾国民曷归乎来！曰吾国民曷归乎来！夫国无国民之不能生存久矣，然亦知国民果孰生之而孰支配之乎？斯巴达女子有言："惟斯巴达女子能生男儿，亦惟斯巴达女子能支配男儿。"国民果若何以生，若何以支配，其果伟且大，其因远且长。国无国民母，则国民安生；国无国民母所生之国民，则国将不国。故欲铸造国民，必先铸造国民母始。

高尚洁白，坦坦落落，此国民之道德也；心思出入，九天九渊，此国民之智识也；强毅勇敢，百折不回，此国民之躯干也。今乃猥鄙龌龊，愚钝顽固，涣散娱嫚，无一可为国民之资格。可怜哉今日之国民！可厌哉我国之国民；试还思吾国民之半部分，则忧愁惨淡，家庭被压制，娇躯弱质，身体被戕贼，得永远监禁之罚，以三从、七出而终；而且谗妇扇动之，淫婢引诱之，三姑六婆相左右之，僧道妖蛊乃间入以摇惑之。塞聪堕明，弃圣绝智，或流为人奴，或转为人妖，种种恶孽，种种谬因，种种恶果，吾言所不能殚，吾笔所不能述。乃相因相仍相薰陶相掩饰，积成今日不知不识之女界。呜呼！以此今日孱弱污贱之女子，而欲其生伟大高尚之国民，是将化铁而为金，养鹨而成凤也。可得乎？不可得乎？

由是言之，我国女界腐败之原因，盖导源于千百年以前，延蔓传染之久，而造成今日无穷之孽报来。苟非从根本之地，摧陷而廓清之，则种必不能变，种不变则不能战优而胜劣，而我国亦无以自保。

然则铸造国民母之方法其何如？盖必断绝其劣根性，而后回复其固有性；跳出于旧风气，而后接近于新风气；排除其依赖心，而后养成其独立心。

曷言乎断绝其劣根性，而回复其固有性？夫慈悲善良，为女子固有之特性也。试考察世界文明国中，无论王党、政党、温和党、进步党、革命党、虚无党、无政府党，一切社会人物，无不有惊天动地之女杰，以扶助于其间。至其所设之事业，则有施食所、施医所，有贫苦投泊所，有罪人保护所，有万国矫风会，有普救赤十字会。今者俄事警起，日本下等娼寮，有典簪钗、质衣饰、以输纳政府而为军糈资者。可知牺牲现在，牺牲一己，以普渡众生一切事，凡女子无不欣然乐从之。而何以吾中国女子，日本下等娼寮之不若也！闻中国富家女子，有挥霍巨金，用之于放生斋醮、施幡装金、纳粟封典之举者，未闻有为吾国民一臂助者也。是岂吾中国女子之独禀异性乎？盖彼居常自守，足不出户庭，斲斲于锱铢，琐琐于筐箧，不知身与国家之关系，仅以此身为男子附属物，一任乾坤颠覆，世事反常，但使低首下心，献媚求悦，终不失宠于男子，则其生平希望已极圆满矣，故舍实务于今世，而转种福田于来生。其先天的遗传，习惯的动作，养成根性，如是如是。呜呼！"商女不知亡国恨，隔江犹唱后庭花"，此我二万万同胞姊妹特性之代表。吾中国救世军国民，其崩山倒海而来，一洗此旧污染，而相见于高尚洁白之天也！

曷言乎跳出于旧风气，而接近于新风气？凡人生得享精神上无限快乐者，以其有新鲜空气，相呼吸相调济也；否则必困顿抑郁，无以自适而自存。故风气无百年不变。新风气者所以为文明之导线也。女子得乎风起之先，阳和一转，万象皆春，奇花初胎，春草又绿，绝爽心，绝快意，高尚洁白，不可侵犯，夫而后文明种子，传播于无量数中，庄严璀璨美丽光辉之新世界，即于此胚胎矣。而吾中国之女界，乃围困于数千年来旧风气中，蚕之缚茧，吐丝自毙，蛛之牵丝，一网而尽。足使纤，耳使贯，面目使姣好，身体使孱弱，以确守旧训为无上法门，以服从家主为第一要义，以女才为天所忌嫉而禽兽其行，以女质为人所轻贱而奴隶其心，拜天为神，拜巫为仙，拜蛇为祖宗，拜泥塑木雕为种种佛。女子之自卑自贱既如是，于是俘于韦毳，淫于潼酪，臣于异种，妾于膻族，恬然不以为耻；夫而后蓄婢置妾之家十居八九，乞怜卖笑之生活举国成风矣。呜呼！吾中国女子社会之现象乃若是。英国傅莼纱德夫人曰："处女子于万重压制之下，养成其奴隶根性，则全国民皆奴隶之分子。"今中国一切种种社会，一奴隶世界也。吾欲洗除奴性，划除奴根，不得不撼雷霆万钧之全力，以与旧社会争胜。夫十九世纪，如弥勒约翰、斯宾塞尔天赋人权、男女平等之学说，既风驰云涌于欧西，今乃挟其潮流，经太平洋汩汩而来。西方新空气，行将渗漏于我女子世界，灌溉自由苗，培泽爱之花，则我女子世界发达之一日，即为我国民母发达之一日。

曷言乎排除其依赖心，而养成其独立心？夫天生男女，各有义务，即各有应享之权利。欧美诸国，女学校林立于都会，女学生络绎于道涂，及其卒业，或为美术家，或为哲学家，或为文豪家，或为悲剧家，或参预夫政治，或从事于侦探，或投身看护妇，或组织救世军，莫不有一种灵敏活泼独立不羁之精神，以造成一种有功国家社会之事业。而何以吾中国女子，不名誉，不道德，无一言一行之表见，终身放弃其义务，以从其夫其子终，则依赖心重也。试推其原因，其故有二。一中于家主专制之毒。出入无自由，交友无自由，婚姻无自由，非顺从家主，不得其所欲，故甘以高尚洁白之身，先意承旨于须眉麾下，至于为奴为隶、为牛为马、为花为鸟而俱不辞者。夫今日中国女子，即使一旦得脱家主羁绊，尚与吾二万万男子呻吟痛苦于专制政府下；况乎今日男子，犹倚着第二独夫椅而作威福也。则是对于家庭，受直接纯一之压制；对于国家，受间接双料之压制。因是女子一生不复知有所权利，有终身仰望而已矣。一苦于无自营生计之力。吾闻盎格鲁撒逊人之女子，其父母有舍巨万财产于公众事业，绝不遗传于子若女；而子若女知父母之不能代谋生活，常汲汲自造独立自营之能力，以依赖人为大耻者。今我中国女子，有分利，无生利，少则待食于其父，长则待食于其夫，老则待食于其子。贫窭之家，男子一人出谋生，而家中坐食之流，自二三人至五六人以上，交谪之声，殆比户相闻者。而巧黠者流，又惟知盘利夺产，肆其利己的欲念而已。否则劳心女红，制一履，绣一襦，旬日之所入，不能敷一日所用。女子生计之拙如此，不倚赖男子而又谁归乎？有此二大因，又以脑力不足无特别思想，风气不开无普及教育，故适以积成其平日之依赖心，而消磨其一切之万能力。吾今愿二万万同胞，猛自省，急自治，发其大愿力，大慈悲，大感情，抖擞精神，改造性质，使千百年前已失之权利，一旦竞争而恢复之。于是对于男子而不亢不卑，对于国家而尽劳尽爱。推倒独夫椅，珍重千金躯，二十世纪大好之女儿国，莫谓雌风不竞焉。

（《女子世界》第七期，1904 年 7 月）

柳亚子

哀女界

　　莽莽尘球，芸芸万类，中有一怪物也，颅一而肢四，自翘于动植间，无以名之，名之曰人。曰人，人也者，其天之骄子乎？虽然，弱肉强食之丑态，吾未见其愈于禽兽也。以螳蛄朝菌之数十寒暑，梦梦以生，梦梦以死，又梦梦以有竞争，梦梦以有压制。甲为压制者，即乙为被压制者，未必甲为正而乙为负也。目论之士欲自文其种性之劣，则造为优胜劣败之谈，掩耳盗铃，夫复何益。夫华严天国之不能以梦见，而五浊人世长此终古，则必有受其弊者。独罗瑟女士之言曰："万物并育而不相害，何事罪恶，而乃组织不平等之世界。"傅莘纱德夫人之言曰："女子者，文明之母也，凡处女子于万重压制之下，教成其奴隶根性既深，则全国民皆奴隶之分子而已。大抵女权不昌之国，其邻于亡也近。"何其言之有隐痛也。阳当扶而阴当抑，男当尊而女当卑，则不平等之毒、压制之毒顺风扬波，必将以女界为尾闾矣。吾哀众生，吾又哀女界。

　　"苍天何事太朦胧，一任伤心不管侬，粉面黛眉成傀儡，画楼雕阁是牢笼。并刀夜映肤如雪，翠被朝看泪染红，姊妹同胞二万万，江山正好夕阳中。"嗟嗟，抱此痛者，岂独我二万万女子哉？豺狼当道，荆棘漫天，横刀出门，税驾何地，茫茫寰宇之中，法律一致、言论一致，安有一片干净土为女子仰首伸眉之新世界乎！彼西方大陆与东海岛国，固以女权自号于众者，自我支那民族之眼光视之，亦必啧啧称羡，以为彼天堂而我地狱矣。虽然，彼所谓女权者又安在也？选举无权矣，议政无权矣，有靦面目为半部分之国民，而政治上之价值乃与黑奴无异。虽有弥勒约翰、斯宾塞尔，其如群盲之反对乎？一犬吠影，百犬吠声，煮鹤焚琴，毒流奕祀。吾言及此，吾欲置铃木力于查里斯第一之断头台，吾欲赠伯伦知理以亚历山大第二之爆裂丸，则女界革命庶几其兴乎。不然，则亦压制耳，奴隶耳。沧海桑田，变迁瞬息，此耻其终不可湔哉。

　　伪学横行，自由终死，悲歌慷慨，无涕可挥。呜呼，吾今且勿大言高论，以澄清五洲女界为己任矣。"取镜照人，回而发见自己之丑。"彼欧美扶桑剥削女子之公权，不使有一毫势力于政界，是诚可耻，顾私权犹完全而无缺。试一观吾祖国之女界，则固日日香花祈祝，求为欧美扶桑之一足趾而不可得者也。遍翻上古之典籍，近察流俗之舆论，岂以人类待女子者，而女子亦遂靦然受之。大抵三从七出，所以禁锢女子之体魄；无才是德，所以遏绝女子之灵魂。盖蹂躏女权实以此二大谛为本营，而余皆其偏师小队。夫中国伦理政治皆以压制为要义，而人人为压制者，亦即人人为被压制者，其利害犹可互剂而相平，独施于女子则不然。准三从之义，女子之权力犹不能与其自孕育之子平等，乌论他人？而无才是德之言，则古今女杰木兰、红玉之流，皆不免为名教之罪人矣。束缚驰骤，致全国女界皆成冢中枯骨，绝无生气，变本加厉，有所谓穿耳刖足之俗，遂由奴隶而为玩物。谭嗣同曰："世俗之待女子，忍为蜂蚁豺虎之所不为。中国虽亡，而罪当有余。"吾读其言，而不知泪涔涔之何自来也，谁非我至尊至贵、可亲可爱之同胞？而何至于此！

廿纪风尘，盘涡东下，漫漫长夜，渐露光明。女权女权之声，始发现于中国人之耳膜，女界怪杰方发愤兴起以图之，而同胞志士亦祛负心之辱，深同病之怜，著书立说，鼓吹一世，欲恢复私权，渐进而开参预政治之幕。儿女英雄提携互誓，此亦人心之未死者矣。乃返顾世俗，阻力方坚。独夫民贼创之于上，鲰生狗曲和之于下，邑犬狂吠，信吠所怪哉。夫以恢复权利之着手，固不得不忍气吞声以求学问，而群魔之阻挠即因之以起。裴景福、丁仁长之禁广东女学，德某之禁常州女学，近则湖北已成之女学校，且为张之洞所解散。彼固以二千年惨酷野蛮待女子之手段为神圣不可侵犯，而不使女子有冲决罗网之一日也。虽然，彼异族走狗固何足骂，我独悲堂堂华夏之胄亦为此丧心病狂之逆行：有权力者，实行其破坏女学、阻遏女权之政策；无权力者，则冷嘲热骂以播谣诼于社会。司马昭之心路人皆知之，是与女界为直接之公敌，与祖国为间接之公敌也。世无张献忠，谁能行择种留良之手段，勿使此辈蟊贼遗孽于新社会哉。

吾恶真野蛮，抑吾尤恶伪文明。吾见今日温和派之以狡狯手段侵犯女界者矣。彼之言曰：女权、非不可言，而今日中国之女子则必不能有权，苟实行之，则待诸数十年后。呜呼，是何其助桀辅桀之甚，设淫辞而助之攻也。夫权利云者，与有生俱来，苟非被人剥夺，即终身无一日之可离。必曰如何而后可以有权，如何即无权，此岂有量才之玉尺而比较至累黍不差乎？中国女子即学问不足，抑岂不可与男子平等？必如论者所言，将中国男子亦在不能有权之列，而翻怪独夫民贼仅夺国民之公权，而不夺其私权，为放任太过矣。夫女子之无学，岂女子之罪哉！奴隶视之，玩物待之，女权既丧，学焉将安用之？况如无才是德所云，且明禁女子之求学乎！昔以女权之亡，而女学遂湮，今日欲复女权，又曰女学不兴不能有权，则女界其终无自由独立之一日矣。欲光复中国于已亡以后，不能不言女学，而女权不昌，则种种压制、种种束缚，必不能达其求学之目的。今乃曰女权之行必待数十年后，大好江山又不知几易主矣。七年之病而不求三年之艾，更迁缓时日以阻之，其将索我国民于枯鱼之肆哉！牛山之木萌蘖初生，牛羊又从而牧之，是以若彼濯濯焉，际女权幼稚之秋，而摧之折之，温和派其勿以牛羊自命也。

吾敢披发裂喉，大声疾呼，以告我二万万同胞男子曰：咄咄，公等日匍匐于曼殊贱种之下，受其压制、受其戮辱、受其鞭笞、受其愚弄二百六十一年。国仇民贼而父母事之，帝天待之，不敢有一毫抵抗力。奴性既深，奴风日煽，时至今日，犹欲以己所身受之状，反而使压力于女界，女界诚何辜，而为公等奴隶为异种重僇哉！公等虽不肖，非所谓黄帝之子孙耶？彼二万万女子非他，固亦轩辕之遗胤而公等之诸姑伯姊也，公等于异族则媚之，于同胞则排之，靦颜事仇，不知廉耻，虽擢公等之发，不能数公等之罪。特恐房运既终，贩卖方始，中原大陆将演第二次亡国之惨剧，公等乃与平日所奴视之女子同烬于枪烟炮雨之中，而公之特权卒归于乌有也。夫岂如及今可为之日好自图之，扶植女子共谋进步，以造福于女界，即以造福于中国，他日义旗北指，羽檄西驰，革命军中必有玛尼他、苏菲亚为之马前卒者。巾帼须眉相将携手以上二十世纪之舞台，而演驱除异族光复河山，推倒旧政府建设新中国之活剧，而公等亦得享自由独立之幸福以去。公等其愿就死亡乎，其愿享幸福乎？造因于今，结果于后，公等其自择之。

吾更敢披发裂喉，大声疾呼，以告我二万万同胞女子曰：嗟嗟！公等之束缚驰骤二千年于兹矣，奴隶于礼法，奴隶于学说、奴隶于风俗、奴隶于社会、奴隶于宗教、奴隶于家庭，如饮狂泉，如入黑狱。公等之抱异质、怀大志而不堪诽谤，不堪钳束，郁郁以去，不知几千万人哉。天命方新，无往不复，洪涛东簸，劫灰忽燃，公等何幸而遇今日，公等又何不幸而仅仅遇今日。今日何日？此公等沉九渊，飞九天，千钧一发之界线也。公等而不甘以三重奴隶终乎？则请自奋发、请自鼓励、请自提倡、请自团结，实力既充，自足以推倒魔障。彼独夫民贼与鯫生狗曲为公等敌者，岂足当公等剑头之一快也。非然者，落花飞絮，飘泊堪怜，笯凤囚鸾，鞭笞谁惜，亡国灭种，沦胥以尽。公等之末路，我悲从中来，又岂能为公等说哉。抑吾又有进言于公等者，当某氏之兴，满珠王气渐消沉矣，湘淮诸将甘为胡奴，竭力以覆义军，而中国复灭。公等其知之否耶？今英雄女杰欲恢复女界之权利者，不乏其人，顾出一言行一事，他人犹未置可否，而公等团体中之蠹贼先反对之，诽谤之，其顽固野蛮自暴自弃或有更甚于男子者，他日大功终败，又岂能专责男子之负心也！呜呼，公等其慎之！

金一有言曰："凡身领压制之况味，受压制之痛苦之人，必痛心切齿于压制政体，不愿世间有此等恶现象。"旨哉斯言，其伤心语哉。吾非女子，而压制之惨亦身受之矣。神州陆沉，胡骑如织，身为亡国遗民，抱鲁仲连之遗恨，坐视腥膻贱族之杀我同胞，卖我祖国，而赤手空拳，徒呼负负。头颅大好，抚影自豪，我亦劫余之身哉。

居地球之上，其不幸者莫如我中国人，而中国女界，又不幸中之最不幸者。睹斯惨状，同病之感，我又乌能已于言。我独怪奴颜婢膝于大廷，而归骄其妻妾者之尚有人也。世界无公理，国民有铁血，人以强权侵我之自由，吾即以强权自拥护其自由，而哓哓奚为？铁乎血乎！汝为文明之敌，抑亦文明之母乎。吾以是二者自赠，勉达我前途之希望；吾更以是二者赠女界，使勉达其前途之希望。摆伦乎，乐欢脱乎，哥修士孤乎，吾以是自期。吾又不愿女界之以是期我也。呜呼，近弹棋之局，心最难平，抚宝剑之鞘，壶真欲缺。吾悬是文于十年以后，待女子世界之成立，选举代议，一切平等，而吾"哀女界"之名词乃有销灭之一日。（《女子世界》第九期，1904 年 9 月，署名"亚卢"）

黄　公

大魂篇

斗室危坐，万籁无声，炉火既死，灯暗欲昏，漫漫长夜，神州陆沉，临风奠爵，何处招魂。望祖国之前途，予心碎矣，夫复何言！予有血而如沸，予有泪而不能哭，予惟绞我血泪，吮我秃笔，而成大魂之篇。

据五百余万方方里之大陆，山林葱郁，河流纵横，宁不曰大好河山耶？然而中原铁血，大地腥膻，禹氏九州，已无复一寸干净土，为吾黄帝子孙立足地。甲国范围线，乙国势力圈，鲸吞者封豕长蛇，蚕食者朝削暮蒻，投骨于地，众犬猩猩，而一般同胞正复沉沉熟睡，噫！能不悲哉！吾闻欧美之大陆，一土、一石、一草、一木、一禽、一兽，莫不有主人翁，吾欲问此大好河山中原谁主？吾以之问一土、一石、一草、一木、一禽兽，土石草木禽兽不足问，吾还以问土石草木禽兽之主人翁，而主人翁正梦梦也。已矣殆哉！风雨如晦，鸡鸣不已，撞碎晨钟，谁其拔剑而起！

莽莽苍苍，漫延大陆，有受动而无自动，有形质而无生质，动之则动，阻之则止。宇宙间怪物，是为顽石，问顽石之所以顽，曰无生魂。郁郁葱葱，欣欣向荣，增长传生，惕于天演而竞争，草木之有生魂，固胜于顽石一等。然而不痛不痒，麻木不仁，泣秋风而待毙，无一术以自存，草木能力之不足，惟无觉魂。爪牙以足捍患，羽翼以善趋向，禽兽具觉魂，能力故超于草木。然而饱则醋嬉，饥则吞并，利害止于一身，强权施乎同种，能传种而不能保种，则亦仅供驱役，徒多杀戮耳。噬禽兽之无知，曰无灵魂。然则驱之役之杀之戮之，惟我所使，莫敢侮予，非我圆颅方趾，具生觉灵三魂者之权力乎？而我四万万同胞少年，非圆颅方趾之俦软？而奈何吾见其为禽兽、为草木、为顽石之不若也！遑云驱使，噫嘻悲哉！

群鬼环瞰，众矢一的，非我亚东大陆之一块土乎？而我同胞之感情则如何？熙熙皞皞，如醉如梦者有人矣；咨嗟太息，束手待毙者有人矣；掉头不顾，独善其身者更有人矣；甚且牛马其骨，而奴隶其性，媚外以自固者，纷纷皆是也。呜乎，种族之思想，较禽兽果何如耶？

丑胡乱华，神人同愤，八公山上，草木皆兵，故晋室之不亡，实国魂之未死。而我中国之国魂则何如耶？联军拥至，则高举顺民之旗；使馆撤防，且竞呈德政之额。有靦面目，遂忘所生，以高贵神明血胄，乃下侪于犹太三韩之列。相鼠有齿，人而无耻。呜乎同胞！曷一登八公之山乎？吾恐其草木之不若矣。

生公说法，顽石点头。今日有志之士，奔走号呼，焦舌秃笔以相警告者，至矣尽矣，而昏昏者固如故也，我同胞岂真顽石之不若耶？魂兮魂兮！果安在哉？我将登九华之峰以招之，我将遍五洲之境以觅之，我将碎我心身之力以得之。

国民者国家之要素也，国魂者国民之生源也。国丧其魂，则民气不生，民之不生，国将焉存。故今日志士，竞言招国魂，然曷一研究国魂之由来乎？以今日已死之民心，有可以拨死灰于复燃者，是曰国魂；有可以生国魂为国魂之由来者，是曰大魂。大魂为何？厥惟女权。

吾闻之哲学家之言曰，效果不能超原因，原因之所无，效果不能有。女界者，国民之先导也。国民资格之养成者，家庭教育之结果也。我中国之所以养成今日麻木不仁之民族者，实四千年来沉沉黑狱之女界之结果也。千重压力，积重难返，铸九州之铁，不足以成此一大错。嗟夫！往者已矣，不足言矣！往事之不臧，来事之师。鄙谚有之曰：种瓜得瓜，种豆得豆。欲收他日之良果，必种今日之好因。唤起国魂，请自女界始。

居今日而言兴女界，亦七年之病，求三年之艾也，失此不为，疾将莫治，然而非易易也，治之不当，则反受其殃。德育也，体育也，智育也，何莫非当务之急，有志者不可不早定方针，为提纲挈领之布置也。夫三从四德，数千年来之古训，彼讵不曰，是女子之德育耶？以今日之醒眼观之，固不足以当一噱。然而我数千年来之同胞姊妹人人奉以为金科玉律，戕性害仁，务循其轨，无敢越雷池一步者，有背夫此，则群起而践之，直不齿于人类。而受之者，亦若自觉，清夜扪心，有愧于俯仰者然。呜乎！是岂谬种传留，人尽奴性耶？毋亦曰习非成是，漠不之察耳。然则古训之魔力，不可谓不大。政府压力可以抗，法律范围可以破，而同胞之恶习，乃不可以返。噫！岂不悲哉！此之不去，所志恶夫成。故今日女子德育，必先经破坏旧习，而后进于建筑新都。

吴宫好细腰，民间尽馁腹，缠腰之恶习，当时能言之，而何独重于腰而忽于足耶？二千余年来，因沿不改，此真百思而不能其解者。夫三从四德，尚以谬说是惑，此则并谬说亦无之。持此以问天下缠足女子，亦莫不曰习尚如是耳。嗟我同胞，何若是之无自立性耶！则亦无怪夫人之奴视也。故今日必有大愿力，普及我二万万同胞姊妹，人人尽复其天足，然后可以进而言体育。

女子无才便是德一语，遗毒万世，今日此邪说固稍稍不立矣。然我更愿我同胞姊妹于所谓智育者，参释氏之上乘，毋以一二科学，遂沾沾自慰。智育进步，宏其愿，达其识，肩任立功，以与天下男子争着鞭，是乃所谓上乘，是乃所谓大智。虽然，岂易言哉！破坏也，建筑也，大愿力也，争着鞭也，皆非无权无力所能为也。故振兴女界，万绪千端，挈领提纲，自争女权始。

观四千年来，沉沉黑狱女界之现象，曰三从四德也，培养奴隶之教育也；曰缠足也，摧残奴隶之酷刑也；曰女子无才便是德也，防范奴隶之苛律也。试问，何以于奴隶之教育则化之，于奴隶之酷刑则受之，于奴隶之苛律则守之？此无他，无权故也。然则女子无权则于教育不足恃，而惟酷刑苛律之是享。是亦可以警女权之珍重矣。若犹漫然曰，兴女学，兴女学，而不谋所以巩固自立之基础，吾恐其教育之效果，不过养成多数高等之奴隶耳！于吾振兴夫何有？吾亦尝闻诸侈谈女学之言矣，彼固曰，中国女学不兴，故家庭腐败，嗟儿女之情长，使多少英雄气短，吾今将提倡女学使能自立，无为我大好男儿累。咄咄，女界之振兴，果尽于是耶？苟若此，则贤内助之资格，于彼男子诚利矣，与吾女界何！与吾祖国何！吾之所祝于同胞姊妹者，为我女子辟大世界，为我祖国发大光明，为我女界编大历史，争已失之女权于四千年，造已死之国魂于万万世。

争之若何？亦自为之而已矣。幸福固非他人所能赐予者。不见夫社会之压力乎？彼资本家鲸吞虹吸，无有已时，社会党起而反抗，务联团体，以图抵制，今且着着进步，将披靡一世矣。夫资本家固非肯以利益予人者，而势之所逼，不得不让步以自完。然则我女界之阻力，较社会之压力为如何？男子之专制，较资本家之把持为如何？我同胞之姊妹，何所虑而不争之耶？抑我主权昔之所以见夺者，以男子受教育握社会之机关也。今则世进文明，略识之无，不足言学，百步五十，已立于同等之地位，彼欲保持固有之权利，自顾不暇，遑恤其他，即欲反侵，亦可为事。况恢复人类应得之权利，是则取我主权，已游刃有余，还以助男子，共争主权于异族，不亦我女子之天职乎？尽我天职以效祖国，凡我女子志愿所及，即我女子权力所及。当仁不让，夫何吝于先着鞭。噫嘻！兴矣！近以挽狂澜于既倒，远以造国魂于将来。伟哉女权！伟哉大魂！魂兮归来，吾将见之，吾愿买丝以绣之，酬金以铸之。（《中国女报》第一期，1907 年 1 月）

燕　斌

《中国新女界杂志》发刊词

国于地球之上，无论疆域之大小、人口之多寡，其女界恒居全国民数之半，此常例也。使其女界黑暗，则虽男界开明，亦只得谓为半开化国。而况女界黑暗者，其男界必无独能开明之理。

欧美诸强国，深知其故，对于女界，实行开明主义，与男子受同等之教育，其爱国之理想，国民之义务，久令灌注于脑筋。故其女国民，惟日孜孜以国事为己责，至于个人私利，虽牺牲亦不之惜。斯其国始得为有民。宜其国势发达，日益强盛，而莫之能侮。

我中国女界，数千年来，墨守古训，积重难返。处今日世界交通、竞争剧烈之时，而男女不平等之习惯，痼塞智慧、残贼肢体之恶魔，依然盘据于社会上，根深蒂固，未易尽除。浅见者方谓此无妨于国运之进步也。岂知中国人口虽众，此二万万中最多数之女子，既已如此，则是中国虽有多数女国民之形质，而无多数女国民之精神，则有民等于无民。

况家庭腐败者，其儿童教育必不完全，是未来数万万的伟大国民，已于幼稚时代，最净洁之脑筋中，种以最顽劣之恶因，流害曷可胜言！

又况女界之与男界，有最密接之关系者也。无高尚的理想，则男子之志气为之消磨；无独立的生活，则男子之资财为之耗弃。职是之故，无怪乎以硕大民族，势力衰微，经济困难，至于此极。

近年以来，朝野上下，始从事于女子教育问题，通都大埠之间，女校相继成立。虽规模未备，甫具雏形，较诸东西女界，瞠乎其后，然就吾中国论之，不可谓非为吾女学界开一新纪元也。

但深望当事者，勿徒尚物质的教育，必须发挥其新道德，而活泼其新思想，斯教育一女子，即国家真得一女国民。由此类推，教育之范围日以广，社会之魔害日以消，国民之精神即日以发达。十年以后，如谓中国女界不足与欧美争衡者，吾不信也。

顾东西女界，教育而外，可以发明新理、提倡精神、联络感情者，惟恃乎杂志。吾中国茫茫四百余州，杂志之作，亦云夥矣。然出于吾女界所自力经营者，曾不获一睹，非吾女界耻乎？

然则新女界杂志之出世，其所担负之天职何如，姑无具论，惟愿吾女同胞，家置一册，人手一编，察其主义，观其言论，而见诸实行，更愿吾男同胞赞成而绍介之，令其普遍于家庭社会间，则亦未始非改良积俗，造就国民之一助已。（《中国新女界》第一号，1907 年 2 月 5 日，署名"炼石"）

张竹君

女子兴学保险会序

痛哉吾二百兆女子也！其贫者富者老者少者，肝郁之病，十人而九，凄怆之情，尽人而然。此岂徒缠足之苦，体育之缺，有以致之哉？盖其境遇有难言者矣。论者不察，以为胸襟之狭隘，性情之偏挚，足使之然，彼何尝设身处地，一究女子之悲苦及其危险耶！则请为一一数之。

数千年以来，女子无才便是德之说，播满于社会。为女子者，舍顺从之外无思想，舍中馈之外无义务，不学无术，以浅陋相夸尚。夫女子为人群之母，母教之不讲，民品所由败也；女学之不昌，人种所由弱也。夫大局阽危，任其责者，病狂之男子居其半，柔弱之女子亦居其半，驯此不变，即无列强之瓜分，亦难免于天演之淘汰。其险一。一家之中，必生利多而分功密，其家乃亨。今之女子，大半坐食。男子每竭蹶于家计之艰难，而遂斫丧其爱国之志行，此虽由男子之痴恋乎？抑由女子之不能役其力以自养，有以短其气也？由是之故，人人皆重家而轻国。夫如是，国安得不危且弱也？其险二。女子既不能役其力以自养矣，则必待养于夫若子。设不幸而夫早丧，则如失所天矣。嗟乎，此世所以有死在夫前便是福之说乎！度丁斯厄者，无子则毕生以殉之，有子则含辛而偷存耳。其险三。然而有子可恃，犹有希望也。设不幸而其子幼，则如之何？设不幸而其子不肖，则又如之何？每见世之寡妇，抚其孤儿，恒不免姑息，其子长而浮荡，致覆其家，往往有因此而抑郁以丧其生者矣。其险四。然而使其家未中落，或有其夫之伯叔兄弟，则犹不致如飞鸟之无依也。倘家本单寒，又无亲属，则斯时也，只影凄凉，惟有仰视天而俯视地耳。其险五。然而使居于其乡，则犹有戚党之周恤也，倘随宦他乡，或游贩异域，夫死无依，如大厦之莫支，旅榇未归，魂兮何往？日暮风萧，寒帏泣血，求生则怅然无之，求死则目必不瞑，此非人间之至惨、而女子之所常遭者乎？其险六。其或年在幼稚，遽失怙恃，虽有伯叔兄弟，其抚我育我，未必果如生我者也。倘并此而无之，则其孤苦又奚若？饥寒之不恤，疾病之谁诉？幼而失学，长而粗鄙，亲戚远之，乡党笑之。其险七。非独贫贱之家，其所处至难也。即使生而富贵，而或遇悍戾之舅姑，或遇浮荡之夫若子，则其困难且有甚于贫家者。外观者徒见其席丰履厚，遂从而欣羡之，曾知其体魄之弱、疾病之频者，果何由耶？其险八。自唐以来，缠足之风，日播月盛，谬俗相传，流为种习。平居则贼其体、残其肤，其苦已不可言，猝有水火盗贼之变，非含辱偷息，则自经于沟渎耳！其险九。买奴之俗，振古于兹，贫贱之家，偶值凶年，即难免货其妻女。即使阀阅名门，而猝遭兵燹，室人离散，能必其可免乎？至流为娼妓，则尤有不忍言者矣！其险十。无识之民，怵于生计之难也，不求生利之方，而惟思行险以侥幸，于是购彩票，好小赌，纷然若狂，女界之下流者为尤甚。欲望愈大，利源愈竭，资本愈亏，生计愈蹙，于是无耻盗窃之风作矣。其险十一。此十一险者，险之尤大者也。其余诸弊，指不胜屈。呜呼！吾不忍言。思之心酸，言之喉噎。即就其荦荦大者言之，度非蠢然一物者，当无不太息而流涕也。于此而犹有熙熙攘攘、嬉游酣佚者，其无人心者耶？其燕巢危幕、不知其危者耶？

夫吾女子之险若此，岂天生女子必与以若是之厄境乎？抑吾人自造之者乎？推原其故，半由于男子之压制，半由于女子之放弃。彼男子之肉，其不足食矣，吾女子之构成此险者，厥有二原因：盖一由于不知学，一由于不能群。不知学，故志虑浅薄，无以周知天下之故；不能群，故痛痒不相关，平居既不能有乐群之益，猝有变故又不能为将孤之呼。芸芸以生，有同孤立，腐败若此，涣散若此，不能自振，又何足怪？鄙人窃不自揣，志欲联合海内诸女士为一大群，取数千年之恶习，扫除而更张之，举此十一险者，芟夷而平荡之，永不留此恐怖之纪念于吾同种。其术无他，未蹈斯险，则预防之；既蹈斯险，则拯拔之。修智育以求自治，习工艺以求自养，联同志以求自镜，此预防之术也。凡吾女界之颠连而莫告者，孤寡孤独而不克自治者，则协力以匡济之，此拯拔之术也。严于自治，以成一己，勇于合群，以结团体，始于立志，中于忧虑，终于实行，虽艰难百折，必达目的而后已，揆诸博爱之理，庶无悖欤？鄙人不才，先为之倡，我二百兆之同胞，眷怀大局，抱陆沉之惧者，其亦有取于是乎？

尤有虑者，此会以慈善为目的，富贵之家，优游暇豫，或可无求于人，然目击同胞之颠沛流离，度热心之士，当不忍于膜视！且取精用宏，挹注最易，尤望各发愿力，成兹义举。女子感情最烈，哀乐过人，倘袖手而不救，犹秦人视越人之肥瘠，漠然不动其心，更何望男子为我辈援手耶？况富贵无常，岂无不虞之变？即日居富贵之乡者，亦安能无须群力之相扶？然则保险之会，在团体固有不可卸之义务，即为个人计，受益亦未可量也。况斯会之成败，全视经费之充绌；经费之充绌，全视乎有力者担任之轻重。盖斯会之起，贫乏孤独之人，必乐于入会，以所费省而所得多也。至于富贵之家，多狃于目前之苟安，自非热心爱群，度无不吝啬而幼步者。夫使一会之中，鼎力者寥寥，则经费必支绌而不可持久。况斯会拟设会场四所，内附学堂，核其经费，岁以万计，而匡扶救济，尤未易一二数。倘经费困难，则亦终于无成而已！夫一群之初合也，发起之人奋臂而呼，以为天下必将响应，既而以阻力多助力少也，于是初之以大团体自期者，继将仅成一小部分，又不幸则仅能起风潮，以一耸人之感觉而已。此非发起人吸力之有大小也，视乎赞成者助力之众寡而已。同胞乎！同胞乎！如不望斯会之成则已，倘望其成也，则愿力不可不宏，热诚不可不涨，密勿勤劬，必共底于成而后已。批茶之行，耶尔丁格尔之志，愿与诸志士共之也。（《警钟日报》1904 年 4 月 24 日）

何　震

女子宣布书

　　呜呼！世界之男女，其不平等也久矣。印度之女，自焚以殉男；日本之女，卑屈以事男。欧美各国，虽行一夫一妻之制，号为平等，然议政之权、选举之权，女子均鲜得干预，所谓"平权"者，果安在邪？更反观之吾中国，则男子之视女子也，几不以人类相待。上古之民，战胜他族，则系累其女，械系其身以为妃妾。由是男为主而女为奴，是为剽掠妇女之时代。继因剽劫易起争端，乃创为俪皮之礼。故古礼所言纳彩、纳征，均沿财昏之俗，盖视女子为财产之一也。由是男为人而女为物，是为买卖妇女之时代。积此二因，由是男女之间，遂不平等。今即古制可考者言之，厥有四事。

　　一曰，嫁娶上之不平等。古代之时，位愈尊者妻愈众。如殷代之制，天子娶十二女，诸侯娶九女，大夫三女，士二女。至于周代，则为天子者，有一后、三夫人、九嫔、二十七世妇、八十一御妻，岂非以百余之女，匹一男子邪？而后世之嫔妃，则更无限制。贵显之家，蓄妾尤众。其不平者一也。

　　二曰，名分上之不平等。男权既伸，其防范女子亦日严。创"一与之齐，终身不改"（《礼记》）之说，使女子终事一夫。有谓夫尊妻卑，夫犹天而妻犹地，妻不去夫，犹地不得去天（《白虎通》说）。由是爵则从夫。姓则从夫，而谥亦从夫，以女子为男子附属物。宋人因之，遂有"扶阳锄阴"之论。其不平者二也。

　　三曰，职务上之不平等。中国"妇"训为"服"，象持帚之形。而《礼记·曲礼》篇亦言：纳女于诸侯曰备酒浆，于大夫曰备洒扫。是古代之妇人，仅以服从为义务。又创为女子"不逾阈"之说，以禁其自由。后世以降，为女子者，舍治家面外无职务，以有才为大戒，以卑屈为当然。其不平者三也。

　　四曰，礼制上之不平等。夫之于妻，仅服期丧；而妻之于夫，则服丧三年。非惟为夫服重丧也，即夫之父母，亦为之服斩衰；于己之父母，转降为齐衰：非所谓"厚于所薄，薄于所厚"者邪？且古代之时，父存母殁，为母服齐衰，尤为失理之尤。其不平者四也。

略举四端，则男子之压制女子昭昭明矣。夫以男陵女，犹可言也；女子而甘于自屈抑独何心，岂非社会之习惯，腐儒之学术，有以钳制之邪？吾今以一语，告女界同胞：男子者女子之大敌也。女子一日不与男子平等，则此恨终不磨。试将女界所应争者分列如左：

一曰，实行一夫一妻之制。如男子不仅一妻，或私蓄妾御，性好冶游者，则妻可制以至严之律，使之身死。女子之中，其有既嫁之后，甘事多妻之夫者，则女界共起而诛之。若男子仅一妻，而妻转有外遇，无论男界女界，亦必共起而诛之。

二曰，既嫁之后，不从夫姓。如从夫姓而遗母姓，仍属不公。故生当今时者，当并从父母得姓（即双姓并列是）。俟满洲革命以降，则男女均去其姓，以合至公之理。

三曰，为父母者，俱男女并重。视女犹子，视女之所出，如其孙，一矫轻女重男之恶习。

四曰，男女自初生以后，即与以相等之养育。稍长以后，既〔即〕授以相等之学术；既长以后，即与以相当之职务。无论社会间若何之事，均以女子参预其间。

五曰，如夫妇既昏而不谐，则告分离。惟未告分离之前，男不得再娶，女不得再嫁，否则犯第一条之禁。

六曰，以初昏之男，配初昏之女。男子于妻死后，亦可再娶，惟必娶再昏之妇；女子于夫死之后，亦可再嫁，惟必嫁再昏之夫。如有以未昏之女，嫁再昏之男者，女界起而诛之。

七曰，废尽天下之娼寮，去尽天下之娼女，以扫荡淫风。

以上七事，非女子欲争权利也，特以天赋之权，男女所同。男女同为人类，若不能平等，是为不公，是为背天理。故女子之所争，仅以至公为止境。顾世人之所疑者，犹有三事：

一曰，女子有生育之苦，而生子以还，又有鞠养之劳，故职务不可与男同。不知吾所倡者，非仅女界革命，乃社会革命也，特以女界革命，为社会革命之一端。社会革命既实行，所生子女，既生以后，即入公设育婴所，不必自为养育也。无养育子女之劳，所尽职务，自可与男相等。

二曰，女多而男少，则行一夫一妻之制，转属不公。不知女子之多，由于女子不从事战争，而战争之役，悉属于男。男子日有死亡，故女多男少。今为女子者，与其甘心为妾，受辱而死，曾不若实行破坏，死于沙场，犹有日后之荣名也。故女子果实行革命，事平以后，女子之人数，必与男子之数相等。

三曰，男既多妻，女亦可多夫，以相抵制。不知女界欲求平等，非徒用抵制之策已也；必以暴力强制男子，使彼不得不与己平。且男子多妻，男子之大失也；今女子亦举而效之，何以塞男子以呼？况女子多夫，莫若娼妓。今倡多夫之说者，名为抵制男子，实则便其私欲，以蹈娼妓之所为，此则女界之贼也。

要而论之，男女同为人类。凡所谓"男性""女性"者，均习惯使然，教育使然。若不于男女生异视之心，鞠养相同，教育相同，则男女所尽职务，必亦可以相同。而"男性""女性"之名词，直可废灭，此诚所谓"男女平等"也。近日中国之女子，欲争此境，凡种族、政治、经济诸革命，均宜先男子着鞭，勿复落男子之后，而男女之革命，即与种族、政治、经济诸革命并行。成则伸世界惟一之女权，败则同归于尽，永不受制于男。此则区区之见也。知我罪我，非所计矣。（《天义报》第一号，1907年6月10日）

女子解放问题

数千年之世界，人治之世界也，阶级制度之世界也，故世界为男子专有之世界。今欲矫其弊，必尽废人治，实行人类平等，使世界为男女共有之世界。欲达此目的，必自女子解放始。

中国数千年之制度，以女子为奴隶者也，强女子以服从者也。又因古代之时，男子私女子为己有，坊其旁淫，故所立政教，首重男女之防，以为男女有别乃天地之大经，使之深居闺阃，足不逾阈。《礼》曰：姑姊妹、女之〔子〕子已嫁而反，兄弟不与同席而坐，不与同器而食。又曰：男女非有行媒，不相知名；非授〔受〕币，不交不亲。宋伯姬曰："妇人夜出，不见传〔傅〕姆不下堂。"汉儒郑玄曰："妇人无外事。"此皆所谓"男女有别"也。故中国之言盛世也，必曰"男女异路"。盖男女异路，乃男女有别之极端。夫古人所以隔别内外者，不过防禁淫佚耳。至其结果，则女子毕身之责任，不外育子及治家二端。夫以育子、治家为女子之职者，盖中国之教，以后嗣代灵魂，故人皆以传种为不死之乐〔药〕。中国之政以子孙为产业，故人皆以繁衍为致富之方。由是挟其政教，以为纵欲之奥援。男子之于女子，特恃为人种养成之物耳。加以中国之男子，解〔鲜〕克躬亲小物，乃以纤末之家政，责之女子，使之服劳奉养，此育子、治家二事，所由为女子毕身之职也。然推其远因：一由男子私女子为己有；一由近世以前物价低廉，人民易于谋食，仰事俯蓄，仅赖男子之力，已克有余。故中人以上之家，女子舍育子、治家而外，解〔鲜〕事工作。（古代虽名门贵族女子，犹有从事纺织者。今则女子习于懒惰，鲜有从事工作者。）由是奴隶、惰民之恶，悉集于女子之一身。然为男子者，亦安之如素。观中国人民之称其妻也，不曰"内人"，则曰"内子"也，"内"也者，别乎"外"之词也。因自若〔苦〕其妻之故，而幽背〔闭〕其妻，与解放女人之旨，大相背驰。至于近日，不独女子失其自由也，即男子亦以室家之累，而失其自由。凡奉母、蓄妻、嫁女之费，毕集于男子之身。（中国女子无所事事，酿成虚荣之性，其妆饰之费远出男子之上。又中国之礼俗，于婚嫁诸礼亦尚虚荣，有费千百金者，虽贫民亦必如此。故福建及皖省旌德县人民，因嫁女致贫者不知凡几。故为夫者嫉视其妻，为父者嫉视其女，皆由于此。此男子所受之累。）然男子虽躬罹其苦，仍以囿于礼法之故，以解放妇人为大戒。惟中人以下之家，解〔鲜〕克支持，为女子者，多自食其力，或从事农作，或出为雇婢，其下者则为娼妓。虽幽闭之苦稍泯，然谓之肉体解放则可，谓之精神上解放则不可。况所谓"肉体解放"者，均女子之至劳者也，均女子之至辱者也，又均女子之至贱者也，可不叹哉？（日本女子，其受幽闭之苦也，逊于中国；而其受压制之苦也，则甚于中国。盖以至劳至贱至辱之事，责之女子者也。）

虽然，中国之所谓"幽闭女子"者，岂果能实行幽闭哉？中人以上之家，女子之身恒佚。佚则思淫，为男女自然之天性。若男子远游日久，或钟情妾御，为其妻者，恒敢怒而不敢言。及情欲日炽，势必非礼法所能拘。

加以其夫既殁，严禁再嫁，青年之女蛰居闺阃，舍眠食而外，另无职务撄其心，及情炽于中，亦必不安于室。由前之说观之，所谓无多夫之名，而有多夫之实者也；由后之说观之，所谓无再嫁之名，而有再嫁之实者也。往事吾弗论，试即近事言之。吴引孙之妻，年逾五十，及引孙官宁波时，犹与俊仆私通。梁鼎棻之妻，粗知文墨，继为文廷式所诱，与文同居者数年。推之盛宣怀之女，费念慈之妻，或于既寡以后，施行丑行，或于同族之内，广肆邪淫。此非所谓"巨家世族"乎？加以在室之女，嫁夫之权，操于父母；即情有所钟，亦必不能达其志，或为文君之私奔，或效崔莺之密约。试观中国各县，每岁之中，女奸淫之案，恒至数十；其有隐藏不扬者，仍不知凡几；即杀夫杀子诸巨案，亦咸因是而生。足证幽闭女子之制，决不足以禁女子之不淫。夫幽闭女子之目的，既在于防止淫溢，而其结果，势必无解放女子之名，而女子之心，转人人抱一淫泆之念。名曰"禁淫"，实则诲淫而已。盖既以解放妇人为大戒，又虑解放以后，妇人即从事宣淫，防之愈严，则妇女逾防之念日切，稍有解放之隙，则淫泆之念生。是犹禁人以盗物，为盗者知物之可贵，而盗物之心益切也。故女子之犯奸淫，由于幽闭，而非由于解放，安得谓解放女子，即系导女子以淫泆哉？乃中国人民不察其由，愈以解放妇人为戒，此女德所由日堕，而女性所由不发展也。（中国女子亦有迷信解放之非，甘于不解放者。然此系迷信礼法之故，非女子之天性也。）

中国之婚姻，礼法之婚姻也。若欧美诸国，则昔日之婚姻，为宗教婚姻之制；近世之婚姻，为法律婚姻之制。其制之胜于中国者：一则结婚、离婚，均可自由，兼可再嫁；二则行一夫一妻之制；三则男女同受教育，男女同入交际场。就表面观之，不可谓非解放女子也。然吾谓此等之制，仍属肉体上之解放，非复精神上之解放。何则？解放者，不受缚束之谓也。今观欧美婚姻之制，一缚于权利，再缚于道德，三缚于法律。名曰"结婚自由"，然欧美男女之结婚，岂尽由两性之爱恋哉？或男子以多财相耀，而诱女子；或女子挟家资之富，而引男子慕婚之心；或富民恃其财力，而强娶贫女。此为利所缚者也。或女子身为世族，男子欲假其势力，百计求婚，资为奥援，以为进身之地；或贵男贫女，两情相悦，卒以门第不同，惧招物议，虽欲结婚而不能。此为权所缚者也，安得谓之"结婚自由"乎？至于一夫一妻之制，不过为宗教所束缚，复为法律及伪道德所牵制耳。实则欧美女子，有终身不嫁者，然名为无夫，实则多夫；欧美男子，亦有终身不娶者，然名为无妻，实则多妻。加以女子限于一夫，然既嫁以后，女有外遇，不知凡几；男子限于一妻，然既娶之后，男有外遇，亦不知凡几。推之都会之地，不乏女闾；跳舞之场，不啻桑仆〔濮〕。则所谓"一夫一妻"者，特阴为法律所缚，而外托伪道德之名耳，安得"实行一夫一妻之制"乎？（如英女主维多利亚，既嫁德国爵族，然仍与马夫私通。而德、英、俄诸贵族，于既娶之后，复恋他女者，更不知凡几。）至于男女平等，则亦弗然。夫男女虽同受教育，然处人治盛昌之世，政治、法律，女子攻者甚鲜；而陆军、警察之学，不复令女子与闻。男女虽同入交际场，然处政府擅权之世，官吏之职，不加于女子之身。则所谓"男女平等"者，有其名而无其实者也。夫解放女子，必使为女子者，共享平等自由之乐。若如今日欧美之制，势必女子有自由之名，而无自由之实；有平等之名，而无平等之实。其所谓"自由"者，非纯正自由也，伪自由耳；其所谓"平等"者，亦非纯正平等也，伪平等耳。无自由之实，故女性未克发展；无平等之实，故人权未克均平。亚洲妇女，震于欧美之文明，以为欧美女子实行解放，实享平等自由之乐，一若克步欧美女子之后尘，为愿已足。呜乎！处今日女子革命之时代，吾决不望女子仅获伪自由、伪平等也，吾尤望女子取获真自由、真平等也。

近岁以来，中国之社会，亦渐谋女子之解放。然女子之解放，有真出于主动者，亦有出于被动者。何谓"出于主动"？即女子之力争解放是也。何谓"出于被动"？即男子与女子以解放昱〔是〕也。今观中国女子之解放，出于主动者少，而出于被动者多。其主动之力，出于男子，而不出于女子；故其结果，女子所得之利益，不若男子所得之巨。夫昔日之男子，以幽闭女子为志者也，以压制女子为天职者也。何近岁以来，为男子者，转提倡女子解放之说，主张男女平等之制？推其原因，约有三故：一由中国男子，崇拜强权，以为欧美、日本，为今日文明之国，均稍与女子以自由。若仿行其制，于一己之妻女，禁其缠足，使之入学，授以普通知识，则中外人士，必将称为文明。非惟一己有文明之誉也，即家庭亦有文明之誉；而家庭之文明，又由己身开其先。若夫集会之场，侑人广众之地，复率其妻女，参列其间，使与会之人，咸属目于其旁，曰："此非某君之妻、之女欤？其开化之程度，竟出中国女子之上。"此岂为女子计哉？不过利用女子以成一己之名。而推其私心，则纯然私女子为己有。使非视女子为己有，则女子之成名与否，与己身无复丝毫关系，必无解放女子之心。惟其私有女子，故处礼法盛行之世，以防范女子得名；处欧化盛行之世，转以解放女子得名。此男子因求名而解放女子者也。一由近岁以来，中国之民生，日趋于穷迫。中人之家艰于得食，其力不足以赡其妻女。男子生值此时，悟室家之累，已觉幽闭女子之制，非惟无大利己也，抑且蒙其大害；乃提倡女子独立，以女子倚赖于男为大戒。使之肄业于女校。其最下者，则粗习手工，或习制花、刺绣、编物、缝纫、割烹诸术；稍进则专习师范科；进而益上，则于普通科目外，兼习专科（如医学、理科学）。其迫女子于学者，岂专为女子计哉者？其目的，盖欲使女子学成之后，可以出为教帅〔师〕，或执一技以谋食，以抒一己之困耳。其食指繁盛之家，则仰事俯蓄之费，迫女子以分担；否则辞家远游，无内顾之忧。以昔日赡给室家之费，易为蓄妾宿娼之用，使己身享纵淫之乐，女子受独居之苦。名曰使女子独立，实则为一己之自利计耳。此男子因求利而解放女子者也。一由中国男子，以家自私，以后嗣为重。而治家教子之劳，又非一己所能堪，乃欲以治家教子之事，责之女子。观中国各女校，首崇家政一门，而中国新党有恒言，谓"家庭教育，为一切教育之基"。彼等之意，盖以野蛮女子之治家，不及文明女子之治家；野蛮女子之教子，不及文明女子之教子。实则家为男子之家（治家即系为男子服劳），子为男子之子（如姓父姓而遗母姓是也），特男子欲秘用女子，而使己身处于逸乐耳。此男子因求自逸而解放女子者也。综斯三者观之，则知今日之解放妇人，出于男子之自私自利，名曰助女子以独立，导女子以文明，然与女子以解放之空名，而使女子日趋于劳苦。（昔日女子受幽闭之苦，然其身甚佚。今虽渐趋于解放，然必迫以担任责务，故其身愈劳，而女子之境亦愈苦。）盖昔日之制，男尊女卑，实则男苦女乐；今则女子分男子之苦，男子分女子之乐，而宄〔究〕之女子之名，仍未尝有丝毫之尊。为女子者，又何乐而为男子所利用哉？愚者不察，妄谓中国女子之解放，出于男子之意，以颂男子之恩德。岂知此等思想，与近人称颂满洲立宪者相同。满洲之立宪，欲利用立宪，非真欲授权于民；则男子之解放妇人，亦利用解放，非真欲授权于女。（满洲之立宪，一由对外欲博文明国之名。一由使人民信赖政府，助以财力。与男子解放女子冀求名利者，正复相同。）吾非谓世界一切之职务，当专属于男，不当为女子所分担；亦非谓女权不当扩张。特以女子之职务，当由女子之自担，不当出于男子之强迫；女权之伸，当由女子抗争，不当出于男子之付与。若所担责务，由男子强迫，是为失己身之自由；所得之权，由男子付与，是为仰男子之鼻息。名为解放，实则解放之权，属于他人，不过为男子所利用，而终为其附属物而已。故吾谓女子欲获解放之幸福，必由女子之自求，决不以解放望之男子。若如今日中国之妇女，日以解放望其男，而己身甘居被动之地位，是为无自觉之心。既无自觉之心，故既为男子所利用，而犹欲称颂男子，岂非无耻之尤甚者乎？（近日之男子，亦有着〔著〕书报提倡女权者，然由于好奇心及好名心，非有爱于女子也。）

女子之解放，出于被动，其弊既述之于前。然中国近日之女子，亦有醉心自由平等，不受礼法约束者。就表面观之，其解放似由于主动。不知彼等之女子，外托自由平等之名，阴为纵欲肆情之计，盖仅知解放之狭意，妄谓能实行纵淫，即系实行解放。不知女子欲真求解放之幸福，正宜发展其女性，以握改造社会之权。若徒知寄情淫欲，则救世之心，或为纵淫之心所夺，所抱之志必不克成。况彼等所为，果出于自由恋爱，犹可言也。乃吾观中国自由之女子，其钟情男子，出于自由恋爱者，实占少数。有情不自禁，不择人而淫者；有为男子所诱，而堕其术中者；其尤甚者，则因求财之故，而自失其身，或以卖淫而攫财，或向殷富之民献媚。夫天下最贱之事，莫大于辱身而求利。（夫娼妓之贱，非以其多夫也，以其辱身以求利耳。故辱身求利之女子，其贱与娼妓相同。）今也辱身以求利，安得谓之自由？况所谓"解放"者，对乎〔于〕奴隶制度而言也。岂有不甘为奴隶而甘为娼妓者乎？盖彼误以解放为纵淫，故舍纵淫之外无他务，虽陷身娼妓，不复自知。此中国女子之弊也。（中国女子所以若此者，一由幽闭既久，一经解放，思淫之心日切；一由男子莫不好淫，故所生之女，秉其遗传。）

今日白种之妇人，渐知男女不平等之弊，又以男握政权，女子则否，为男女平等之原，由是联合团体，力争选举之权。远事吾弗论，试即最近之事言之。芬兰女子，以勇烈著闻。当一千八百八十四年，即建立协会，以谋政界上之运动。及一千八百九十八年，全境之民，忘男女之差别，惟反抗俄廷，演为武力之斗争。至于今岁，女子为议员者，计达十九名，为世界所仅见。其次则为那威。那威女子，近岁以来，亦争普通撰举权。惟那威国会，于女子撰举权，加以裁制，非年逾廿五、纳税及额者，不克有投票权。然女子获得此权者，人数亦三十万。其次则为英吉利、义大利。英国女子，既频与国会、警官冲突。近义国妇人，亦结合群力，以争普通撰举。此均西国妇人能力发达之征也。然自吾观之，则国会政策为世界万恶之原。女子而欲谋幸福，在于求根本之改革。而根本之改革，不在争获撰举权。试言其故。如那威诸国，既裁制妇女撰举权，限以年岁及税额。限以年岁，犹可言也；若夫限以税额，则纳税及额者，必其丰于财产者也。凡丰于财产之人，不为贵族即为富室，否则亦中人以上之家。岂非撰举之权，均操于少数贵妇人之手乎？夫吾等所谓"男女平等"者，非惟使男子不压抑女子已也；欲使男子不受制于男，女子不受制于女，斯为人人平等。若谓以少数女子握政权，与少数握政权之男子势均力敌，即为男女平等，则试即男界观之。今之世界，被治者为男子，主治者亦为男子，何以多数被治之男子，犹欲进谋革命？若昌男女分权之说，谓男界既有握权之男，即女界应有握权之女，则英帝维多利亚、中国之吕雉、武则天，均为女主。曾有丝毫利益及于女子者乎？以是知少数女子握权，决不足以救多数女子。若如那威之制，以少数贵女参政，非惟无益于民已也，且使绅士阀阅之中，为女子者，挟议政之权，以助上级男子之恶。至立法一端，亦仅上流妇女受其益，若下级女子，则必罹害益深。此非独那威惟然，即澳洲妇女亦多参政，曾有为工女谋幸福者乎？而工女阶级之中，亦鲜克入场投票，此其所以不平等也。若夫由少数选举，扩为普通撰举，立法似属差公，不知近日欧美各国，多数男子，曷尝无普通选举之权？何以撰举之人，均属资本家？则以贫富阶级不除，贫民衣食系于富民之手，不得不媚富民也。然此岂独男界为然哉？女界之中，以贫民占多数，或为工女，或为雇婢，其衣食亦仰给富民。及选举届期，安得不以贵妇人应其撰乎？观于普通选举之国，议员既属富民，则知女子行普通撰举，其议员亦仍属贵女。以彼例此，明证昭然。此国会政策，所由为万恶之原也。或谓芬兰妇女，运动之力，半属于平民；且据布利·拜尔克（芬兰女子，为议员之第一人）所言，谓凡女子入政界者，均不得助男子施恶。则利益所被，或竟加于多数女子，亦事理所或然。然此实不然之说也。夫法、美革命之初，易君政为民政。有志之士曷尝不以国会既立，议士由于民撰，必无虐政之罹。即当时受民撰举者，亦复实力济民，抗抵专制，百竭不回，以为众民谋幸福。其抵抗之力，非竟出芬兰女子之下；以迄于今，曾几何时，而议员压制之弊，深切著明。社会党人所宣言，劳动团体所反抗，书报具在，可复审也。况法、美近日之官吏，其压民最甚者，或出于昔日之民党。昔以抗上为能，既参国政，则与所抗之人无异。盖人治一日不废，权力所在之地，即压制所生之地也。今芬兰女子，其勇猛虽属可钦，然徒恃国会政策，恐数十年以降，被选之妇人，即系压制多数女子之妇人。此可援法、美之制为鉴者也。或谓近日欧美妇女，其有投身社会党者，亦以女子普通撰举之说，为世界倡。傥女子普通撰举之权，获于社会党人之手，彼多数之女子，或有解放之可图。此又不然之说也。夫欧美社会党人，其有持国会政策，投身政治运动者，亦恒为平民所钦悦，握左右劳动社会之权。及资格既隆，或选为代议士，或占国会议员之多数（如今岁澳国是）。彼未入国会之先，岂不以既入国会，即可改革经济界，抵制富民，以谋多数平民之解放？及身伺国会之列，或被选不仅一人，众咸幸平民之机将至。乃反观劳动之民，仍屈身赁银制度，以作富民之奴隶，虐待之苦，与昔不殊。若谓党势既充，撰举之人日益，使政权悉操其手，则改革莫难。此又河清难俟，不知待至何日者也。故观于方今之现象，凡社会党人入议院，既不足以济多数贫民；即知社会党员之女子，伺身议院，亦不足以济多数之工女，不过使少数女子，获参政之空名而已。昧者不察。犹谓女子全体解放，必待女子参政以后。抑思社会党参政之国，劳动者之全体，其果解放也否耶？此又可援以为证者也。况社会党人，一投身政界运动，即改其昔日之所为，下媚平民，上媚政府，利用贫民投票之多数，以攫一己之利权，鲜有不出于卑劣政策者。何独于女子而弗然？故为多数女子计，苟非行根本改革，使人人平等，宁舍选举权而勿争，慎勿助少数女子，俾之争获参政权。盖昔日压制多数妇女者，一为政府，一为男子。今则政府及男子而外，另受制于上级之妇人，则是于己身之上，别增一重之压抑也。即使压抑不增，亦仅供少数妇人所利用，夫何幸福之有哉！夫何解放之有哉！况吾观于芬兰妇女，于运动政权之日，始也以言论鼓吹，继募集运动之资，发行书报，或奔走村邑，侈陈暴政。信其说者，均以献身社会自表，躬犯危险，以争自由。有实行秘密运动者，有公然排击政府者，即暗杀暴动之事，亦靡岁蔑有。虽窜身西伯利亚，处禁锢之刑，曾不稍恐。其勇敢之气，战斗之方，均为欧美妇女之冠。以若斯之能力，稍俟扩张，即可谋根本改革，覆人治以弭男权。顾乃见弗及此，笃信国会政策，其目的所及，仅注意于与男子均权。故于政府、贵族之暴，虽知抵抗，至于政府羁绊，则莫之能脱。政策谬误，一至此及，不得不谓之至愚。吾深愿世界妇女，不仅以芬兰妇女为标准也。要而论之，妇人解放问题，当使为妇人者，人人同享解放之乐。今之持解放说者，一曰女子职业之独立，二曰男女参政权之平等。不知所谓"职业独立"者，属于个人，抑属于全体？如曰属于个人，则仅己身不受制，非多数妇人均可免厄也。如曰属于全体，则以今日经济界之组织，少数富民，龙断生产之机关，平民失业，其数益增；而谓妇女职业，均能独立，则所谓"职业独立"者，即以职业供役于人之异名耳，自由、解放，岂可得哉？故谓职业独立，则女子可以解放；不若谓实行共产，妇女斯可解放也。至于与男子均权，无论男子握权，历时已久，男女参政之柄，非仓卒所能均；即使能均，决不能人人而参政。以少数参政之女子，处于主治之位，使多数无权之女子，受其统治，不独男女不平等，即女界之中，亦生不平等之阶级。彼多数妇女，不甘受制男子者，岂转甘受制女子乎？故今日之女子，与其对男子争权，不若尽覆人治，迫男子尽去其特权，退与女平，使世界无受制之女，亦无受制之男。夫是之为解放女子，夫是之为根本改革。奚必恃国会政策，以争获选举权为止境哉？倘有志之妇女，由运动政府之心，易为废灭政府之心，则幸甚矣。（《天义报》第八至十号合刊，1907 年 10 月 30 日，署名"震述"）

李石曾

祖宗革命

人类进化，脑关改良，科学以兴，公理乃著，此新世纪革命之本原。与科学及公理为反对者，即迷信与强权也。于宗教中，用祸福毁誉之迷信，行思想之强权。于政治中，用伪道德之迷信，行长上之强权。于家庭中，兼用以上之两种迷信，行两种之强权，故家庭遗毒至深，人类蒙害甚切。而家庭中之最愚谬者，更莫甚于崇拜祖宗，故作祖宗革命。

（甲）迷信中之祖宗与科学中之祖宗相比较

于迷信中，祖宗为神明，保佑子孙，永传血统。子孙感其恩德，族人畏其神灵，于是祭祀之，祷祝之，奉纸币纸帛，事死若生。故祖宗乃纯然一宗教上之迷信。

于科学中，祖宗仅为传种之古生物耳，及其死则其功用已尽，复何神灵之有。考生物进化学，乃知吾人非突然生于世，实由他生物传演而来，故他生物中亦有吾之祖宗也。吾最近之祖宗为人，吾之远祖宗为猿，或为他种生物，故吾之祖宗非他，即已亡之生物耳。博物学中有"祖宗学"一科Genealogie，即研究生物之传演者也。

凡物愈古，其构造愈简单，其能力愈薄弱，此自然之公例。故于科学中，吾祖宗之程度，不及吾人，是正与迷信中之祖宗相反，于迷信中，皆谓吾之祖宗胜于吾人也。由是而见科学中与迷信中祖宗价值之相异矣。

（乙）祖宗与上帝比较

古人生于天地间，而不知天地为何物，闻风雨而惊，见日蚀月蚀而惊，凡一切不能解者，皆归之于上帝，故上帝者乃凭人之妄想而创造者也。后来之人，不识先人为何物，不知其死后何之，深夜闻声而惊，中宵梦思而惊，凡一切无可考证之谬想，皆归之于祖宗之神灵，故祖宗之神灵亦凭人之妄想而创造者也。盖信上帝，由于不知天地之学；信祖宗，由于不知生物之学。凡科学不明，皆由于脑髓之未改良；脑髓之未改良，由于人类之未进化。故崇拜祖宗，与崇拜上帝，同此原因。

昔者欧洲人，愈富贵者，崇拜上帝愈隆，支那人愈富贵者，崇拜祖宗愈隆。其为言曰"上帝佑我""祖宗佑我"。其对于贫贱者曰"若辈得罪上帝""若辈得罪祖宗"。故尔。又曰："汝辈今生之命运，不可挽回，惟有忍耐苦修，为下世求福。"此种之迷信通行，则贫者安之，富者固之，是以历代帝王相继，民无异词，贫富悬绝，民无怨语。由此而知创造上帝祖宗之用意无异，皆以之为不平等不公道之事之护法也。

其不同处，则上帝为众人所共，祖宗为各家所专，总之此二者不外乎至愚与自私，故二者同为吾革命党所不容。

（丙）不主祖宗革命者非至愚则自私

前人因科学未明，不识祖宗迷信之非，尚可恕，今则非其时矣，其至愚者固有之，然亦有知过不改者，是有故也。

崇拜祖宗＝服从

作官＝服从

作奴隶＝服从

服从＝至愚自私

崇拜祖宗＝作官＝作奴隶＝服从

崇拜祖宗＝作官＝作奴隶＝至愚自私

人皆知作奴隶者不肯革主人之命之非，又知作官者不肯革帝王之命之非。奴隶与官之不肯革命，非至愚即自私。但崇拜祖宗者，与奴隶及作官者相等，故吾亦可定之曰：凡不肯行祖宗革命者，非至愚，即自私。

崇拜祖宗者曰："使子孙不忘本，此乃伦常之大义，若不敬祖宗，亦必致不敬父母。"（父母乃生物，祖宗乃死物，不可并论。）盖父母之教子弟崇信祖宗，即如君长使百姓崇奉宗教，令其愚弱，乃易制服。故崇奉祖宗非他，即世世相传之狡计，以缚束其子孙，压制其子孙者也。其愚者不能辨是非而从之，其敏者与狡者，或知之而不敢言，或因之以求己利。如修祠也，立碑也，祭祀也，厚葬也，固有因迷信而为之者，亦有因沽名而为之者，此等事足令乡里称孝，于是为伪道学家之当权者所重。谚曰："求忠臣于孝子之门。"故崇拜祖宗，与做官亦有关系。即使不以崇拜祖宗为运动之具，然亦不敢反抗祖宗，以伤舆论。总之利用祖宗，即内以为羁制之具，外以为沽名之资。

（丁）凡有道之革命党必主张祖宗革命

祖宗迷信之反背科学，有伤公理，为知道者所最不能堪者也。革命无非为求伸公理而已。然支那人生平最早所遇不合公理之事，未有如崇拜祖宗者也。是故祖宗革命，为支那革命党之"初学试验品"无疑。若生于新世纪，其智力不能知祖宗迷信之谬妄，吾敢断其无新世纪革命党之资格。若已知祖宗革命之正当而不肯实行者，是甘心服从专制，反对公道，吾亦敢断其非新世纪之革命党。

吾言出，则必有疑难之者至，曰：□君乃支那最诚笃之革命党，众望所属。然□君似有祖宗迷信者然，于民报拾号八十一页中之祝辞内见之，其言曰："以皇祖轩辕之灵，洋溢八表……白日有灭，星球有尽，种族神灵，远大无极，敢昭告于尔丕显皇祖轩辕烈祖金天高阳高辛陶唐有虞夏商周秦汉新魏晋宋齐梁陈隋唐梁周宋明延平太平之明王圣帝，相我子孙，宣扬国光……我皇祖亦永有依归。"

□君之思想，固未必若是之旧也，然就此文观之，其言之反背科学，有乖公理，必不能因其同侪而为之讳也。此文实具三种迷信：一崇拜帝王，二崇拜祖宗，三仇视异族。此实吾辈所谓旧世纪之革命矣。充□君之意，倘今日之皇帝为轩辕，甚至为秦始皇，皆当崇拜之矣。吾新世纪之革命则不然，不问其为何种人，或轩辕黄帝，或拿破仑，或威廉第二，或玄烨载湉，一律排斥。虽彼乃主张种族革命，所言自不免过当，然即就迷信祖宗而言，□君已大过矣。即使轩辕果可崇拜，其灵何在？即使种族自应无极，所谓神灵何解？本今日已有定论之科学公例。"物力不灭，无有神灵"，复何可以此等之言，以贻误于闻者。且我之革命乃求伸公理，非图自私，假使祖宗灵魂不灭，亦无须祈其相我，而后革命。况满人亦祷彼之皇祖，相彼子孙，满人固尝降所谓谕旨曰："列祖列宗在天之灵。"噫！何□君此言，与满人谕旨，同一愚陋耶！若神灵无效，则不必作此愚谬之举动；若其有灵，各私其子孙，是乃公理之仇，无论满祖汉祖，同在摈斥之列。以上皆不过比喻之言耳，究其实，凡此类文辞，皆野蛮时代用之惑众，乘机利用，以图己利。呜呼！奈何□君以此种无理之文，用之于至正当之革命耶？若□君以公理良心，细思吾言，必不恨我，必且写吾表同情，而主张新世纪革命中之祖宗革命矣。君或以为支那人格不及，故用此手段，以运动革命，然吾之所以革命者，乃欲成一正当之社会，焉有以不正当之道理，而能达其日的者乎？若不以正当为宗旨，又何取乎革命。

（戊）祖宗迷信之四大罪恶

（一）反背真理，颠倒是非。

阻数千百年智识之改良，阻数千百兆人之进化。

（二）肆行迷信之专制，侵犯子孙自有之人权。

（三）耗民力民财于无用之地。

富贵者丧祭之时，祭筵无数，腐臭弃置，值巨金之纸物，顷刻烧毁，于此无形之中伤害民生无算。

（四）攘夺生民养命之源。

攘可耕之田为墓地，忍听耕者之流离。

祖宗迷信之罪恶，皆由人力使然，以上诸端，皆当彰明其罪，勿再以迷信颠倒是非。

（己）实行祖宗革命

今支那之青年，凡以科学公理为务者，想必赞助吾祖宗革命之意，且必实行之，其实行之法甚简易。

（一）于书报演说中发阐此种新理，破数千百年之迷信。

（二）凡遇含有祖宗迷信性质之礼仪（祭丧葬等），皆指公理以拒之。

（三）平坟墓，火神牌，以为警世之钟，借行传布之法，或将墓碑神位，送入博物院，资后来考人智进化者之研求。

（四）凡主张祖宗革［命］者，当嘱其子孙，于其死后，勿以昔日待祖宗之法相待；或笔之于书，俾子孙懦者，或受他种强权所阻者，亦得勉行祖宗之革命。（《新世纪》第二、三期，1907年6月29日、7月6日，署名"真"）

三纲革命

新世纪常曰：去迷信与去强权，二者皆革命之要点，因此二者互相维持，以图保存者也。

所谓三纲，出于狡者之创造，以伪道德之迷信保君父等之强权也。

迷信与宗教为一流，与彼相反者，则科学之真理。若取迷信与科学比较其异同，则是非易决矣。

（甲）宗教迷信　（一）君为臣纲，（二）父为子纲，（三）夫为妻纲。纲领者犹统辖之意也，是臣、子、妻皆被统辖者也。

（乙）科学真理　（一）人人平等，（二）父子平等，（三）男女平等。以真理言之，孰有统辖之权，孰有服从之义，故一切平等。

（甲一）君为臣纲

据强权而制服他人者君也，恃君之名义威权而制服他人者臣（官）也，故曰君为臣纲，又曰官为民之父母。

（乙一）人人平等

君亦人也，何彼独享特权特利？曰因其生而为君，是天子也。此乃迷信，有背科学。若因其有势力故然，此乃强权有背真理。

臣为君之属物则是，因臣恃君而有者也（即官即奴隶）。然民则非君之属物，亦非臣之属物。君与臣皆野蛮世界之代表，于新世纪中，君与臣皆当除灭。惟有人与社会，人人平等。

（甲二）父为子纲

就伪道德言之，父尊而子卑；就法律言之，父得杀子而无辜；就习惯言之，父得殴詈其子，而子不敢复。

因强弱之异势，迷信之误谬，故父尊而子卑，父得而统辖其子，于是父为子纲。父之知道明理者，固不肯恃强欺弱，侵其子女之权，其他则以此伪道德为保护权利之具，侵侮其子，无所不至。故纲纪之义，父之明理者固无所用之，而用之者皆暴父而已。

至子之恶者，虐待其父母，偶或有之，然彼固无畏乎所谓圣贤，所谓纲常。至良善之子，必善养其父母，固无所用于圣贤与纲常者。

就暴父言之，纲常伪义，徒以助其暴；就恶子言之，则不足以灭其恶。

且恶子较暴父为少，偶有之，安知非因累世之恶感情所致耶？总之三纲之伪德，有损而无益。

暴父之待其子也，当其幼时，不知导之以理，而动用威权，或詈或殴，幼子之皮肤受害犹轻，而脑关之损失无量，于是卑鄙相习，贱暴成性。更使之崇拜祖宗、信奉鬼神以成其迷信，而丧其是非，更教以敬长尊亲，习请安拜跪，以炼其奴隶禽兽畏服之性质。及其壮也，婚配不得自由，惟听父母之所择。夫男女两人之事，他人亦竟干涉，此乃幼时服从性质之结果而已。及其父母死，而复以繁文缛节以累之，卧草食素，宽衣缚其身，布冕蔽其目，逢人哭拜，称曰罪人。

呜呼！父母之死也，其子哀伤，乃自然。然其死也，乃机体衰老生理之关系，何罪乎？其子当哀伤劳苦之际，奈何反使之背于卫生，瘁其精力？

夫哀伤与眠食不安，乃出于自然，本不必他人教使。而彼狡者，自以为圣贤，从而制礼，以提倡之。而彼愚子暴父，自以为尊崇圣贤，从而效之于幼，教之于长，相习成风，而其结果则为子孙加此一种迷信。此迷信以保存父母死后之余威也。

总之为子者，自幼及长，不能脱于迷信与强权之范围。己方未了，又以教人，世世相传，以阻人道之进化，败坏人类之幸福。其过何在？在人愚。乘其愚而长其过者，纲常伦纪也。作纲常伦纪者圣贤也。故助人道之进化，求人类之幸福，必破纲常伦纪之说，此亦即圣贤革命，家庭革命。

（乙二）父子平等

就科学言之，父之生子，惟一生理之问题，一先生，一后生而已，故有长幼之遗传，而无尊卑之义理。就社会言之，人各自由，非他人之属物。就论理言之，若生之者，得杀被生者，则被生者亦得杀生之者，既子不得杀父，故父亦不得杀子。

父之杀子与殴詈其子，昔非出于理而出于势力，势力即强权，乃反背真理者也。

科学真理，一本于自然，不外乎人道。父人也，子亦人也，故父子平等。子幼不能自立，父母养之，此乃父母之义务，子女之权利。父母衰老不能动作，子女养之，此亦子女之义务，父母之权利。故父母子女之义务平，权利等，故父母之于子女，无非平等而已。此即自然之人道也。

人生于世间，以世间为物为生活，此物非属于甲，亦非属于乙，非属于父，亦非属于子，惟属于众人而已，此至公也。既有家庭，则易公而为私，爱己而忌人。曰我之子故我爱之，于是慈之说出，推此以求，则人之子遂不爱。曰我之父故我爱之，于是孝之说出，推此以求之，则人之父遂不爱。所以爱我之父，我之子，是因其与我近也。然父之与我近，子之与我近，究不若我之与我近。故孝也，慈也，犹不若其自私之为甚。故父愿其子孝，且用强迫威骇以得之，而子变为奴隶禽兽矣，故孝者父之私利也。子欲其父慈，欲其有利与己（产业），用媚以求之，或以孝之美名，为升官发财之运动法，于前之说（遗产），则父母为马牛，于后之说（孝之美名），则父母为傀儡，故慈者子之私利也。

若顺乎科学公理，人当本于构造生理，各尽所能，各取所需。

若路人有所需，不能因其为路人，不与之不助之。若父母或子女无所需，不能因其为父母或子女，遂夺他之分，而特别与助之。

慈孝者私之别称也，若世人不私，则无所用其慈孝，即世人慈孝（博爱）世人也。

博爱平等，公之至也。慈孝与博爱，及公与私皆成反比例。然慈孝有害博爱平等，而博爱平等无损于慈孝，且有益之。因慈孝. 只利于我之近者，推而及于自利；博爱平等是利众人，众人利，我与我之近者，自在其中矣。

人道进化之程度愈幼稚，慈孝之风愈盛，而博爱之力愈薄，因各私其私也。今之世界纯然自私之世界也，经济问题其一大阻力。若经济平等（共产实行），人人得以自立，互相协助而无所用其倚附。是时也，有男女之聚会，而无家庭之成立，有父子之遗传，而无父子之名义。是时也，家庭灭，纲纪无，此自由平等博爱之实行，人道幸福之进化也。

今其时虽未至，而进化之趋向已进矣。家庭革命、圣贤革命、纲纪革命，所以助人道进化者也。

（甲三）夫为妻纲

就伪道德言之，夫尊而妻卑。就法律言之，夫得出妻，妻不得离夫。夫执奸（两人之真爱情，反谓为奸）杀妻无罪而得奖，妻杀夫则为凌迟之罪。（妻杀夫因爱他人不得而为之者百之九九，阻妻之爱他人者夫也，妻之杀夫非妻之罪也。）

就习惯言之，夫嫖则为当然，妻与人交则为失节。（因夫得嫖，且得有多妻，杀妻之事，然非夫之性善也。）因强弱之异势，迷信之误谬，故夫尊而妇卑，夫得而统辖其妇，于是夫为妻纲。夫之知道明理者，固不肯恃强欺弱，侵其妻之权，其他则以此伪义，为保护利权之具，侵侮其妻，无所不至。故纲常之义，夫之明理者固无所用之，而用之者皆为暴夫而已。是故纲常之义，不外乎利于暴夫而已。

虽有知道明理之夫，而其妻不得脱于迷信之习惯，此非夫妻一部分之问题，乃男女普通之问题也。于男女革命中详之矣。

（乙三）夫妻平等

就科学言之，男女之相合，不外乎生理之一问题。就社会言之，女非他人之属物，可从其所欲而择交，可常可暂。就论理言之，若夫得杀妻，则妻亦得杀夫；若妇不得杀夫，则夫亦不得杀妻；若夫得嫖，则妻亦得嫖，此平等也，此科学真理也。

科学真理，一本于自然，不外乎人道。夫人也，妇亦人也，故夫妇平等。

人生于世间，各有自立之资格，非属于甲，亦非属于乙，妇不属于夫，夫不属于妇，此自由也。

既有家庭，则易自由而为专制。曰我之妻，我爱之而忌他人爱之。曰我为尔夫，尔当爱我，而禁其爱他人。是以玩物产业待女人也，自私也，专制也。

若顺于科学公理，人当本于构造与生理各从其欲，各为其所宜（就卫生言）。

人道进化愈幼稚，女人愈不自由，愈进化，男人之专制愈减。今之世纯然自私之世界也，经济问题，其一大阻力。若经济平等，则人人得以自立。（详男女革命。）聚散自由，有男女之聚处，而无家庭之成立。是时也，家庭灭，纲纪无，此自由平等博爱之实行，人道幸福之进化也。

今其时虽未至而进化之趋向已进矣。

家庭革命、圣贤革命、纲常革命，所以助人道进化者也。

实行政治革命、经济革命，皆不能免激烈之作用，因革命之主动者，与反对党性质正反，必有冲突故也。

至家庭革命，则无激烈之作用，惟改革其思想可也。因今之父母即昔之子女，若其回思昔日所受之压制，不合于人道，则其将行庶道，不以己所不欲者施之于其子女也。今之子女，亦即后日之父母，若其今知父母不当以某事某事压制之，则当彼为父母之时，亦当行庶道，不以己所不欲者施之于其子女也。故父母子女，皆得而作家庭革命党，助此革命之实行者。

（夫妻革命实行见男女革命。）

一曰尚真理以去迷信，此思想之革命也。（直接）

二曰求自立以去强权，经济革命与有切要之关系也。（间接）（《新世纪》第十一期，1907 年 8 月 31 日，署名"真"）

鞠 普

毁家谭

或问曰：今学者竞言毁家矣，家果可毁乎？曰：可。其义可得闻乎？曰：可。请言之。曰：原人之始，本无所谓家也，有群而已。自有家而后各私其妻，于是有夫权。自有家而后各私其子，于是有父权。私而不已则必争，争而不已则必乱，欲平争止乱，于是有君权。夫夫权，父权，君权，皆强权也，皆不容于大同之世者也，然溯其始，则起于有家，故家者，实万恶之原也。治水者必治其源，伐木者必拔其本，则去强权必自毁家始，此一义也。人生天地间，独往独来，无畏无惧，本极自由也。自有家而奔走衣食，日不暇给矣。自有家而悲欢离合，百苦丛生矣。家之为累，固人人能知之，人人能言之。则欲得自由，必自毁家始，此又一义也。人类本极平等，无所谓富贵贫贱也。自有家而传其世职，受其遗产，于是阶级分矣。自有家而农之子恒为农，士之子恒为士，于是智愚判矣。种种不平之生，皆起于有家也。必家毁而后平等可期，此又一义也。世运之进，恃人人自立也，人人博爱也。然儿女情长，则英雄气短。室家念重，则世界情轻。明知公益之事，因有家而不肯为；明知害人之事，因有家而不得不为。使人志气消沉，神魂颠倒，求学而不进，为德而不终者，皆家之为患也。一人如此，人人如此，世运亦因之停滞而不进。必家毁而后进化可期，此又一义也。具此数义，谓家不当毁，可乎？

曰：毁家之义，既闻之矣，然人人可行之乎？曰：可。其义可得闻乎？曰：可。请言之。曰：今世之无政府党、革命党所以未遽成功者，以一人之力有限，必合多数人之力，始能实行也。若毁家则固人人能行者也。

不观夫徐君锡麟乎，家富而亲老，宜其不忍毁矣，乃毅然为之。又不观夫毕夏君乎，妻少而子幼，宜其不忍毁矣，乃毅然为之。（此皆就近事言。）今徐父且借此显名，而毕之妻子亦人皆投赠，敬之爱之，无间远近。故有家而能毁，乃家之荣，非家之祸也。虽然，此非人人所能行。然固有人人所能行者，则不婚是也。使世之为父母者，不强迫其子女结婚，而世之为男女者，复知结婚之自累，不数十年，婚姻一事，已可绝迹于天壤矣。今世政府虽极野蛮，而不婚之事，固不得强为干涉也。故曰：毁家之事，人人可行也。

曰：毁家可行，既闻之矣，然毁家顾有法乎？曰：有。其义可得闻乎？曰：可。请言之。曰：不婚之说，吾言其义，未善其后也。夫婚姻之起，亦自有其理由。大抵男女有情欲之感，则不能不婚。女子无自立之术，则不能不婚。虑生养疾病老死之有时，则不能不婚。虑种族之不繁，则不能不婚。然此数者，吾尝筹之矣。夫人之大欲，于衣食住外，惟男女耳。惟世俗以不正式婚姻为苟合，以所育之子为私生，陋俗相沿，习非成是，故迫而为婚礼耳。今使破除贞淫之说，复多设会场旅馆，为男女相聚之所，相爱则合，相恶则离，俾各遂其情，则必无乐于结婚者矣。此破婚姻之一法也。女子无教育，无事业，故有不能立者。然女子勤俭，远逾男子。吾国孤孀，及粤省女子，多能自营，未尝见其饿死者（粤省顺德、南海等处，女子每多不嫁，以蚕业及佣工自活，同业相助，道德最美）。今使大倡男女同校、男女同业之义，俾女子均能自立，必无有欲依赖男子以受其压制者矣。此又破婚姻之一法也。生养疾病老死，皆人所不能免也。惟人私其家，故苟无家者，则生养疾病老死之时几无驻足之地，此最苦之事也。若广设协助公会，多兴慈善事业（如同志会、同业会、协助会、联合会及产妇院、养病院、娱老院、育婴院、幼稚园等等公共事业），凡不婚之男女，平时则出其余财余力，以助公会，有事则入居公院，以生养休息，而公会公院一切职务，亦由不婚之男女自任之，使老有所养，壮有所用，幼有所长。人人知其益，则入会必愈多，人人同其志，则不婚必日众。此又破婚姻之一法也。以上所言，皆人力所能到，非高远难行者。今西人于此等事业，已行之有效，惟我国尚未萌芽耳。夫毁家非无家也，不过昔日之家小，而今日之家大耳。推而广之，扩而充之，至以世界为一家，亦犹是耳。然欲世界为一家，必自不昏始。此毁家之法也。

曰：毁家之法，既闻之矣，然毁家有乐乎？曰：有。其义可得闻乎？曰：可。请言之。曰：吾昔闻宗教家多不昏者，尝疑其不近人情（宗教之可恶者，以其设虚伪之词以愚民，敛公众之财以利己。此末流之失也。其不昏主义，未可厚非），今乃知凡思想稍高者，未有不以家为苦（孔子出妻，庄子鼓盆，亦其思想高处。不过只为己计，不为妻计，其主义狭小耳）。盖人以远者大者为乐，则必以小者近者为苦。家实苦人之具也。惟野蛮人之思想卑下，故恋家最深；妇女之见闻单简，故恋家亦最深。稍开化之男子，固不然也。虽然，今与人言无家之乐，世固未能信。然与言有家之苦，则人人固深尝之矣。贫乏者无论矣，即就富贵者言，父母没则有丧葬之苦（吾国之官绅最怕丁忧），妻妾多则有诟谇之苦，儿女大则有昏配之苦，其余离别之苦，酬应之苦，几无日不在恐怖挂碍苦恼之中。反而求之，所得者不过床笫侍奉之小乐而已。然世明知家之苦而不能去者，则以社会之习惯而不察也；则以既已有家，相聚日久，而未免有情也；则以志气卑陋，渐图目前之乐也；则以知识薄弱，不脱于野蛮人、妇女之思想也，使如吾言，有种种之公共场所（如上所云公会、公院等），是无家而不啻有家，且无家之苦而得家之乐，人亦何惮而不毁家耶？若夫能以救世为乐者，则又不待予言矣。

曰：人人毁家，不将人人不尽力乎？曰：否。其义可得闻乎？曰：可。请言之。曰：人之有力而不能不用，犹人之有口而不欲不言也，惟以有家故，故倚赖于家而不肯尽力。亦惟有家故，故舍家之外不肯尽力耳。家毁则无所倚亦无所私。无所倚，则不能不尽力；无所私，则必尽力于众矣。夫尽力于众，人所乐也。世有恒言曰：为善最乐。又曰：人之欲善，谁不如我。故知尽力于众，为人之最乐事也。夫好生恶死，人之恒情，然迷信宗教者则以战死为荣（如十字军），迷信强权者则以从军为乐（如日本之愚民）。以是知人于公共事业，死犹不惜，而况区区之力乎。且一人之力，常足以供数人（如一人耕可供数人之食，一人织可供数人之衣，此实事也）。以今世界人数言，老弱者居十分之五，女子之坐食者居十分之二，官吏、军人、资本家及一切无所事事之人又居十分之二，其实尽力社会者不过人数中十分之一耳，然供求之数，固未见其不足。果人人皆尽力于社会，则其力顿增数倍。昔时每人须尽力数时者，今则不至一时半时耳。力不加而反省，谓犹有惜力者乎？吾恐彼时且以尽力为乐，以不能尽力为苦矣。所谓力恶其不出于身也，不必为己也。若夫老弱之不能尽力者，则壮者以其余力供养之，固绰绰乎有余裕矣。

曰：人人毁家，不将人人忘情乎？曰：否。其义可得闻乎？曰：可。请言之。曰：人者，有情之动物，有情则不能无所钟，惟钟于此钟于彼者异耳。昔惟有家，情钟于一家，故私，故小。今既无家，则钟情于社会，故公，故大。今人之用情于家，非真情也。父子责善者有之矣，夫妻反目者有之矣，兄弟阋墙者有之矣。真能用情于家者几人乎？惟男女之相悦，朋友之聚处，气味相投，乃真钟情之地也。盖情者，常发于自然，非他人所能勉强。情可由于交感，非一人所能独生。故今之用情于家者，乃名义上之情，非本性中之情也，若不昏说行，则人本无家，何处非用情之地；四海为家，何地非用情之人。所谓不独亲其亲、子其子也，所谓男有分，女有归也。故博爱也，平等也，皆家毁而后能行者也。（《新世纪》第四十九期，1908 年 5 月 30 日）

吴稚晖

无父无君无法无天

大哉四无，乃成立无政府之要素。

仅就人类言之，复仅就万年之短历史言之。

炎黄以前，野蛮时代，今人皆认为无此四物者，其实含有此四物之性质最完全。以其时之人，并不知有所谓"无"，故亦并不能言其为"有"。

迄尧舜以降，人类稍稍开明，而无名氏之哲人，为主张此四物之圣人所随时剿灭者，必曾放着胆子，乱说一个可以"无有"之缘故。然所谓圣人者，已有习惯之遗传性，觉其关系于人类之相互者，惟确立此四物，可容易得苟且之太平。又其时人类之智慧与能力，大都与所谓圣人者类类乎相似，所谓无名氏之哲人当时自当群目为妖人，必不见容于至大多数。故圣人遂以彼时人人之同意，确立此四物之名目，从此遂号称为有。而且确曾略去野蛮时代所有而实可无者，而始厘定此有，故群焉推之为圣人。

由是更历千百年，人类之智慧又稍进，掊击此四物之无名哲人愈多。有如孔丘、孟轲之圣人，又以息邪拒诐，自安其鄙陋，却亦汰去四物中之可无者至多，遂使四物应有之资格，益以完全而巩固。此所以周秦以来，中国梦梦二千年，其间且又经宋、元朱熹等之稍改良，益增"有"之势力。直至去今数十年以前，遂使此四物，铁铸的公认为社会成立决不可无之要素。

世界之进化，其暗潮正相合流。故中西进化之时代虽稍有参差，然大变革之层次正同。故随便借东方或西方之往迹为论案，皆足以推见世变也。

伊古以来，一方面，一班苟安之圣人，为四物尽力，借逐渐之改良，即为巩固此四物之计画。

而一方面，无名氏之哲人，流俗所谓妖人，无不丧元浴血，以不详见诛者，其专向此四物为怀疑之鼓吹，亦续而不绝，久而愈盛。

而突然于此数十年之前后，四物之根脚，乃为之动摇。

绝无关系之"君"，全恃强权成立者，乃首先推倒。（不必其在共和国也，即在立宪国，纵有至尊不可侵犯之门面语，然以朕即国家、朕即法律之资格，降而受范于宪法，此止可云依傍"法"之一物而附有，其原物实已消灭。）

绝无影响之"天"，即继之而倒。

此二端者，即略抱共和革命之思想，略有科学真理之经验者，无不能张目大言，正色而认为道理之固然。如此，则无君与无天两事，不必待无政府时代，而革命已告成功。因实际虽存，而理论已不相属，即非为道德之所有。

惟"父"之根据于爱情，而为强权所利用者，每若一加排斥，不啻如排斥爱情然，故代为隐遁者犹众。

又"法"之原本于公德，而为强权所劫持者，每若一加排斥，不啻如排斥公德然，故代为保障者尤多。

于此二者，纵现在崇尚真理、公道之真正革命党，头脑中甚为清楚，父权自父权，爱情自爱情，法律自法律，公德自公德，有决不可相混之界说，无如时机未熟，而一般之普通观念沉浸于习惯者至深，恐其有伤于爱情与公德也，毕究糊涂了清楚，清楚了又糊涂，尚未能合全世界为斩绝之评判，有如"君"与"天"之必不当有。故现在尚缺无父与无法二要素，而无政府之成立，尚无其期。

（附言）人之所恶于无父者，质言之，即恐或酿逆伦之重案也。然请问爱情何在？苟有爱情，于人类莫不相爱，父亦人类之一，即在相爱之中。而贸然对于主张无父之人，严格的加以将酿弑父之诘问，真无理恫吓也。又人之恶于无法者，质言之，即恐将有杀人放火之惨剧也。然请问公德何在？法律之可以为取信之据者，全视社会之公德。文明社会知公德者多，法律遂若有效；野蛮社会知公德者少，法律竟同虚设。故杀人放火之事，在法网严密之国为愈多，此不可逭之前例。然则又贸然对于主张无法之人，严格的加以将酿杀人放火之诘问，愈为无意识之恐怖也。

综以上四者，问何以于野蛮时代，却指为"有"而最完全者？

曰："君"者无理由之"法"，"法"者有理由之"君"。以无理由之专有之强权制人者曰君，以有理由之集合之强权欺人者曰法。

"天"者无凭据之"父"，"父"者有凭据之"天"。以无凭据之莫大之强权骇人者曰天，以有凭据之应得之强权责人者曰父。

（君）野蛮之不免滥用强权以制人，及野蛮之服从强权为至谨，此必为世人所公认。当此之时，则君之质素最纯，而君之区画最严。嗣是而依傍于天曰天子，又依傍于父曰君父，又依傍于法曰君者出令者。直至受范于法，而君之运命遂告终。此"君"之自有至无之一段历史也。

（天）野蛮之崇拜风雷日月，不必为其天也，即彼认为天之创造能力之所寄，苟稍神奇者，已慑伏而莫敢或狎，此亦必为世人所公认。当此之时，则天之威力最尊。嗣是天有民德之可以相胜，天有魔鬼之足以相扰。求天之故愈多，而亵天之情亦见。及至迁就于哲理，天已付诸不可思议。又复整理于科学，天遂等诸顽然物质。而天之运命亦告终。此"天"之自有至无之一段历史也。

就世人所公认谓野蛮时代所有而最完者有二：曰君与天；其不甚留意者亦二：曰父与法。

（父）野蛮人往往以其形色肤发，辨其异同，同则相助，异则相攻。于同族之中，皆严事其老者如父。此即重所生之实证。惟其时婚姻之制未生，故无父之名，仅有父之实耳。然则彼意必为其所亲属，而后始用其爱情，有断然不疑者。其爱情之狭隘，而血属之郑重，为后世父道既立时所不及。想见彼时止重血统之名目，而已能致其孝谨，不似后世明明知为其为父，尚有爱情不属，无故为弑逆者。此在晚近，犹留遗迹。凡愈鄙野之人，欲与人连结爱情，必认为父子。稍文明者，即知爱情兼可施于朋友，止当为朋友而已足。即此便可并得两证：一即证明野蛮时之郑重血统，实过于彝伦之既叙；一即证明爱情既可由父子而广诸于朋友，即可由朋友而广之于世界。如此，人类者，当改良而为完全有爱情之一物，其时不但父子可废，即朋友之名，亦在消除之数。是父之运命，不久必将告终。此"父"之自有至无之一段历史也。

（法）任人以道理为自由之行动者，曰公德。托于公德，发为理由，制之为"法"，借集合之势力，以强制人者，曰强权。故法者，乃强权假托于公德之一物。所托者较粗，含有强权之成分者较多；所托者较精，含有强权之成分者较少。今日最文明之法，依托于公德为至精，故公德之与法律，几有认为相同之物；法律之与强权，几有认为相制之具。而不知此为教育兴盛，由公德直接改良法律，更间接减缩强权。强权之不尽消灭，即由于法律尚未能为公德消灭也。能知含有强权甚多成分之法为最近于法之起原，则野蛮杀人，简单以有罪二字诬之，即可下刀。有罪者，即谓其侵犯公德。是即假托公德之最粗者，亦即可云法意之最完者。故法意最完于野蛮时代。嗣是五刑修而"法"较备，公德之成分遂增。迄于人权之说大昌，而公德之成分愈增。增而不已，人人乃悟人类之相互，既可归极于公德，更无所用其契约，于是法之运命亦终。此"法"之自有至无之一段历史也。（《新世纪》第五十二期，1908 年 6 月 20 日，署名"四无"）

绝　圣

排孔征言

有恐惧，有迷信。独行而遇豺狼，汹骇战栗，持有武器，则视之漠然，甚或利其皮，此恐惧也。�蛛在东莫敢指，神圣不可侵犯，此迷信也。恐惧制人于有形，未必真服从，故有时而不恐惧。迷信制人于无形，并服从而亦忘之，斯无时不服从。故不恐惧易，破迷信难。

　　恐惧、迷信，世界强权之所基也。基以迷信，助以恐惧者，宗教是也。基以恐惧，助以迷信者，政府是也。所倚有重轻，斯改革有难易。故宗教之革命难，而政治之革命易。政教分立之国之政治革命易，而政教混合之国之政治革命难。此皆征之历史而不爽者。试再进而观之：自希腊、罗马至于今，所谓政治、宗教之革命者果何等之革命乎？路德能破除一切旧仪文，而不能无神道之观念。英法诸国能摧陷专制，而不能毁政治之建设。夫仪文专制者，可恐惧之物也；神道政治，则迷信存之。然则此等革命，直不恐惧耳；若夫迷信，则自有人类以来，未尝破也。

　　由野蛮而稍进文明，必以迷信为利器，宗教家其知之矣。当其时不可谓无功；无以救其后，则一种族之盛衰兴灭，恒与其迷信之浅深为比例。试一略考宗教之历史，有不然者乎？回教大兴，天方不振；儒宗定一，五胡乱华；基督漫衍，突厥蹂躏欧洲；释伽降生，印度日即微弱。而蒙古者，世界最富争战力之人种也，数百年来，染佛法余毒，岌岌乎有红人之祸，此尤支那人之所悉也。呜呼，使宗教而有益于民族，何以此数族者，或以文明或以武勇见称者，竟消灭于宗教既盛之后乎！今之论者漫不加察，竟以欧西之文明归功新教，不知使无科学之发明，吾未见欧西之文明遂有今日也。科学者，进化之利器也；迷信者，思想之桎梏也。二者固绝对的不同物，以有科学之发明，故始有今日之文明；以未行迷信之革命，故仅止于今日之文明。谓予不信，曷一翻宗教科学相争竞之历史。

　　要之，利用迷信者，颜无火之御马也；利用恐惧者，颜夷之御马也。自御者言之，无火之胜颜夷远矣。为马谋，其害孰烈？使人道自同于马，亦何言；不然，迷信之大革命，真一日不容缓。

　　支那者，政教混合之国也，亦恐惧，亦迷信，故至今日始梦呓立宪。为此厉阶者，非孔丘乎！孔丘之为宗教家否，吾不过问。惟自政府之所利用、人民之所迷信之一方面观之，虽喙长三尺者，能辨其无宗教之现象乎？呜呼，孔丘砌专制政府之基，以涂毒吾同胞者，二千余年矣。今又凭依其大祀之牌位，以与同胞酬酢。立宪党之如何舞蹈，吾不能知。独怪热心革命者，或发扬周秦诸子，或排斥宋元诸人，而于孔丘则不一注意。夫大祀之牌位一日不入火刹，政治革命一日不克奏功，更何问男女革命，更何问无政府革命。擒贼先擒王，不之知，抑毋亦有所迷信乎！吾请正告曰：欲世界人进于幸福，必先破迷信；欲支那人之进于幸福，必先以孔丘之革命。

破世界人之迷信，世界人之所有事也。支那人者，世界人之分子也。破支那人之迷信，即破世界人之迷信。吾辈支那人也，请行孔丘之革命，以破支那人之迷信。

行孔丘之革命奈何？往者有取其片言只行而加戏谑斥驳者矣，顾杯水耳。以孔毒之入人深，非用刮骨破疽之术不能庆更生。鄙意尽集其一生之言行，分门著论。言则取类似者，仿《左氏博议》之例排比为题，痛加驳斥。行则或就身世，或以所言反诘，要勿稍留余地。顾予之能事至浅，不克奏此伟绩。有仁人志士切心救世者乎，予虽不敏，愿竭棉薄，从诸君子之后焉。（《新世纪》第五十二期，1908 年 6 月 20 日）

谢　震

《女报》发刊词

呜呼！吾中国际兹二十世纪世界，列强环逼，内难迭兴，设无以振作之、治理之，恐不十年后，将变为波兰、印度、缅甸、安南之续耳。振作之、治理之维何？无非曰练兵也，理财也。其尤要者则在于兴教育，使国民有普通知识与技能，并发公德心，慷慨出资捐躯，保中国即以保个人也。顾兴教育有年矣，而全社会之黑暗如故，纷扰如故，且加一种伪文明，新客气。曰：是无蒙小学以为之基础也，无女学以为家庭社会之模范也。即设蒙小学、女学矣，而具热心相与维持图谋改良进步者少，或作冷眼观且造谣持破坏主义者居多，二三志士，屡受挫折，非变计，即丧气耳。社会既不开通，教育终难发达，奈何奈何！曰：欲开通社会，非办报不可。而男社会已大概染一种伪文明，新客气，不如女社会犹是浑浑噩噩，烂漫天真，诚宜策厉之，使日见进步，不可偏私，使男女异法也。此女报之所由发起也。然女报之设亦有年矣。在上海发刊者，最初为陈撷芬女士所创之《女学报》，次丁初我君之《女子世界》，次秋瑾女士之《中国女报》，又其次者有《天足会报》暨《中国妇人小杂志》。在日本东京发刊者，有何震女士之《天义杂志》，与燕斌之《中国新女界杂志》。大率昙花一现，即归乌有，其存焉者，亦大有日薄虞渊之景象。推其原因有二：一由于无经费。发起者不过因一时热诚激动，诸友从而和之，遂于报界猝树一帜，冀其发达。迨资本既罄，从前之附和者渐散，于是不得不停止。一由于无成见。吾中国男学界尚在幼稚，何论女界。今不问其程度之何若，惟采集太西各国之一般新风气，从而发扬之，鼓励之，意非不善也，其奈药不对症，且虞变病何。即不然，迩来女学初萌芽，开通女界，必须经过男界之一阶级。男界因疑忌而生阻力，从此冰炭矣。语云：教育愈浅，愈有势力。又云：输新文明，如食河豚，不善食之，反伤生。又云：教育必须研究社会的心理，然后可施以适当之方法。数语诚见真理之言也。本报由商、学界诸同志发起，先集股组织女报社，又附设印刷局以维持之，经费可无虑矣。宗旨载在简章，虽未详明，总以破除迷信，注重道德与职业，期改良妇女社会，为惟一之目的。种种客气，芟除净尽。根基既固，阻力不生，庶几开通女界并男界以及于全国。从此文明进步，势力膨胀，吾中国将尊为二十世纪世界各国之主人翁，岂第扶植亚东女权而已哉！敢先为之颂曰：《女报》万岁！中国万岁！（《女报》第一期，1909 年 1 月，署名"侠佛"）

论可怜之节妇宜立保节会并父兄强青年妇女守节之非计

天下有最可嘉最可怜之人焉，其惟青年守节之嫠妇乎！夫人情所不能止者，圣人弗禁。虽礼经有从一而终、夫死不嫁之训典，然再醮〔醮〕助男子立业，亦属妇女之天职，谁议其非是。乃竟有忍拚锦瑟华年，牺牲前途一切生人之快乐，而茹苦含辛，一若亡夫远出不归而耐守以待之者，此其用情之专之挚，为何如！嗟哉，青年矢志，白首完贞，劲节孤芳，百世欣仰，为圣贤，为豪杰，不外是已，岂非天下之最可嘉者乎！然而灯昏茅屋，纺织辛勤，米珠薪桂，常虞不给，则自养难。白头翁媪，黄口稚儿，冬暖号寒，年丰啼饥，则事畜更难。耕耘樵采，佣工价昂，亲邻借贷，一不可再，无所告诉，顾影凄然，则内外料理均难。有此数难，可嘉者得勿转见为可怜也乎！怜之必恤之，此保节会之所以宜立也。夫以男子所难能而可贵者，女子履之甘之，至甚困难之地，见者犹漠然不知怜之，那怜之而不谋所以恤之，此非人情，抑悖天理。况今正培养国民时代，国民爱国之心能效节妇爱夫之心之专且挚，则夫死亦犹生，国亡亦可复，兴我中国，其庶几乎。是恤节妇，正所以陶铸国民也。或谓丈夫不受人怜，烈女何独不然，秋胡之妻不拾赠金，景让之母命埋窖藏，欲恤之，其如真节妇之不受何？曰：不然。嫠之无待恤者，固听之；其有志而迫于境遇者，非恤之不可，所谓君子成人之美也。且节妇之守节，无非欲为亡夫教子立业，否则自全其从一而终之初志耳，得此恤资，而为国家尽女国民之义务，亦应享之权利也。愿天下仁人君子一省予言。

虽然，守节云者，乃其自守，非他人能助之也。则守与否，悉听其自为计，亦岂他人所能强之乎。中国社会，只好虚名，不求实际。譬有一家，其子早丧，妇人孀居，或妇之父母怜其女之青年而欲再嫁之，其翁姑则曰吾家无再醮之妇；或翁姑不愿其妇之守节，而其父母则曰吾门无二夫之女。拘俗援例，视为固然。于是夜半啜泣，形影相吊，其懦者忧郁痨瘵以至于死，其黠者则情不胜欲，墙茨莫扫，无可言矣。吁！人必有人生幸福，然后限之以礼节。彼独非人类，抑有何罪，乃强生置之于地狱，而忍令其不自爱耶！窃谓欲令妇女守节，须研究者有三：

（一）视其志果坚与否；

（二）度其境可自活否；

（三）有子女否（苟无子女，虽上二端无虑，亦须劝之嫁）。

总之，守节者可以表率国民坚忍不拔之气慨，有再醮者亦多一人尽女国民之义务也，何必过为轩轾哉！

且夫男女既当平等，男对于女若何，即女对于男亦若何。试问天下男子，有一人为女子守节者否？塚土未干，新人在抱。凡若此者，滔滔皆是。而妇女丧夫，则必终其身不嫁，岂公理哉！况以他人而强其守节，不更野蛮之甚耶？虽妇女亦容有艳守节之名而托言不愿嫁者，然其情之真与否，志之诚与否，父母翁姑均可从平日参稽而得之。果真耶，果诚耶，宜无不赞成其志；若稍涉游移，宜无不劝之出嫁，切勿带丝毫客气而致贻后悔也。

吾敢为天下之为父母翁姑者告曰：尔知为父母翁姑之道乎，则勿强妇女以守节。又告天下之青年妇女曰：尔欲尽妇女之天职乎，则慎勿勉强守节。

（《女报》第二期，1909 年 2 月）

陈以益

男尊女卑与贤母良妻

男尊女卑之谬说，尽人而知之矣。今天下女校林立，早将此等谬说扫除净尽。而复前门拒虎，后门进狼，贤母良妻之主义自日本传染而来。鸣呼！贤母良妻之主义，非与男尊女卑之谬说二而一、一而二者乎！今之女校，以造成贤母良妻为事。夫贤母良妻也者，具普通之智慧，有普通之能力，而能襄夫教子之谓也。若是则女子之性质，岂仅能襄教而不能独立者乎？彼男子之教育，授种种之专门学问，今于女子则仅授以普通之学识而止，非重男轻女耶？非与男尊女卑之谬说相等耶？所谓平等者何在？所谓平权者何在？

吾非谓贤母良妻不足取也，吾非谓贤母良妻无所用也。惟男女既同为人类，同宜教育，即宜受同等之教育。尝考日本学制，男子有小学、中学、高等、大学，女子有小学而无中学。所谓高等女学校者，程度与男子中学等，所谓女子大学者，程度与男子高等等。其男女教育之不同等如是。然今日本固俨然世界一等国也，读者能勿河汉余言乎？虽然，日本之所以为一等国，以胜露故耳。西人谓日本军人，家为贤母良妻料理家事，故得安心以战云云。实则日本军人，因日本处于不可不胜之地位，人人自危，遂致死以战耳。信如西人言，则女子仅能间接以有功于国；日本之教育，仅能利用女子以助男子之事业，女子不能自为事业。然则吾国之木兰、梁红玉等事，当为历史之虚诞矣。今日日本女学，成积〔绩〕不无可观者，然比较的而非绝对的也。语云：取法乎上，仅得乎中。吾国今日即提倡贤母良妻之主义，亦不能效法日本。况日本今日女学流弊，稍知日本情形者所共知，尚可蹈其覆辙耶？自宜施同等之教育，女子亦设中学、高等、大学。

其学科之非女性所近者，亦宜教之，犹之美术固非男性所近，而男校亦教之也。至于由教育以造人物，则因由于各人之志向。无大志者，固听其伈伈俔俔，为贤母良妻而终，亦犹男子之无志者，庸庸碌碌，为贤父良夫而终也。

且夫贤母云者，良妻云者，均对于男子而言。为他人母，为他人妻，美其名曰贤母，曰良妻，实则男子之高等奴隶耳。日本女子教育，因亦有高等下女教育之评，见诸《女学世界》杂志。吾国之男尊女卑，以女子为奴隶，其奴隶乃下等之奴隶，不适于用。今之贤母良妻，先与女子以少许之教育，而仍奴之，此所谓高等下女教育也。譬之佣二婢女，一识字，一不识字。识字者可使之取书来，亦可使之取物来。不识字者，不知书名，仅能使之取物来。在主人因以识字者为最便利，而在婢女则二人固同为婢女也。今之贤母良妻，犹识字之婢女，而其子其夫犹主人。贤母良妻之教育，犹教婢女以识字耳，虽有若干之学问，尽为男子所用。呜呼，女子教育岂为男子而设耶！

总之，贤母良妻，固不无可取者，日本之家庭，因较吾国为文明，盖高等之奴隶自较下等为佳。此即比较的也。然试为女子思之，不能自用，而用于人，其无志者，固所当然。但男界非尽人而神圣，女子非无人能神圣。今男子设有大学，未必人人入大学，女子亦然耳。苟以贤母良妻为已足，则男子教育，曷不云贤父良夫之教育乎！

嗟嗟！为圣贤，为庸人，均教育所致耳。种瓜得瓜，种豆得豆。以贤母良妻之目的教育女子，则女子自成贤母良妻。此余之痛惜者也。教育者当望被教育者为圣贤，不当望被教育者为庸人。故男子教育，不以贤父良夫为目的，其仅能为贤父良夫者虽居多数，然决非教育之本旨也。谨告女学界，其勿以贤母良妻为主义，当以女英雄女豪杰为目的。教育之本旨，不可不从；日本之流毒，不可不去。吾欲就贤母良妻问题作千言万语以斥之，惜乎杂志文字限于篇幅，今先取其名与男尊女卑两两比较之如右。我同胞其信男尊女卑之谬说也则已，苟欲去男尊女卑之谬说，则请取贤母良妻之主义并去之。与女子以男子同等之教育，即与女子以男子同等之权利，则平等平权庶非虚语，而女学与女权发达当有日矣。（《女报》第二期，1909 年 2 月）

佚 名

论三从

天之生人，既赋之以智识，即予之以权利。既予之以权利，即欲其自立而无所依附。我女子之智识不殊于男子，则其权利亦当无异于男子，而其能自立而不必有所依附亦无异于男子。不谓我国陋习，则有大不然者。矫揉其官骸，锢蔽其智识，剥削其权利，奴之、物之、残之、贼之，不以人类相待。女诫女训，千条万理，无非为破坏其自立计。他姑勿论，今试即三从之说而一辨之。

三从者何？从父、从夫、从子是也。父者，我所尊亲，义方之训，理宜相从。至于夫妇，相敬相爱，如友如宾，有敌体之义，无尊卑之分，诿曰从之，已属不通。若夫母子，则义属伦常，负教导之责，任抚育之方，保抱提携，以至于成人，在子有从母之义，岂在母反有从子之道乎！且所谓从之云者，有卑己尊人之道存焉。父尊于我，夫等于我，子卑于我，秩序不同，名分有别，今概曰从之，是三人者，均为我所当尊矣，均为我所当尊，则父也、夫也、子也，在男子论之，则有秩序名分，在女子一方面视之，固无所谓秩序名分矣。以束缚女子之故，并伦常而亦蔑视之，其说果可通乎！

且夫家庭教育，往往操诸女子。孟母之择邻，柳母之和丸，欧母之画荻，古昔贤俊士成伟业享大名者，莫不惟母是赖。今三从之说，只言从父，而不言从母，是何故欤？借曰凡言母教者，只关男子而不关女子，则母既能教子以成人，岂独不能教女以成人乎？有从子之义而无从母之文，是子教可受而母教可不必受也。我之母不能与我之子相比例，天下宁有是理乎！推言之，夫死从子，子死又必从孙、从曾孙矣。苟无孙曾，又将从他男子矣。左氏论齐人之杀哀姜曰：女子，从人者也。考其时，哀姜所从者为庆父。是凡属男子，即为女子所当从矣。彼其意盖谓女子惟有从人之理，而无人从之之理，故其所从者，尽在男界而不及女界，甚至以母之尊亲，而亦不可从。夫使女子而有人从之，是女子即能自立。女子能自立，则男界之奴之、物之、残之、贼之，将无所施其技。故束缚之法，施之无可施，用之无可用，而出此离奇诡诞之谋，俾我女子永永失其权利也。吁，酷矣！

孔子有言：己所不欲，勿施于人。今试易地以观，而为男界立一三从之规则曰：从母，从妻，从女。有违者，在子则为不孝，在夫则为不贤，在父则为不慈。男界诸君其甘之乎？男界既不甘之，而独施之于女界，揆诸公理，岂可谓平！且天下之理，以相镜而愈明。妻者，齐也，耦也。有从夫之文，而无从妻之说，是不齐不耦矣。卑当从尊，而尊不当从卑，是母既从子，子即不当从母矣。秕言谬说，自相矛盾。乃我国人士，奉之如金科玉律，父诏其女，夫责其妻，子强其母，无敢逾越焉，不亦惑乎！呜呼，一言以为智，一言以为不智。三从之说，其果出诸圣人欤，抑非出诸圣人欤，吾且不必深辨，独怪宋明诸儒，阐明伦理学者，从未一为驳正，贻祸流毒，以至今日。是则吾不能不为诸儒咎也。（《女报》增刊《女权》，1909 年 9 月）

吴贯因

《留日女学会杂志》题辞

中国今日，有为时势所要求，而相需最殷者二事焉：一曰改革政治，一曰改良社会。此二者其利害所关，皆亘于国民全体，故其当起而负责任者，非一二人所应有事，乃全国人所应有事也。昔顾亭林先生尝有言曰："天下兴亡，匹夫之贱与有责焉。"吾以为不独匹夫而已，即在匹妇，亦岂能辞其责哉？夫国家之亡，由于政治之腐败者半，由于社会之腐败者亦半。而亡国之惨，一国之男子固受其祸，一国之女子亦受其祸。故国亡而不能补救，则匹夫与匹妇皆与有罪；而国将亡而思补救，则匹夫与匹妇皆与有责也。不宁惟是，以中国家族制度之不善，为女子者苟无爱国心，不特其自身放弃国民之责任而已，而为男子者亦为其所系累，而不能萃其心力，以为国家社会造福。故女子之关系于国家之兴亡，实比男子为较大；即女子之应尽对于国家之责任，亦比男子为较重也。故今日而言改革政治、改良社会，吾深有所期望于我女同胞。

今试先就政治上论之。吾不敢希望我全国女同胞今日即能享有参政权也。虽然，稽诸中国之历史，为女子者常能插一足于政界中，以左右一国之大政，则女子与政治，其关切决非浅薄也。夫则天临朝，宣仁听政，虽其人之贤否不同，要皆能以巾帼之姿，宰制全国之男子，则中国女子之政治能力已可见一斑矣。虽今已时移势异，此等事实今后未易再演于政治上。然别以他种之方法，扶翼一国政治之进步，则亦未始不可为也。夫文王得大姒而成二南之化，武王得邑姜而奏统一之功，内助之责，是今日之女子所可自勉也。斯巴达妇人之勖子从军也，曰"愿汝负楯而归，否则以楯负汝而归"。义方之训，是今日之女子所可自期也。相夫教子，使成功名，此间接以报国家者。若夫能进以为直接之行动，则为国家革秕政，如玛利侬之以血浴自由，苏菲亚之以身殉民贼，皆可师也；为国家御外侮，则冯媛之持节绝域，如木兰之执戈从戎，皆可法也。况乎女学诚普及，女智诚进步，则如芬兰女子与男子立于平等之地位，能列于议会之中，以参议国政，亦非今后不可致之事乎，则其能伸其意见于政治上，更卷舒自如矣。要之，一国之人民，女子居其半数，其能直接以活动于政治上，其裨益于国家者固无穷，即能间接以活动于政治上，其裨益于国家者亦无穷。匡时济世之业，岂必让诸须眉？闺阁群英，其曷举双肩以挑此责任也！我女同胞所宜自勉者，此其一。

又试再就社会上论之。中国社会之势力，殆皆女子之势力也。盖中国社会之组织以家族为单位，而非以个人为单位。故中国社会之势力，其根源实在于家族；而一家之中，其权力殆皆握于女子之手。微独中国尊崇孝行，为子者必听命于其母也；且男性多刚，女行多柔，而柔能制刚，不独物理上有然，即人性上亦有然，故为夫者，亦多受操纵于其妻。缘此之故，家庭之最高权，常由女子握之。夫家族既为社会之单位，故家族之势力支配于女子，即社会之势力亦支配于女子也。是故社会上种种之积弊，使女子而有革旧鼎新之志焉，则可以风行雷厉而一新其规模；使女子而有因陋就简之心焉，则恐至石烂海枯亦难动其毫末。故改革政治问题，犹可分若干事业以责望于男子；若改良社会问题，则必举全副责任以责成于女子也。今试举例以言之。今日欲改良社会，其第一着必恃乎教育。而国民之教育，其根本实系于母仪也。凡人之性质，因生理上之遗传，为子者常有酷肖其母之处。故欲教育新国民，最初必恃乎胎教。古之明于胎教者，当妊子之际，目不视恶色，耳不听恶声，寝食起居，必循礼法，先高尚其心思，以为生理上教子之根本。而太任之生文王，即以胎教之善，艳称古今者也。此教育国民之要件一也。抑孩提之童，其智识浚发之初期，实恃乎家庭教育。而儿童之脑根，质素简单，语以圣贤豪杰之行谊，固翕然受之；语以贪夫大盗之举动，亦翕然受之。故瞻依庭闱之际，母教之善不善，一生之成败即于斯系焉。古之伟人，如孟子、范滂、欧阳修等，皆得力于母教。盖幼学为教育之根本，故母教善良，则教育之根本善良也。此教育国民之要件二也。此二者其权皆操于女子，故从教育上观之，社会之改良，不能不有望于女子也。抑今日欲谋社会之进步，不能不改良风俗。中国风俗之敝，固言之不能悉数，若迷信则其一端也。佞佛媚神，耗金钱于无益之地，此其害之中于经济上者也。思乞灵于杳冥，幸心生则人力不尽，此其害之中于智能上者也。僧尼巫瞽，半为淫盗之媒，为其诱惑，常因之而酿出荡检逾闲之事，此其害之中于道德上者也。凡此数端，其受毒最深者，实惟女子。故女子而不肯破除迷信，则是等之害，终无由革除，而社会亦终难进步矣。故由风俗上观之，社会之改良，亦不能不有望于女子也。夫教育与风俗，特举之以为例而已。要之社会上种种之弊害，非得女子起而任改革之责，不能扫除而廓清之。此实由女子之势力弥漫于社会，故社会改良问题不得不借女子之腕力以解决之也。我女同胞所宜自勉者，此其二。

由上观之，无论欲改革政治与改良社会，为女子者皆不可不起而负责任。虽然，欲使女子能尽此责任，必先开通女子之智识。苟女智不开，微独其不知有此等之责任，且欲尽责任而亦无从也。然则欲开通女子之智识，其道何由？广设学校，使为女子者得受善良之教育，此其最要者也。虽然，人之年龄地位，万有不齐，其在中年以后之女子，困于家累，多不能入学读书，此无论矣；即在青年者，因各种事情之牵制，亦岂悉能入学以读书？故在今日，综计全国之女子，其能入学读书者，恐十不得一，欲恃此以开通女智，其所开通者盖亦仅矣。故于学校之外，必不可无他道焉以补助之，其效力最大者，则新闻杂志是也。顷者，吾留东女同胞有女学会之组织，且谋出一杂志，以灌输女界之智识。余观其办法，嘉其发愿之宏也。

窃以为是不独可以开通全国女子之智识而已，使循斯以往，女学日发达，女权日伸张，则吾向所谓借女子以改革政治、改良社会者，必有见之事实之一日，而不惟存为理想已也。故于此报之出世，不禁鼓舞蹇轩，距跃三百以欢迎之。（《留日女学会杂志》第一期，1911 年 5 月，署名"柳隅"）

林士英

论女子当具独立性质

呜呼！我中国数百年来，女教沉沦，女权丧失，女学黑暗，女智颓靡，日复一日，不独我二万万女同胞失其独立性质，且使天所赋与之良知良能消磨于不知不觉之中。噫！谁之过欤？回天乏术，暗洒泪于风前；警世无钟，空谈兵于纸上。我祖国，我女同胞，谅亦有表同情者。英一介女流，自雄何敢？诗文一道，虽未得其门径，生存大义，颇欲窥其藩篱。遂于庚戌年，离父母，别乡关，万里乘风，负笈异域，千辛万苦，惨淡经营，所求只区区工业，毋亦不知自爱乎？曰：否。今既为社会一分子，自当为社会尽一分义务，将来自立立人，方足以独立于天地之间；否则，以无才为美德，依人为生涯，觍然人面，岂不负生成而贻巾帼羞哉！况天尊地卑、女轻男重之种种不道德不公平之代名词，弥漫人间，污辱女界，施者以为当然，受者以为习惯。深闺之荆棘丛生，苦海之波涛澎湃。当此竞争剧烈时代，为女子者若仍受拘束，屈意志，垂头丧气，求援乞怜，甚至缠足穿耳以图眷念，插花傅粉以博欢心，循此不变，纵令教育日进，国势振兴，陷我半数女子为无用物，亦只得为半开化而已，何以立国于二十世纪之文明时代乎？若然，吾辈女子不几为社会蠹、历史羞耶！言念及此，未免寒心。岂天生女子，而故陷以最悲痛最冥烦之苦境耶？抑吾辈为女子者，自侮自造之耶？推原其故，厥有三端：一曰气节不立，二曰教育不兴，三曰工艺不振。

气节不立　天下岂有自侮而人尊之者乎？夫所谓气节者，非空口而谈之物。保天真以求自治，讲道德以求自立。能自治者，人恒尊之；能自立者，人恒敬之。何必自甘暴弃，一无所能，使他人之对于我为女子者，待遇如牛马，使令如奴仆，甚至蓄婢纳妾，弄如玩品。究其原因，招祸之媒，皆由于无气节，而不克有独立之性质使然也。英纵观历史，默察生灵，有皑皑白雪之节操者，乃有皎皎清云之气概，富贵不淫，贫贱不移，威武不屈，一点灵犀，自由主宰。若相随俯首，左右凭人，有不屑为者矣。

教育不兴　　岂有生而知之者乎？况人之天性，不增则没。无良教育以为前提，女子中即有二三有志者，欲挽颓风以谋独立，而学术不深，志虑浅弱，一举一动，如鸟折其翼，车没其轮。天下决未有无方针而达其目的者。拯拔此弊，端在教育。教育者，文明之母，一切学术思潮，又皆依皈教育而养成发达。若我中国半数女子，得熏陶于文明教育，学术自高，思潮亦远，海内一呼，闺阁皆应，虽数千年恶习不难一扫而空之。否则，芸芸以生，不堪自振，何足怪哉！

工艺不振　　是为女子者，已失其独立之具。女英雄、女豪杰，若欲使混沌女界放一线光明，莫若习师范以求教育之普及，习工业以求升斗之无忧。大者可以号召我二百兆诸姑姊妹，同担社会应尽之义务，同享造物赋与之权利；小者仰事俯蓄，不患无资，亦足以自豪矣。何至凄凉抑郁，如飞鸟之无依，号饥啼寒，似穷人之失路。谚云："无求品自高。"有血气者，其当昧夫斯言，万勿自短其气，以陷朝三暮四之术，为糊口文身计也。一技之长，致富不足，独立有余。此区区微意，愿我中国二万万女同胞共为勉也！

造物之于人也，性质相同，能力不异，所患者，习俗移人，经种种淘溶，受层层压制，以致我女同胞死灰不燃，生气殆尽，亦足悲矣！英以为不然。若主观之根本一立，客观之补助自来。如上所云气节，即为主观；而教育、工艺，即客观之所以补助主观之发达进行者也，最可痛者，我中国女界惟以脂粉钗环为生活，以仰承洒扫为职务，除此以外，别无思想。英虽不才，敢大声疾呼，以敬告我最亲最爱最尊敬之女同胞曰：欲中国女界昌明，须自人人有独立性质始。其下手功夫，以气节为先，教育、工艺副之。否则，如灭烛夜行，终无头绪。中原女教之先河，竟是谁家之手段？
（《留日女学会杂志》第一期，1911 年 5 月，署名"履夷"）

婚姻改良论

夫妇为人道之本。有夫妇，而后社会种种之关系由此生焉。故夫妇之制，非独为室家问题，实为人类生存上之大问题也。夫夫妇之成立，起于婚姻，而中国现在之婚姻，其不良之点，欲悉数之，殆更仆不能终，故窃以为非改良现在婚姻之制，微特夫妇之道苦，而其弊害之及于国家社会者，亦非浅少也。夫现在婚姻之弊，所应改革者，其事固甚多，而其最要者，约而举之，有三者焉：

（一）早婚之弊，急宜改革也。现今世界凡稍有文化之国，其婚姻之早，未有若中国者也。一般之人，苟及二八之期，即谐二姓之好。为父母者，以为得佳儿佳妇，可以承欢，而不知种种之弊，即缘之而生也。人当青年时代，正届修学之期，一结婚姻，则为女子者几全失入学之机会，而在男子亦因家室之累不能举其材力精神全用之于学问。此修学上之害也。人必体魄强壮，然后乃能诞育佳儿。而当青年时代，在自身且属弱质娇资，以是育子，则皆孱弱之种而已。此人种上之害也。人当青年时代，类不能自寻职业，衣食之资悉须仰给于父母，一旦而结婚生子，则所以累父母者益重，而使一家之生计忽陷于困难之境。此经济上之害也。人必能自树立，而后不因婚姻之故，妨其性能。而当青年时代，为男子者尚须倚赖乎父母，一有室家，则倚赖之事故愈多，即独立之性质全失。此品性上之害也。家庭难言之痛，莫甚于姑媳之勃谿，而不知其弊亦由于早婚。盖为子者，既必须倚赖乎父母，从而为姑者有轻蔑其媳之心。若子能富贵，母必倚赖乎子，又安敢轻蔑其媳者？而为子者，苟未及壮年，未易致身富贵也。况青年新妇，疏于世故，不善承欢，亦易得罪于其姑乎？此不能事亲之害也。人必有为父母之资格，然后能教育儿童，使归于正。若青年时代，自身且常有佻达之行为，而需父母之监督，以是而结婚生子，不特不能以义方之训教其子使成器，且言动无法，易启其子以轻侮之渐，于是其弊又及于伦常矣。此不能教子之害也。人之性质，当青年时代，喜怒易生，即衅隙易启，以是而结婚，当其情意殷浓时，固两小无猜，欢同鱼水，然小有细故，则诟谇生矣，而交谪时闻，则不惟一时之失欢，且常致终身之不睦。此不能宜室家之害也。从种种方面观察之，早婚之制皆可以酿出弊害。故现今文明各国，其在中流人士，必学成之后乃得结婚，即在一般之人，亦必年龄稍长、获有职业之后乃得婚娶，凡以此也。窃以为中国今日，亦万不可不革去早婚之弊。凡青年男女，其能入学读书者，虽在专门大学之学校，亦必俟其毕业，方许成婚。而寻常一般之人，其结婚之期，亦必限于各有职业之后。昔三代礼制，尝言丈夫三十而娶，女子二十而嫁，其规定男女结婚之年龄太相悬殊，未可为法。今折中其制，男女之婚期皆限于二十五岁以后，庶乎其可矣。

（二）卖婚之弊，急宜改革也。人类所以异于他等动物者，谓其价值不可以金钱计量也。今流俗之结婚姻，必要索聘钱，为父母者多居其女为奇货。此与贩卖鹿豕牛羊何以异？其污损人类之价值，盖亦甚矣！不宁惟是，约婚之际，既存一博取金钱之心，则其择婿之标准，必不在于学问才能，惟问资产而已，于是有以绝世才媛，下嫁于枯杨老夫者。痴汉偏骑骏马走，巧妻常伴拙夫眠，昔人所以代鸣不平也。且嫁女者，既问聘钱之有无；则娶妇者，亦将视妆奁之多寡，故蓬门之中，虽有扫眉才子，然因妆奁之不丰，亦难于选择佳婿，因之而配非其偶者，又不知凡几矣！夫婚姻为人道之大经，宜以爱情结合，而不容夹入他种之观念。乃以可贮金屋之阿娇，而视同牛羊，借金钱以作之合，不独污损钗裙之声价，且连姻之事，等于商贾之贸易，亦复有何风趣耶？夫语人类婚姻之历史，则第一期为掠婚时代，第二期为卖婚时代，第三期为赠婚时代，第四期为自由结婚时代。今世文明各国，其婚姻之制已入于第四期矣。独中国之婚姻尚在卖婚时代。即此一端，中国人之品格，其下于他国人数等，已可概见矣。故欲增进国民之品格，则卖婚之制必不可不革除。红丝一系，期成连理之枝；黄金无权，难作鹊桥之渡。闺房之中，乃神圣洁净之地，断不容钱神之势力搀入其中也！夫如是则婚姻之历史进化，即国民之品格亦进化矣。

（三）婚姻专制之弊，急宜改革也。中国主婚之全权，实在于父母，而无子女容喙之余地，此其弊之最大者也。夫父母所以思专此权者，岂不曰我固能为子女择佳妇佳婿，以遂其一生之愿。姑无论为人谋者不如自为谋，父母之选媳择婿常不得其当也；就令果有慧眼，能择佳妇佳婿，然亦未必遂为子女之福，今试先就选媳言之。为父母者，不问其子之才学如何，但思娶得佳妇以为家庭生色，即使如愿以偿，然试问以惊才绝艳之名媛，配目不识丁之痴汉，则衽席之间，果能琴瑟协调否耶？又再就择婿言之。为父母者，不问其女之才色如何，但思嫁得佳婿，以为门楣增光，纵令从心所欲，然试问以锦心绣口之才子，娶垢面蓬头之丑妇，则闺房之内，能相敬如宾否耶？则何如稍予子女以自由求婚之机会，择其程度相应者为之。以名士而与才媛为配偶，固可白头为二心也；以痴汉而与呆妇为配偶，亦可白头无二心也。五燕六雀，铢两悉称，岂非天地间最公平之事耶？而不然者，以父母而独专主婚之权，则其弊有不可胜言者。一则坏子女之品性也。婚姻为毕生之大事，则作合之始，必不可不郑重审详。寻常交友，犹必俟熟知其性情学问，乃敢与为交；况乎为夫妇者，一合而不可离，顾可苟且以从事耶？今以平时不谋面之辈，而由父母之专制，昔为行道之人，今结床第之爱，天壤间闷杀风景之事，宁有过是耶？夫琴瑟燕婉之好，乃宇宙间最高尚纯洁之乐事，今以素不相识之人，蹂躏此等之风趣，则闺房之内，直等地狱焉。故定情之夕，人比之及第登科，吾比之烧琴煮鹤也。一则坏夫妇之爱情也。以路人而骤作夫妇，则因性情才学之异，易致乖违，此势所必至矣。然而饮食男女，人之大欲存焉，情欲之念，必不能终郁无所施，不施于正当之配偶，则施于密约之情人，濮上桑间，所以时有不名誉之结合也。故为夫者不钟情于其妻，则狎妓蓄妾之风开矣；为妻者不钟情于其夫，则外遇私奔之事至矣。嘉偶曰配，怨偶曰仇，为夫妇者苟破坏其爱情，而各移心以外向，则直雠仇而已矣，又安能宜室家而乐妻孥也？故吾以为婚姻之事，必不能以全权委诸父母；必也，先令子女得自由选择，而复经父母之承认，然后决定，斯最当矣。论者或以为青年男女，使得自由择婚，则因其智识之幼稚，常选非其人，而误终身之大计。夫在年龄太轻者，诚不免此弊矣。然吾之所主张，谓必俟二十五岁之后，乃许结婚。人当二十五岁之后，其性质之邪正贤愚，既已略定，且其观人之识，亦略有把握矣。故智识幼稚之说，不足以为难也。

吾之此论，闻者毋以吾但为儿女计也。盖婚姻为人道之大经，未有夫妇不和而家庭能欢乐无事者，亦未有夫妇不和而能专心致志以为国家社会建事业者。故改良婚姻，微独为谋社会之发达所当有事，亦为谋国家之进步所当有事也。吾是以敢举婚姻应改良之点，为普天之青年男女告，并为普天下之为父母者告也。（《留日女学会杂志》第一期，1911 年 5 月）

愤　民

论道德

有天然之道德，有人为之道德。天然之道德，根于心理，自由平等博爱是也；人为之道德，原于习惯，纲常名教是也。天然之道德，真道德也；人为之道德，伪道德也。余悲夫当今之世，士习竞争，人夸乐利，等道德于刍狗，借权术为护符，横流所届，将恻隐廉耻之心荡然俱尽，人类之祸日以酷烈。而抱残守缺之徒，又迂拘拙陋，不知昌明自由平等博爱之真道德，反欲吹纲常名教已死之灰。此无论其说之不能行也，就使能行，而伪道德愈尊，真道德愈晦，将世界进化之机益以窒绝，芸芸众生遂无有出苦海而登觉岸之一日矣。此其间诚不可不深长思也。

中国数千年相传之道德，皆人为之道德，非天然之道德也；皆原于习惯，纲常名教矫糅造作之道德，非根于心理。自由平等博爱真实无妄之道德也，非伪道德，皆真道德也。（中国古代理想，皆以道德为独一无二之绝对的，故董仲舒曰天不变道亦不变，其明验也。自欧化东来，始有创道德革命之说者，遂生旧道德、新道德之别。余谓新道德不若称为真道德，旧道德不若称为伪道德。盖新旧不过判一时之好尚，而真伪足以定百世之是非也。）请举其荦荦大者而明辨之。

一、人民对于君主之伪道德也。原人时代，酋长政体未建立，无有君民之分。大同时代，无政府学说实行，亦无有君民之分。原始要终，既如是矣，则君主之为物，不过数千年历史上无谓之赘疣耳。既俨然以一人肆于民上，自念威福权力，皆由强取豪夺而来，常惴焉有汲汲顾影之心，斯不得不创尊君亲上之谬说，以巩固其大宝。此人民对于君主之伪道德所由来也。盖非惟专制国为然，虽立宪国亦有之，非惟中国为然，虽东西列国亦皆有之（如德意志、日本行大权政治，皆以专制之实，饰立宪之名，其尊君之观念，不稍铲削。而日人自诩皇统万世一系，尤为无耻，即英为立宪祖国，以议院政治得名，似无所依赖于君主，而依然留此守府之屌王，享皇室之尊荣，则其君主之迷信，亦未尽祛也），而中国特其尤甚者耳。尝谓能代表中国人民对于君主之伪道德者，莫如唐儒韩愈。其言曰："天王圣明，臣罪当诛。"夫纣独夫也，文王圣人也，以独夫为圣明，称圣人有当诛之罪，无他，君主虽独夫，既尊之为天王，不得不谀以圣明，人民虽圣，既贱之为臣庶，不得不谓其当诛耳。又曰："君者，出令者也；臣者，行君之令而致之民者也；民者，出粟米麻丝以事其上者也。君不出令，则失其所以为君；臣不行君之令而致之民，则失其所以为臣；民不出粟米麻丝以事其上，则诛。"夫君何为而有出令之权？民何为而有出粟米麻丝之责，不出则诛？又何为而严酷武断至于斯极？亦无他，君民间之关系使然耳，夫以愈之所言，悍戾无伦，等于狂吠，而后世学者，称道弗衰，配食尼山，千秋俎豆。无识如苏轼，且称之为匹夫而为天下师，一言而为万世法，则直以圣人相推许。此亦可见愈之言适合于古人相传之习惯，而非徒一家之私议矣。滔滔狂流，往而不复，虽以异种殊族，临制吾土，黄屋左纛，久假不返，亦得以君民之分，钳制华夏之民，而民亦若崩，厥角稽首，罔有携贰（种族之争，似非公理。但弱民族受制于强民族，而思排斥其统治者，即为排斥强权。排斥强权，即自由平等博爱之真道德矣。故强民族之民，饰爱国之名，以实行其帝国主义、殖民政略者，正孟氏之所谓"善战者服上刑"，率土地而食人肉，罪不容于死，其爱国当斥为兽性之爱国。若弱民族之民，固不当以爱国为罪也），生民之祸，于斯为极。此人民对于君主伪道德之流毒也。

二、卑者对于尊者之伪道德也。天生烝民，万类平等，由真道德而论，非有尊卑之分也。有之，自中国之伪道德始矣。所谓卑者对于尊者之伪道德，其大别有二。在国家，则有尊卑贵贱之分。尊贵即官吏，卑贱即人民也。官吏之威严，虽稍次于君主，然因其为君主所信任，奉君主之命令以治人民，故人民亦不得而抵抗之。抵抗官吏，即视为抵抗君主之代表。语曰：投鼠忌器。又曰：城狐社鼠。言官吏之不可犯也。故人民之生死予夺，悉握于官吏掌握之中。残民以逞，莫敢谁何。朘削脂膏，则猗顿可为黔娄；颠倒善恶，则颜回可为盗跖。罗钳结网，罗织无辜，流血成川，号为"屠伯"，昔人称"破家县令""灭门知府"，岂不信哉！迨至民不堪命，铤而走险，戕官劫狱，即名为叛逆不道。文告张皇，天威不测，歼兹丑类，临以干戈，而兵锋所至，婴赤无遗矣。即或和平之士，弗向暴动，引吭长号，诉诸长吏，或峨峨魏阙，叩帝阍而陈词，彼君主官吏亦必自护其类，以抗官聚众为罪名，则大狱遽起，主者身膏斧锧，余亦郎当铁索，投诸犴狴之中，瓜蔓株连，不可究诘，而官吏之安富尊荣如故也。（康熙、雍正间，吴中抗漕哭圣诸大狱，比比皆是。）亦有罢官废吏，盘踞都邑之间，百足之虫，死而不僵，出其余螫，犹足以陵轹齐民。世徒咎官权之横，不知皆伪道德为梗于中。使非尊卑贵贱等夷名分之说，深中于人心，彼官亦何自而有权哉？其在家庭，则有尊长卑幼之分。自子女对于父母始，充类至尽，以及其他。尊长有命，卑幼不敢违，虽尊长杀卑幼，亦不罪尊长以死也。夫子女之当尽孝于父母者，以其有生我之恩也，然既生于世，则亦世界之公民矣，责以报恩则可，从而压制凌践之，使不得自比于人类则不可，况手刃之乎。祖父母伯叔，由父母而推本或旁及之，则愈益疏矣。尤无理者，舅姑之于子妇，后母之于前子，大妇之于妾媵，主人之于婢仆，此岂有丝毫血统之关系者，固完全人与人平等之交际也，乃亦无端受制于他人之手，叱之不敢怒，挞之不敢动，生服其命令，死不为复仇，庸非人世至可惨之事耶？孰谓尊卑长幼之伪道德，其祸乃一至斯也！（子妇受制于舅姑，前子受制于后母，此家庭专制之罪恶。妾媵受制于大妇，婢仆受制于主人，则贫富不均，资本阶级发达所致，经济大革命所由不容缓也。）善哉戴东原之言曰：自宋儒以意见为理，舍是非而论顺逆，尊者以理责卑，长者以理责幼，虽失谓之顺，卑者幼者以理争之，虽得谓之逆，由是下之人不复以天下之同情达之于上。人死于法犹有怜之者，死于理，其谁怜？夫戴氏之所谓者，即吾所谓伪道德耳。此卑者对于尊者伪道德之流毒也。

三、女子对于男子之伪道德也。男女之不平等，莫中国若矣。推原祸首，由于扶阳抑阴。扶阳抑阴者，即女子对于男子之伪道德所由来也。试举其证：男子妇死得再娶，女子夫死不得再嫁（再嫁律所不禁，而社会以为大辱。清门士族，慕守节之名，抵死弗为。劳动阶级间有行之者，而乡里无赖，从而勒索财赂，不满所欲，辄横生枝节，主者自慊为贱行，莫敢谁何也。足以见人心陷溺之深）；男子娶妾，女子无面首之奉。此昏配之不平等也。男子既娶而后室庐靡改，女子出嫁必弃己家而以他人之家为家，若无籍之民归化于大国者。此居处之不平等也。男子志在四方，太邱道广，王公厮养，皆在交游之列，即狎妓宿娼，亦自诩风流，不为恶德。女子以不出闺门为知礼，放诞飞扬，即遭诟病，嫌疑形似之地，身可死而谤不可消。此交际之不平等也。男子丧妻，持服仅及期年，等于父母之丧子女。女子丧夫，乃有三年之服，等于子女之丧父母，且有终身不释者。此服制之不平等也。（已嫁之女，为父母降服期年，而为夫则服三年。是夫反重于父母也，有是理乎？乃叹祭仲之妻，犹为知礼。）男子杀妻，罪不至死。女子杀夫，则有凌迟之刑。男子停妻再娶，不过笞杖，女子背夫改嫁，罪至缳首。（曰停曰背，轻重可见。）此刑律之不平等也。综是数者，孰非所谓女子对于男子之伪道德耶？故世俗之论女子，多为轻侮之词。曰必敬必戒，毋违夫子，以顺为正。曰无非无仪，惟酒食是议。一若女子之为女子，当自别于寻常人类之外，普通之道德不足令其遵守，必有一种特别之道德，为女子当履行之义务，不曰女德，即曰妇道。而所谓女德、妇道者，不过使女子放弃权利，贬损人格，蜷伏于男子万重压制之下，稍有逾越，即刑戮随之矣。卑之无甚高论，海上公堂案，此披阅报纸者所共见也。有夫控其妇，无妇控其夫，而裁判之官又必直夫曲妇，苟妄以为不守妇道者，直惩罚之耳。夫女子当守妇道，何男子独不闻有夫道之当守耶？女子以不守妇道而受惩罚，何不闻男子以不守夫道而获咎耶？亦至可怪矣。又有彩凤随鸦，遇人不淑，或夫也无良，弃家弗顾，或家庭诟谇，实不能容，为女子者不得已而入他人室，此亦事理之常，无足异者。彼官吏又必拘无罪之妇，而鞭笞摧折之，鞭笞摧折之不已，且举而还之故夫之手，则此后之凌侮践踏，尚可问耶！夫嘉偶曰配，怨偶曰仇，怨偶之不能强为配，犹嘉偶之不能强为仇也。一荏弱女子，非有宿慝，岂不愿从一而终者。憔悴仳离，至于斯极，亦大可怜矣。惊魂未定，浩劫重逢，狱新特而归故仇，堂皇南面者自以为天经地义，铁案如山，不可动摇也，不谅下堂之去，强为覆水之收，忍垢含羞，不如死之愈矣。（此即世俗所谓拐逃及和奸也。夫所谓拐逃者，男子以诈术绐女子，或强力劫之，非女所愿，而偶堕其计中耳。若两人之合意，何名为拐？又巴黎某报论和奸曰：男女之真爱情，反指为奸。此语极确。旧律强奸斩，和奸并杖。新律减强者死，而和者罪如故，实大谬。）尤可异者，夫既死亡，再嫁之举，律所不禁，宜听女子自由矣，乃偶有与人往还者，其夫之父母兄弟又必起而干涉之，而官之所以裁判之，直与对有夫之妇无异，此何理耶！（又有夫之父母兄弟，贪贿赂而胁迫孀妇再嫁者，其罪正与此同，盖均为剥夺女子神圣之自由耳。）故常谓中国女子未嫁之前，视婚姻之关系为至轻，百年好合，关于父母之片言，而在己无顾问之权，今日陌路，明日衾裯，人尽可夫，爱情薄弱，若无所容心于其间者。既嫁之后，又视婚姻之关系为至重，生死荣辱，一听诸斯人之手，尊之如父母，称之为所天，偶有抵触，救死不遑，即至人亡政熄，而其父母兄弟，犹得执名义以制其死命。由此观之，女子对于婚配之问题，实为第二之生命，且视第一之生命，其关系不啻过之。苟危机一陷，即终身无自拔之期。（男女既订婚约，虽未嫁而女子欲废婚者，婿家必极力反对。是红丝一系，即入男子势力范围之下，又不待同衾共枕矣。欧美诸邦，婚姻自由，指环交换，出于纯粹之爱情，尚有口血未干，遽寒盟誓。彼人无论男女，咸性情高抗，苟为人所绝，即慷慨承诺，无所异言，不肯忼伉乞怜，亦不能卤莽强迫也。中国婚制，既大异外人，堂上一言，戋戋六礼，于女子自身固无丝毫之责任。爱情不属，即废婚不为无信，而为男子者必从而靳之，不肯和平解决。间有废婚之议，创自婿家，女子又引为大耻，不惜比死洗濯。此其纠缠固结，不可解脱，质言之，二者实皆足以丧失女子之幸福而已。）世界上恐怖骇愕之现象，孰有甚于此者乎？此女子对于男子伪道德之流毒也。

综是三者，所谓纲常名教，大经大法之所在，尽于此矣。中国数千年相传之道德，殆无有能逾越是范围者。而其惑世诬民，则直甚于洪水猛兽。昔人称空理酷于申韩，非过论也。抑又闻之，道德与法律二者不能相混，道德自道德，法律自法律，故郅治之世，法律可废，而道德终不可无。良以道德者，自由平等博爱之理，良知良能本具于人之天性，非由外铄，初不必刑驱而势逼也。乃中国独不然。以道德与法律混而一之，故曰出于礼即入于刑，又曰礼教与刑法相为表里。以向壁虚造之道德，附会而成司空城旦之书，其事苟为伪道德所非，即有峻法严刑以持其后，殆以为不如此则道德无推行社会之权力，且将为人所唾弃。（近法部定新刑律，议之者即斥其妨害礼教。夫法律本为桎梏愚民之具，况新律出于官吏之手，其良楛正不足深论。特既有以妨害礼教斥新律者，则新律或稍愈于旧律，亦未可知。盖旧律最乖谬之处，正为拘守不通之礼教，如吾向者所言，最足为民害耳。居今日而犹欲保存此礼教，则其人之冥顽不灵，不待言矣。余别有《非礼教》篇，阐发此旨。）夫道德而至于恃法律为保障，则此道德之为道德，其价值亦可想而见矣。此余之所以断然斥为伪道德也。嗟嗟，自今以往，不昌明自由平等博爱之真道德，则强者紾臂而攘食，弱者摇尾而乞怜，世界亦不复成为世界。但欲昌明真道德，又不可不排斥伪道德。盖伪道德与真道德实有不能两立之理。语曰：明其为贼，敌乃可服。则余述此篇之微意矣。余岂好辨哉，余不得已也。（《克复学报》第二、三期，1911 年 8、9 月）

十六、20 世纪初民主革命思想的兴起

导　论

　　1900 年义和团运动兴起，打出"扶清灭洋"的旗帜。八国联军乘机侵略中国，先后攻占天津和北京，慈禧逃往西安，表示要"量中华之物力，结与国之欢心"，并于 1901 年 9 月与十一个帝国主义国家签订了晚清以来丧权辱国最为严重的《辛丑条约》。民族危机更趋深重。人们开始认识到：只有推翻已成为"洋人的朝廷"的清王朝，才能振兴中华，挽救民族危亡。民主革命思潮因之兴起。实际上，早在民主革命思潮兴起之前，孙中山就开始了反清革命斗争。当然，孙中山并不是一个天生的革命派，他的思想有一个从改良到革命的转变过程。1894 年上书李鸿章之前，他是一个改革或改良派，上书李鸿章的失败，才使他认识到改良的道路在中国走不通，于是他去少年时曾生活过的檀香山，组建了中国第一个革命团体——"兴中会"，并于兴中会成立后不久，开始策划乙未广州起义。但起义未及发动即宣告失败。尽管义和团运动后，不少爱国志士有感于民族灾难的深重和清王朝的腐朽卖国，走上了革命救国的道路，革命思潮因之兴起，但当时占思想界主导地位的还是以康有为、梁启超为代表的保皇派（改良派）的改良思想。改良思想和革命思想发生明显消（改良思想）长（革命思想）变化，

革命派的势力和影响最终超过改良派，并成为历史发展主流的转折点是在
1903 年。这年先后发生的拒俄运动和"苏报案"，使广大爱国学生，其中包
括不少原来赞成改良的爱国学生终于认识到，清政府已成为"洋人的朝廷"，
不可救药，要救国就非推翻它的统治不可。正是以拒俄运动和"苏报案"为
转折，革命思想的影响迅速扩大。1904 年以后，除原来成立于海外的兴中
会外，内地又成立了不少革命团体，如长沙的华兴会、武汉的科学补习所、
上海的光复会等。1905 年，在各革命团体联合的基础上，成立了"中国同
盟会"，以"驱除鞑虏，恢复中华，创立民国，平均地权"为纲领。同盟会
成立后，一方面，对清王朝进行武器的批判，先后领导和发动了一系列武
装起义；另一方面，又运用批判的武器，围绕三民主义与以梁启超为代表
的改良派展开激烈论战。论战的结果，是划清了革命和改良的界线，扩大
了革命思想的影响，为辛亥革命做了必要的思想准备和干部准备。本专题
收录的是关于 20 世纪初民主革命及其论争的资料，分为两个部分：一、孙
中山的早年思想；二、改良思想与革命思想的消长。

1. 孙中山的早年思想

引　言

　　孙中山出生在广东香山县（今中山）的一个贫困的农民家庭。1879 年 6 月，13 岁的孙中山与母亲一道去了檀香山。他先在他大哥孙眉开设的一家商店当店员，不久即进入英基督教监理会开办的意奥兰尼学校（男子初中）学习。1882 年 1 月，他以英文文法全年级第二名的优异成绩从意奥兰尼学校毕业。不久又考入奥阿厚书院继续求学。一年后，他离开檀香山回国，先后到香港拔萃书室（男子中学）、中央书院、广州博济医院附设医校和香港西医书院学习。1892 年秋，26 岁的孙中山以优异成绩自香港西医书院毕业后，先后开业行医于澳门和广州，并积极从事"医国"的活动。1894 年 6 月，孙中山怀揣他写的近 8000 余言的《上李鸿章书》到了天津，想说服李鸿章接受他的改良思想，但没有得到李的接见。上书的失败，使孙中山认清了清政府的顽愚腐朽。此时又逢中日甲午战争爆发，民族危机空前深重。他目击时艰，已"知和平方法，无可复施。然望治之心愈坚，要求之念愈切，积渐而知和平之手段不得不稍易以强迫"。这年 10 月，他去了檀香山，并于 11 月 24 日，在檀香山成立了中国第一个反清革命团体——兴中会，其盟书提出了"驱除鞑虏，恢复中华，创立合众政府"的主张。1895 年 10 月，兴中会拟定的广州起义未及发动即宣告失败，孙中山被清政府通缉，在国内无法安身，被迫流亡海外，先后去了日本、美国和英国。在英国伦敦期间，曾被清驻英公使馆诱捕，后经英国友人的营救才化险为夷。事后，孙中山用英文写了一本《伦敦被难记》。孙中山脱险后，在伦敦继续居住了一年。在这期间，他几乎天天去大英博物馆，"潜心研读和从事著述，探求救国的真理"。通过大量阅读以及与各国革命者的交往和对英国社会经济政治制度的考察，孙中山的思想和政治主张有了质的升华，他的三民主义学说开始形成。孙中山后来自述，他在伦敦居留期间，所见所闻，殊多心得，"始知徒致国家富强，民权发达，如欧洲列强者，犹未登斯民于极乐之乡也，是以欧洲志士，犹有社会革命之运动也。予欲为一劳永逸之计，乃采取民生主义，以与民族、民权问题，同时解决，此三民主义之主张所由完成也"。当然，孙中山的三民主义学说有一个形成、发展和完善的过程。留居伦敦期间他的三民主义思想仅是一个"雏形"，其发展和完善是在20世纪初年。

孙中山

上李鸿章书

宫太傅爵中堂钧座：

敬禀者：窃文籍隶粤东，世居香邑，曾于香港考授英国医士。幼尝游学外洋，于泰西之语言文字，政治礼俗，与夫天算地舆之学，格物化学之理，皆略有所窥；而尤留心于其富国强兵之道，化民成俗之规；至于时局变迁之故，睦邻交际之宜，辄能洞其阃奥。当今风气日开，四方毕集，正值国家励精图治之时，朝廷勤求政理之日，每欲以管见所知，指陈时事，上诸当道，以备刍荛之采。嗣以人微言轻，未敢遽达。比见国家奋筹富强之术，月异日新，不遗余力，骎骎乎将与欧洲并驾矣。快舰、飞车、电邮、火械，昔日西人之所恃以凌我者，我今亦已有之，其他新法亦接踵举行。则凡所以安内攘外之大经，富国强兵之远略，在当局诸公已筹之稔矣。又有轺车四出，则外国之一举一动，亦无不周知。草野小民，生逢盛世，惟有逖听欢呼、闻风鼓舞而已，夫复何所指陈？然而犹有所言者，正欲于乘可为之时，以竭其愚夫之千虑，仰赞高深于万一也。

窃尝深维欧洲富强之本，不尽在于船坚炮利、垒固兵强，而在于人能尽其才，地能尽其利，物能尽其用，货能畅其流——此四事者，富强之大经，治国之大本也。我国家欲恢扩宏图，勤求远略，仿行西法以筹自强，而不急于此四者，徒惟坚船利炮之是务，是舍本而图末也。

所谓人能尽其才者，在教养有道，鼓励有方，任使得法也。

夫人不能生而知，必待学而后知，人不能皆好学，必待教而后学，故作之君，作之师，所以教养之也。自古教养之道，莫备于中华；惜日久废弛，庠序亦仅存其名而已。泰西诸邦崛起近世，深得三代之遗风，庠序学校遍布国中，人无贵贱皆奋于学。凡天地万物之理，人生日用之事，皆列于学之中，使通国之人童而习之，各就性质之所近而肆力焉。又各设有专师，津津启导，虽理至幽微，事至奥妙，皆能有法以晓喻之，有器以窥测之。其所学由浅而深，自简及繁，故人之灵明日廓，智慧日积也。质有愚智，非学无以别其才，才有全偏，非学无以成其用，有学校以陶冶之，则智者进焉，愚者止焉，偏才者专焉，全才者普焉。盖贤才之生，或千百里而见一，或千万人而有一，若非随地随人而施教之，则贤才亦以无学而自废，以至于湮没而不彰。泰西人才之众多者，有此教养之道也。

且人之才志不一，其上焉者，有不徒苟生于世之心，则虽处布衣而以天下为己任，此其人必能发奋为雄，卓异自立，无待乎勉勖也，所谓"豪杰之士不待文王而后兴也"。至中焉者，端赖乎鼓励以方，故泰西之士，虽一才一艺之微，而国家必宠以科名，是故人能自奋，士不虚生。逮至学成名立之余，出而用世，则又有学会以资其博，学报以进其益，萃全国学者之能，日稽考于古人之所已知，推求乎今人之所不逮，翻陈出新，开世人无限之灵机，阐天地无穷之奥理，则士处其间，岂复有孤陋寡闻者哉？又学者倘能穷一新理，创一新器，必邀国家之上赏，则其国之士，岂有不专心致志者哉？此泰西各种学问所以日新月异而岁不同，几于夺造化而疑鬼神者，有此鼓励之方也。

今使人于所习非所用，所用非所长，则虽智者无以称其职，而巧者易以饰其非。如此用人，必致野有遗贤，朝多幸进。泰西治国之规，大有唐虞之用意。其用人也，务取所长而久其职。故为文官者，其途必由仕学院，为武官者，其途必由武学堂，若其他，文学渊博者为士师，农学熟悉者为农长，工程达练者为监工，商情谙习者为商董，皆就少年所学而任其职。总之，凡学堂课此一业，则国家有此一官，幼而学者即壮之所行，其学而优者则能仕。且恒守一途，有升迁而无更调。夫久任则阅历深，习惯则智巧出，加之厚其养廉，永其俸禄，则无瞻顾之心，而能专一其志。此泰西之官无苟且、吏尽勤劳者，有此任使之法也。

故教养有道，则天无枉生之才；鼓励以方，则野无郁抑之士；任使得法，则朝无幸进之徒。斯三者不失其序，则人能尽其才矣；人既尽其才，则百事俱举；百事举矣，则富强不足谋也。秉国钧者，盍于此留意哉！

所谓地能尽其利者，在农政有官，农务有学，耕耨有器也。

夫地利者，生民之命脉。自后稷教民稼穑，我中国之农政古有专官。乃后世之为民牧者，以为三代以上民间养生之事未备，故能生民能养民者为善政；三代以下民间养生之事已备，故听民自生自养而不再扰之，便为善政——此中国今日农政之所以日就废弛也。农民只知恒守古法，不思变通，垦荒不力，水利不修，遂致劳多而获少，民食日艰。水道河渠，昔之所以利农田者，今转而为农田之害矣。如北之黄河固无论矣，即如广东之东、西、北三江，于古未尝有患，今则为患年甚一年；推之他省，亦比比如是。此由于无专责之农官以理之，农民虽患之而无如何，欲修之而力不逮，不得不付之于茫茫之定数而已。年中失时伤稼，通国计之，其数不知几千亿兆，此其耗于水者固如此其多矣。其他荒地之不辟，山泽之不治，每年遗利又不知凡几。所谓地有遗利，民有余力，生谷之土未尽垦，山泽之利未尽出也，如此而欲致富不亦难乎！泰西国家深明致富之大源，在于无遗地利，无失农时，故特设专官经略其事，凡有利于农田者无不兴，有害于农田者无不除。如印度之恒河，美国之密士，其昔泛滥之患亦不亚于黄河，而卒能平治之者，人事未始不可以补天工也。有国家者，可不急设农官以劝其民哉！

水患平矣，水利兴矣，荒土辟矣，而犹不能谓之地无遗利而生民养民之事备也，盖人民则日有加多，而土地不能以日广也。倘不日求进益，日出新法，则荒土既垦之后，人民之溢于地者，不将又有饥馑之患乎？是在急兴农学，讲求树畜，速其长植，倍其繁衍，以弥此憾也。顾天生人为万物之灵，故备万物为之用，而万物固无穷也，在人之灵能取之用之而已。夫人不能以土养，而土可生五谷百果以养人；人不能以草食，而草可长六畜以为人食。夫土也，草也，固取不尽而用不竭者也，是在人能考土性之所宜，别土质之美劣而已。倘若明其理法，则能反硗土为沃壤，化瘠土为良田，此农家之地学、化学也。别种类之生机，分结实之厚薄，察草木之性质，明六畜之生理，则繁衍可期而人事得操其权，此农家之植物学、动物学也。日光能助物之生长，电力能速物之成熟，此又农家之格物学也。蠹蚀宜防，疫疠宜避，此又农家之医学也。农学既明，则能使同等之田产数倍之物，是无异将一亩之田变为数亩之用，即无异将一国之地广为数国之大也。如此，则民虽增数倍，可无饥馑之忧矣。此又农政学堂所宜亟设也。

农官既设，农学既兴，则非有巧机无以节其劳，非有灵器无以速其事，此农器宜讲求也。自古深耕易耨，皆借牛马之劳，乃近世制器日精，多以器代牛马之用，以其费力少而成功多也。如犁田，则一器能作数百牛马之工；起水，则一器能溉千顷之稻；收获，则一器能当数百人之刈。他如凿井浚河，非机无以济其事；垦荒伐木，有器易以收其功。机器之于农，其用亦大矣哉。故泰西创器之家，日竭灵思，孜孜不已，则异日农器之精，当又有过于此时者矣。我中国宜购其器而仿制之。

故农政有官则百姓勤，农务有学则树畜精，耕耨有器则人力省，此三者，我国所当仿行以收其地利者也。

所谓物能尽其用者，在穷理日精，机器日巧，不作无益以害有益也。

泰西之儒以格致为生民根本之务，舍此则无以兴物利民，由是孜孜然日以穷理致用为事。如化学精，则凡动植矿质之物，昔人已知其用者，固能广而用之，昔人未知其用者，今亦考出以为用。火油也，昔日弃置如遗，今为日用之要需，每年入口为洋货之一大宗。煤液也，昔日视为无用，今可炼为药品，炼为颜料。又煮沙以作玻器，化土以取矾精，煅石以为田料，诸如此类，不胜缕书。此皆从化学之理而得收物之用，年中不知裕几许财源，我国倘能推而仿之，亦致富之一大经也。格致之学明，则电风水火皆为我用。以风动轮而代人工，以水冲机而省煤力，压力相吸而升水，电性相感而生光，此犹其小焉者也。至于火作汽以运舟车，虽万马所不能及，风潮所不能当；电气传邮，顷刻万里，此其用为何如哉！然而物之用更有不止于此者，在人能穷求其理，理愈明而用愈广。如电，无形无质，似物非物，其气付于万物之中，运乎六合之内；其为用较万物为最广而又最灵，可以作烛，可以传邮，可以运机，可以毓物，可以开矿。顾作烛、传邮已大行于宇内，而运机之用近始知之，将来必尽弃其煤机而用电力也。毓物开矿之功，尚未大明，将来亦必有智者究其理，则生五谷，长万物，取五金，不待天工而由人事也。然而取电必资乎力，而发力必借乎煤，近又有人想出新法，用瀑布之水力以生电，以器蓄之，可待不时之用，可供随地之需，此又取之无禁，用之不竭者也。由此而推，物用愈求则人力愈省，将来必至人只用心，不事劳人力而全役物力矣。此理有固然，事所必至也。

机器巧，则百艺兴，制作盛，上而军国要需，下而民生日用，皆能日就精良而省财力，故作人力所不作之工，成人事所不成之物。如五金之矿，有机器以开，则碎坚石如齑粉，透深井以吸泉，得以辟天地之宝藏矣。织造有机，则千万人所作之工，半日可就；至缫废丝，织绒呢，则化无用为有用矣。机器之大用不能遍举。我中国地大物博，无所不具，倘能推广机器之用，则开矿治河，易收成效，纺纱织布，有以裕民。不然，则大地之宝藏，全国之材物，多有废弃于无用者，每年之耗不知凡几。如是，而国安得不贫，而民安得不瘠哉！谋富国者，可不讲求机器之用欤。

物理讲矣，机器精矣，若不节惜物力，亦无以固国本而裕民生也。故泰西之民，鲜作无益。我中国之民，俗尚鬼神，年中迎神赛会之举，化帛烧纸之资，全国计之每年当在数千万。此以有用之财作无益之事，以有用之物作无用之施，此冥冥一大漏卮，其数较鸦片为尤甚，亦有国者所当并禁也。

夫物也者，有天生之物，有地产之物，有人成之物。天生之物如光、热、电者，各国之所共，在穷理之浅深以为取用之多少。地产者如五金、百谷，各国所自有，在能善取而善用之也。人成之物，则系于机器之灵笨与人力之勤惰。故穷理日精则物用呈，机器日巧则成物多，不作无益则物力节，是亦开财源节财流之一大端也。

所谓货能畅其流者，在关卡之无阻难，保商之有善法，多轮船铁道之载运也。

夫百货者，成之农工而运于商旅，以此地之赢余济彼方之不足，其功亦不亚于生物成物也。故泰西各国体恤商情，只抽海口之税，只设入国之关，货之为民生日用所不急者重其税，货之为民生日用所必需者轻其敛。入口抽税之外，则全国运行，无所阻滞，无再纳之征，无再过之卡。此其百货畅流，商贾云集，财源日裕，国势日强也。中国则不然。过省有关，越境有卡，海口完纳，又有补抽，处处敛征，节节阻滞。是奚异遍地风波，满天荆棘。商贾为之裹足，负贩从而怨嗟。如此而欲百货畅流也，岂不难乎？夫贩运者亦百姓生财之一大道也，百姓足，君孰与不足；百姓不足，君孰与足？以今日关卡之滥征，吏胥之多弊，商贾之怨毒，诚不能以此终古也。徒削平民之脂膏，于国计民生初无所裨。谋富强者，宜急为留意于斯，则天下幸甚！

夫商贾逐什一之利，别父母，离乡井，多为饥寒所驱，经商异地，情至苦，事至艰也。若国家不为体恤，不为保护，则小者无以觅蝇头微利，大者无以展鸿业远图。故泰西之民出外经商，国家必设兵船、领事为之护卫，而商亦自设保局银行，与相倚恃。国政与商政并兴，兵饷以商财为表里。故英之能倾印度，扼南洋，夺非洲，并澳土者，商力为之也。盖兵无饷则不行，饷非商则不集。西人之虎视寰区，凭凌中夏者，亦商为之也。是故商者，亦一国富强之所关也。我中国自与西人互市以来，利权皆为所夺者，其故何哉？以彼能保商，我不能保商，而反剥损遏抑之也。商不见保则货物不流，货物不流则财源不聚，是虽地大物博，无益也。以其以天生之材为废材，人成之物为废物，则更何贵于多也。数百年前，美洲之地犹今日之地，何以今富而昔贫？是贵有商焉为之经营，为之转运也；商之能转运者，有国家为之维持保护也。谋富强者，可不急于保商哉！

夫商务之能兴，又全恃舟车之利便。故西人于水，则轮船无所不通，五洋四海恍若户庭，万国九洲俨同阛阓。辟穷荒之绝岛以立商廛，求上国之名都以为租界，集殊方之货宝〔实〕，聚列国之商氓。此通商之埠所以贸易繁兴、财货山积者，有轮船为之运载也。于陆，则铁道纵横，四通八达，凡轮船所不至，有轮车以济之。其利较轮船为尤溥，以无波涛之险，无礁石之虞。数十年来，泰西各国虽山僻之区亦行铁轨，故其货物能转输利便，运接灵速；遇一方困乏，四境济之，虽有荒旱之灾，而无饥馑之患。故凡有铁路之邦，则全国四通八达，流行无滞；无铁路之国，动辄掣肘，比之瘫痪不仁。地球各邦今已视铁路为命脉矣，岂特便商贾之载运而已哉。今我国家亦恍然于轮船铁路之益矣，故沿海则设招商之轮船，于陆则兴官商之铁路。但轮船只行于沿海大江，虽足与西人颉颃而收我利权，然不多设于支河内港，亦不能畅我货流，便我商运也。铁路先通于关外，而不急于繁富之区，则无以收一时之利。而为后日推广之图，必也先设于繁富之区，如粤港、苏沪、津通等处，路一成而效立见，可以利转输，可以励富户，则继之以推广者，商股必多，而国家亦易为力。试观南洋英属诸埠，其筑路之资大半为华商集股，利之所在，人共趋之。华商何厚于英属而薄于宗邦？是在谋国者有以乘势而利导之而已。此招商兴路之扼要也。

故无关卡之阻难，则商贾愿出于其市；有保商之善法，则殷富亦乐于贸迁；多轮船铁路之载运，则货物之盘费轻。如此，而货有不畅其流者乎？货流既畅，则财源自足矣。筹富国者，当以商务收其效也。不然，徒以聚敛为工，捐纳为计，吾未见其能富也。

夫人能尽其才则百事兴，地能尽其利则民食足，物能尽其用则财力丰，货能畅其流则财源裕。故曰：此四者，富强之大经，治国之大本也。四者既得，然后修我政理，宏我规模，治我军实，保我藩邦，欧洲其能匹哉！

顾我中国仿效西法，于今已三十余年。育人才则有同文、方言各馆，水师、武备诸学堂；裕财源则辟煤金之矿，立纺织制造之局；兴商务则招商轮船、开平铁路，已后先辉映矣。而犹不能与欧洲颉颃者，其故何哉？以不能举此四大纲，而举国并行之也。间尝统筹全局，窃以中国之人民材力，而能步武泰西，参行新法，其时不过二十年，必能驾欧洲而上之，盖谓此也。试观日本一国，与西人通商后于我，仿效西方亦后于我，其维新之政为日几何，而今日成效已大有可观，以能举此四大纲而举国行之，而无一人阻之。夫天下之事，不患不能行，而患无行之之人。方今中国之不振，固患于能行之人少，而尤患于不知之人多。夫能行之人少，尚可借材异国以代为之行；不知之人多，则虽有人能代行，而不知之辈必竭力以阻挠。此昔日国家每举一事，非格于成例，辄阻于群议者。此中国之极大病源也。

窃尝闻之，昔我中堂经营乎海军、铁路也，尝唇为之焦，舌为之敝，苦心劳虑数十余年，然后成此北洋之一军、津关之一路。夫以中堂之勋名功业，任寄股肱，而又和易同众，行之尚如此其艰，其他可知矣。中国有此膏肓之病而不能除，则虽尧舜复生，禹皋佐治，无能为也，更何期其效于二十年哉？此志士之所以灰心，豪杰之所以扼腕，文昔日所以欲捐其学而匿迹于医术者，殆为此也。然而天道循环，无往不复，人事否泰，穷极则通，猛剂遽投，膏肓渐愈。逮乎法衅告平之后，士大夫多喜谈洋务矣，而拘迂自囿之辈亦颇欲驰域外之观，此风气之变革，亦强弱之转机。近年以来，一切新政次第施行，虽所谓四大之纲不能齐举，然而为之以渐，其发轫于斯乎？此文今日之所以望风而兴起也。

　　窃维我中堂自中兴而后，经略南北洋，孜孜然以培育人才为急务。建学堂，招俊秀，聘西师而督课之，费巨款而不惜。遇有一艺之成，一技之巧，则奖励倍加，如获异宝。诚以治国经邦，人才为急，心至苦而事至盛也。尝以无缘沾雨露之濡，叨桃李之植，深用为憾。顾文之生二十有八年矣，自成童就傅以至于今，未尝离学，虽未能为八股以博科名，工章句以邀时誉，然于圣贤六经之旨，国家治乱之源，生民根本之计，则无时不往复于胸中；于今之所谓西学者概已有所涉猎，而所谓专门之学亦已穷求其一矣。推中堂育才爱士之心，揆国家时势当务之急，如文者亦当在陶冶而收用之列，故不自知其驽下而敢求知于左右者，盖有慨乎大局，蒿目时艰，而不敢以岩穴自居也。所谓乘可为之时，以竭愚夫之千虑，用以仰赞高深，非欲徒撰空言以渎清听，自附于干谒者流，盖欲躬行而实践之，必求泽沛乎万民也。

　　窃维今日之急务，固无逾于此四大端，然而条目工夫不能造次，举措施布各有缓急。虽首在陶冶人才，而举国并兴学校非十年无以致其功，时势之危急恐不能少须。何也？盖今日之中国已大有人满之患矣，其势已岌岌不可终日。上则仕途壅塞，下则游手而嬉，嗷嗷之众，何以安此？明之闯贼，近之发匪，皆乘饥馑之余，因人满之势，遂至溃裂四出，为毒天下。方今伏莽时闻，灾荒频见，完善之地已形觅食之艰，凶祲之区难免流离之祸，是丰年不免于冻馁，而荒岁必至于死亡。由斯而往，其势必至日甚一日，不急挽救，岂能无忧？夫国以民为本，民以食为天，不足食胡以养民？不养民胡以立国？是在先养而后教，此农政之兴尤为今日之急务也。且农为我中国自古之大政，故天子有亲耕之典以劝万民，今欲振兴农务，亦不过广我故规，参行新法而已。民习于所知，虽有更革，必无倾骇，成效一见，争相乐从，虽举国遍行，为力尚易，为时亦速也。且令天下之人皆知新法之益，如此则踵行他政，必无挠格之虞，其益固不止一端也。

　　窃以我国家自欲行西法以来，惟农政一事未闻仿效，派往外洋肄业学生亦未闻有入农政学堂者，而所聘西儒亦未见有一农学之师，此亦筹富强之一憾事也。文游学之余，兼涉树艺，泰西农学之书间尝观览，于考地质、察物理之法略有所知。每与乡间老农谈论耕植，尝教之选种之理、粪溉之法，多有成效。文乡居香山之东，负山濒海，地多砂碛，土质硗劣，不宜于耕；故乡之人多游贾于四方，通商之后颇称富饶。近年以美洲逐客，檀岛禁工，各口茶商又多亏折，乡间景况大逊前时，觅食农民尤为不易。文思所以广其农利，欲去禾而树桑，迨为考核地质，知其颇不宜于种桑，而甚宜于波毕。近以愤于英人禁烟之议难成，遂劝农人栽鸦片，旧岁于农隙试之，其浆果与印度公土无异，每亩可获利数十金。现已群相仿效，户户欲栽，今冬农隙所种必广。此无碍于农田而有补于漏卮，亦一时权宜之计也。他日盛行，必能尽夺印烟之利，盖其气味较公土为尤佳，回非川滇各土之可比。去冬所产数斤，凡嗜阿芙蓉之癖者争相购吸，以此决其能夺印烟之利也必矣。印烟之利既夺，英人可不勉而自禁，英人既禁，我可不栽，此时而申禁吸之令，则百年大患可崇朝而灭矣。劝种罂粟，实禁鸦片之权舆也。由栽烟一事观之，则知农民之见利必趋，群相仿效，到处皆然，是则农政之兴，甚易措手。其法先设农师学堂一所，选好学博物之士课之，三年有成，然后派往各省分设学堂，以课农家聪颖子弟。又每省设立农艺博览会一所，与学堂相表里，广集各方之物产，时与老农互相考证。此办法之纲领也，至其详细节目，当另著他编，条分缕晰，可以坐言而起行，所谓非欲徒托空言者此也。

文之先人躬耕数代，文于树艺牧畜诸端，耳濡目染，洞悉奥窔；泰西理法亦颇有心得。至各国土地之所宜，种类之佳劣，非遍历其境，未易周知。文今年拟有法国之行，从游其国之蚕学名家，考究蚕桑新法，医治蚕病，并拟顺道往游环球各邦，观其农事。如中堂有意以兴农政，则文于回华后可再行游历内地、新疆、关外等处，察看情形，何处宜耕，何处宜牧，何处宜蚕，详明利益，尽仿西法，招民开垦，集商举办，此于国计民生大有裨益。所谓欲躬行实践，必求泽之沾沛乎民人者此也，惟深望于我中堂有以玉成其志而已。

伏维我中堂佐治以来，无利不兴，无弊不革，艰巨险阻犹所不辞。如筹海军、铁路之难尚毅然而成之，况于农桑之大政，为生民命脉之所关，且无行之之难，又有行之之人，岂尚有不为者乎？用敢不辞冒昧，侃侃而谈，为生民请命，伏祈采择施行，天下幸甚。

肃此具禀，恭叩钧绥。伏维垂鉴。

文谨禀（《万国公报》月刊第六十九、七十册，1894年9、10月）

檀香山兴中会章程

中国积弱，非一日矣！上则因循苟且，粉饰虚张；下则蒙昧无知，鲜能远虑。近之辱国丧师，剪藩压境，堂堂华夏不齿于邻邦，文物冠裳被轻于异族。有志之士，能无抚膺！夫以四百兆苍生之众，数万里土地之饶，固可发奋为雄，无敌于天下；乃以庸奴误国，荼毒苍生，一蹶不兴，如斯之极。方今强邻环列，虎视鹰瞵，久垂涎于中华五金之富、物产之饶。蚕食鲸吞，已效尤于接踵；瓜分豆剖，实堪虑于目前。有心人不禁大声疾呼，亟拯斯民于水火，切扶大厦之将倾。用特集会众以兴中，协贤豪而共济，抒此时艰，奠我中夏。仰诸同志，盍自勉旃！谨订规条，胪列如左：

一、是会之设，专为振兴中华、维持国体起见。盖我中华受外国欺凌，已非一日。皆由内外隔绝，上下之情罔通，国体抑损而不知，子民受制而无告。苦厄日深，为害何极！兹特联络中外华人，创兴是会，以申民志而扶国宗。

一、凡入会之人，每名捐会底银五元。另有义捐以助经费，随人惟力是视，务宜踊跃赴义。

一、本会公举正副主席各一位，正副文案各一位，管库一位，值理八位，差委二位，以专司理会中事务。

一、每逢礼拜四晚，本会集议一次。正副主席必要一位赴会，方能开议。

一、凡会中所收会底各银，必要由管库存贮妥当，或贮银行以备有事调用。惟管库须有殷商二名担保，以昭郑重。

一、凡会中捐助各银，皆为帮助国家之用，在此不得动支，以省浮费。如或会中偶遇别事要用小费者，可由会友集议妥允，然后支给。

一、凡新入会者，须要会友一位引荐担保，方得准他入会。

一、凡会内所议各事，当照舍少从多之例而行，以昭公允。

一、凡以上所订规条，各友须要恪守。倘有善法，亦可随时当众议订加增，以臻完美。（《檀香华侨》）

檀香山兴中会盟书

联盟人某省某县人某某，驱除鞑虏，恢复中国，创立合众政府。倘有贰心，神明鉴察。(《檀香华侨》)

香港兴中会章程

中国积弱，至今极矣！上则因循苟且，粉饰虚张；下则蒙昧无知，鲜能远虑。堂堂华国，不齿于列邦；济济衣冠，被轻于异族。有志之士，能不痛心！夫以四百兆人民之众，数万里土地之饶，本可发奋为雄，无敌于天下，乃以政治不修，纲维败坏，朝廷则鬻爵卖官，公行贿赂；官府则剥民刮地，暴过虎狼。盗贼横行，饥馑交集，哀鸿遍野，民不聊生。呜呼惨哉！方今强邻环列，虎视鹰瞵，久垂涎我中华五金之富、物产之繁。蚕食鲸吞，已效〔尤〕于踵接；瓜分豆剖，实堪虑于目前。呜呼危哉！有心人不禁大声疾呼，亟拯斯民于水火，切扶大厦之将倾，庶我子子孙孙，或免奴隶〔于〕他族。用特集志士以兴中，协贤豪而共济。仰诸同志，盍自勉旃！谨订章程，胪列如左：

一、会名宜正也　本会名曰兴中会，总会设在中国，分会散设各地。

二、本旨宜明也　本会之设，专为联络中外有志华人，讲求富强之学，以振兴中华、维持国体起见。盖中国今日政治日非，纲维日坏，强邻轻侮百姓，其原因皆由众心不一，只图目前之私，不顾长久大局。不思中国一旦为人分裂，则子子孙孙世为奴隶，身家性命且不保乎！急莫急于此，私莫私于此，而举国惯惯，无人悟之，无人挽之，此祸岂能幸免？倘不及早维持，乘时发奋，则数千年声名文物之邦，累世代冠裳礼义之族，从此沦亡，由兹泯灭，是谁之咎？识时贤者，能无责乎？故特联结四方贤才志士，切实讲求当今富国强兵之学、化民成俗之经，力为推广，晓谕愚蒙。务使举国之人皆能通晓，联智愚为一心，合遐迩为一德，群策群力，投大遗艰。则中国虽危，无难救挽。所谓"民为邦本，本固邦宁"也。

三、志向宜定也　本会拟办之事务，务须利国益民者方能行之。如设报馆以开风气，立学校以育人材，兴大利以厚民生，除积弊以培国脉等事，皆当惟力是视，逐渐举行。以期上匡国家以臻隆治，下维黎庶以绝苛残，必使吾中国四百兆生民各得其所，方为满志。倘有借端舞弊，结党行私，或畛域互分，彼此歧视，皆非本会志向，宜痛绝之，以昭大公，而杜流弊。

四、人员宜得也　本会按年公举办理人员一次，务择品学兼优、才能通达者。推一人为总办，一人为帮办，一人为管库，一人为华文文案，一人为洋文文案，十人为董事，以司会中事务。凡举办一事，必齐集会员五人、董事十人，公议妥善，然后施行。

五、交友宜择也　本会收接会友，务要由旧会友二人荐引，经董事察其心地光明，确具忠义，有心爱戴中国，肯为其父母邦竭力，维持中国以臻强盛之地，然后由董事带之入会。必要当众自承其甘愿入会，一心一德，矢信矢忠，共挽中国危局；亲填名册，并即缴会底银五元，由总会发给凭照收执，以昭信守，是为会友。若各处支会，则由该处会员暂发收条，俟将会底银缴报总会，取到凭照，然后换交。

六、支会宜广也　四方有志之士，皆可仿照章程，随处自行立会。惟不能在一处地方分立两会，无论会友多至几何，皆须合而为一。又凡每处新立一会，至少须有会友十五人，方算成会。其成会之初，所有缴底、领照各事，必须托附近老会代为转达总会，待总会给照认妥，然后该支会方能与总会互通消息。

七、人材宜集也　本会需才孔亟，会友散处四方，自当随时随地，物色贤材。无论中外各国人士，倘有心益世，肯为中国尽力，皆得收入会中。待将来用人，各会可修书荐至总会，以资臂助。故今日广为搜集，乃各会之职司也。

八、款项宜筹也　本会所办各事，事体重大，需款浩繁，故特设银会以资巨集。用济公家之急，兼为股友生财捷径，一举两得，诚善举也。各会友好义急公，自能惟力是视，集腋成裘，以助一臂。兹将办法节略于后：每股科银十元，认一股至万股，皆随各便。所科股银，由各处总办、管库代收，发给收条为据。将银暂存银行，待总会收股时，即汇寄至总会收入，给发银会股票，由各处总办换交各友收存。开会之日，每股可收回本利百元。此于公私皆有裨益，各友咸具爱国之诚，当踊跃从事，比之捐顶子、买翎枝，有去无还，沕隔天壤。且十可报百，万可图亿，利莫大焉，机不可失也。

九、公所宜设也 各处支会当设一公所，为会员办公之处，及便各友时到叙谈，讲求兴中良法，讨论当今时事，考究各国政治，各抒己见，互勉进益。不得在此博弈游戏，暨行一切无益之事。其经费由会友按数捐支。

十、变通宜善也 以上各款，为本会开办之大纲，各处支会自当仿为办理。至于详细节目，各有所宜，各处支会可随地变通，别立规条，务臻妥善。(《中国秘密社会史》)

拟创立农学会书

间尝综览古今，旷观世宙，国家得臻隆盛、人民克享雍熙者，无非上赖君相之经纶，下借师儒之学术，有以陶熔鼓舞之而已。是一国之兴衰，系夫上下之责任，师儒不以独善自逶，君相不以威福自雄，然后朝野交孚，君民一体，国于是始得长治久安。我中国衰败至今，亦已甚矣！用兵未及经年，全军几至覆没，丧师赔款，蒙耻启羞，割地求和，损威失体，外洋传播，编成谈笑之资，虽欲讳之而无可讳也。追求积弱之故，不得尽归咎于廊庙之上，即举国之士农工商亦当自任其过焉。

盖观泰西士庶，忠君爱国，好义急公，无论一技之能，皆献于朝，而公于众，以立民生富强之基。故民间讲求学问之会，无地不有，智者出其才能，愚者遵其指授，群策群力，精益求精，物产于以丰盈，国脉因之巩固。说者徒羡其国多善政，吾则谓其国多士人，盖中华以士为四民之首，外此则不列于儒林矣。而泰西诸国则不然，以士类而贯四民。农夫也，有讲求耕植之会；工匠也，有讲求制器之会；商贾也，有讲求贸易之会。皆能阐明新法，著书立说，各擅专门，则称之曰农士、工士、商士，亦非溢美之词。以视我国之农仅为农、工仅为工、商仅为商者，相去奚啻霄壤哉？故欲我国转弱为强，反衰为盛，必俟学校振兴，家弦户诵，无民非士，无士非民，而后可与泰西诸国并驾齐驱，驰骋于地球之上。若沾沾焉以练兵制械为自强计，是徒袭人之皮毛，而未顾己之命脉也，恶乎可？意者当国诸公，以为君子惟大者远者之是务，一意整军经武，不屑问及细事耶？果尔，则我侪小民，正宜筹及小者近者，以称小人之分量矣。

某也，农家子也，生于畎亩，早知稼穑之艰难。弱冠负笈外洋，洞悉西欧政教，近世新学靡不博览研求。至于耕植一门，更为致力。诚以中华自古养民之政，首重农桑，非如边外以游牧及西欧以商贾强国可比。且国中户口甲于五洲，倘不于农务大加整顿，举行新法，必至民食日艰，哀鸿遍野，其弊可预决者。故于去春，孑身数万里，重历各国，亲察治田垦地新法，以增识见，定意出己所学，以提倡斯民。伏念我粤东一省，于泰西各种新学闻之最先，缙绅先生不少留心当世之务，同志者定不乏人，今特创立农学会于省城，以收集思广益之实效。首以翻译为本，搜罗各国农桑新书，译成汉文，俾开风气之先。即于会中设立学堂，以教授俊秀，造就其为农学之师。且以化学详核各处土产物质，阐明相生相克之理，著成专书，以教农民，照法耕植。再开设博览会，出重赏以励农民。又劝纠集资本，以开垦荒地。此皆本会之要举也。至于上恳国家立局设官，以维持农务，是在当道者。"先天下之忧而忧，后天下之乐而乐"，范文正抱此志于未达之时，千载下犹令人神往。今值国家多难，受侮强邻，有志之士正当惟力是视，以分君上之忧，安可自外生成，无关痛痒，为西欧士民所耻笑哉！古有童子，能执干戈以卫社稷，曾见许于圣门，某窃师此义，将躬操末耜，以农桑新法启吾民矣。世之同情者，谅不以狂妄见摈，而将有以匡其不逮也欤！

如有同志，请以芳名住址开列，函寄双门底圣教书楼或府学宫步蟾书屋代收，以便届期恭请会议开办事宜。是为言。

香山孙文上言（《中西日报》1895 年 8 月 18 日）

复翟理斯函

比闻间师盛称足下深于中国文学，著述如林，近欲将仆生平事迹附入大作之内；并转示瑶函，属为布复。拜读之下，愧不敢当！

夫仆也，半世无成，壮怀未已。生于晚世，目不得睹尧舜之风、先王之化，心伤鞑虏奇残、生民憔悴，遂甘赴汤火，不让当仁，纠合英雄，建旗倡义。拟驱除残贼，再造中华，以复三代之规，而步泰西之法，使万姓超苏，庶物昌运，此则应天顺人之作也。乃以人谋未臧，势偶不利，暂韬光锐，以待异时；来游上邦，以观隆治。不意清虏蓄此阴谋，肆其陷害，目无友邦，显违公法，暴虐无道，可见一斑。所赖贵国政仁法美，一夫不获，引以为辜。奸计不成，仆之幸也，抑亦中国四百兆生民之幸也。

足下昔游敝邦，潜心经史，当必能恍然于敝国古先圣贤王教化文明之盛也。乃自清虏入寇，明社丘墟，中国文明沦于蛮野，从来生民祸烈未有若斯之亟也。中华有志之士，无不握腕椎心！此仆所以出万死一生之计，以拯斯民于水火之中，而扶华夏于分崩之际也。独恐志愿宏奢，力有不逮耳。故久欲访求贵国士大夫之谙敝邦文献者，以资教益；并欲罗致贵国贤才奇杰，以助宏图。足下目睹中国之疮痍，民生之困楚，揆之胞与仁人义士，岂不同情？兹叨雅眷，思切倾葵，热血满腔，敢为一吐。更有恳者，仆等今欲除虏兴治，罚罪救民，步法泰西，揖睦邻国；通商惠工各等事端举措施行，尚无良策。足下高明，当有所见，幸为赐教，匡我缺失，是所祷冀！

至于仆生平事迹，本无足纪，既承明问，用述以闻：

仆姓孙名文，字载之，号逸仙，藉〔籍〕隶广东广州府香山县，生于一千八百六十六年华历十月十六日。幼读儒书，十二岁毕经业。十三岁随母往夏威仁岛（Hawaiian Islands），始见轮舟之奇、沧海之阔，自是有慕西学之心、穷天地之想。是年母复回华，文遂留岛依兄，入英监督所掌之书院（Iolani College, Honolulu）肄业英文。三年后，再入美人所设之书院（Oahu College, Honolulu）肄业，此为岛中最高之书院。初拟在此满业，即往美国入大书院，肄习专门之学。后兄因其切慕耶稣之道，恐文进教为亲督责，着令回华，是十八岁时也。抵家后，亲亦无所督责，随其所慕。居乡数月，即往香港，再习英文，先入拔粹书室 Diucison〔Diocesan〕Home, Hongkong）。数月之后，转入香港书院（Queen's College H.K.）。又数月，因家事离院，再往夏岛（H.I.）。数月而回。自是停习英文，复治中国经史之学。二十一岁改习西医，先入广东省城美教士所设之博济医院（Canton Hospital）肄业。次年，转入香港新创之西医书院（College of Medicine for Chinese, Hongkong）。五年满业，考拔前茅，时二十六岁矣。此从师游学之大略也。

文早岁志窥远大，性慕新奇，故所学多博杂不纯。于中学则独好三代两汉之文，于西学则雅癖达文之道（Darwinism）；而格致政事，亦常浏览。至

于教则崇耶稣，于人则仰中华之汤武暨美国华盛顿焉。(《总理遗墨》)（参见一八九六年十月二十六日《伦敦与中国电讯报》)

伦敦被难记（存目）

（孙文自述、甘作霖译《伦敦被难记》）

与《伦敦被难记》俄译者等的谈话

（当后来将《伦敦被难记》译成俄文的那位俄国人到来之前，谈话已进行了一些时候。下面是他到来后继续下去的谈话。）

谈话者：那么，您相信在中国有可能爆发一场进步的人民运动吗？

孙逸仙：噢，当然啦。目前中国的制度以及现今的政府绝不可能有什么改善，也决不会搞什么改革，只能加以推翻，无法进行改良。期望当今的中国政府能在时代要求影响下自我革新，并接触欧洲文化，这等于希望农场的一头猪会对农业全神贯注并善于耕作，那怕这头猪在农场里喂养得很好又能接近它的文明的主人。

谈话者：您希望在中国有什么样的制度来取代现存的制度呢？

孙逸仙：我希望有一个负责任的、有代表性的政体。此外，还必须使我们的国家对欧洲文明采取开放态度。我不是说，我们要全盘照搬过来。我们有自己的文明，但是，因为无法进行比较、选择而得不到发展，它也就停滞不前了。时至今日，这种文明已经和人民群众完全格格不入了。

谈话者：换句话说，您是希望中国大体上能出现日本那样的变化了？

孙逸仙：对。不过，日本的文明其实就是中国的文明，它是从中国传入日本的……

俄国人：嗯，您的党控制的那些秘密会社聚集了许多会员吗？

孙逸仙：要知道，这些会员的人数我恐怕算不准，但我可以告诉您，在我们的中心省份湖南和湖北，有四分之三以上的居民都加入了秘密会社。

谈话者：四分之三的居民？！

孙逸仙：是的。东南各省也遍布着许多秘密组织，甚至在中国的其它地方，这些组织都在蓬勃发展，尽管不象上述省份那样起到举足轻重的作用。这些秘密组织的所有成员，看来正准备拿起武器；但是，要有武器才行，此外还多少需要把握住各种有利的时机。无论如何，人民的起义只不过是一个时间问题而已。（《孙中山全集》第一卷）

中国的现在和未来——革新党呼吁英国保持善意的中立

人们都承认中国的现况和未来的情势，是很难令人满意的。

但是我敢于设想，欧洲人并没有充分认识到腐败势力所造成的中国在国际间的耻辱和危险的程度，也没有认识到中国潜在的恢复力量和她的自力更生的各种可能性。

我想引证一些事实。这些事实只有中国人才能充分知道和完全理解，这些事实的全部意义只有经过详细的描写才能明白。中国天然灾祸的发生，也是由于人为的原因。中国人对于开发广大的国内资源和制止外患，似乎是无能力或者是不愿意这样做；但这也并不是出于中国人的天性，而是由于人为的原因和人工导致的倾向引起的。革新党的存在，正是为了除去和反抗这些原因和倾向。

大家经常忘记了中国人和中国政府并不是同义语词。帝位和清朝的一切高级文武职位，都是外国人占据着的。在对于中国人的行为和性格（这是满族统治者所造成的）作批评的时候，尤其是在估计到内部改良的机会的时候（假设我们革新党人所希望的根本改革政府是可能的话），便应当对于上面所说的事实给予应有的重视。这一点只是在这里提一提，但是在对于我所要描绘的中国官僚生活的性质加以考虑的时候是值得记住的。

不完全打倒目前极其腐败的统治而建立一个贤良政府，由道地的中国人（一开始用欧洲人作顾问并在几年内取得欧洲人行政上的援助）来建立起纯洁的政治，那么，实现任何改进就完全不可能的。仅仅只是铁路，或是任何这类欧洲物质文明的应用品的输入（就是这种输入如那些相信李鸿章的人所想象的那样可行的话），就会使得事情越来越坏，因为这就为勒索、诈骗、盗用公款开辟了新的方便的门路。当我引用过去这样腐败的具体事件作为例子，并根据我个人的知识和经验，为了揭发这种骇人听闻的、几乎难以置信的事情的本质，用一些也许会引起人厌倦的详情细节来写出中国大众和官场的生活的时候，才会明白革新党的言论，对于这种情况是丝毫没有夸张。

由于中国的成文法还算好，同时绝大多数违法的事情都被曲解得符合于死的字眼，因此短时期住在中国的英国官员，既然他们大半只能用那些利于掩盖真实情况的人作为他们的通讯员，对于事情的真象只能得到极不完备的知识，就不足为怪了。的确，知道真象的英国人是有的，但是他们绝大部分实际上已经变成中国贪污官僚阶层的成员，象许多我能够指名道姓的说出来的人，他们与中国官僚一模一样，比起来还可能超过。至于我本人，在我决定学医以前，我早就和中国官僚阶层有密切的往还，我的朋友们也曾急于劝我捐个一官半职走入官场，就象在最近十年内我认识的很多人所做的一样，这就足够说明我具备了充分的机会和客观的条件来研究我正在写出的这些题目。

中国人民遭到四种巨大的长久的苦难：饥荒、水患、疫病、生命和财产的毫无保障。这已经是常识中的事了。说到这些困难，就是前三种，在很大的程度上都是完全可以预防的，即是就产生苦难说，它们本身也只是些次要的原因，这一点还有许多人不很清楚。其实，中国所有一切的灾难只有一个原因，那就是普遍的又是有系统的贪污。这种贪污是产生饥荒、水灾、疫病的主要原因，同时也是武装盗匪常年猖獗的主要原因。

官吏贪污和疫病、粮食缺乏、洪水横流等等自然灾害间的关系，可能不是明显的，但是它很实在，确有因果关系。这些事情决不是中国的自然状况或气候性质的产物，也不是群众懒惰和无知的后果。坚持这说法，绝不过分。这些事情主要是官吏贪污的结果。懒惰和无知也是促进这些事情的原因之一，但是，懒惰和无知本身在很大的程度上也是官吏贪污所造成的结果。

首先拿由于黄河泛滥引起的洪水一事来看。有个官叫做河道总督（黄河的管理人），他下面有一大群属员，他们的特定职务就是查看堤防是否适当和坚固，保护和修整两边堤岸，抓紧时间来防止灾难事故。但是实际上这些官吏没有薪金，并且曾经花了很大一笔钱买来他们的职位，因此他们必然要贪污。当河堤决口不得不修补的时候，就有许多搞钱的方法。这样洪汛水灾的到来，就是他们经常的心愿。他们不但不注意来防止这些可怕的、使得很多省份全部荒芜和数以千计的生命损失的灾难的来临，还有为了他们无情贪欲的需要，在自然灾害来慢了的时候，甚至不惜用人为的方法来造成洪水的灾害。当雨量还不够使河水多得冲决河堤的时候，他们会派遣一些人去损坏河堤，造成"一个不幸事件"，这是十分寻常的事。这就是各色各样谋利的方法中的一个法子。首先，为了修整河堤，他们会收到一笔费用，再从克扣工人的工资，使用比起定额的人数较少的人，骗取金钱。另外，还在材料的价值上作贪污的打算，等等。这样，稻田被破毁了，造成粮食缺乏，就导致了大面积的灾荒。这样，救济费就从政府和慈善人士两方面不断交来，救命钱绝不是用十足的数目到达渴求救济的老百姓手中的。最后，经常用"公务酬劳"的名义来一个提升，借以奖励这些雇工修补了一段堤岸的官吏们。

从下文就可知道，几乎中国所有的官员都晓得最好是完全不支取他们那少量的薪金，只是让它存在政府里，作为抵销罚薪的用途。

这一切事情可能非常难于令人相信，但是在中国，这是人人都知道的。人民有这样的谣谚："治河有上计，防洪有绝策，那就是斩了治河官吏的头颅，让黄河自生自灭。"

就中国的灾难原因来说，既不可指责是由于人口过多，也不可说成是自然原因所引起的任何粮食恐慌；那是由于缺点很多与不适当的交通方法，再加上铁路、公路稀少，不完善的、阻塞的水道，更由于在这些上面还有额外地方税（厘金）无限榨取人民的结果。所有这些原因应当首先理解为都是由于贪污所造成，我们官僚生活中的乌烟瘴气犹如死海上的浓雾一样，唯有它那微弱的磷光才把笼罩在阴暗中的北京清廷衬托出来。

现在广西是荒年。过去广西是中国产米粮最多的省份，有些别的省份都从它那里得到支援。现在，这里产大米的田地已经变得不能耕种了。这样，因为租税过高，以致使得农民久已感到除了生产出他们自己实际需要的消费量和应付地方上的直接需要以外，再多产就不合算了。甚至连"自由贸易"，虽然只是局部的，而且是由外面加来的，在这种情况下，它的目的也被破坏了。因为在外国通商谈判，允许暹罗和安南大米免税进口以前，广东的米是完全由广西供给的。现在外米免税进口，而广西米必须要付出一笔巨额的厘金，它就在市场上站不住了，就造成了肥沃的土地荒芜到成为没有耕种的价值。实际上土产稻米的成本比洋米贱得多，那么，使得广西农民破产流离死亡的就是厘金。饥饿的原因应当也是厘金，不是别的。

再就是有一个地方发生了饥荒，可是离这里不远的地方粮食却丰收，这又是常有的事。就因为缺少铁路或适当的道路，饥民就得不到别的地方多余的食物来维持生命。虽然在下面另外一处我还要把这件事加以详细的讨论，但在这里我可以说，妨碍着铁路线应有的发展的，不是象一般人所设想那样，由于群众间有土生土长的迷信，实在的是由于官吏的贪污，以及清朝人怕革命，加上投资不安全，是大家都知道的。那么，为什么水道运输和交通上极其良好的天然有利条件并没有得到更多的改进，在实际上废置无用呢？这个原因可以从下面一些事情中来推论，下面我亲身经历的事只是一个典型例子吧了。

当我正在广东北江上韶关城里，要乘船到离城三十英里到四十英里的英德去，船费通常大约是五到六两银子（十五到十八先令），但是由于船夫们高明的预见，害怕水警强收贿赂、非法拘禁，无一例外地，全体船夫都不肯搭载我，纵使出到二十两银子（三镑）也是这样。要理解这一点，必须说明，一切船夫都有依法帮助政府沿河一镇又一镇地同警卫在一起解送囚人的义务，他们也受到等待囚人和押送者随时动身的约束。这种官司，经常是造成讹诈中最令人难于辩解的借口。警察并不说要钱，他们只是来到港口命令船夫："候着！因为有个囚犯要带回。"可是终究没有什么囚犯，但是这有什么要紧呢？除非船夫们为了得着允许开回去，那就要送上足够大的一笔贿赂，否则他们就会一直等候一月还多的时间，直到真有一个囚犯要送时为止，对于这种现象的害怕，是船夫们拒绝我的原因。还可以用这样的事实来证明：一经我说服他们，我是英德知县的亲信并且可以保证免于水警的勒索时，立即有只船，只要四两银子（十二先令）的微小船费就把我载去了。

有一些已经对海关行了贿赂的商人租用货船（海关下才是河警），他们是免了这种勒索的，但是他们不得不付出极高的关税和贿款，合起来的总负担，能够使一切贸易——对外来的和本地的——完全瘫痪。

依法定来看，税额并不太高，但是一想到同一制品必须要上很多次的税，每个税关都是一个繁杂的贿赂中心时，就不难想象在物品还没有到达消费者面前时，物价是怎样的增长了！在路程很近，例如从佛山到广州（大约十二英里）的两地中间，按规定有一个税关和至少有四个到五个搜查站。这样，除非付足贿款，否则在检查过程中货物会遭到故意的毁坏，而且会被延误拘留和受到难于忍受的指责，使得商人生活非常痛苦，赚钱的生意成为不可能。例如查到一个已经完税的盛着油的瓶子，若是税单上只提到油没有说瓶子，这个业主就要遭到"企图偷运玻璃器具"的责罚，并且认为欺骗海关，受到监禁，直到付足了贿赂为止。

河道商业和内地交通的这种干扰，不仅仅在中国国内带来灾难，就是对欧洲的贸易影响实在也是很大的。目前中国在她的海岸和扬子江通商口岸上多有商业，但这些商业仅仅及于这些口岸附近的狭小地带，外国货很少达到内地。倘若从伦敦到布来顿送货，不只是要上很多次税，而且拖累到这些商人有坐监牢的危险，并且在四五个中间站上还要受到各种非法的敲诈。试想一下，这对于英国贸易效果又是怎样呢？由于内地苛捐杂税制度的实行，对英国在中国商业所产生的影响，可以从广州到韶关距离大约二百哩地运送英国货物的遭遇来看。在进入广州以前，他们要上百分之五十的海关税，从广州出城以前不得不先给广州当局付出一笔厘金，在佛山（出城十二英里）他就必须纳税，再过去约三十里在西南（广东一地名）要上税，以后再过三十里或四十里进入北江的芦苞要纳税，再到达韶关又要纳税（落地税）。除了这五个为了搜集税款而设的正规站外，还有很多个"检查站"，有如上述，这些地方也要逼交贿赂的。自然，货物到达内地后，它的价格显然要超过百分之百，除了生活上绝对需要的工业制造品外，实在就是卖不出去，这也是自然的。

就是在这种情况下，中国还被看成是英国货物的好市场，设若这些过度的税收和贿赂制度一齐消灭了，这对于英国贸易的利益岂不是更好了吗？

如果说水患和饥荒都是人为的原因，而不是由于自然的原因，疫病也同样可以证明是人为的。近来中国疫病流行，不应当比任何其他地方更为普遍。中国气候是很合卫生的，无论如何，对本地人来说是这样，而且在乡村里人民一般地都是很健康的。疫病的发生只是在城镇里，由于这些城镇中完全缺乏卫生组织和官办的防疫组织所引起的。清帝国乡区的每一部分几乎都完全免于疫病流行，有的这些乡村的疫病，是从那些人烟过于稠密、污秽到极点、难以言语形容的污水供应的城市中传入的。

　　从水的供应的情况来说，很容易了解，官吏贪污对城镇这种不良的卫生条件是唯一的原因。按欧洲人用这个词的意义来讲，可以说在整个清帝国里就没有水的供应。例如在某些事情上比另外的地方较好些的广州和上海。沟内污水直接流入河里，而人民就从这些污水的河里提取他们的饮用水！十年以前广州要修水道，想用清洁的水来供应城市，曾经发起过一个中国人组织的公司，对于这样一个计划，至少应当得到当局的默许，但是官吏们的贪欲并没有因疫病的可怕而放松一点。一个著名的官员，在他允许开工以前要索很大一项贿赂，使得公司无力支付，不得不放弃了这项事业。几年以前广州本地商人又组织了另外一个公司，叫做"肥料公司"，承包市内街道的打扫和清洁工作，把所得的渣子变成肥料，这个计划使得民众非常喜悦，他们召开了行业公会的会议，并且通过他们的代表表示愿意为倡议的清扫工作出资，公司也将要从销售肥料中赚得一笔利润，无疑地，这当是一项兴旺的事业了。但是在这里，官吏又出来干涉并且索取巨额贿赂，这样一来，这项事业又不得不停止了。

　　为公共卫生服务大于为股东利润服务而兴办的金融和工业企业，尚且还是要因为地方当局的贪污使得流产，纯商务性质的经营必然会遭到同样的命运，就不足为奇了。未来资本家们不愿冒险在这样的国家里把他们的金钱拿来投资，这也就更不足奇了。在这个国家里，财产和生命以及公共卫生同样是为行政当局所漠不关心的，但是这些正是应当受到这些当局的保障的。

　　通过上文提到的盗匪的产生，可以更直接地感觉到，在全国每个角落里贪污都使得生命财产毫无安全保障。这些盗匪大多数是解散了的士兵，武装着留下来，并且饥饿着，离他们的家常常是几千里。不错，政府是允许给每个兵一定的回家路费的，但是这项钱一般都由官吏来掌管，官吏们却把士兵解散了事，任其自行设法，自行设法便意味着对群众的掠夺。但是也有另外一种盗匪，如果一般只在县长治理境域以外去掠夺，就受到县长的保护。要是篇幅允许，我能举出若干奇怪的细节来作为这种情况的例证。但我不得不转到另外的事情上去，这里只要简单提一下：这些最坏的盗匪中有些人还是在皇家服现役的兵士，他们把军服翻转来干他们的掠夺的勾当，当其受到追捕的时候又把衣翻过一面，以便躲在制服内没有人敢于干涉他们。在城市，在乡村，有钱的人都自有护卫，同时大工厂和农庄的主人，客船等等不仅要对政府纳税，又要给匪首们缴纳一种例规年金，作掠夺的防御和保护的报酬。被认为从事警务工作的人员警察，甚至于那些城镇士兵，往往就是勇敢而广大的盗掠的组织者。

最近广州发生了这样一类事件：当时警察局长和他的属下抢劫了地方上的蚕丝制造厂，抢走了他们可以拿走的东西，在要求赔偿的时候，总督处罚了祸首，这祸首并不是匪首，就是向他提出请愿书的人。

这些罪恶的来源是贪污，而这种贪污又是根深蒂固遍及于全国的，所以除非在行政的体系中造成一个根本的改变，局部的和逐步的改革都是无望的。在现在的统治下，任何一个要想诚实的官吏，都不得不跟着那些不诚实的人的足印走，不然就得完全脱离官场的生活退休下来。他必须接受贿赂，才能支付他上级对他索取的贿赂，而且必然要纵容两种贪污：在他的下属们中间的，以及比他的职位或官阶更高的那些人中间的。

当我把进入官僚生活的道路以及升官的各种方法作一些介绍的时候，那就自然明白，这一切是怎样地不可避免的了。

在中国有四种进入官场和获得提升的途径：科场出身；兵弁出身；保荐贤才；捐班出身。

这些作官的道路，第一项是最古老的，而且无论如何也是最纯正和最好的。在多年以前，就是从清朝开国以来，科场考试都是老老实实地实行着的，而读书人在他学习终了考试成功以前总是不会开始他的贪污事业的。但是近年来即使在这些地方，贪污也偷偷地爬进去了。因此现在由有学问而诡诈的老师冒充"学生"下场顶替考试，已经全然不是什么不平常的事了。这些老师们在各色各样的化名下，一次又一次地去经过考试赚钱来生活。主考官们受贿的事也不少见。

当学生在本乡考上秀才（初级学位），每隔三年期间为了第二级和第三级学位，他必须到省会和首都受试。在给他第三级学位时，这个学生就成为一个候补的官员了。就在这个时候，行贿的行为每每就开始了。没有这种行为，就是最出色的应试生员，那怕是很卑贱的职位也得不到，只好当一个白丁闲在家里，得到了第三级学位后，还有一次考试在北京举行，这就是殿试。殿试的结果，清帝把应试员生分为三等：一是当翰林院学士，留在北京；二是给官职；三是清帝所不取的。这第三类人要是不退休回家生活，就得采取上面所指出的许多贿赂途径之一，才能去作官。在北京以外的地方行政长官和一切地方官吏，按照被录取的程度，都从第二类来抽调。这些人中每个人就立即送赴某一省的省会，接受知县的官职，还有资格得到省当局给他适合于他的任何委任。

一到省里，他们就得马上向省督抚以及他的僚属行贿，因为一次可以把若干的候补人送到同一个区域内，少数的官缺自然就只能给能出最高贿赂的人了。即使这里没有竞争职位的人，候补的人也必得要对巡抚行贿，因为只要他拒绝行贿，巡抚就无限期地把任用他的事情搁置起来。就是清帝的特令派他一个特殊的地区，也不能挽救他的命运。一个很有家庭声势的候补官虽然可以要求北京吏部提出抗议，但就是在这种情况下，巡抚只要回答"某某太年青"或"太无经验"和"已经派员暂行代理（意即无完期的代理），以便该员对于官厅和行政事务多加学习"。要是他即刻赢得一个官职，到三年终了自然要升迁，那在每一省又有一连串的"功过考核"，这样就可能使刚上任一二年的人也有获得升迁的机会。这个三年一次的功过考核，对巡抚说来是很有利的差事。他领导下的官吏们有功与否，是要看他们给他行贿的多少来判定的。而任何一个拒绝对巡抚行贿的人，就注定会被判决为"不合连任"，受到解职处分，何况对巡抚的决定是没有诉愿反对权的。在这种情况之下，一个诚实的人鄙视官场的贪污，必然会引退；一个坏人就会用购买的办法再去作官，直接打开一个新的贪污门路。

在每次升任之前，官员必须受到清帝的召见，但这是一个费用很大的事。因为一个人奉召到京是先要去登记的，一直要等到他对守门人行了贿赂才能正式报到，才认为他已经到了北京，依照手续报了到。就是在李鸿章进京朝见时，他也不得不付出巨额的门包和贿赂，数逾百万两，这是大家都知道的事情。我用直接注意到的两件事例来说明，或者可以使英国的读者更深切地感到，贪污恶习是怎样冷酷地、无耻地公开着的。

一个江苏的巡抚，他是恭王的密友，凭借他的巨大声势不给守门人的贿赂就进了北京城。当他见到他的皇族朋友时，恭王叫喊道："什么时候你来了的？我不能承认你的来到，因为我不曾在崇文门报告上见有你的名字。"
这样他就只好退回，并且照常例加倍给了守门人的贿赂，然后恭王才接见
了他。更显著的是左宗棠的事情。他是清朝大将军中大的一个，他曾经在
新疆镇压了回民武装暴动（就是战败了回族人民的反抗清朝的革命运动），
他为清朝皇帝取得了约有中国一半大的土地。清帝对他很尊重，因此清帝
要见他，就传下一道特诏，召他到北京进见。当他来到城区，守门的人要
八万两银子的贿赂，他完全拒绝支付。就是他也因此便没有得到合法的通
传。他在北京候召见，等了几个月过后，清帝传另外一道命令问他何以还
没有来。左宗棠说明了这回事，并附带说，因为他把自己的财产和家财都
充着兵费了，他实无法支付这笔贿款，他恳求皇帝大恩免除他的负担。在
回文里，清帝说："这个（门上的贿赂）是惯常古制，总督、大将军和其他
员工一样必须服从。"后来因为左宗棠实在没有钱，他的朋友发起了一次认
捐，清皇太后还也亲自捐出总额中的半数。

　　为了使读者可以更明白清帝对于贪污的态度，我想读者会原谅我这段冗
长的插话的。

　　自然，从此就没有一个新升任的地方首长想到逃避支付这笔贿赂！这
种贿赂是进见清帝的不二法门，对清廷大送门包和贿赂之后，他才会得到
召见并且取得新的官职——例如道台和知府。每次提升，要取得委派的人，
都必须通过和上文所述相似的过程，只有每一次比前一次都要付更大的代
价，而这些委派实际上却是无薪给的。依法规，每个委任状都带有薪给，
这是的确的事。但是这些薪给，不仅比维持公务所必需的支出要少得多，
又为了种种理由也很少有人依照规定去领取，这些理由的有力也就不难体
会了。任何官吏的薪金，在从省库支出以前，必须经过很多人的手，并且
对每一个人都必须付一定的手续费，使得受领人只能收到原薪的百分之三
十到四十。官吏受罚全年薪俸是十分平常的事，除非他能证明不曾领取薪
金，还存在省库内，他就不得不十足支付罚款。因此每年可以收入百镑的
官员，如罚薪一年，因为提取了他的薪给，就要损失百分之六十到七十的
没有收入过的款项。

　　因此，虽然一切国家的官职，无论是文是武，都定有薪给和开支用款，
这叫做"养廉金"可以说，无一例外地，一切官吏所处的境况在某些程度

上有点象英国饭店中的工作人员，他们慷慨地付出代价而且无偿地工作着，只是为了享有特权，可以收受小费。这样说丝毫不夸张。

不难理解，新道台一回到他的管理地区，必然开始压榨他管理下的所有人员，这不仅是为了弥补他自己的开销和生活费用，还要支助他的亲戚族人和下属，也要为了再过三年后他提升时付贿款的需要。

就是这些通过勤修苦炼，虽然似乎无用却是诚实钻研的科考，窄狭而比较还算干净的作官的道路的这部分人尚且如此，那么，那些通过其他不正当的门路而求得官职的人，所要花的费用多得就更不用说了。

由军功的提升也许是最快的。

李鸿章就是由这一条道路走上官位的。在他第三场考试及格后，他既不"外放"（地方官）也不"留京"（北京翰林院的成员），立即回家，凭着曾国藩的父亲的势力参加军队，在几个月中就提升作福建的道台，依提升的常法要达到这个位置须得六年的时间。他就连福建也始终没有去过，在大约不到一个月他又被提升了，这回是江苏的抚台（巡抚）。当他作曾国藩的军事顾问或秘书时，前江苏巡抚被杀了，李鸿章有了自荐候补的机会。曾国藩本是喜欢和赏识他的，发出了一封奏折到清帝那里去恳求任命他。但是一经考虑，曾国藩就认识到这样做未免过于偏私，因为他想，这意味着使一个道台直接提升到抚台，这个经历在平常情况下至少应当要九年时间。因此他派遣了第二个使者去抽回这封奏折，但是迟了，因为李鸿章早预见到有这种事情，先就注意关说第一个送文的人急速投交。

凭着戈登将军和其他外国人的帮助，李鸿章从太平天国的手中夺回了地盘。不久，他就被提升为总督。李曾经累积了怎样大量的财富是远近皆知的，就用不着在这里多提了。正在中日战争开始以前，我在天津，有很好的机会看到他发财致富的方法之一，就是各级文武官员从整个国家各部分成群而来请求任命，但是就在他们的呈文到达李鸿章以前，他们必须支付大量的贿赂给李的随员。

在军职分配以后，发出任命状，这是由衙门的书办掌握的，受任官员对于这个任命，必须要支出一笔价值和任命相当的款项。官员取得任命状，就立即开始对下属作出出卖委任状的勾当。但是在军队里，只有那些有某种军职的人才能收买委任状，但是我们立刻会看到，军职也能用很多奇怪的方法来取得。例如，一个平生从来没有参加过战争的提升为上校，是毫不罕见的。我要从我亲身观察到的一些事例中直接引证出一个来，作为这种迁升的可能性的最好的解释。

从我的家乡出来一个青年去投了军，凭着他的苦战和真正的功绩，升到了准将的职位。但是每次升迁，都有他的兄弟随他一道提升，我姑且称他的兄弟为 X，这位兄弟和他已数年不见面，而且是在远远的一个鸦片窟里平平安安地充任着厨司的职务。事情是这样的：在每次有他立功的战役后，他报告了一些臆造的勇敢事迹，说是由这位兄弟完成的，而且他的报告被信以为真。有一天，这个从来没有见过一次战争的鸦片窟的厨司，从公报上读到他的名字，并且使他惊讶的是发现他已经在清帝国军队里得到了上校的军级。

从各方面看来，兵役对于官员是很有利的。他们召募任何他们喜爱的人，而且他们经常谎报比起实在在军队里的人要多得多的名额来吃缺额。就是在李鸿章的比较诚实的官员之下，也对于额定的在役人员抽提缺额，大约额定在役人员的百分之七十，才是各部队的实力平均数。而在别的地方，书面上号称百人的，往往意味着实际只有四十到五十个人。在检阅的日期里，军官们在白天雇用足数的闲人来充当，使得军队看起来完全是正常的。但是除了伪造士兵的办法以外，进款还有另外来源，就是这些活着的士兵必须穿着制服和吃饭食，而粮食和衣服都是由军官用扣克的方法供给的，以致于政府每月给每个士兵五两银子，大约只有一两五钱或者少于一两五钱送到士兵的荷包里。这一切都是关于"勇士"们的。他们在战争时只是受雇，在战斗时刻一过就遭到遗弃，不论他们在什么地方，而且几乎常常没有路费回家，这样就使得武装强盗的补充人员在整个清帝国中随处都是。至于在和平时候的常备军，除了满人守备队外，都是受着非常恶劣的待遇，所以他们的力量只存在于公文中。这些人入伍了，按常规取得他们的供给，大约是每月三先令，就和兵役没有任何更多的关系了。那几个在城上执行职务的兵士，是完全依靠贿赂为生的。另一方面，满人军队在满人的领导下给养是好的，但是这些军队却不作战，他们只是守护城市，防止中国人"反叛"（防止革命）。他们居住在从中国人住居的城市中分划出来的角落里，他们常常无故欺压这些中国人，因此在中国人和满人士兵之间，战斗是经常发生的。又因为这些满兵不受民律审判，他们的暴行就经常受不到惩罚。自然，驻防兵和道地的中国人之间是不和气的。

在中国军职的迁升，只意味着买官职和买肥缺，这大概已经是够明白的了。但是另外一件事情，还可以帮助我们把它弄得更清楚一些。中国军队里的将军们惯于讲到要提升大量士兵，但这些士兵只存在于他们的想象中。他们弄出一大批提升的名册，上面写着一些最通用的中国人的名字，但这些人实际上都是不存在的。文书里的伍长李四或兵卒张三，继续按规定晋级。所以将军就拥有一整套，具备各种军职、各种军阶的空头任命状，以备卖给新来谋事的人，假如他们的姓氏就是李或张，并且愿意照市价付款，这笔买卖就成功了。也有愿意得钱而不愿提升的兵卒，惯于改换他们的名字和出卖他们的任命状给市民，这些平民渴望取得军阶，于是就用收买和冒充的两种方法达到他们的目的。"兵役升迁"和第四种进入官场生活的途径（单纯购买），实际上并没有多大分别。

进入官场的第三个方法"保荐贤才"是更糟的了，几乎没有单独考虑的必要，因为"保荐贤才"必须要有官员的记录，这些官员是毫无例外地贪污，靠行贿收贿为生的。所以除了他们推荐他们自己的家属和族人外，他们只能从那些用黄金打开了他们的眼睛的人当中来挑选"贤才"。

第四个作官的道路，就是纯粹的购买，这是完全受到法律认可的，并且一年比一年更普及。即使如张某前驻美公使那样地位的高官，也没有通过考试，而他的第一次官简直就是买到手的。在政府财政困难和为了特殊目的而需要资金的任何时候，就推行"捐例"，来出卖给那些捐了一定数额金钱的人一个官品。常常还有人组织专门为购买官职而支付贿赂和别的费用为目的的公司，这就是县官制造有限公司（或叫打屁股公司，这是指未来的官员们用以向老百姓榨取金钱的方法说的），它的成员之一取得了任命，其余的伙伴和他分享公务上的贪污战利品。另外一些不曾加入公司的未来的官员们，可以向公司借钱去买官，数年内还清本钱和利息。

要买通一条作中国文官的职务的路，比起从考试进身花费更大得多，在其他方面这两类候补官员获得晋升的机会实际上是相等的。当某个知县品级以及委任状一经买成了便层层升迁，随着规定一样办理，正如上文已经叙述过的一样。

我努力说明白这件事情：贪污行贿，任用私人，以及毫不知耻地对于权势地位的买卖，在中国并不是偶然的个人贪欲、环境或诱惑所产生的结果，而是普遍的，是在目前政权下取得或保持文武公职的唯一的可能条件。在中国要作一个公务人员，无论官阶高低如何，就意味着不可救药的贪污，并且意味着放弃实际贪污就是完全放弃公务人员的生活。

因此把新血液注入官僚阶层并不能使情况好转，因为官僚存在的条件就是不要有诚实的可能性。也不能希望从普及教育着手来改良，因为人民无知，不仅是官僚阶层公认的利益，而且官僚自己也是绝对无知的。他们之中有些人甚且不能书写和阅读。即使是经过考场考试的，也是受到了一些毫无实益的"文学和文学上的文章格式"的训练的人，也完全没有世界情况的知识。他们甚至不知道他们自己国家的需要和希望；连由受到可怜待遇的书记用这些官员自己的名义执行的法规，他们也不知道。

由于上面已经说过，关于军队及军职任命和得官的情况，似乎无须解释就会明白。在土生土长的中国人中，并不缺少身强体壮、勇敢而忠心爱国的人，只是因为无可救药的贪污制度的风行，这个制度受到他们满人统治者的保护，使得中国变成任何国家毫不费力的战利品，并且给我们何以很容易地败于日本人的手中作了解释。我在这里可以略提一下在英国海军朗司令领导下，海军的重新建立受到打击一事。他失败的唯一原因，是由于中国海军中不能容忍一个不贪污的官吏存在，因他遭到了阴谋和一连串的侮辱，实际上逼迫他不能不辞去职位。从中日战争爆发以前不久发生的一件事中，可以看到官吏贪污是怎样地影响了中国抵御外侮的准备工作。一个青年海军军官，我的密友之一，他在不久气愤辞职了，告诉我说，他不得不签署一个几吨煤灰的受货单，是作为火药来付款和订约的！我可以补充一点说，炮舰的官员们实际上享有偷关越境的专利权，在这里面他们在作一个巨大而且有利的生意；又海军南方舰队是完全并且专门用来担任运送清朝官吏和他们的眷属的，他们要到什么地方就可以到什么地方，另外一个用途就是走私。

在英国，有人以为只要能说服李鸿章等人，使他们相信铁路、电话、欧洲陆军和海军组织等的效用，启发中国人民，并设法把整套文明机器输入中国，那么中国的新生就会开始，这真是和使吃人的野兽改用银制餐具，想借此把它们改变成素食者是同样的荒唐！

两个具体的例子比起论证也许更能使人信服。

三十年来，欧洲的新发明创造品曾经输入中国。我们在天津、福州和上海，都有兵工厂和船码头的开设，在天津和南京有军事和海军专门学校，现在电报遍于全国，天津、山海关中间有铁路，在沿海和沿江都有属于官办和商办的汽船。但是从具备这些近代的设备中，没有得到一点进步的效果或是希望。在兵工厂里没有完成过实际工作，只是曾经产生了一大批派用人员和"散工"（临时工作人员）。各部门常设的专家首长、工程师等等待遇很不好，而且在他们通晓的工作的处理上，也绝对没有发言权，只是完全由上级官员统治着。这些官员不仅是完全无知，在他们迁调离开以前连学习的时间也没有，他们的职位就被别人来代替了。这些暂时的官员们发出矛盾的命令，熟练的工头必须遵守，以致于无论任何产品的制造和设计，唯一的结果只是浪费材料而已。但这还不是常有的事，因为武器和军火的输入可以使官吏们获利更厚，他们既可赚钱，又可以得手续费。

电报起初是由清政府允许商人经营，但是后来落入清政府手中，从那个时候起，一切地方局长的任命都是通过亲属关系或"势力"，而且从来也没有制过年终结算表。和河道的情况一样，借口整修也是生意中很有利可图的一部分。但是当某一新站成立时，因为材料是由中央当局供应的，所以几乎没有利润可图。在这里有一个使外国人惊异的奇怪现象，在供应时虽然一切规格相同，但乡村电报杆要比城镇上的电报杆短矮得多。我曾亲眼看到过一个足以解释这个短矮电杆的事例：主管人在建立电线杆以前，就把每根电杆锯下几尺，并且把材料卖给地方上的木匠。有人想是土人的迷信和保守主义造成了铁路和电报企业的最大障碍，但是其实不是这样。当电报线路初次在湖南架设起时，电线杆和电线立刻被百姓拉倒。公开的报道说：人民群众的心情上过于排外，以致不能容忍这样一种革新。私下而真正的原因完全不是这样，主管人没有给够工人的钱就是一个原因，工人群众发动了叛变，毁坏他们没有受到报酬的工作成果。排外的人是官吏而不是群众，是清朝人而不是乡下的中国人；而且就是这些官吏，英国曾保护过他们不曾落在太平天国的手中，他们扇起了反基督教的叛乱和屠杀，事后把一切责任归罪于人民。周汉，著名的排外煽动家，是一个道台，在中国受着官府的重视有如伟大的英雄一般。天津铁路局是受人民重视的，并且运输量也很大，可是它破产了。因为它在任意胡行的官吏掌握之下，行政人员也争着去拿钱贪污，其结果自然是铁路局破产，并且中国的资本家，他们懂得其中的道理是怎样的，就不轻易对任何同类的经营投资了。既然目前计划中的铁道是完全由中俄联合投资的，就不难预见，那些偿付并控制这条路线的人将是哪国的人了！

招商局原来是著名商人唐廷枢（景星）建立的，起初没有让官吏参加。本来，业务好象有希望成功似的。但正如一切民间事业一样，在露出有利可图的苗头时，那清政府就要接收管理起来了。自然，这个招商局目前是和其他清政府部门一样地腐败了。而每位船长必得要购买他们的任命状。这样就证明了，用输入物质文明的方法不能改良中国，只有用根绝官吏贪污的办法才行。这种官吏贪污，越来越坏，十年以前被认为骇人听闻的事，目前是十分平常。在最近以前还没有为出卖官职而制定一个固定的价目表的事情，现在当局的大官变得这样无耻，就是前任总督李瀚章——李鸿章的兄弟——对于两广（广西、广东）的每个官职曾定下一个正规的价格表。

全体人民正准备着要迎接一个变革。有大多数的诚实的人们，准备着而且决心要进入公共民主的生活。军队是这样的腐败，即使不是大部分受到了同情革新党的感染，政府也不可能依靠它了。只有从清朝的士兵，或者从鼠目寸光的、自私自利的外国干涉者看来，革新党才会是任何可怕的东西。我写这篇文章的一个主要目的，实在就是要向英国人民证明，让我们成功，这也是为了欧洲的利益而特别是为了英国的利益；并且也说明，例如本论坛八月号 Z 君文中所建议的，保护现在政府的政策是完全错误的。该文作者说，英国应当保卫中国现有的政权，使其免受本国人和外国人的打击。可惜有件事情他没有认识到，那就是只有清朝和仰赖现有制度维持生活的官吏，是敌视其他种族的。并且他又没有认识到，如果是由真正的中国人自治，他们就会和外国人和平相处，并且也将和世界人民建立起友好关系。

要适当地写出革新党的目的和观点，单单这件事就需一篇专论文章。这里只须要说，目前我们所需要的援助仅是英帝国以及其他列强善意的中立，就可使得目前的制度让位于一个不贪污的制度了。纵使贸易暂时停顿，但不久也必会大有进展。同时，中国天然富源的开发，会增加整个世界的财富。中国政府的行政和军事的改革，会使它对于外来的打击（或是从帝俄来）成为不可战胜的力量。中国如能免于分裂，那么，象由于土耳其的分裂而引起的欧洲的严重纷扰，也就可以避免了。（《中国近代哲学史资料选集》"近代之部"下）

与宫崎寅藏平山周的谈话

宫崎：君之志在革命，仆曾知之，但未悉其详。愿君将革命之宗主与附属之方法及手段，明以教我。

孙：余以人群自治为政治之极则，故于政治之精神，执共和主义。夫共和主义岂平手而可得，余以此一事而直有革命之责任者也。况羁勒于异种之下，而并不止经过君民相争之一阶级者乎。清虏执政于兹三百年矣，以愚弄汉人为治世第一义，吸汉人之膏血，锢汉人之手足，为满奴升迁调补之符。认贼作父之既久，举世皆忘其本来，经满政府多方面之摧残笼络，致民间无一毫之反动力，以酿成今日之衰败。沃野好山，任人割取，灵苗智种，任人践蹋，此所以陷于悲境而无如何也。方今世界文明日益增进；国皆自主，人尽独立，独我汉种每况愈下，滨于死亡。丁〔于〕斯时也，苟非凉血部之动物，安忍坐圈此三等奴隶之狱以与终古？是以小子不自量力，欲乘变乱推翻逆胡，力图自主。徒以时机未至，横遭蹉跌，以至于是。

人或云共和政体不适支那之野蛮国，此不谅情势之言耳。共和者，我国治世之神髓，先哲之遗业也。我国民之论古者，莫不倾慕三代之治，不知三代之治实能得共和之神髓而行之者也。勿谓我国民无理想之资，勿谓我国民无进取之气，即此所以慕古之意，正富有理想之证据，亦大有进步之机兆也。试观僻地荒村，举无有浴政〔清〕虏之恶德，而消灭此观念者，彼等皆自治之民也。敬尊长所以判曲直，置乡兵所以御盗贼，其他一切共通之利害，皆人民自议之而自理之，是非现今所谓共和之民者耶？苟有豪杰之士起而倒清虏之政府，代敷善政，约法三章，慰其饥渴，庶爱国之志可以奋兴，进取之气可以振起也。

且夫共和政治不仅为政体之极则，而适合于支那国民之故，而又有革命上之便利者也。观支那古来之历史，凡国经一次之扰乱，地方豪杰互争雄长，亘数十年不能统一，无辜之民为之受祸者不知几许。其所以然者，皆由于举事者无共和之思想，而为之盟主者亦绝无共和宪法之发布也。故各穷逼一己之兵力，非至并吞独一之势不止。因有此倾向，即盗贼胡虏，极其兵力之所至，居然可以为全国之共主。呜呼！吾同胞之受祸，岂偶然哉！今欲求避祸之道，惟有行此迅雷不及掩耳之革命之一法；而与革命同行者，又必在使英雄各充其野心。充其野心之方法，唯作联邦共和之名之下，其夙著声望者使为一部之长，以尽其材，然后建中央政府以贺〔驾〕驭之，而作联邦之枢纽。方今公理大明，吾既实行此主义，必不至如前此野蛮割据之纷扰，绵延数纪，而枭雄有非分之希望，以乘机窃发，殃及无辜。此所谓共和政治有命革〔革命〕之便利者也。

呜呼！今举我国土之大，人民之众，而为俎上之肉，饿虎取而食之，以振其蛮力，雄视世界。自热心家用之，以提挈人道，足以号令宇内。反掌之间，相去天壤。余为世界之一平民，而人道之拥护者，犹且不可恝然于此，况身生于其国土之中，尝直接而受其苦痛者哉！余短才浅智，不足以担任大事；而当此千钧一发之秋，不得不自进为革命之先驱，而以应时势之要求。若天兴吾党，有豪杰之士慨来相援，余即让渠独步，而自服犬马之劳；不然，则唯有自奋以任大事而已。余固信为支那苍生，为亚洲黄种，为世界人道，而兴起革命军，天必助之。君等之来缔交于吾党，是其证也。朕兆发于兹矣。夫吾党所以努力奋发，以期不负同胞之望；诸君又尽力于所以援吾党之道，欲以救支那四万万之苍生，雪亚东黄种之屈辱，恢复宇内之人道而拥护之者，惟有成就我国之革命，即为得之。此事成，其余之问题即迎刃而解矣。（白浪庵滔天著、黄中黄译录《孙逸仙》）

致港督卜力书

中国南方志士谨上书香港总督大人台前：窃士等十数年来，早虑满政府庸懦失政，既害本国，延及友邦，倘仍安厥故常，呆守小节，祸恐靡既。

用是不惮劳悴，先事预筹，力谋变正，以杜后患。不期果有今日之祸。当此北方肇事，大局已摇，各省地方势将糜烂，受其害者不特华人也。天下安危，匹夫有责，先知先觉，义岂容辞！士等睹此时艰，亟思挽救，窃恐势力微弱，奏效为难；政府冥顽，转圜不易；疆臣重吏，观望依违；定乱苏民，究将谁属？深知贵国素敦友谊，保中为心，且商务教堂，遍于内地。故士等不嫌越分，呈请助力，以襄厥成，愿借殊勋，改造中国，则内无反侧，外固邦交，受其利者又不特华人已也。一害一利，相去如斯，望贵国其慎裁之。否则恐各省华人望治心切，过为失望，势将自谋，祸变之来，殆难逆料，此固非士等所愿，当亦非贵国之所愿也。

时不可失，合则有成。如谓满政府虽失政于先，或补给于后，则请将其平素之积弊及现在之凶顽，略为陈之：朝廷要务，决于满臣，紊政弄权，惟以贵选，是谓任私人。文武两途，专以贿进，能员循吏，转在下僚，是谓屈俊杰。失势则媚，得势则骄，面从心违，交邻惯技，是谓尚诈术。较量强弱，恩可为仇，朝得新欢，夕忘旧好，是谓渎邦交。外和内很，匿怨计嫌，酿祸伏机，屡思报复，是谓嫉外人。上下交征，纵情滥耗，民膏民血，叠剥应需，是谓虐民庶。锻炼党罪，杀戮忠臣，杜绝新机，闭塞言路，是谓仇志士。严刑取供，狱多瘐毙，宁枉毋纵，多杀示威，是谓尚残刑。此积弊也。至于现在之凶顽，此后尚无涯涘，而就现在之已见者记，则如：妖言惑众，煽乱危邦，酿祸奸民，褒以忠义，是谓诲民变。东乱既起，不即剿平，又借元凶，命为前导，是谓挑边衅。教异理同，传道何罪，唆耸民庶，屠戮逞心，是谓仇教士。通商有约，保护宜周，乃种祸根，荡其物业，是谓害洋商。睦邻遣使，国体攸关，移炮环攻，如待强敌，是谓戕使命。书未绝交，使犹滞境，围困使署，囚禁外臣，是谓背公法。平匪全交，乃为至理，竟因忠谏，惨杀无辜，是谓戮忠臣。启衅贪功，觊觎大位，不加诛伐，反授兵权，是谓用偾师。裂土瓜分，群雄眈视，暗受调护，漠不知恩，是谓忘大德。民教失欢，原易排解，偏为挑拨，遂启祸端，是谓修小怨。凡此皆满政府之的确罪状，苟不反正，为祸何极！我南人求治之忱，良为此矣。

士等深知今日为中外安危之所关，满汉存亡之所系，是用力陈利弊，曲慰同人，南省乱萌，借兹稍缓，事宜借力，谋戒轻心，上国远图，或蒙取录，兹谨拟平治章程六则呈览，恳贵国转商同志之国，极力赞成，除去祸根，聿昭新治，事无偏益，利溥大同。惟是局紧机危，时刻可虑，望早赐复，以定人心，不胜翘企待命之至。

计开：

一、迁都于适中之地。

如南京、汉口等处，择而都之，以便办理交涉及各省往来之程。

二、于都内立一中央致府，以总其成；于各省立一自治政府，以资分理。

所谓中央政府者，举民望所归之人为之首，统辖水陆各军，宰理交涉事务。惟其主权仍在宪法权限之内，设立议会，由各省贡士若干名以充议员，以驻京公使为暂时顾问局员。

所谓自治政府者，由中央政府选派驻省总督一人，以为一省之首。设立省议会，由各县贡士若干名以为议员。所有该省之一切政治、征收、正供，皆有全权自理，不受中央政府遥制。惟于年中所入之款，按额拨解中央政府，以为清洋债、供军饷及宫中府中费用。省内之民兵队及警察部，俱归自治政府节制。以本省人为本省官，然必由省议会内公举。至于会内之代议士，本由民间选定；惟新定之始，法未大备，暂由自治政府择之，俟至若干年始归民间选举。以目前各国之总领事，为暂时顾问局员。

三、公权利于天下。

如关税等类，如有增改，必先与别国妥议而行。又如铁路、矿产、船政、工商各业，均宜分沾利权。教士、旅店，一体保护。

四、增添文武官俸。

内外各官，廪禄从丰，自能廉洁持躬，公忠体国。其有及年致仕者，给以年俸，视在官之久暂，定恩额之多少。若为国捐躯，则抚养其身后。

五、平其政刑。

大小讼务，仿欧美之法，立陪审人员，许律师代理，务为平允。不以残刑致死，不以拷打取供。

六、变科举为专门之学。

如文学、科学、律学等，俱分门教授，学成之后，因材器使，毋杂毋滥。(《中国秘密社会史》)

致刘学询函

耦耕主人足下：

前次会议已决行事之法，一为车驾回京之办法，一为车驾西迁之办法；今据明文，迁都已实，则惟有其后之办法耳。数月以前，已令部下分途起事，先占外府，以分省城兵力；并令城内外正军一俟兵力稍单，则乘机袭城，以为基本。袭城之道，亦分二法：一为部下日前布置之法。据报城内外各要地已种烈雷，一燃可陷官军八九，但此法伤残太甚，因知所种之物，"大拿米"已有四万余磅，银粉亦有百余磅，若一燃之，则恐羊城虽大，片瓦无存也。此又焉能借为基本之地哉？故力戒勿行，且饬俟便陆续起回，免以自伤，未审能照命而行否。其二为弟亲率大队，从乡间进迫省城，在内部众同时起应。此法较为妥善，今已约部下待命矣。今惠军已起，日内则肇、高、北江等处必继之，省城之兵不能不外调，城中不能不单薄，一击必下，计属万全矣。弟已与镜海当道密商，已蒙许借其道地为进取之途矣。今拟日间乘邮下南洋荷属，另雇轮直至镜海也。未行之前，欲先将内外局面布置妥当，以为万全中之万全也。

今特遣深信人周君平山来见足下，面托足下主持内局，先立一暂时政府，以权理政务。政府之格式，先以五人足矣：主政一人，或称总统，或称帝王，弟决奉足下当之，故称谓由足下裁决。其余内政一人，外政一人，财政一人，此三人由足下择人当之，弟意以杨君文优当财政，李君伯优当外政（未知此人与公同气否？），盛宣君足当内政，兵政一人弟自当之。先行攻取土地，然后请公等来会也。外局则宜先发代理使职人于外国，此等人弟自能择之，如何、容皆可各当一面也。

今日事机已发，祸福之间不容发，万无可犹预，且清廷和战之术俱穷，四百州之地、四百兆之人有坐待瓜分之势，是可忍，孰不可忍？是以毅然命众发之。今欲计出万全，转祸为福，第一要著为厚雄资财，速办外局之事。欲保全苍生，瓦存羊石，则欲速雇舟直渡内地，以慰众心，而一众志。否则玉石俱焚，生灵涂炭，列强瓜剖，华夏陆沈，弟固蒙不仁之名，足下亦恐难逃奇祸。故求足下及杨、李同志等，即速代筹资百万交周君汇带弟处，以便即行设法挽回大局，而再造中华也。勿以斯言为河汉，幸甚幸甚！

又主政一节，初欲托足下央李相为之，惟彼已拜全权和使之命，恐未必肯从吾请，且于理不便，故决推足下当之。已传语反正军中，俟到可扬布之日，则照扬布之矣。

江、鄂两督趣意如何？如不以此举为不是，可致意力守，遏外人侵入；如不以此举为然，则弟取粤之后，即当亲来吴楚与彼军一见也。内局布置妥当之后，足下宜预备行装回粤相会可也。

余事不尽，周君面述之。此致，即候

筹安不一

弟长雄谨启　明治三十三年九月于台北（《革命逸史》初集）

与章太炎的谈话

兼并不塞而言定赋，则治其末已。夫业主与佣耕者之利分，以分利给全赋，不任也。故取于佣耕者，率参而二。

古者有言：不为编户一伍之长，而有千室名邑之役。夫贫富斗绝者，革命之媒。虽然，工商贫富之不可均，材也。杇人为人黝垩，善画者图其幅帛，其为龙蛇象马草树云气山林海潮爝火星辰人物舟车，变眩异态，于以缘饰墙壁，一也；然或一日所成而直百钱，或一日所成而直赢于万金。挽步辇者与主海船者，其为人将行，一也；一以为牛马，一以为宗主，是岂可同哉！彼工商废居有巧拙，而欲均贫富者，此天下之大愚也。

方土者，自然者也；自然者，非材力。席六幕之余壤，而富斗绝于类丑，故法以均人。后王之法，不躬耕者，无得有露田。场圃、池沼，得与厮养比而从事，人十亩而止。露田者，人二十亩而止矣。以一人擅者，畎垄沟洫，非有其壤地也。场圃之所有，柂落树也；池之所有，堤与其所浚水容也；宫室之所有，垣墉栋宇也。以力成者其所有，以天作者其所无，故买鬻者庚偿其劳力而已，非能买其壤地也。

夫不稼者，不得有尺寸耕土，故贡彻不设，不劳收受而田自均。（《訄书重订本·定版籍第四十二》）

与章太炎的谈话

异撰。夫定鼎者相地而宅，发难者乘利而处。后王所起，今纵不豫知所在，大氐不越骆、粤、湘、蜀。不骆、粤、湘、蜀者，近互市之区，异国之宾旅奸之，中道而亡，故发愤为戎首。于今奥区在西南，异于洪氏，所克则以为行在，不为中都。中都者，守其阻深，虽狭小可也。何者？地大而人庶，则其心离；其心离，则其志贼；其志贼，则其言桄悢，其行前却。故以一千四百州县之广袤，各异其政教雅颂者，百蹶之媒也。虽保衡治之，必乱其节族矣。

夫景亳以七十里，岐以百里，古者伯王之主，必起小国。虽席之萝图而不受者，非恶大也，士气之齐一，足以策使。周行之荞敕，足以遍照，非小焉能？处小者，于愉殷赤心之所，撙厉其政，刊奠其水土，抚循其士大夫，其轻若振羽，从之十年，义声况乎诸侯，则天下自动，愿为兄弟，大将焉往？使汤、文之故，有大傀钣土，其举之亦绝膑，吾未知其废易窜殛之不忼于癸辛也。

洪氏初以广西一部成义旅，所至斩馘，勤于远略，克都邑而不守，跨越江湖以宅金陵；内无郡县，而掫落以为大，以此求一统昆仑、岱宗之玉检，未有录焉。故困于边幅者为小丑，陋小边幅不以尺寸系属者为寄君。寄君者戒矣，虽其案节得地而扬光明，金陵则犹不可宅。当洪氏时，有上书请疾趋宛平者，洪氏勿从，非其方略不及此也，王者必视士心进退以整其旅。金陵者，金缯玉石稻粱刍豢之用饶，虽鼓之北，而士不起。夫满洲在者，其执〔势〕分，异国视执〔势〕便以为宾仇，此之谓亡征。及其闭门仰药，始以宅南自悔也，岂不纾于庙算，而诒后嗣之鉴邪！发难之道，既如此矣。

定鼎者，南方诚莫武昌若。尚宾海之建都者，必遏远武昌。夫武昌扬灵于大江，东趋宝山，四日而极，足以转输矣。外鉴诸邻国，柏林无海；江户则曰海堧尔，内海虽咸，亦犹大江也，是故其守在赤间天草，而日本桥特以为津济。江沔之在上游，其通达等是矣，何必傅海？夫北望襄樊以镇抚河雒，铁道既布，而行理及于长城，其斥候至穷朔者，金陵之绌，武昌之赢也。

虽然，经略止乎禹迹之九州，则给矣。蒙古、新疆者，地大隃而执〔势〕不相临制。夫雒州，本帝皇所以育业，霸王所以衍功，战士角难之场也，地连羌胡，足以苔〔答〕筚而制其命。其水泉田畦，膏腴不逮南方，犹过大行左右诸国。农事者，制于人不制于天，且富厚固不专恃仓廪。自终南吴岳，土厚而京陵高，群旷所韬，足以利用。下通武昌，缮治铁道，虽转输者犹便，虽然，经略止乎蒙古、新疆，则给矣。王者欲为共主于亚洲关中者，犹不出赤县，不足以驰骤，彼东制鲜卑、西囊乌拉岭者，必伊犁也。

古者有空匈奴县突厥者矣，耽乐于关中，而终不迁都其壤。王灵不远，是以赤帝之大，九州分裂而为数畛。夫为中夏者，岂其局于一隅，固将兼包并容，以配皇天。伊犁虽荒，斩之胡桐柽柳，驱之犰狸，羁之骡橐佗，草莱大辟，而处其氓，出名裘骏马以致商贾，铁道南属，转输不困，未及十年，都邑衢巷斐然成文章矣。

故以此三都者，谋本部则武昌，谋藩服则西安，谋大洲则伊犁，视其规摹远近而已。（《訄书重订本·相宅第五十三》）

与刘成禺的谈话

适与犬养先生论及太平天国一朝，为吾国民族大革命之辉煌史，只有清廷官书，难征文献。曾根先生所著《满清纪事》，专载太平战事，且多目击。吾欲子搜罗遗闻，撰著成书，以《满清纪事》为基本，再参以欧美人所著史籍。发扬先烈，用昭信史，为今日吾党宣传排满好资料，亦犬养先生意也。吾子深明汉学，能著此书，吾党目下尚无他人，故以授子。【曾根遂以《满清纪事》、孙中山以英人吟唎所著《太平天国》两大册、犬养以另一英人所著《Taipen Rebellion》交给刘成禺。】此吾党不朽之盛业，子宜参考英、日各书，中国野史及官书，细大皆录之。（《国史馆馆刊》创刊号，1947 年12 月）

支那保全分割合论

今天下之大事，无过于支那之问题矣。东西洋政家筹东亚之策者，其所倡皆有保全、分割之二说。

西洋之倡分割者曰：支那人口繁盛，其数居人类三分之一。其人坚忍耐劳，勤工作，善经商，守律法，听号令。今其国衰弱至此，而其人民于生存争竞之场，犹非白种之所能及。若行新法，革旧蔽，发奋为雄，势必至凌白种而臣欧洲，则铁木真、汉拿比之祸，必复见于异日也。维持文明之福，防塞黄毒之祸，宜分割支那，隶之为列强殖民之地。倡保全者曰：支那为地球上最老之文明国，与巴比伦、加利地诸古国同时比美，而诸国者已成丘墟，只留残碑遗址为学古者考据之资；惟支那哀然独存经数千年，至今犹巍乎一大帝国，其文明道德自必有胜人者矣。且其人民为地球上最和平之种族，当最强盛之时亦鲜有穷兵黩武、逞威力以服人者，其附近小邦多感文德而向化。今虽积弱不振，难以自保，然皆朝廷失措有以致之，其汉民之勤忍和平亘古如斯，未尝失德也。凡望世界和平、维持人道、奖进文明者，不可不保全此老大帝国。助之变法维新，为之开门户，辟宝藏，以通商而惠工，则地球列国岂不实蒙其福也哉。

东人之倡保全者曰：支那为日本辅车唇齿之邦，同种同文之国，若割裂而入于列强，则卧榻之侧他人鼾睡，将来列强各施其保护税法之政策，如佛之于安南，米之于飞岛，必将今日自由争竞之极大商场尽行圈锁。日本位于亚东，环海而国，仿如英国之于欧西，已有地狭人稠之患，他日赖以立国者亦必如英国以工业商务为根本，设使支那分割，岂啻唇亡齿寒，是直锄吾根本、伤吾命脉，支那一裂，日本其必继之。为日本计，是宜保全支那，而保全支那即自保也。若他国有怀并吞之心、肆分割之志者，吾日本当出全力以抗之。倡分割者曰：清国政治颓败，官吏贪污，上下相蒙，人不爱国。故有数百万里之土地，四万万之人民，开禁通商数十年于兹，得接欧米文明先于日本，然犹不能取法自强，而独顽锢因循，虚张自大，至今一败再败，形见势绌。其国运如失柁之舟，其执政若丧家之狗，而其满朝举动则倒行逆施，弃地贿俄，投虎自甘。我虽欲保全之，而分割势成，祸由自取，虽有贤达莫如之何者也。今列强已尽划其国土为势力圈，分割之局已定，保全之机已去。为日本计，莫若因时顺势与俄结盟，让之东并满、蒙，西据伊、藏，我得北收朝鲜、南领闽浙，以扩我版图，张我国势，则大陆分割我犹获得一隅，病夫遗产我亦均沾一分。若暗于时机，昧夫形势，徒托保全之名，适见其迂远而无当也。

西洋政家之言，其得失是非，姑置勿辩，今请将东洋政家之说推而论之。二说各有所见：言保全者若衷于事理，言分割者似顺于时势。然以鄙意衡之，两无适可。今欲穷源竟委，推求其所以然，则不能不分别国势、民情两原因而详考之。就国势而论，无可保全之理也；就民情而论，无可分割之理也。何以言之？支那国制，自秦政灭六国，废封建而为郡县，焚书坑儒，务愚黔首，以行专制。历代因之，视国家为一人之产业，制度立法，多在防范人民，以保全此私产；而民生庶务，与一姓之存亡无关者，政府置而不问，人民亦从无监督政府之措施者。故国自为国，民自为民，国政庶事，俨分两途，大有风马牛不相及之别。政府与人民之交涉，只有收纳赋税之一事，如地主之于佃人，惟其租税无欠则两不过问矣。至满胡以异种入主中原，则政府与人民之隔膜尤甚。当入寇之初，屠戮动以全城，搜杀常称旬日，汉族蒙祸之大，自古未有若斯之酷也。山泽遗民，仍有余恨；复仇之念，至念未灰。而虏朝常图自保以安反侧，防民之法加密，汉满之界尤严。其施政之策，务以灭绝汉种爱国之心，涣散汉种合群之志，事事以刀锯绳忠义，以利禄诱奸邪。凡今汉人之所谓士大夫甘为虏朝之臣妾者，大都入此利禄之牢中，蹈于奸邪而不自觉者也。间有聪明才智之士，其识未尝不足以窥之，而犹死心于虏朝者，则其人必忘本性、昧天良者也。今之枢府重臣、封疆大吏殆其流亚，而支那爱国之士、忠义之民则多以汉奸目之者也。策保全支那者，若欲借此种忘本性、昧天良之汉奸而图之，是缘木求鱼也。而何以知其然哉？试观今日汉人之为封疆大吏如已死之刘、李者，非所谓通达治体、力图自强者乎？然湖广总督治内土地十四万余哩，人民五千五百万有奇，两总督治内土地十五万七千余哩，人民六千五百万有奇，两总督于治内有无限之权，税可自征，兵可自练，已俨然一专制之君主矣。且其土地、人民已有为列强中多所不及者，而日本则以十四万哩之土地，四千三百万之人民，称雄于亚东矣。若以李、刘图强之心，凭江湖有为之具，固未尝不可以发奋为雄，齐驱列国，乃救亡防乱之不给，功业相反者抑又何也？以民心之不附，治效之无期也。刘、李固汉人大吏中之铮铮者，已如是矣；若今之以待就木者、乳臭未殚者，则更无足齿也。而谓汉人大吏中有可为保全之资者，其足信哉！

至于满人则更无望矣，非彼之不欲自全也，以其势有所必不能也。凡国之所以能存者，必朝野一心，上下一德，方可图治。而满人则曰："变法维新，汉人之利，满人之害。"又曰："宁赠之强邻，不愿失之家贼。"是犹曰支那土地宁奉之他人，不甘返于汉族也。满人忌汉人之深如此矣，又何能期之同心协力，以共济此时艰哉！况夫清廷屡下变法维新之诏矣，然审其言行，有符合者否？无有也。不察者徒见其小有举动，如遣数十学生而来游学，聘十余武员以为教习，便相庆以为清国之转机在此，变法在此。而殊不知二三十年以来，其遣学生、聘武员者不屡行之乎，其成效顾安在哉？而今又有此举者，不过甫受再创之余，徒撷拾以为粉饰，是犹病瘫痪之人震之以电气，稍致其手足之辗动耳，断不能从此复原也。策亚东时局者，慎毋〔毋〕以此而惑其观世之智，而以虏朝尚有转圜之望也。况北京破后，和议告成，满洲一地已非鞑靼之游牧场矣。虽日本出而抗争，露人佯为一时之迁就，然密约旋废旋立，将有抗不胜抗之时也。不观乎昔年东清铁道之密约乎？初传之日天下莫不骇异，欲兴抗议者奚只一国。无何，露人旋变其手腕，而收旅顺、据大连，而列国则以为固然，无复有异议者矣。今之要求，何异于昔之密约？不独此也，将来露之收蒙古、举新疆，天下亦若视为固然矣。甘于弃地，日就削亡者，清国之趋势也。所谓以国势而论，无可保全之理者此也。

　　然则就支那民情而论，有无可分割之理者，此又何说？夫汉人失国二百六十年于兹矣，图恢复之举不止一次，最彰彰在人耳目者莫如洪秀全之事。洪以一介书生，贫无立锥，毫无势位，然一以除虏朝、复汉国提倡汉人，则登高一呼，万谷皆应，云集雾涌，裹粮竞从。一年之内连举数省，破武昌，取金陵，雄据十余年。后以英人助满，为之供给军器，为之教领士卒，遂为所败。不然，则当时虏之为虏，未可知也。支那人民，自外人观之，似甚涣散之群，似无爱国之性，因其临阵则未战先逃，办事则互相推避，以为无可振作也；不知其处于虏朝之下则然耳。吾有一言断之曰：若非利禄之所使，势力之所迫，汉人断无有为虏朝出死力者。非止此也，特达之士多有以清廷兵败而喜者。往年日清之战，曾亲见有海陬父老闻旅顺已失、奉天不保，雀跃欢呼者。问以其故，则曰："我汉人遭虏朝涂毒二百余年，无由一雪，今得日本为我大张挞伐，犁其庭扫其穴，老夫死得瞑目矣。"夫支那人爱国之心、忠义之气，固别有所在也，此父老之事即然矣，此岂外人之所能窥者哉！满朝以杀戮威汉人，至今此风不少息。各省定制，衙门之外又有所谓营务处者，可以不照刑律而杀人。又有所谓清积案之官，可以任意枉杀。屠戮之惨，波及妇孺；洗剿之广，常连数村。汉人含恨已深，敢怒不敢言，郁勃之气积久待伸。今正幸其削弱，恶迹昭彰，邻国离心，天下共弃。爱国之士，忠义之民，方当誓心天地，鼓武国人，磨励待时，以图恢复。则汉人者，失国二百余年，犹不忘恢复之心，思脱异种之厄；况今天下交通，文明渐启，光气大开，各国人民唱自由之义、讲民权之风以日而盛，而谓支那人独无观感奋发思图独立者乎！既如是矣，而谓其肯甘受列强之分割，再负他族之新轭而不出死力以抗者，恐无是理也！

且支那国土统一已数千年矣，中间虽有离折〔析〕分崩之变，然为时不久复合为一。近世五六百年，十八省土地几如金瓯之固，从无分裂之虞。以其幅员之广，人口之多，只闽粤两省言语与中原有别，其余各地虽乡音稍异，大致相若，而文字俗尚则举国同风。往昔无外人交涉之时，则各省人民犹有畛域之见；今则此风渐灭，同情关切之感，国人兄弟之亲，以日加深。是支那民族有统一之形，无分割之势。若以一国逞盖世威武，托吊民罚罪之名，入而废易其朝主，厚抚其人民，并吞而独有之，以宪法而统治之，或有可行之理也。虽然，得失其能偿乎，于人道文明为有功乎，未敢言也。若要合列国分割此风俗齐一、性质相同之种族，是无异毁破人之家室，离散人之母子，不独有伤天和，实大拂乎支那人之性，吾知支那人虽柔弱不武，亦必以死抗之矣。何也？支那人民，为虏朝用命虽亦有之，然自卫其乡族，自保其身家，则必有出万死而不辞者矣。观于义和团民，以惑于莫须有之分割，致激成排外之心而出狂妄之举，已有视死如归以求幸中者矣。然彼等特愚蒙之质，不知铳炮之利用，而只持白刃以交锋。设使肯弃粗呆之器械，而易以精锐之快枪，则联军之功恐未能就效如是之速也。然义和团尚仅直隶一隅之民也，若其举国一心，则又岂义和团之可比哉！自保身家之谋，则支那人同仇敌忾之气，当有不让于杜国人民也；然四万万之众，又非二十万人之可比也。分割之日，非将支那人屠戮过半，则恐列强无安枕之时矣。此势所必至、理有固然也，杜国、飞岛，可为殷鉴。所谓以民情而论，无可分割之理非以此哉！

或曰：诚如卓论，以支那之现势而观，保全既无其道，分割又实难行，然则欲筹东亚治安之策以何而可？曰：惟有听之支那国民，因其势顺其情而自立之，再造一新支那而已。其策维何？则姑且秘之。吾党不尚空谈，以俟异时之见诸实事，子其少安待之！（《江苏》第六期，1903 年 9 月 21

日，署名"逸仙"）

复某友人函

□□先生足下：

九月初六日来书已照收到，读悉各节。

所询社会主义，乃弟所极思不能须臾忘者。弟所主张在于平均地权，此为吾国今日可以切实施行之事。近来欧美已有试行之者，然彼国势已为积重难返，其地主之权直与国家相埒，未易一蹴改革。若吾国，既未以机器施于地，作生财之力尚恃人功，而不尽操于业主之手，故贫富之悬隔，不似欧美之富者富可敌国，贫者贫无立锥，则我之措施当较彼为易也。夫欧美演此悬绝之惨境，他日必有大冲突，以图实剂于平。盖天下万事万物无不为平均而设，如教育所以平均知识，宫室衣服所以平均身体之热度，推之万事，莫不皆然。则欧美今日之不平均，他时必有大冲突，以趋剂于平均，可断言也。然则今日吾国言改革，何故不为贫富不均计，而留此一重罪业，以待他日更衍惨境乎？此固仁者所不忍出也。故弟欲于革命时一齐做起，吾誓词中已列此为四大事之一。今将誓词录鉴，以见一斑。

词曰："联盟革命人○○○，当天发誓，同心协力，驱除鞑虏，恢复中华，创立国民，平均地权。矢信矢忠，如有异心，任众罪罚。"

行誓之仪，发誓者举右手，向天当众宣读誓词；施誓之人，面发誓者立，亦举右手为仪。若发誓者不识字，则施誓者宣读誓词，而发誓者随之读。公等既为同志，自可不拘形式。但其余有志者，愿协力相助，即请以此形式收为吾党。

弟今在檀香山，已将向时"党"字改为"军"字。今后同志当自称为军，所以记□□之功也。去〔今〕岁来檀时携有一书，此书感动皆捷，其功效真不可胜量。近者求索纷纷，而行箧已罄。欢迎如此，旅檀之人心可知。即昔日无国家种界观念者，亦因之而激动历史上民族之感慨矣。

顷保皇党出大阻力，以挠弟之行事。彼所用之术，不言保皇，乃言欲革命，名实乖舛，可为傻笑。惟彼辈头领，多施诈术以愚人，谓保皇不过借名，实亦革命，故深中康毒者多盲从之。弟今与彼辈在此作战，所持以为战具者，即用康之政见书以证其名实之离。康尚有坦白处，梁甚狡诈，彼见风潮已动，亦满口革命，故金山之保皇党俨然革命党，且以此竟称于人前。吁！真奇幻而莫测其端倪矣。弟以今日之计，必先破其戾谬，方有下手。梁闻弟在檀，即不敢过此，而于暗中授意此地之《新中国报》及金山《文兴日报》，以肆排击，但人一见，皆能明其隐慝，知其为妒弟而发。故弟于檀香山，四岛已肃清二岛，其余二岛不日亦当收服。书此，即候

　　大安

　　弟中山谨启　　西历十二月十七日（《警钟日报》1904 年 4 月 26 日）

复黄宗仰函

中央上人英鉴：

　　横滨来函，已得拜读。弟刻在檀岛与保皇大战，四大岛中已肃清其二，余二岛想不日可以就功。非将此毒铲除，断不能做事。但彼党恔怍〔狡诈〕非常，见今日革命风潮大盛，彼在此地则曰"借名保皇，实则革命"，在美洲则竟自称其保皇会为革命党，欺人实甚矣。旅外华人真伪莫辨，多受其惑，此计比之直白保皇如康怪者尤毒，梁酋之计恔〔狡〕矣！闻在金山各地已检〔敛〕财百余万，此财大半出自有心革命倒满之人，梁借革命之名骗得此财，以行其保皇立宪，欲率中国四万万人永为满洲之奴隶，罪通于天矣，可胜诛哉！弟等同志向来专心致志于兴师一事，未暇谋及海外之运动，遂使保皇纵横如此，亦咎有不能辞也。今当乘此余暇，尽力扫除此毒，以一民心；民心一，则财力可以无忧也。

　　务望在沪同志，亦遥作声援。如有新书新报，务要设法多寄往美洲及檀香山分售，使人人知所适从，并当竭力大击保皇毒焰于各地也。匆匆草此，即候

　　大安

　　　　　　　　　　　　　　　　　　　　弟中山谨启

寄信地址：Dr.Y.S.Sun

c/o Mr.Ho Fon

Bishoh〔Bishop〕Bank

Honolulu H.I.（《国父全集》第三册）

敬告同乡书

同乡列公足下：

　　向者公等以为革命、保皇二事，名异而实同，谓保皇者不过借名以行革命，此实误也。

　　天下事，名不正则言不顺，言不顺则事不成。夫常人置产立业，其约章契券犹不能假他人之名，况以康梁之智而谋军国大事、民族前途，岂有故为名实不符而犯先圣之遗训者乎？其创立保皇会者，所以报知己也。夫康梁，一以进士，一以举人，而蒙清帝载湉特达之知、非常之宠，千古君臣知遇之隆未有若此者也。百日维新，言听计从，事虽不成，而康梁从此大名已震动天下。此谁为之？孰令致之？非光绪之恩，曷克臻此！今二子之遁逃外国而倡保皇会也，其感恩图报之未遑，岂尚有他哉！若果有如公等之所信，彼名保皇，实则革命，则康梁者尚得齿于人类乎？直禽兽不若也！故保皇无毫厘之假借，可无疑义矣。如其不信，则请读康有为所著之《最近政见书》。此书乃康有为劝南北美洲华商不可行革命，不可谈革命，不可思革命，只可死心踏地以图保皇立宪，而延长满洲人之国命，续长我汉人之身契。公等何不一察实情，而竟以己之心度人之心，以己之欲推人之欲，而诬妄康梁一至于是耶？

　　或曰：言借名保皇而行革命者，实明明出诸于梁启超之口，是何谓诬？曰然，然而不然也。梁之言果真诚无伪耶？而何以梁之门人之有革命思想者，皆视梁为公敌、为汉仇耶？梁为保皇会中之运动领袖，阅历颇深，世情寝〔寖〕熟，目击近日人心之趋向，风潮之急激，毅力不足，不觉为革命之气所动荡，偶尔失其初心，背其宗旨。其在《新民丛报》之忽言革命，忽言破坏，忽言爱同种之过于恩人光绪，忽言爱真理之过于其师康有为者，是犹乎病人之偶发呓语耳，非真有反清归汉、去暗投明之实心也。何以知其然哉？夫康梁同一鼻孔出气者也，康既刻心写腹以表白其保皇之非伪，而梁未与之决绝，未与之分离，则所言革命焉得有真乎？夫革命与保皇，理不相容，势不两立。今梁以一人而持二说，首鼠两端，其所言革命属真，则保皇之说必伪；而其所言保皇属真，则革命之说亦伪矣。

又如本埠保皇报之副主笔陈某者，康趋亦趋，康步亦步，既当保皇报主笔，而又口谈革命，身入洪门，其混乱是非、颠倒黑白如此，无怪公等向以之为耳目者，混革命、保皇而为一也。此不可不辨也。今幸有一据可以证明彼虽口谈革命，身入洪门，而实为保皇之中坚，汉族之奸细。彼口谈革命者，欲笼络革命志士也，彼身入洪门者，欲利用洪门之人也。自弟有革命演说之后，彼之诈伪已无地可藏，图穷而匕首见矣。若彼果真有革命之心，必声应气求，两心相印，何致有攻击不留余地？始则于报上肆情诬谤，竭力訾毁，竟敢不顾报律，伤及名誉，若讼之公堂，彼必难逃国法。继则大露其满奴之本来面目，演说保皇立宪之旨，大张满人之毒焰，而痛骂汉人之无资格，不当享有民权。夫满洲以东北一游牧之野番贱种，亦可享有皇帝之权，吾汉人以四千年文明之种族，则民权尚不能享，此又何说？其尊外族、抑同种之心，有如此其甚者，可见彼辈所言保皇为真保皇，所言革命为假革命，已彰明较著矣！

由此观之，革命、保皇二事决分两途，如黑白之不能混淆，如东西之不能易位。革命者志在扑满而兴汉，保皇者志在扶满而臣清，事理相反，背道而驰，互相冲突，互相水火，非一日矣。如弟与任公私交虽密，一谈政事，则俨然敌国。然士各有志，不能相强。总之，划清界限，不使混淆，吾人革命，不说保皇，彼辈保皇，何必偏称革命？诚能如康有为之率直，明来反对，虽失身于异族，不愧为男子也。

古今来忘本性、昧天良、去同族而事异种、舍忠义而为汉奸者，不可胜计，非独康梁已也。满汉之间，忠奸之判，公等天良未昧，取舍从违，必能审定。如果以客帝为可保，甘为万劫不复之奴隶，则亦已矣。如冰山之难恃，满汉之不容，二百六十年亡国之可耻，四万万汉族之可兴，则宜大倡革命，毋惑保皇，庶汉族其有豸乎！

书不尽意，余详演说笔记中，容出版当另行呈政。此致，即候

大安不既

弟孙逸仙顿（《檀香华侨》）

2. 改良思想与革命思想的消长

引　言

　　孙中山的反清革命思想萌发于 1894 至 1895 年之间，大致与康有为发动"公车上书"运动、领导和推动维新变法同时，甚至还稍早一些。然而在 20 世纪之前，其反清革命思想并没有得到传播，其影响远远不能与康有为的维新变法思想相提并论，国内的士大夫或知识分子还很少有人知道孙中山的名字，即使有一、两个人听说过，也是将他作为绿林好汉或江洋大盗看待的。1895 年他发动的广州起义，就被人们认为是小股会党或绿林好汉的骚扰攻掠。1898 年戊戌变法的失败，尤其是 1900 年自立军起义的失败，虽然使一些曾经参与过维新变法或自立军起义活动的爱国青年走上了反清革命的道路，并出现了一些革命或倾向于革命的刊物，革命的势力和影响较之 19 世纪末有了显著的增长，但在 1903 年之前，就整个华侨界、留日学生界和思想界而言，改良思想的势力和影响仍然很大，甚至占据着支配地位。改良思想和革命思想发生明显消（改良思想）长（革命思想）变化、革命派的势力和影响最终超过改良派并成为历史发展主流的转折点是在 1903 年。这一年先后发生的拒俄运动和"苏报案"，使广大爱国学生，其中包括不少原来赞成改良的爱国学生认识到，清政府已成为"洋人的朝廷"，不可救药，要救国就非推翻它的统治不可。正是以拒俄运动和"苏报案"为转折，革命思想的影响迅速扩大，除原有的一些革命报刊或倾向于革命的报刊宗旨更加坚定、立论更加鲜明、文词更加犀利外，又有一批新的革命报刊如《国民日日报》《觉民》《中国白话报》《杭州白话报》《女子世界》《二十世纪之支那》等相继创办。一些中立性的报刊，这时也转而宣传革命思想。与此同时，一些宣传民族独立、民族民主革命和民族革命历史的书籍也被印刷出版，得到广泛流传，如邹容的《革命军》（1903 年）、陈天华的《猛回头》和《警世钟》（1903 年）、章太炎的《驳康有为论革命书》（1903 年）以及刘师培的《攘书》（1903 年）、杨毓麟的《新湖南》（1903 年）、黄藻编的《黄帝魂》（1903 年）、章士钊编的《苏报案纪事》（1903 年）、爱国青年编的《教育界之风潮》（1903 年）、思想社编的《热血》（1903 年）、东大陆图书局编的《国民日日报汇编》（1904 年），刘师培、林獬的《中国民约精义》（1904 年）、金一的《自由血》（1904 年）、铁汉的《死法》（1904 年）、陈去病的《清秘史》（1904 年）、黄汉兴的《回天手段》（1905 年）、陶成章的《中国民族权力消长史》（1905 年）等。在这些宣传民族独立、民族民主革命和民族革命历史的书籍中，邹容的《革命军》、陈天华的《猛回头》和《警世钟》、章太炎的《驳康有为论革命书》的影响最大。

康有为

与赵曰生书

览书骇甚。与弟义至笃，不能不告。

当戊戌以前，激于国势之陵夷。当时那拉揽政，圣人无权，故人人不知圣上之英明。望在上者而一无可望，度大势必骎骎割鬻至尽而后止，故当时鄙见专以救中国四万万人为主。用是奔走南北，大开强学、圣学、保国之会，欲开议院、得民权以救之。因陈右铭之有志，故令卓如入湘。当时复生见我于上海，相与议大局，而令复生弃官返湘。以湘人材武尚气，为中国第一，图此机会，若各国割地相迫，湘中可图自主。以地在中腹，无外人之干涉，而南连百粤，即有海疆，此固因胶、旅大变而生者。诚虑中国割尽，尚留湘南一片，以为黄种之苗，此固当时惕心痛极，斟酌此仁至义尽之法也。卓如与复生入湘，大倡民权，陈、黄、徐诸公听之，故南学会、《湘报》大行。湘中志士，于是靡然发奋，人人种此根于心中，如弟所云是也。

及见皇上后，乃知圣明英勇，能扫除旧国而新之，又能决开议院、授民以权。当时孙家鼐谏曰：若开议院，上即无权。上曰：吾以救民耳，权之有无何论焉？此固英、德、意、奥、法、俄所死人千万而不得，而一旦上能敝屣天下而行之。吾为感泣，愿效死焉。复生之过鄂，见洞逆，语之曰：

君非倡自立民权乎？今何赴征？复生曰：民权以救国耳。若上有权，能变法，岂不更胜？复生至上海，与诸同人论，同人不知权变，犹为守旧论。当时《知新》亦然。复生到京师，即令吾晓告《清议》《知新》诸报。然当时京师之哗谤，文悌攻我保国会，谓吾欲为民主，保中国不保大清，致荣禄得借此以报那拉。于是圣主几弑，而令中国几亡，酿至今八国入京，东三省破割。虽诸贼之罪，而亦吾党当时笔墨不谨，不知相时而妄为之，有以致之。此机甚大，如机器之转轴能发不能收，则并创设机器师，亦同归于尽而已。夫行道岂有一定？相时为之。《中庸》所谓道并行而不悖，溥博渊泉，而时出之，山梁雌雉，时哉时哉！复生得乎时者也。夫圣主之挺出，岂独天下不知，即吾开保国会时亦不知。陈军机次亮告我曰：皇上实英明通达，过于群臣，我答曰：此真军机颂圣之言，吾不信也。及既见圣明，乃知出于意表。试问天生此，又今遍令诸艰，不以为救中国计而何哉？

　　今以自古兴亡之局，关乎天命、人事、时势、运会。考之戊戌之变，上海英领事以伪旨示我，谓康有为进毒弑皇上，着即行就地正法。则我一死，上即弑矣。而吾竟得生于万死之中，令彼不得毒弑。其后多方设法，不敢致毒。石岩之枪，发而不中。己亥立嗣之事，吾适先返港。廿日阅报，知崇绮起用，吾即知废立，即预各埠，得以力争，皆于廿三四到京，故得不废。不然今为保庆二年，上亦废弑久矣。又令吾得生出于海外，各埠成保皇会，乃得此四十余电之力争，乃激成今日京邑扫除、旧党诛戮、那拉倒势之事。若吾于戊戌被戮，则皇上即弑，否亦无保皇会之成而电争之事，亦即无拳匪之变矣。今旧党戮逐至此，除荣禄一二人外，几于将尽，此事实出意外。今天下人人肆所欲言，政府亦伪托维新，以厉天下之心。此等情形，皆吾梦想所不及。夫皇上不废弑，至今无恙，艰贞无咎，旧党死亡，新势大胜，皆非人力所能为，是皆天焉，此所谓天命一也。

　　从来国势有土崩瓦解，有瓜分，有枯死。今之时势，何时乎？除罗尼斯、马达加斯加、缅甸、安南皆远边小国，既不能自立，又不为诸国所争，故一举而灭。其余如暹罗、高丽之小，土耳其累经大难，至今其帝室犹存，大权无损。吾游日本、欧美，与其英、日大臣见。彼等议论，皆以政府为主，专认政府，不问谁何，目民权者为乱党。吾与一英大臣言之，几为所绝。此岂同人坐读数西书所能知其情哉？故本朝之气运，可观土耳其而知之。土耳其自咸丰三年俄攻彼而英、法救之。后自同治十二年起，至光绪二年亦为俄攻，而六国救之。奥分削次戈而布加利牙为国，俄取黑海、高加索，波斯取科托，英取毛鲁塌，至今三十余年，土耳其尚少丑，然回教突厥之宗如故，难弱而未亡，其白民借大国之力，仅罗马尼亚、希腊、门的内哥自立耳。然东为藩王，与吾内地直省又不同也。吾今频经大难，然尚当土耳其咸丰之时，未到同治之难。盖速难相接，既无一国独灭之理，则留以均势，书于公理。故欧人无不恶土耳其政府种族，而卒力保全之，亦可深思矣。

以近事观之，汉难之事，英人信容纯甫乎？抑信伪小政府乎？故本朝不独未至亡期，即分期尚赊。若欲革之，则试问四万万人中，思想如何，人心如何，讨论如何，安得以数千人之见论之？又安得区区会党论之？况至其极，尚是外人来分之，而必非内人革之乎？崇祯之世，外难内讧，而卒为外有者，亦以一国之故，非万国环入之时。若使今之入京者为一国，则今日之事已为南宋久矣。况南宋亦不易望乎？若今国中绝无内讧，而枪炮之世，非如昔者之斩木揭竿，故会党遍地而无能为。此不可不得思也。汝在西久矣，不观李立亭乎？不审时势而妄疑妄举，势必败无疑。所谓国势二也。

我出游及仕于京朝，议人及风俗，比汝稍多。即以旧党二字如何解法，尚有条理。去年及今者，外国所洗，及奔走流亡而死者，自王公一品及封疆大臣七十余人，其二品以下不计其数。此实自古绝无之祸，而尤为今划绝之根。今鹿传霖、于荫霖亦见索矣，顷乃至杨崇伊、黄桂鋆、黄均隆、张仲炘、洪嘉与、何乃莹、陈燮龙之小臣而并去之。是数人者，皆吾所识有心力为戊戌新政之敌，而今皆去矣。此外百官虽多，皆随时势中立流荡之人，非旧党也。而今兹震荡之大力，则以昔者刘岘庄之守旧，今亦开明如此，戊戌岘庄告后生曰：若使吾变法，即拉吾出菜市口，吾亦不变。其顽固如此，则大势可知。故今者之大患，在荣禄、洞贼未死两事，而其根本又全在那拉耳。所谓旧党者，那拉心腹之人，乃足当之。余虽多，皆闲人，不足算也。今那拉之心腹，惟一荣禄未去，洞逆不足计。天亦全新中国，故留此二人以乱各省，然后中国乃全新。其余死绝净尽矣。而汝以为旧党未去万一，由于不知朝事故也。

从古大变，皆起于边地，而后渐至于腹心。若此者其国亡，则革事或可成。观秦末、隋末、唐末、明末四大革时是也。若夫腹心之祸作，则有大臣篡位者，若操、莽、卓、懿、宏及六朝、南北篡易之世是也。若弱乱枯死，则两宋及明末，为外国所取矣。今人心虽少变，尚无几微之虞，则力守国，并秦、隋、唐、明之末可见。所虑者弱乱枯死，如两宋、明末，则今有万国均势之法，决非一国所能吞。则其势必缓，断无速亡之理。端、荣气焰熏天，昔忧内篡，而今则倒矣。那拉奔走之余，日闻哭泣，多病忧惕，去死不远。党人日尽，各国相迫，京师人心皆愿戴上，万国日请归政，夫试考历古，有各国会兵破人之京师而存其国、去其毒、迎其主若此者乎？无有也。

今夫吾中国之败亡，一切皆在京旧党所蟠据，以威四方。旧例所分部，以缚四万万之人，旧俗所蒸染，以污中国。故其极也，以颐和数里之地，而卖台湾千里之民。故吾昔者谓京不破，中国无可为。旧大臣不去，中国无可为。即使戊戌维新政成，亦不能使守旧之人及六部旧例、京师旧俗划除净尽。伤心怵目如此。则其改变不深，而进化不勇。今八方无虑，三边靖谧，而假手拳匪，令京师之旧党尽，旧例焚，旧俗倒，摧陷廓清，扫而空之。而又上留一维新之圣主，下留无数维新之志士，又将中立之人，惊势震发其聋瞶，以易其心思意见。试问天创此破京师、拔大毒脓根之新局，将何为乎？非欲新中国而何为曲折保全之若是？天苟无意新中国，或上有不幸，则仆区区之生死，尚有天□以开此局。或无荣禄之才，或那拉早死，或边省分乱，即不能成此新局。亦可深观其因矣。此运会三也。

盖各国变法，皆有其根。美国以新民新国，华盛顿故能起而自立。其波先动于法，然乱八十年乃能定。其余欧土各国虽变，而时势、国力皆与吾国不同，无可比者。日本之变，亦赖尊王，然后维新。然日本是时外无列国之交迫瓜分，内有强藩之兵力相持，故皆可用内力，然亦不闻倡革说也。今吾国之势，几等于埃及、土耳其，甚则高丽、安南。方当外竞而非内争之时，与法、美迥异。土地广大，又非南美、瑞士可比。如欲保全国种而言革，非特人心不顺，大事难成。及其鹬蚌相持，徒令渔人得利，适足以促各国之分而已。小吕宋之阿军鸦度，既叛西班牙，亦终歼于美，可为殷鉴。故今日非合于国家数事，恐难有成。况有圣主如此，即合四万万之人，而举民主，岂复能如其大公？但观法之□□拿破仑数代可知。况中国人心，尚无此思想乎？大同之义，凡地球远近大小如一，况至亲近联合为一满洲乎？昔倡满、汉不分，居民同体，至今不能易一字。皇上亲与吾言，满人皆糊涂。有圣主之亲爱吾民如此，其倡谬论之刚毅等又至死矣。何反计及此而自分畛域哉？蒙古、西藏犹为一家，皆当合而图之。何为自制？此又皆前数年恨刚毅之言，而非所论于今日圣主复辟之时也。此时宜者四也。

又各国进化，皆有等级。法国越级，则大乱八十余年。惟美之一起，则能新国，在上本无旧俗故耳。其余欧洲各大国，皆仅为立宪国。虽日争民权，不过求此议政之权。俾民气得伸，而国力日涨，仍皆各有君主。即其勾耳利与奥不同种，仍复戴君。德国则与吾国同一，仍复戴此君主。日本则尤近事矣。法国虽改民主，非徒大乱，亦不能强，毕士麻克能伸民权，即可霸德。今以中国数千年之旧俗，此岂美国之可比乎？法经累次大乱，亦益拿破仑之君权而已。其余者，欧西各大国所不能之事，而以初胎之中国，极深之旧蔽，乃欲一超，险于欧洲，而直入美国之地。此其无理，犹超大海跳危崖，惟有堕落而已。非徒大乱、涂炭吾民，徒使他国收渔人之利，而国种将沦。则岂诸志士初愿哉？今者有圣主如此，吾又受圣主寄托如此，但当如日本之覆幕尊王，令皇上有全权，能变法，当如毕士麻克尊皇权而维新。……（《万木草堂遗稿外编》下册）

答南北美洲诸华商论中国只可行立宪不能行革命书

顷得书，以回銮半年，皇上不得复辟，西后、荣禄仍柄大权，内地纷纷加税，民不聊生，以赔荣禄通拳匪围使馆之款，广西变起，众情积愤，怒不可遏。恐皇上长为荣禄所挟，永卖中国。且吾会备极忠义以保皇，而政府反以为逆党，反以为匪会，捕逮家属，死者数人，监者累年。以竭忠为逆，以保皇为匪，今虽再竭忠义，亦恐徒然耳。事势如此，不如以铁血行之，效华盛顿革命自立，或可以保国民。览书惶骇，何乃至此？想诸君热心太盛，以为回銮之后，西后必归政，荣禄必逐故也。一旦失望，愤怒交并，忧国诚切，迫而出此。近者天下纷纷怨怒，皆在此事，岂独诸君哉！夫以荣禄为通拳匪、围使馆之罪魁，而能欺弄八国，不独不杀，且柄政如故，此由各国公使因其曾馈瓜果所致。荣禄巧营二面，一面命董福祥围使馆，一面馈使馆瓜果；于事成则受其功，若事败时则不受其过。今竟得售其奸，脱然事外，挟权加税以虐吾同胞，伪为变法以欺各外国。今则并不变法，逍遥高卧而执政权。诸君之愤之怒之，宜也。然愤激之余，遽欲为革命自立，独不念舍身救民之圣主乎？不独与保皇会宗旨相悖，且考时度势，则仆窃以为不可。盖有数说焉，惟仁人志士察之。

今欧美各国所以致强，人民所以得自主，穷其治法，不过行立宪法、定君民之权而止，为治法之极则矣。其先起者莫如强英，自崇祯十五年争乱，至康熙二十七年始立议院、予民权，凡四十八年而后定，然尚未有选官之权。至道光十二年、二十八年，伦敦民党大变两次，大将军威灵顿调兵二十万，仅而获成。故英国之民权，二百年而后得。中间虽杀一君，流血无数，然不过求民权、定立宪，英君主之世守如故，未尝革命也。奥国自道光二十年禁报纸、禁私会，不予民权，民党大起，求议政权，逐奥王，围奥相；又遇普、法侵割。乃始予民议政权，至同治十年，凡二十三年而大定。然虽逐王，奥君之世守如故，亦未尝革命也。法国则自巴喳利亚国民逐其宰相罗拉蒙退丝而求权，普鲁士则自道光二十八年民求变法，大乱作，既得议政权而止；然毕士墨克尚以伸王权、开尊王会，而合二十五邦为一霸国，强于大地，未尝革命也。意国则自嘉庆时拿破仑予民权后，复遭维也纳约之压制；民党积数十年，凡七十万人，乃起大变。萨谛尼王独主张民权，大为民所归，于是合十数小国而成意国，且立帝权，更未革命矣。西班牙自嘉庆二十三四年民变求权，至今君主之世守如故，亦未尝言革命也。他若葡萄牙国、琏国、荷兰国、瑞典国，皆累经民变，皆得议政自由之权，而君主皆世守如故。日本虽日言民权自由，而君主世守如故，亦未尝有革命者。统计欧洲十六国，除法国一国为革命，实与俄之一国为专制者同，皆欧洲特别之情。其余十余国，无非定宪法者，无有行革命者。然法倡革命，大乱八十年，流血数百万，而所言革命、民权之人，旋即借以自为君主而行其压制，如拿破仑者，凡两世矣。然使法国之制独善，法国之力独强，法民之乐更甚，由之可也；今各国之宪法，以法国为最不善，国既民主亦不能强，能革其君而不能革其世爵之官，其官之贪酷压民甚至，民之乐利反不能如欧洲各国。此则近百年来，欧洲言革命不革命之明效大验矣。然各国民党之起，皆在其京师，故能迫其君相而成大事；其间有自边省起者，亦皆去京师不远，然皆少为势援，大要不在是也。若不在京师起者，则调大兵立平之，未见一国民权党能在边省成功者。此不可不取以为鉴也。

若夫民主大国，惟美与法。美为新造之邦，当时人民仅四百万，与欧洲隔绝，风气皆新，无一切旧制旧俗之拘牵。其后渡海赴之者，皆厌故国，乐自由，故大更大变，事皆极易；故法革命而无效，美自立而见功。若我中国万里地方之大，四万万人民之众，五千年国俗之旧，不独与美回绝不同，即较之法亦过之绝远。以中国之政俗人心，一旦乃欲超跃而直入民主之世界，如台高三丈，不假梯级而欲登之；河广十寻，不假舟筏而欲跳渡之，其必不成而堕溺，乃必然也。

夫孔子删《书》，称尧、舜以立民主；删《诗》，首文王以立君主；系《易》，称见群龙无首，天下治也，则平等无主。其为《春秋》，分据乱、升平、太平三世。据乱则内其国，君主专制世也；升平则立宪法，定君民之权之世也；太平则民主，平等大同之世也。孔子岂不欲直至太平大同哉？时未可则乱反甚也。今日为据乱之世，内其国则不能一超直至世界之大同也；为君主专制之旧风，亦不能一超至民主之世也。不然，国者民之所积者也，国者民之公产也；孔子言天下为公，选贤与能，固公理也。欧洲十余国，万战流血力争而得民权者，何不皆如法之革命，而必皆仍立君主乎？必听君主之世守乎？甚且无君主则迎之异国乎？此非其力之不能也，有不得已之势存焉。故礼时为大，势为大，时势之所在，即理之所在，公理常与时势相济而后可行；若必即行公理，则必即日至大同无国界、无家界然后可，必妇女尽为官吏而后可，禽兽之肉皆不食而后可，而今必不能行也。

仆在中国实首创言公理、首创言民权者，然民权则至在必行，公理则今日万不能尽行也。盖今日由小康而大同，由君主而至民主，正当过渡之世，孔子所谓升平之世也，万无一跃超飞之理。凡君主专制、立宪、民主三法，必当一一循序行之；若紊其序，则必大乱，法国其已然者矣。既当过渡之时，只得行过渡之事，虽有仁人志士欲速之而徒生祸乱，必无成功，则亦可不必矣。不然，以欧洲十余国之志士才人万亿千计，累更百年，何以皆至君主立宪法而即止，不复更进至民主大革命哉？乃者英君后之丧，民戴之如此；英新皇之加冕，民尊之如彼；凡有礼会，必免冠起立，同颂祝其君。彼欧人之明智，岂伪为如是哉？诚以审时势而为义理，不可不如是也。若使百年来欧洲十余国之亿兆志士才人皆愚冥也，则是不足称也；如使积百年欧洲十余国之亿兆志士才人稍有知也，然而彼十余国不为革命而国日强，但求立宪而民日乐，则是岂可不深长思也。故百年来欧洲十余强国，亿兆才人志士，但求立宪法，定君民之权耳。虽别称君主之国，其为立宪民权无异，但得自由自主之乐，斯已矣。君主民主皆虚位耳，民之实权不可失，故必求之；君主民主之虚位，无关要事，则可听之。实考欧美治强之故，人民之权利若此。若未尝深思其故，反复其势，绎按其时，徒见美国独立之盛，但闻法国革命之风而慕之行之，妄言轻举，徒致败乱，此仆之所未敢从也。

今日天下滔滔，志士发愤，或舍弃身命而为之，岂非欲中国变法自强、不受分割哉？岂非欲吾旅外同胞不受欺辱、独立不羁哉？岂非欲吾国民自由、有立宪法、有议政权哉？凡此皆天下之公理，万国之大效，而仆生平之素论定志，舍身为之，与天下志士有同心者也。故仆昔在京师，曾合各直省举人与京师士夫开强学会、保国会争民权矣，盖不得于上，则欲争于下也。然前言英、法变争百数十年，流血数百万而后得之，其余各国虽不至是，然皆几经争变流血而后得。惟戊戌之年，皇上赫然变法，百日维新；薄海额手而望自强，万国变容而为起敬。已然之效，天下所知，非同虚想也。皇上既云一夫失职，自以为罪，亟亟欲与民议政之权、自由之乐，亟亟欲开议院，使国民咸操选举之权，以公天下。满学士阔普通武，新学爱民者也，首请开议院予民权自由，上即擢为侍郎，主令开院。大学士孙家鼐谏曰："若开议院，则民有权而君无权矣。"上曰："吾但欲救中国民耳，君权有无，何与焉！"张之洞力言未可，乃少待而后行，然已令天下上书，官吏有格不上者，谕旨称必革惩之。礼部尚书怀塔布六堂官，卒以格上书获罪，上亦因是幽废。

夫上不顾己之害，不待民之请，又非鉴万国之变，而以救民之故，亟亟予民权自由。其心至仁如天，至公如地，其公天下而无少私，视天位如敝屣，此欧洲各国所未有，中国数千年所未闻也。夫万国力争流血所不得者，而皇上一旦以与民；我四万万不待流血、不待力争，而一旦得欧洲各国民自由民权之大利，此何如其大德哉！有君如此，岂忍负之？皇上以救民变法，不幸被废，事竟不行。然以寻常言之，人以救我而至大祸，我民乃不能救之，于报施之理已为不公；况因恩人不幸在祸，被缚于贼之时，而反戈攻之，曰革命，曰扑满，是以怨报德、以仇报恩也。吾国人岂可出此！夫皇上有虚位而无实权者也。今之割台湾、旅顺者，非皇上也，乃西后、荣禄也；推翻新政以虐我民者，非皇上也，乃西后、荣禄也；通拳乱国，赔款加税，以虐民者，非皇上也，乃西后、荣禄也。吾国人之恨政府卖我、辱我、奴隶我、剥削我，而仇而怨之宜也。然今之政府，是皆幽废皇上之贼也。吾国人恶贼、逐贼、杀贼可也，是则宜勤王敌忾而讨贼者也。奈之何不辨皂白，不择人类，因恶西后、荣禄之故，而概攻之曰满清政府，是岂非并舍身救民之皇上而攻之乎？因恶西后、荣禄之故，而概言革命，是岂非并舍身救民之皇上而并革之乎？人有恶鼠之窟其室而自焚其屋，恶贼之质其子而并杀其子，尚为不智；何有于恶虐我之贼，而牵及救我之恩人哉？西后、荣禄满人也，皇上亦满人也。汤、武之革命，乃诛无道之桀、纣耳，非诛有道之夏启、武丁也。以一二人之罪而恶及一国，乃并其爱我恩我之人并除之，此岂为公理乎？故仆实不欲闻革命扑满之言，非徒为感皇上之知遇也，非为曾仕国朝也，实以公理不安，不忍闻也。又假皇上既不幸遇变，吾民绝望于自强自由，则不能不思所以自救，则不能不思所以自立，则援汤、武诛暴之义，用欧美求权之争，由之可也。

今皇上虽尚无权，然数年以来，经历万劫，履险如夷，至今无恙；溥俊立而复见废，旧党乱而几尽亡，不可谓非天命矣。始则因于瀛台，郊庙、朝觐皆不得预；今则复能郊庙、朝觐，比之向者，已有进矣。凡此弑而未成，幽而复出者，皆天命也。吾保皇会诸公心力之为之也。内地四万万人，莫不同戴。而或者谓天命不存，人心尽去，足证其谬矣。太后、荣禄年六十余，危于朝露；皇上年仅三十，春秋鼎盛，相较显然。一旦有变，皇上可复辟，一也。荣禄自知通拳匪围使馆为罪魁之罪魁，得罪各国，岌岌不保，虽用诡谋，假于以瓜果馈公使，仅以自免。然其部将董福祥犹在，荣禄督董围使馆，乃董革而荣存，董甚怨之。若各国诘问之，实情终露，奸雄诈术岂能久存？不久当败露。荣若败露，上即复辟，二也。又各国咸知皇上圣明，今惑于荣党之言，以为皇上复能朝觐，已复权矣，故各报纷纷言上复权，久之知上并未复权，太后仍复专政，必请归政矣，皇上即可复辟，三也。即不然，而各国咸认皇上、敬皇上，诸贼亦必不敢复行废弑，是皇上尚可从容而待复辟，四也。皇上一复辟，可立行变法自强，立与民权议政，立与国民自主。诸君何不少俟之！与其忍公理、肆自屠求革命而必不能成，甚者且以资敌，何如仍誓保皇，发愤敌忾，以冀皇上之复辟，而民权自由为必可得耶？

夫革命非一国之吉祥善事也。就使革命而获成矣，为李自成之入燕京矣，为黄巢之破长安矣，且为刘、项之入关中矣。然以中国土地之大，人民之众，各省各府语言不相通，各省各府私会不相通，各怀私心，各私乡土；其未大成也，必州县各起，省府各立，莫肯相下，互相攻击，各自统领，各相并吞，各相屠灭，血流成河，死人如麻，秦、隋、唐、元之末季，必复见于今日。加以枪炮之烈，非如古者刀矛也，是使四万万之同胞死其半也。董卓既除宦官，则吕布杀卓，郭催、樊稠、张济更迭相争相杀，曹操、袁绍、袁术、公孙瓒、孙权、刘备更迭并争，或如晋八王之互攻。而五胡乱华，中国偏安者三百年。或如尔朱乱魏，而高欢、宇文更迭竞争，名分不定，则逐鹿并起，争杀无已，血流如縻。以中国今日之人心，公理未明，旧俗俱在，何能如欧洲民变之公。势必大者王，小者侯，如恒河沙，自攻自残，日寻干戈，偷生不暇。何能变法救民？何能整顿内治？夫欧美一切之美政、美学、美术，皆承平暇豫，而后能为之。岂有国内乱据仓皇，民不聊生，工商俱废，奔走不暇，而能兴内治乎？法国之地与民，不得中国十分之一，而革命一倡，乱八十年。第一次乱，巴黎城死者百廿九万。中国十倍其地，十倍其民，万倍于巴黎，而又语言不通，山川隔绝，以二十余省之大，二百余府之多，二千余县之众，必不能合一矣。若有大乱，以法乱之例推之，必将数百年而后定，否亦须过百年而后定。方列强竞争，虎视逐逐，今方一统，犹危殆岌岌，若吾同胞相残毁，其能待我数百年平定而后兴起内治乎？鹬蚌相持，渔人得利，必先为外人有矣，若印度是也。谁生厉阶，演此惨剧？夫今志士仁人之发愤舍身命而倡大变者，其初岂非为救国民哉？乃必自杀数万万人，去中国人类之半而救之，孟子言杀一不辜而得天下不为，况于屠戮同种数万万人哉？且杀子而救其孙，既不为智，况并孙而不能救，终于相持而赠他人。试问中国同胞何仇于彼，而造此无量之苦海恶孽乎？庄子言：作始也简，将毕也巨。能发之者，谁能收之？若火之一发既燎于原，不可扑灭，有救民之圣主在，乃不少待而妄发此巨焰，焚人以自焚，且焚及其同胞数万万人。焉有仁人志士而如此乎？孟子曰：贼人者谓之贼。托于救国者，岂愿为民贼乎？夫始为变法自强而来，终为内乱自亡而去；始为救国保种而来，终为鬻民灭国而去。在妄发者，岂料其末祸至是！然放火之人，无能知火之所止者，彼放小火耳。风之所来，谁能定之？测火风犹若是，而况倡革命者？放大火、燎炸药以烧中国，又当四邻窥伺之时，彼虽号为智者，能料其所终乎？即智者妄谓能料之，其可信乎？方印度诸自立国，倡言背蒙古朝时，岂料不数十年国种全灭而隶英哉？言革命者，必谓非经大杀戮，不能得大安乐，故杀人数万万，乃其本怀，原不足动其心。然使杀之而必能救中国，犹可也；然自相屠杀，剪其种族数万万，而必至鹬蚌相持，渔人得利也。志士仁人，何忍出此！

何谓中国革命？内乱相残，必至令外人得利也。闻今之言革命者，动引法军助美国自立之例，或言托外人运械，或言请外人练军，或言与外国立约，或言与外国借兵，盖无不操是说。然吾阅历已久，测验已多矣。夫欲假外援，亦必已能自立，人乃援之。今闻请外人运械者，则外人据其资；请外国练军者，则言语不通，土地无所，而糜费已巨矣。若请外国借兵，与外国立约，则试问洪秀全之时，英国之戈登助谁乎？波兰欲自立，无助之者；埃及以藩镇自立，英、俄、法、普、德且助土耳其而攻埃。必将如俄人之据伊犁、据东三省，借口保护其商人，借口定乱，因而据之耳。国朝入关，平李自成而取明鼎，亦用此法，此实为中外古今公理定例矣。各国皆堂堂大国，可取之则取之，谁肯与乱党结盟哉？何必待与乱党结盟哉？以台湾观之，当时欲以与英、法，尚不肯取，此最近事矣。又吕宋之阿坤鸦度，始与美国立约相助，乃发兵称自立，以拒西班牙；及阿坤鸦度既背西班牙，美即背约而取阿坤鸦度矣。夫阿坤鸦度之至诚得民，才略绝众，苦战累年，其精诚才志，真可倾服者矣。然究其成就，不过代吕宋人作中人卖与美国耳，于美诚有功矣；虽能脱西班牙之轭，而终不过涂炭其种类，以卖吕宋之土地人民与美国耳。究何益乎？此乃最近而可鉴者也。又近者波亚欲脱英国之轭，立国既固，苦战累年，德皇尝致电贺胜，荷兰益以同种而哀之，法总统首见其统领古鲁家矣；而前后数年，各国未闻一兵之助，卒以致灭。近观吕、波，远观埃、兰，可为殷鉴矣。吾审查各国之情已熟，公法具在，国交甚严，必无立约借兵者；若其有之，则如美之与吕宋耳。况革命之军动者必于江海之间，各国通商之地，或在某范围之域，即军令甚严，而西商之未易保，及教堂之必易扰，此实将兵者必无暇保全之也。外人必以保护商旅为名，教士必以教堂被扰为名，警报一动，兵船纷至，即以定乱为名而据之也。既无英、法之相忌，岂肯听吾国人从容自定之乎？故今之言革命扑满者，其极不过如菲律宾之阿坤鸦度、波亚之古鲁家而止。顷德国以俄学生之在德谋乱俄也，且逐其党十人。近者广西之变，法人已告外务部，谓于其安南商务有碍，如六月不平，必遣兵代平之，而西抚丁振铎已电告法马兵闯入龙州。而革命自立者，犹望外人之助，岂不哀哉！故无论革命者能假外国之力与否，要终于自鬻国民，以速其割亡而已。以救国之故，而终至鬻国，又岂仁人志士而甘出此乎？

且倡革命者，必以民权自立为说，公举民主官吏为言，近引法、美，切乎时势，合乎人心；当水深火热之余，莫不信之望之。夫民权自由之与革命，分为二者也。欧洲十余国，皆有民权，皆能自由者，除法国革命外，余皆有君主。然则必欲予民权自由，何必定出于革命乎？革命未成，而国大涂炭，则民权自由且不可得也。是故真有救国之心、爱民之诚，但言民权自由可矣，不必谈革命也。然则革命者之言民权自立，不过因人心之所乐而因以饵之，以鼓动大众，树立徒党耳。假令革命果成，则其魁长且自为君主，而改行压制之术矣。不见法之拿破仑乎？始则专倡民权，每破一国，辄令民背其主，既为民主，事事皆俯顺民情，而挟其兵力以行之，于是复自为君主矣。又不见拿破仑第三乎？始为议员，则事事必言利民，新为民主，则誓守旧章，三年之先，凡卫民、厚民、保民之事，无不力行，且补旧章之不及，以买人心。已而夜宴，一夕伏兵擒议员百数，民党头目及知名士千数，尽置于狱，流于而美嵌监绝地中，拥兵五十万而称帝矣。盖能以革命成大事之人，其智术必绝伦，又必久拥兵权者。

中国枭雄积于心脑者，人人有汉高、明太之心，吾见亦多矣。古今天下，安得遇尧、舜、华盛顿？法国累更革命，积化百年，定章极严，而拿破仑第三犹如此，况中国向来本无议论，更无立宪定章。彼枭雄能指挥十八省者，其拥兵权何止五十万，如此则何为不可！夫华盛顿之时，美国人仅四百万，中国乃百倍之，其人之才能控制十八省四万万人、破万里之全国者，非有秦政、刘邦、曹操、刘裕、朱元璋之枭雄术略，好杀自私，必不能也。夫秦政、刘邦、曹操、刘裕、朱元璋再出，方出新法，以大肆屠戮而行其压制，而立其君权，其先言民权者，亦不过为拿破仑第三之买民心耳。今所见革命之人，挟权任术，争锱铢小利而决裂者，不可胜数。如此之人，使其有天下而望其行尧、舜、华盛顿之事，是望盗跖之让国也。故即有华盛顿之仁，盖其人亦只能抚四百万人，而必不能定四万万人。盖以人心未化之国，非极枭雄术略之人，肆其杀戮专制之权，必不能定之也。故今日中国，必无骤出华盛顿之理，不必为此妄想也。孟子曰：有伊尹之志则可，无伊尹之志则篡也。故子哙之禅让，岂非绝世高义哉？而孟子日称尧、舜而不许子哙者，以人心未至，时候未及，徒酿篡夺之祸也。故尧、舜之为民主、大同之公天下，孔子倡之，而不能即行之。今民主之法、大同之道，乃公理之至义，亦将来必行者也。而今中国，实未能行民主也，世界实未能大同也。譬人方婴孩，将来必至壮老。然方当婴孩之时，当有父母抱育之、师长教督之，实未能待以壮老之礼也。今中国新论甫萌芽，乃当童年就傅之时，尚非七十老傅之日。一二文学好异求速之人，日读法、美之书，而不审中国之势，妄为此说，此以四万万之人命为戏场也。余人不深审本末，但乐闻其民主自立之说、改革新政之言，而嫉于西后、荣禄之割地，暴民遂发愤而从之，徒弃身命、沉宗族而自鬻其宗邦。即幸于万一，必无而仅有之事；至于有成，亦不过助秦政、刘邦、曹操、朱元璋之帝业，然则岂其本心哉！

善乎满人瓜尔佳之言也。瓜尔佳曰：民主者，天下公理也。能爱民变法，天下莫如皇上；若举民主，莫如皇上也。吾以为今之言革命民主者，糜烂四万万之人，大战数十百年，而必不能成革命，必不能保中国。假而有成，而得一秦政、刘邦、曹操、朱元璋、拿破仑为民主，则益水深火热矣。即不可谓薄待天下人，或冀幸于万一，而有华盛顿者出；然与其望之空虚必无有、未可信、未出现、未著效之华盛顿，何如望之已有、已现、已效之皇上乎？皇上天生仁圣之美质，爱民如子；又有变法之大力，推破旧习；少即帝位，与人间绝，翁师傅教之数十年，无丝毫满人议论在其胸，且深恶满人之守旧不通；而又身历艰难，视天位如敝屣；久习富贵，则忘而生厌，故有天下而不与。不如起自由舍者，有艳大位之心。刘邦曰：今日乃知天子之贵。曹丕曰：舜、禹之事，吾知之矣。杨再思曰：但得一日为天子，死亦无憾。今士人为诸生时，动谈高义，克己厉行；及一登第筮仕，即尽变面目，只谈宦达，不言学行。吾自田间至立朝，阅人多矣。其有穷达一节，不变塞焉，盖有之矣，我未之见也。孔子亦称：隐居求志，行义达道，吾闻其语，未见其人。区区科第微末官位，犹足变易志士之素志，况于统一天下、手定山河者乎？曹操自称身死之后，墓文为汉故将军；而赞大业之荀文若，则以争受九锡赐死矣。此与议员之朝拥戴拿破仑第三，而夕则下狱远流，正同矣。言革命者乎，果能翊赞成功乎？不为斗鹌鹑者之互相斗死，即为勾践、刘邦、曹操、朱元璋之诛戮功臣而死耳。故望之必无之华盛顿之民主，不如望之已效之华盛顿之皇上也。

　　以皇上之仁圣英武，通于外事，足以变法而强中国；以皇上之久历艰难，能公天下，足以立宪而与民权。天生皇上之圣仁，令其阅历变难，正所以救中国生民者也。夫使众议纷纭，革命大乱而后能变法，则待之数百年而后成。夫中国为黄种之独国，与法、美迥异；方今外人侵压之力，岂能从容以百年之乱待之乎？若欲速变，非君主之权不能也。即如八股之案，建自王安石，行之千年；漕运之案，始自萧何，行之二千年。若非以君主行之，岂能一朝而扫除之哉！吾昔游英京伦敦，未到则极慕之，及游其中，则尚未有电灯、电车也。盖以众议办事之难也。若以君权变法，则举欧美至美之政器艺术，可数年而尽举之。故吾尝妄谓中国强犹反掌也，三年而规模立，十年而治化成，实借数千年君权之力而行之。戊戌之时，上未有权，而百日维新成效如此。此仆亲办之事，天下公认之效，非以美言欺人者也。加以是时太后本不愿变法，有事必待臣下陈奏而后请于后而裁之，皇上不能自出一新意。吾所请开之十二局，四下军机、外部议而皆驳之，故制度局、律例局皆未立。刚毅日挟太后之力，以尼新法；荣禄日造谣言，以耸人心；各督抚累经严旨，皆观望而不办。皇上乃无逐军机、督抚之权，一革礼部六堂而帝位即废。以此无权，尚能转移浩大如此；若使皇上有全权以行之，法例先草定全体而后颁行，诛窜一二守旧之大臣以耸其余，则令下如山，风偃如草，不期月而举国上下皆变矣。故论政法之理，莫不善于君主；开明专制，莫善于民权公议。而当中国沉疴深重之时、望黄种独立之日，上适有舍身救民之圣主，则莫善于用君主开明专制之权以变之，如雷霆霹雳，天地昭苏。药莫善于参术，莫毒于天雄；然起沉疴而泻积疾，则天雄、大黄乃为最效。及既泻之后，乃以参术补之。今有圣主而用专制之权以变法，乃今最适时之灵药、曾效之验方，吾亲服之而致效。今德国骤强，亦天下所共见也。亦愿抄此验方，与诸君共服之。故为保皇之会，所以保国保民也。皇上既早欲开议院、与民权矣，先以专制之君权变法，徐以公议之民权守成，不待革命糜烂之争，而可安享民权自由、变法自强之乐。吾为中国计，为四万万之同胞计，妄谓莫善于此！

　　盖因水陆而行舟车，视病情而施医药；地各有宜，物各有适；有宜于彼而不宜于此者，有适于前而不适于后者。今革命民主之方，适与中国时地未宜，可为理想之空言，不能为施行之实事也。不然，中国之人，创言民权者仆也，创言公理者仆也，创言大同者仆也，创言平等者仆也；然皆仆讲学著书之时，预立至仁之理，以待后世之行耳，非谓今日即可全行也。仆生平言世界大同，而今日列强交争，仆必自爱其国，此《春秋》据乱世所以内其国而外诸夏也。仆生平言天下为公，不可有家界，而今日人各自私，仆必自亲其亲、自私其子，此虽孔子，亦养开官夫人伯鱼，而不能养路人也。仆言众生皆本于天，皆为兄弟，皆为平等，而今当才智竞争之时，未能止杀人，何能戒杀兽？故仆仍日忍心害理，而食鸟兽之肉、衣鸟兽之皮，虽时时动心，曾斋一月而终不戒。此阿难戒佛饮水，而佛言不见即可饮，孔子所以仅远疱厨也。仆生平言男女平等、婚姻自由、政事同权，而今日女学未至、女教未成，仆亦不遽言以女子为官吏也。仆生平言民权、言公议，言国为民公共之产，而君为民所请代理之人，而不愿革命民主之事，以时地相反，妄易之则生大害，故孔子所以有三世三统之异也。医生之治病，不能持独步单方以行之；志士之治国，亦岂可以革命民主之单方行之乎？《中庸》曰：溥博渊泉，而时出之。故孔子既广张三世以待后人之审择而用之，仆亦兼学多方而细审病情而发之，尽备冬夏裘葛之衣，以顺时令而服之，非称狐貉之美而五月尚必披裘、称缔绤之美而九月尚必衣葛也。故审时者，无皇上之圣仁而绝望于西后、荣禄，言革命可也；有皇上之圣仁，则不必言也。有皇上之圣仁而已遭毒弑之大变，而绝望于高丘之无女者，言革命犹可也；有皇上圣仁而历劫不坏，则犹有可望中国自强、生民自由之日，则不可言也。

谈革命者，知大事之本难，则又言割据自立。夫观于台湾割与他人也，旅顺、大连湾、胶州、广州湾之割与他人也。夫国者民之国也，地者民之公地也。朝廷不能保，则民自保之。即在朝廷，与其馈之外人，岂若还之吾民乎，故言自立者，义较可行。诸君之所居在美，其所感触亦在美，以属地成自立者，惟美一国最著也。然考其事势，与中国大相反者有三焉。第一则迁美之民，本由不乐故国政府，好行自由而迁新地，已有与本国反对之心。是时英重税既苛，压制既甚，而十三州本有议院，事可自立；故一日独立，合十三州而公布之，即成敌国之体。若中国人服从政教、结合为一已二百年，除一二秘会外，内地官民皆戴服朝廷，间无异志；各省郡县，皆无议院。言自立者，盖无尺土一民，与作乱者无异，从何布告？从何对抗？此地势、人心、政体之殊也。第二则法深怨英，与美结盟，遣兵赠械，以抗英军，而拉法伊脱之徒，仗义助战；西班牙、俄、丹、瑞、兰、普、奥、葡，皆为美结同盟而助之；故华盛顿得以成功。试问中国边方自立，无地无械，安得有此众大国遣兵助械、皆结同盟乎？第三则美洲远隔英伦，重洋万里，当华盛顿时未有轮船，英国仅帆船为渡，调兵运饷，事势甚难。中国则十八省皆为内地，江海相通，轮船飞渡，一处有警，旬日即调兵到；其与美国时势地势至相反者也。

且假令华盛顿生美国今日而称兵，事亦难成。不观于非洲之波亚乎？力战四年，流血千里，而今卒亡。不观于菲律宾乎？力战四年，流血千里，而今卒亡。夫以波亚之古鲁家、菲律宾之阿坤鸦度，其人可谓忠义诚勇、才略绝人矣。而华盛顿之功效如彼，古鲁家、阿坤鸦度之败亡如此，非必其才有高下也，时势之殊故也。又更观欧美各国自立之情，皆与中国相反者也。葡萄牙、西班牙、琏、荷兰各国，皆立于拿破仑既流之后。此则见灭数年，各复故国，不与中国同。若道光十年比利时之自立，因与荷兰教不同、权不等之故。荷兰立国仅十余年，其基极浅，其地四五百方里，地又极小。欧洲各国视之本甚平等，法方逐君，未暇兼顾，故一动而英、法、俄、奥、普皆认之，故独立得成。今满之与汉，故同教也。自沈文定、李文忠、曾文正、左文襄、翁常熟、孙毓汶以来，汉人常秉政权；同治时疆臣几尽汉人，无几微之芥蒂也。立国二百余年，结合为一，地广万里，岂与荷兰比哉？自立者若起，英、法、俄、奥、德其肯认之乎？此又不能引比利时为例也。希腊之能自立也，以欧人咸为文明之始基故也，既咸馈军资，而俄方欲挫土耳其之势，与英、法同盟，以兵船助之，俄军深入土境，于是三国立王而认之。若中国与欧人异种，言语文字不通，有何感动而助军资？又安得三大国遣兵船相助？若果得此，事固可成，然必不可得也。

南美秘鲁、墨西哥等各国之自立也，则以西班牙、葡萄牙既灭于拿破仑，殖民不服，各自立国。拿破仑既不能越数万里海岛而征之，立国既定，及西、葡复立，亦不服从，乃其自然之势，非别谋自立者也。近者罗马尼亚、门的内哥、布加利牙之自立，则以耶、回之教不同，而耶教被杀，俄、英、奥、法、德、意六大国以同教而助之，故能有成。若今言自立，必无督抚之自起，又无同教之六大国相助，更安得成乎？埃及之自立，缘藩镇因战功拥大兵而后成之，此与吴三桂无异矣；其力能连破土耳其，至于土国乞兵诸大，英、俄、奥、普且助土而攻埃及矣。今欲自立，既无藩镇，然其成也，且犹有英、俄、奥、普之攻。然则以白徒倡义，安可得成？匈牙利虽自立矣，然奥合俄而攻之，不及数月卒败。

又至近者波亚欲自立也，蓄力十余年，密购枪弹埋地如山，其同种人亦暗助之。吾见一英官自非洲战还者，称波亚人之蓄积坚忍、苦力苦战，以散队避炮弹，英兵出则没，英兵去则出，地险而多山谷林箐，人自小儿皆习枪法，善能命中，愤不畏死，真不可及也，故能以小国抗英累年。然德皇虽尝发电贺之，荷兰虽暗哀之，法总统虽尝见之，然何尝能出一兵救助也哉？彼有同种者犹若是，况中国黄种自斗，异种之人正可坐视之而取渔人之利，其何助乎？又若吕宋之阿坤鸦度之脱西班牙而自立也，精诚果毅，苦战累年，而卒见卖于美，降为隶属，徒死国民百数十万而已。波兰自有议院，民多秘会，新被灭于俄，因法之变，举国上下发愤同心，然累起累败。印度当蒙古末造之时，亦尝各省自立，不数十年而尽属英人。今英守其孟迈、加拉吉打、密者拉士三大镇之海，严禁枪械。印人二万万帖然受治，无复能为。台湾自唐薇卿谋自立矣，民心新灭，其热心至甚，更及简大狮之徒累起，皆自桧以下，无庸议也。

夫以远之波兰、匈牙利之热心而不能成，近之波亚、吕宋之已成国体、蓄力苦战而不能成；若印度之背蒙古莫卧尔朝而各省自立，适以召英人而自灭耳。至考之欧美之能自立有成者，则与中国无一而相类。其地势既非航海之绝域，其植基又无藩镇之厚力，三百余年人心未变，团合久一；有所动作，内外皆视为乱民。今人之开口辄慕美洲言自立自立，而考之各国情势，无一似者，何其谬耶？此岂儿戏乎？且能起者必在南方通商之地，有兵事必扰西商及教堂，虽极力保护，而乱事既起，必不能保。西商岂肯为一日之亏？教堂岂肯听风火之惊哉？若其起事之难，党争之情，军械之乏，兵队之散，亦如上所言矣。以区区之地，而敌万里全国，其力必不逮；既乱通商之地，外人必不肯认，当必仍借定乱以取之。狡焉思启，何国蔑有？故起难，成尤难，事即成矣，亦徒资敌国，如印度而已。

又今真能自立，则必各省相争；即令不争，而十八省分为十八国。此日本人之所常言，而旅日者之所深惑者也。然使果分十八国，则国势不过为埃及、高丽而已，更受大国之控制奴隶而已，如印度之各省自立而授之外人而已。比为今日大中国之民犹有所望者，其相去亦远矣。夫今地球竞争，为何时乎？自吾身所见，弱小之邦，岁月被灭，不可胜数。若琉球之灭于日本，若安南、突尼斯、马达加斯加之灭于法，若缅甸、波亚之灭于英，若阿霸科尔、土尔尼特之灭于俄，若古巴、檀香山、小吕宋之并于美，皆近二十年间事。非洲既全分矣。二十年中，变灭之急如此。自尔之后，霸国之义大倡，日人称为帝国主义者也，小国必为大国所并，殆于必然。观春秋时二百余国，至战国所余仅七国耳；虽有鲁、卫、中山，不过如安南之隶入藩属。盖自今以后，第二等国以下，亦必不能存。弱肉强食，鲸之吞鲵，乃理势之自然也。计百数年后，所存必仅数大国，自英、美、俄、德、法五国外，其余皆不可知者矣。我中国人民之众，居地球三分之一，土地等于欧洲，物产丰于全美，民智等于白种，盖具地球第一等大国资格，可以称雄于大地，可以自保其种者也。吾同胞何幸生于此文明之大国，当如何自喜、自奋、自合、自保，以不至侪于高丽、暹罗之列，而为印度、安南、缅甸之续乎！凡物合则大，分则小；合则强，分则弱，物之理也。毕士墨克生当欧洲盛言革命之后，近对法国盛行革命之事，岂不知民立独立之义哉？而在普国独伸王权，开尊王会，卒能合日耳曼二十五邦而挫法，合为德国，称霸大地。嘉富洱乃力倡民权者，而必立萨谛尼为共主，备力设法，而合十一邦以为意国，故能列于众大，为欧洲之强国。使二子者但言革命民主，则日耳曼、罗马纷乱数十年，必永为法、奥、俄所分割隶属而已，岂能为强霸之国哉！夫普、意本以小国，而毕士墨克、嘉富洱则苦心极力，合众小为大，以致强霸。吾中国本为极大国，而革命诸人号称救国者，乃必欲分现成之大国，而为数十小国，以力追印度、求致弱亡，何其反也！使毕士墨克而绝无知识也则可；使毕士墨克之合众小而得霸而为有识也，则革命者力为分裂，其愚何可及也！使印度各省自立而能保全也，则可法也；印度不数十年而全灭，则是岂不可鉴也？人不分割我，而我自分割之；天不弱亡我，而我自弱亡之。奈之何号称志士救国者，而出此下策哉？幸于一时之自立，而忘同种之分崩；顾于目前之苟安，而不计百年之必灭，何其无远虑也！宁攻数百年一体忘怀之满洲，以糜烂其同胞，而甘分一统大同之中国，以待灭于强国；若此之谋，一何与毕士墨克、嘉富洱相去远也！发愤舍身不为大中国，而为小埃及、布加利牙乎？以仆之愚，窃爱大中国、爱一统；若其如印度焉，分为众小以待灭，此则仆之愚所不敢知、不敢从也。与强国合者昌，与亡国合者亡，仆宁从毕士墨克之后耳，安能法印度乎？

且假如自立乎，亦必当四境沸腾之时，而后为割据之事，又必当外敌未侵之日，而预为风雨绸缪之谋，然后可也。未有四境无虞而喧然唱此，百事未备而径欲举行，此无论理势之何如，而仆之愚又不敢闻也。诸志士而果忧外国之来分割，恐临时之政府不能保也，实情理之至也。当为波国之预蓄远谋，预筹大款，预办军械，以十年之力，密密谋之，舍家为之，待时乃动，乃为成事之人。岂有如此大言高唱、无端举行，少有所捐即日望办事，日责成效而能成大事乎？此又仆所不敢附和者也。

谈革命者，又谓中国积弊既深，习俗既久，静性既甚，守旧实深，虽皇上复辟，亦难大变之；非大震雷霆，大鼓风雨，以洗荡扫除其旧人旧性，如法之大举革命然，必不能真变也。故不望其成，但欲其大动大变以警醒之，甘为大火，甘为炸药，甘为大疫，宁杀三分有二之人，以望将来之大乐。若其筑室以庇之，行医以药之，则将来自有其人，今不暇计也。远引法、美之效，近法欧洲之风，谓变法自强，必无安然可致之理；一统大同，不如鼎峙竞争之各出智力、各出议论。此其决裂破坏，无所顾虑，但求欲速以成功名，可谓勇锐残忍以图事者矣。仆以为易动而难静者，民之性也，岂中国人独不然哉？方当地球大通、东西互遇、文明交易、新旧相搏之时，在天运为穷变之日，在大地为进化之秋。变亦变，不变亦变；顺变亦变，逆变亦变；上变亦变，下变亦变；内之自变亦变，外之迫变亦变。时机既动，人心已迁，无论如何权力，必不能以遏天机、逆时运，如转石于高山之上，经危崖蹂林曲，或小停移缩，要之必至麓而后止焉。如沸泉于星宿之源，为涓流，为小川，为伏流，为倒流，要之必入海而后止焉。

近观数年之变，自甲午败后，变法议倡，积极而有戊戌维新之事；其反潮则翻新政、废君上、诛党人，而积极成庚子拳匪之祸。及都邑破、乘舆出、巨款赔，积极而复有近者勉强变法之诏。然而学堂既开，报馆既出，译书既盛，游学既众，民智日开，新说日出，即如戊戌之春，湖南已发自立易种之论，幸而皇上赫然维新，故异说稍释。及己、庚之间，溥俊立，京城失，人心骚动，革命之说复起。及去年旧党渐诛，回銮日闻，天下人人侧望，咸以为皇上立即复辟，异说渐静。及回銮后，不闻复辟，至今半年，天下复嚣然愤然而谈革命自立矣，广西之乱又起矣。顷闻撤帘有信，而贼臣阻之。呜呼！此皆李莲英、荣禄二人并力以亡国也。各宗室大臣、各疆臣环视而不动，是助荣禄、李莲英以亡之也。

夫人心之变，岂有极哉？民主之制，出自公举，可谓公之至矣；美国之治效，可谓盛矣，麦坚尼之为总统东定古巴，西收菲律宾，可谓殊勋矣，而尚有无君党以刺之。近年工党之变日起，均产之论日多。夫论转石流川之势，则千数百年后，必至太平大同之世、群龙无首之时、公产平均之日；若在今日，则无君、均产之事，中国固未萌芽，而欧美亦岂能行哉？夫美之不能遽行无君、均产，犹中国之未可行革命、民主也。欧洲须由立宪君主，乃可渐致立宪民主；中国则由君主专制，必须历立宪君主，乃可至革命民主也。自夏徂冬者，必历秋之凉和，乃可由盛暑而至严冬，岂有一日能成者哉！若夫异说之倡、新说之出，则四万万人之众困于八股则已耳；既浸以欧美之说，导以自由之路，则为人心之趋，好异厌常，人之情也。聪俊特达之士，魁奇跅弛之人，既乐脱范围，又喜树名誉，其必好奇语怪，标新领异，无所不至，乃必然也。荀卿纯儒者也，而其弟子李斯乃至焚诗书、坑儒士，韩非乃至以孝弟、贞廉、诚信为虱；吴起，曾子弟子也，杀妻以求将。好奇立功名之士，亦何所不为？不待十五年之内，极奇之异论必横出无数，可逆料也。深识之士，当反复其利害，比较其得失，斟酌而维持之，变则当变，新则当新，保全国粹，扶翼大教，养育公德。岂如浅夫一得自矜，一切不顾，维新是求，维异是尚哉？是乡人初游五都之市，矜诧异闻而侈谈之耳！今之极新极异之说，吾廿年前皆已穷思之，然而不敢张言之者，诚以不必教猱升木也；又未至其时，言亦无益，徒生大害也。

且既动之后，不能复静，变乱滋生，不可复止。不观于法国乎？法之初革命也。废尊称，更新历，起尊崇道理之教，举旧政旧俗扫弃而尽改之，举国若狂，言愈发而愈激，愈激而愈偏。限行政之权，至于事不能举；行空想之论，使人皆无产，献工金之半于政府；既无名分以统一之，于是诸党争权而相杀，各省称兵而反斗。其革命裁判所，自王后以下，乃至杀戮名士贵爵数千人；遍派侦探，疑似辄杀，人人疑惧。此则秦始皇之坑儒、桓灵之钩党、魏忠贤之诛东林，凡帝国专制之酷政，无此惨矣。已而异党复起，展转相攻，党魁数百，皆被诛戮，凡各党之争，甚类晋八王故事，死者百廿九万人。名为公议，而其专制过于无道之帝政；欲求治安，而其毒乱过于列国之互攻。盖革命之余，必至如此。诸党大乱之后，惩艾其乱，则厌民主之说，于是拿破仑复立为君。拿破仑既逐，布尔奔继立，法议员则公议严刑，以罚民主之说。既而有七月二日两大革命，连逐两君，复思拿破仑而立其后。及拿破仑第三见擒于德，乱民争位之时，前后三次，巴黎扰乱，死亡载道，贸易皆无，工贾俱绝，谋食无所；其幸生者，或贫穷而无归，或积郁而致乱。于是相与为乱，劫掠官民，盘踞宫殿，流血成渠，积骸成山。故民党之意，虽日倡自主平等同胞，终无济而益乱矣。英国鉴之，故宁迟迟变法，而力戒革命民主之说，果得渐进之益。

夫以区区之法、区区之巴黎，一唱革命，变乱无厌已如此；况于十倍法国、万倍巴黎之中国者哉！其惨状变态，益难思议矣。且谓中国安然变法亦非也，戊戌篡废之举，庚子拳匪之祸，皆始自京师，已从流血百万而来矣。各国皆变自京师，岂必边省并变哉！若暹逻以君权变法，则未闻有一人流血之事，又岂必引法事为变法铁案乎？吾则恐大动之后，湍流直奔，大火延烧，不知几百年而无以善其后也，况敢作俑乎？

谈革命者，开口必攻满洲，此为大怪不可解之事。夫以开辟蒙古、新疆、西藏、东三省之大中国，二百年一体相安之政府，无端妄引法、美以生内讧，发攘夷别种之论以创大难，是岂不可已乎？夫革命之义，出于孔子之称汤、武，而孟子以诛纣为诛贼，不谓之弑君；此法之杀路易，英之杀查理士，号称国之公敌者也。故君而无道虐民，虽在汉人乎？逐周厉王于彘而立共和、诛纣于太白而封亳社可也。英之查理士，法之路易，岂非英、法之人乎？若其有道？舜为东夷之人，文王为西夷之人，入主中国，古今称之。《史记》称"匈奴之先祖田淳维，夏后氏之苗裔"。张晏注曰：淳维以殷时奔北边，逐水草，随蓄移徙，故中国谓之匈奴。然则北方之人，皆吾同种。若泰伯为周文王之子，以居吴断发文身，则不以为诸夏耳。楚之先鬻熊为文王师，以在楚百蛮之中，荜路篮缕以启山林，故亦不以为诸夏耳。其实春秋之所谓夷，皆五帝三王之裔也。及战国时，无以楚为夷者。汉高祖亦楚人也，而亡秦为帝，天下古今，无斥其为夷狄异种者，盖楚行华夏之礼久矣。然则满洲、蒙古，皆吾同种，何从别而异之？其辫发、衣服之不同，犹泰伯断发文身耳。且中国昔经晋时，氐、羌、鲜卑入主中夏，及魏文帝改九十六大姓，其子孙遍布中土，多以千亿。今中土之姓刘、姓石、姓符、姓高、姓姚、姓容、姓杨、姓段，乃若侯莫陈崇分为陈姓、侯姓、莫性，纥狄于之分为狄姓、于姓，库连之为连姓，若此之姓，不可胜数。又大江以南，五溪蛮及骆越、闽、广，皆中夏之人，与诸蛮相杂，今无可辨。当时中国民数，仅二三千万，计今四万万人中，各种几半，姓同中土，孰能辨其真为夷裔夏裔乎？若必并此而攘之，恐无从检姓谱而行之也。若如此，则莽操革命，可攻汉高为楚夷；而北省引义，可鄙江、浙、荆、广之人为蛮种矣。

夫夷夏之别，出于春秋。然孔子《春秋》之义，中国而为夷狄则夷之，夷而有礼义则中国之。故晋伐鲜虞，恶其伐同姓则夷晋矣；郑伐许，恶其伐丧则夷郑矣；鲁伐邾，恶其凌诸夏之小国则并夷鲁矣；楚庄王入郑不取，邲之战，则夷晋而中国楚矣。春秋当此之时，惟德是亲。然则孔子之所谓中国、夷狄之别，犹今所谓文明、野蛮耳。故中国、夷狄无常辞，从变而移。当其有德，则夷狄谓之中国；当其无道，则中国亦谓之夷。狄将为进化计，非为人种计也。楚先称荆而后称楚。定、哀之世，吴子爵而不殊。盖据乱之世，内其国而外诸夏；升平之世，内诸夏而外夷狄；至于太平之世，内外大小若一。故曰王者爱及四夷，又曰王者无外，又曰远方之夷，内而不外也。国朝入关二百余年，合为一国，团为一体。除近荣禄、刚毅挑出此义，已相忘久矣。所谓满、汉者，不过如土籍、客籍，籍贯之异耳。其教化文义，皆从周公、孔子；其礼乐典章，皆用汉、唐、宋、明，与元时不用中国之教化文字迥异。盖化为一国，无复有几微之别久矣。若衣服辫发，则汉人化而同之，虽复改为宋、明之服，反觉其不安。又历朝皆少失德，无有汉桓、灵，唐高、玄，宋徽、光，明武、熹之昏淫者。若夫政治专制之不善，则全由汉、唐、宋、明之旧，而非满洲特制也。然且举明世廷杖镇监大户加税矿政之酷政而尽除之。圣祖仁皇帝定一条鞭法，纳丁于地，使举国数万万人，数百年子子孙孙，永除差徭，无复有车辚马萧，弓箭在腰，爷娘妻子走送，哭声直上干霄之苦。此则唐、虞至明之所无，大地各国所未有也。亦可谓古今最仁之政矣。

夫所谓奴隶者，若波兰之属于俄，印度之属于英，南洋之属于荷，吕宋之属于西班牙，人民但供租税，绝无政权，不得为高官长吏，国民一切不得平等者耳。否亦如元朝之置南人于色目汉人之下，（元谓契丹为汉人、宋为南人）贱其品流，不得为宰相，不用中国文字，是则不能不愤而求自立耳。若国朝之制，满汉平等，汉人有才者，匹夫可为宰相。自同治年来，沈文定、李文正、翁常熟迭相柄政，曾文正、左文襄、李文忠则为外相，倚畀极重。而若孙毓汶之奸邪，独当国十余年，满人侧目，无可如何。除近年荣禄以预废君之谋，独专大政外，举国四十年政权，皆在汉人之手。恭、醇二邸，位虽最高，但拱手待成耳。即今除荣禄、庆邸外，何一非汉人为政乎？军械除荣禄外，王文韶、鹿傅霖、瞿鸿禨三相，皆汉人也。若袁世凯、刘坤一、张之洞三督之权，至于朝廷不敢去之。若将兵之权，尤国所倚，则袁世凯、马玉昆、宋庆、苏元春、张春发，何一非汉人乎？满人无一统大兵者，即为总督者，仅一崧蕃耳。其极边将军大臣之用满人，则以用满、蒙文字，为汉人不识之故，而将来亦必改之，观新疆改省可见。即今步军警察改用汉人，东三省亦拟改行省矣。故除京官满、汉并设，满籍人少，迁移较易，似为占优，然当时分设满、汉者，已自有故。乾隆时，舒赫德曾请删除满、汉，谓开国时圣祖本欲删除，后恐满大臣权大，至使汉人无官，有若元时，故特分满、汉之缺。然则所以分之之故，盖专为汉人计也。且江苏、广东人才相等，而广东进士额少至数十，天下事原不能极平，岂广东可以此攻江苏欤？若外官则惟才是视，绝无满、汉之分。至海关、织造等官，明世原用阉人，而士人不屑为之，今满籍之贪横，尚不如明世宦官之甚也。然若东三省、新疆、西藏、蒙古为本朝开辟之地，而汉人今得官其间，此宋、明汉之所无，亦足以少相补矣。此外惟八旗兵饷数百万，独为虚糜，然自满大学士舒赫德、松筠等，皆尝欲改为屯田以养之，袁太常昶亦尝言之。昔盛祭酒伯熙与吾言，满兵挟弓箭坐食，日益穷，不如改业农工商贾，反足自谋。除选练精强，仍充兵籍，余听为民籍谋生。其满籍人亦知其弊，以为宜改矣。仆昔亦尝言之，皇上然之，则此事之改必矣。皇上复辟，必妥筹良法安置而改之。然则国朝之开满洲、回疆、蒙古、青海、藏卫万里之地，乃中国扩大之图，以逾唐、汉而轶宋、明，教化既益广被，种族更增雄厚。俄罗斯所以为大国者，岂不以旁纳诸种之故？然则满洲之合于汉者，乃大有益于中国者也。苟未至民主之时，帝室统系必有一家，终非人人所能为，亦不过如前朝之汉刘、唐李、宋赵、明朱耳。且惟满、蒙乃称奴才，汉人则与宗室并称臣，皆比肩事主，无所屈下。今微论圣主变法自强，能公天下，即使西后、荣禄或后之当国者，更肆专横，亦岂能禁四万万人而不听其开议院参政权哉！以戊戌推翻新政，而辛丑已复行之，近且有满、汉通婚之谕，然则大势所趋，即顽锢权强，亦不能不俯首而移变。然则吾四万万人之必有政权自由，必可不待革命而得之，可断言也。夫以平等权利如此，英、普、奥、意、荷、琏、班、葡、日本人自为国政，不过如是，但不如法、美人之得为大统领耳。是岂可以奴隶言之哉？

今者割地鬻民、赔款剥民，诚可痛恨，然此但太后、荣禄一二人之罪耳，于满洲全籍人无与也。且舍身救民之圣主，去千数百年之敝政者，亦满人也。其余仆所识宗室之英、士夫之秀，通达大义、乐于维新者甚多。何为因太后、荣禄、刚毅一二人之故而尽攻之哉？文明之国，科罪不及妻孥；野蛮之刑，诛连不过十族。今革命者日言文明，何至并一国而坐罪株连之？革命者日言公理，何至并现成之国种而分别之？是岂不大悖谬哉！夫以太平之理、大同之道言之，无论黄、白、棕、黑之种，同为天生，皆为兄弟，并宜亲爱之。今虽未能，然而大地既通，万国合较，凡蒙古、回部、西藏之人，言语未通，教化未同，犹当在内其国之例，与之加亲。吾游印度北边，遇廓尔喀、西藏、哲孟雄人，待吾加亲，开室以居吾，煮麦以食吾。凡遇中国人，尊之曰叔而敬礼之。以不通言语、不同教化之人，缘念同国，且及藩属，其敬恭亲爱如此，悠然动吾内其国之想。何况满人之合为一朝，同化中国，教化、礼乐、言语、服食无一不同者乎？故满洲在明时则为春秋之楚，在今则为汉高之楚，纯为中国矣。或者动引扬州十日之记、两主入粤之事，皆当时之涂毒，若思复九世之仇者，此盖古时文明未开、敌国相攻之常。项羽、白起亦中国人也，而项羽坑秦新安降卒且二十四万，白起坑赵长平降卒且四十万矣。故在开国之时、万国未通之日，分别内外，犹之可也。方今大地既通，诸种并遇，若匈牙利、土耳其，说者方引而亲之，以为同宗，况满之与汉，虽非谓同母之兄弟，当亦比于同父异母之兄弟，犹为一家也。然以同父之子，乃恶异母之兄弟之袭爵，当群盗环伺之时，乃恶而欲逐之；且实因袭爵者之妾母之管家擅权，私自盗卖田舍于邻家，乃并其袭爵之兄弟，及其异母之群季，一概欲尽诛逐之，不顾外患，惟事内讧；同室操戈，他人入室。无端生此大波、立此乱说，于伦理为悖而不顺，于时势为反而非宜，翻其反而何未思也。

夫今日中国积弱，众强环视，苟汉之与满，割而为台湾，亡而为印度、波兰，则必不得政权平等自由之利，是则可忧也。然既非其比矣，则国人今日之所当忧者，不在内讧，而在抗外也。欲抗外而自保，则必当举国人之全力，聚精会神而注于是，或可免也。方当同舟共济之日，若为内讧，则兄弟阋墙，外御其侮，恐为阿坤鸦度之能脱于西班牙，而适利美国之渔人；至时则永为奴隶，永无自立，求如今者，不可得也。乃国之志士，不能审此，而颠倒误用之，吾恐若印度真奴之不远矣。

昔戊戌在京时，有问政体者，吾辄以八字言之，曰"满汉不分，君民同体"。皇上甚韪之。因言魏文改姓迁都事，皇上决将满、汉二字删除，凡官之分满、汉缺者亦删去。其任官惟才，不问何籍，各地驻防，皆附其地，听其谋四民之业。其满洲旧姓，皆取一字而行之，如魏故事。故只有所谓中国，无所谓满、汉；帝统宗室，不过如汉刘、唐李、宋赵、明朱，不过一家而已。不筑堤防，何有水涨？虽欲攻满，何从攻之？近者粤督陶模，曾上满、汉不分之折。吾今论政体，亦是满汉不分、君民同体八字而已。故满、汉于今日无可别言者也，实为一家者也。且即以为别种，欧洲各国且有迎君于异国者，不可胜数。盖欧但求民权自由耳。若君则如一大席位耳，终有人领之，不必其同国也。如一省之官，不必本省绅士为之也，孟子所谓天子一位者耳，若其无道则去之。何谓并其全国一律攻剿之乎？揣革命者之必为此言，外引华盛顿、印度、波之拒英，阿坤鸦度之拒西班牙自比，以谓保全其种，不为人奴也。今上推满洲种族，则出于夏禹；下考政教礼俗，则全化华风。帝位只如刘、李、赵、朱，满族类于南阳、丰沛，其余无不与汉人共之，与汉人同之。岂得以奴比之哉？汉人科第、仕宦、权任，亦与唐、宋、明同。岂若英之与印度，西班牙之与菲律宾，种族、教化、礼俗、服食、言语无一同者比哉？政权大官无一分授、权利自由无一平等者比哉？岂与美国本出各国合众者比哉？岂与波斯已灭比哉？岂与罗马尼亚、门的内哥、布加利牙不同国教比哉？而妄引比例，情事不同。君而无道，不能保民，欲革命则革命耳，何必攻满、自生内乱乎？实推其意，不过为起兵动众借口耳。

然则革命、自立皆不可，而西后、荣禄常柄政，则吾同胞当安坐以待灭亡鬻卖乎？是又不然。试观数年以来，推翻新政，禁报馆，捕党人，停学堂，止译书，其暴横之举，与前百年欧洲诸国之压制其民相等；今不二三年，已废八股、弓刀、漕运，开学堂，译西书，派游学，满、汉通婚矣。风潮所卷，正反相承，其后不能复止。皇上而复辟，固能维新自强，以与民权；皇上而有变，必有变乱相随，焉有伪朝篡乱而可久者乎？况西后、荣禄，皆已老矣。昔戊戌之时，吾开保国会于京师，合京朝士夫及各省举人为之，首言民权，以上无变政之心，则当由下变之，由下迫之。已亥上之几废弑也，以海内外四十余电而不敢行矣。若能大集巨力，多开国会，多派游士，多开报馆，大启民心，大明民权，积以月日，民必风从，尽易内地，起自京师。然后为英国五十万人递禀而请议政之权可也，为英、奥、意杀相逐君之例，以迫君后、定立宪法可也，为皇上复辟可也。

夫考之欧洲之事，则各国皆行立宪而国势安固、民权自由之乐如彼；法国独为革命，印度分省自立，而国势陵夷、丧乱灭裂之害如此。审之中国之故事，则必秦、隋、蒙古之无道，又无洋枪、轮船、电线之精巧，乃有匹夫革命之事。今求之时地、事势而皆非，考之人心、义理而不协，而妄

听一二人之辩言，以构滔天之大祸，而斩削分鬻四千年一万里之国土，毒
戕涂炭四万万之同胞，此则仁人志士所不为，而仆万不敢闻者也。仆已破
家沉族，无所不可为，而终以为不可者，时势、事理皆非宜也。诸君何苦
沉七族、捐父母而为此鬻国害种、必不成之事乎？保皇之会，开之累年，
遍乎百埠；己亥救主之电凡四十余，贼臣因以震慑，皇上赖以保全，此亘
古莫大之功也。今累塔至尖，覆山欠篑，而节变于中途，失忠于末路，舍
保皇已成可望之功，而图革命必不成之举，甚非策也。若夫仆者，受圣主
之知遇，赞百日之维新，亲受衣带之诏，躬受筹救之责，数年以来，与诸
公戮力，勤王无成，罪宜万死。夫朋友之交，犹贵久要不忘；安有君臣之
际，受人之知遇，因人之危难，中道变弃，乃反戈倒攻者乎？

　　来书频谓开保皇会、累电救上，可谓忠矣，而举朝咸目为逆党，指
为匪会，逮捕相仍，谁能白之，虽忠无益。夫忠义者，人之自靖自献
耳，岂顾人之指目哉？且事实之真，可蔽乱于当时，未有久而不白者
也。日本维新元勋，莫不数西乡隆盛矣，而当时咸目以叛徒，今则上野
公园铜像巍然。人之立志，当贯初终，岂困外之暑寒燥湿而少变之哉？
某君来书，谓："刘元德亲与董承奉献帝衣带诏，而乃经营荆襄蜀汉，以
立王业，天下不非之，盖以存汉祚为大也；若使垂手坐望献帝之复辟，
则是终为曹操之所有，是存小忠而失汉业也。今皇上挟于西后、荣禄之
手，虽回銮而无权如故。荣禄自挟天子而令天下，于今五年矣。若如汉
献故事，是中国永割，而吾黄帝四万万神明之胄终亡，则是不行革命所
致也。夫君与国孰重？一人与四万万人孰重？孟子曰：民为贵，君为
轻。岂可徇小谅而忘大事哉！"是其说甚辩，而亦不然也。当献帝时，
群雄割据已成，大势瓦解已定，献帝必无复权之理；即使复权，而献帝
既非英主，群雄既皆立定，亦无恢复之望，故先主不得不取荆、益以图
存汉祚。若今者各省有已割据者乎？大势有已瓦解者乎？不过六十老翁
之西后、荣禄二人擅朝耳。举国大小臣工，下及民庶，外及友邦，莫不
归心皇上。一日归政，天子当阳，焕然维新，以上定立宪之良法，下与
民权之自由，在反掌耳！皇上既非献帝之比，今亦岂汉末之比哉？时事
回殊，亦不能附会古义也。愿诸君审度时势，力终其忠义，厚蓄其实
力，姑少待之。无误于异论，无鼓动于浮言，无惑乱于少变，坚守保皇

会义，圣主必复，中国必全，幸福必至。刻心写腹，幸察鄙言，不胜惓惓辈辈之至！

康有为既告美洲各埠，其书既布，乃书其后曰：当国之权臣，及保位之疆臣，无以吾言为喜幸也，无以革命者难举，无所惮而益肆也。夫自割台而不能保，而人心变矣，则有发革命者；及割胶、旅也，则湖南有独立之说。幸有圣主维新，大慰人心，天下归之，人望自强。万里之中国，二百年之宗社，仅赖圣主而传一线耳。庚、辛大变，皇上无恙，人望回銮，可以复辟。今回銮数月，不闻复辟，薄海内外，骚然失望。即向之竭忠于本朝者，多已翻然变改矣。盖以变法自强，非皇上复辟不能也。今政府既经半年，无复辟之事，无变法之心，向之望之复辟者，既不可得，遂绝自强之望，则不得不思变计，以谋自保也。

月来所闻，消息绝异，加以广西、直隶之乱，人心大变，不独四年来所无，实二百年所未有。盖向者人犹望复辟之自强，今则别谋革命自强矣；向者不过变自小民，今则变自士夫矣。此其大变，又洪秀全之时所无也。以大变如此，而彼昏不知，一醉日富。荣禄方且以拳匪罪魁，幸八国不请杀革，受其愚弄为得计；方且以复揽国权，结姻亲王，纳贿卖官为得计。深宫方且以息肩颐和，复能临朝为得计；各疆臣方且以和约幸成，竭力剥民，坐保高位为得计；各宗室之英、从龙之裔方且以国家无恙，富贵可长为得计。庚子之惨仅阅弥年，而举朝酣嬉，竟若无事。上之不闻触詟、狄仁杰之谋，下之不闻平、勃、朱虚、五王临淄之策；遂无一人为二百年祖宗血食之谋、社稷保全之策、中国安存之计，力图皇上复辟以维系人心、固存宗社、奠安生民者。

夫所以为国者民也，所以扶立者人心也；水能载舟，亦能覆舟，至于人心尽变，则有土崩瓦解之患。若法国之伏士倒戈，亲臣首难，祸起萧墙，衅启腹心，人皆敌国，五步溅血，岂待远边之弄兵乎！夫以数月之不复辟，大变已如此，再迟年月，岂复可言？岂复有人能调解之乎？岂复能以兵力弹压之乎？岂如外国有和约可订定乎？人心已尽变，敌国已隐成，辽沈、蒙古，皆无可归。至时不独太后有路易、查理士之祸，荣禄有井、伊大老之惨，各宗室之英必为法阿旁拿破仑之族，傍皇奔走，身死无所，各从龙之裔亦恐蹂躏剪绝，屠戮净尽，各老大疆臣同归于尽。至是乃悔，即使皇上复辟，亦无济也。

夫民不畏死，深愤大怨之所注，岂复有成败之计哉！以万里四万万人之怨恨忿怒，同注入于京师；以四万万人之怨恨忿怒，同注毒于一人一族；万弩齐发，同射一鹄，此岂复有以御之者哉！夫外患犹可避也，内讧无可避也；边乱犹可平也，近变不可御也。法、奥、意之君相被逐，其前车矣。勿谓戊戌以来，四年之变之不急，而轻视之、而傲很之也。后此四年之变，乃积前四年之变而乘之，又积十年之毒而发之，其厚大急激，久经阅历，得要以图，真不可量也。勿恃重刑严兵，可以恐之而绝之也，则法王路易罅礼、奥王飞蝶南、奥相没透泥，所以严兵重刑者至矣，而适足以杀其身、亡其国而已。

呜呼！吾甚痛列祖列宗艰难缔构之业，而顷刻亡于此一二贼臣之手也；吾尤痛千万亿宗室之英、从龙之彦，为屈忍于一二人之权力之故，而甘卖祖宗之大业，自剪其数百万之种族，自杀其身，自祸其家以从之也。是以庚子惨祸为未足，而必求国亡种绝而后已也。即为太后计，与其久不归政，而致杀身亡国，是以热河、陕西之幸为未足，而更求渐台之惨也；孰若归政皇上，犹得保全暮年，而见中国之自强、陵庙之血食也。即为荣禄计，彼固甘心亡国而不顾矣，然固忧其身，故骑虎难下也；与其久窃一日之柄，而身家必不能保，孰若早归大权，远游外国，犹可自免也。寝薪火之上而自以为安，无一日之谋而偷以为乐。噫嘻！安有为国为身而如此者乎？

要而言之，及今速请皇上复辟，以强中国。则国朝二百年之社稷，犹得与英、日帝统而并存；从龙数百万之裔胄，犹得列华族之富贵；中国四万万人，犹得以安存；万里之土地，犹可以自保也。再过一二年乎，则人心尽变，神州陆沉，天地惨黩，虽有圣者，无如之何。是则荣禄首其祸阶，而同时宗室之英、从龙之彦、封疆之臣，所共甘心发愤以赞助亡国灭种者乎？在诸人之心，或谓吾年已老，可幸苟免也，而祸患之来，速于风火。李文忠七十难免甲午之辱，徐桐八十难免庚子之惨，苏威遭王世充之廷辱，王衍遭石勒之排墙。呜呼！愿我王大臣无忘庚子京师之祸，无忘元世庚甲之变，无忘明世甲申之剧也。呜呼！愿临朝执政者，读英国杀其王查理士，法杀其王路易，逐其王罅礼布尔奔，奥逐其王飞蝶南之书也；摩娑坛庙之鼎钟，披视开国之牒记。其存乎、其亡乎，皆视一二岁之复辟否乎。光绪戊子之冬，吾上书言日本朝鲜事，举朝笑之，及甲午乃不幸而言中。今吾复言此，若又不信，大祸复见，重不可救。独痛舍身救民变法自强之圣主，而无权无力，坐观亡国之惨。此则谁之罪夫，其惟奉诏孤臣死罪死罪而已。（《南海先生最近政见书》）

致李福基等书

域埠二月廿四日来书、二埠三月廿八日来书均收之，今略将各报剪寄。乱不过土匪扰劫乡村。适苏元春扣饷不发，游勇遁入之，其地当镇安泗城万山间无人之域。自去年十二月、正月至今四个月，而不能破一县城，其无力可想，其无志可知，亦无所谓民党，但劫贼聚众踞于村乡者耳。在深山中，一时难灭，而近者有报以扬之。报中扬之愈甚者，人心思乱，展转附会，遂若大事，真可笑也。（西省去年旧人甚多，故仆最得确信，君力、云樵、君勉皆不知。）吾党已派数人往，尽知其故，望告知各埠勿误信传言。况近者匪首洪姓已擒，北乱广宗巨鹿匪首景姓已擒，此等岂能有成，徒自屠同胞哉！

皇上舍身救民，至今无恙，天命攸在，吾会全以保皇为宗旨，累电救主，既著成效，岂有半途而废者乎！望告同会中人，勿为异说所惑，自生变乱。方今四境无虞，无得处，举动必不成。且今日官兵御外则不足，治内则有余；非有大变，五年内必难妄动。凡乱党中，即日假借汉人民权言，以鼓人从之作乱耳。实则其魁皆有君主之心，徒借吾四万万人头颅，以供彼君主之欲。不观于法国之拿破仑乎，天下安得有华盛顿其人？且内地四万万人，皆不知外国之故；即真能为救民而起，内地四万万人尚皆以乱贼相目，安肯相从？即肯从，谁为之主？谁肯相下？以十八省隔绝不通之大，必至人人相争，人人相杀，徒令外国托名定乱而得吾地耳。如俄之取伊犁，美之取菲利宾可见。菲利宾阿军雅度之民兵，百战卒败，以此美国尚如此，况其他乎？皇上乃曾欲开议院，以予民权者，夫使十八省大乱平定而付送外国矣。若少为姑待，以俟皇上之复辟乎。皇上历险犹存，此有天命，不过不能急耳。自乱则民权必不得，徒为外国所定。少待则上复辟，民权必可得也。两两相校，得失若何，请诸公思之。

欧洲除法国外，皆行立宪君主制，但在民有权议政自由耳，其君主民主皆虚号也。中国今日万无可言革命之事，必不能成，徒使四万万人自屠戮耳。俄国是大国，名种皆纳，故能成。况满洲相安已久，其中极多贤士，如侍郎阔普通武，是请开议院与民权者；其士人瓜尔佳，尤无所不通，请行归政、主民权者。何必自相水火？仆曾游西藏，藏人及廓尔喀人、哲孟雄人皆爱待我而恶白人，诚以同国故也。方将言大同，何必自分界限，况舍身之圣主即为满人，故今尤无可言扑满之理。仆受圣主知遇，当时建策，即言"君民同体，满汉不分"八字。圣主题之，惜事败耳。若圣主复辟，中国同体，满洲不过多数百万人籍，何必攻之，此尤不可。仆受圣主衣带之诏，愧不能救，誓死救上，岂可为他论。故革命扑满之言，仆不愿闻也；亦望同志俯鉴仆心，俯采仆言，并将此书登之各报。其报中若有发革命扑满之论者，虽其人或出仆门，然实悖仆宗旨，望勿为惑。盖本会以保皇为宗旨，苟非皇上有变，无论如何万不变。若革命扑满之说，实反叛之宗旨，与本会相反者也。谨布告同志，望笃守忠义，勿听妄言。仆与诸公既同为保皇会人，仆以死守此义，望诸公俯鉴之。敬请福基、章轩、谦泰、祐枢、惠伯、安禄仁兄义安，并请各埠保皇会义士兄均鉴。康有为布告。五月六日。

此信望即南北美、雪、檀各埠，并常粘各会所壁上，并告各报中为望。（《康有为与保皇会》）

告同胞印事书后

康有为既剖肝沥血以印事告其同胞，重为言而书其后曰：人群之进化，与时俱变而各有宜也。自百年来，美成自立，法成革命，其影响浩大，先动荡于全欧，次离披于大地；扫除分等、专制、钳压之害，而大伸民权、平等、自由之风；协乎公理，顺乎人心。故倡导以来，如大海风潮，震荡摇撼，无不披靡；如水之流下，无所不入，愈抑愈昌，愈压愈起。将来全世界推行之，乃必然之事也。其热诚救同胞者，或欲急而求之；其智巧趋时变者，或因势而附和之。亦有乘变射利者，借高义以败名立事焉。当龙战之玄黄，发云雨之翻覆，今其时矣！其有斟酌时宜者，几恐与将来之公理相敌，而累身名焉。此中智以下所共知也。

　　然自春徂夏者，必经秋凉而后至焉；自东渡西者，必假舟楫而后行焉。今方当秋分之候，而从乎中流之时也。去乎夏矣，而未至乎冬；离此陆矣，而未登于彼岸也。乃当上下无常、进退无恒之际，敬遭飞雪夕零，乱次以满，则皲指裂肤，溺波旋泪，有不可言者矣。故欧洲诸国皆去专制之风，而行立宪之法。然未遽行民主之制，不为革命之举者，所以披凉风而不超距渡海也。故与民权而定立宪者，今顺时之凉风、过渡之舟航也。兹革命之举，则季夏而飞雪陨霜，渡海而后步超距，其害多矣。须有所待，乃可为也。

　　且天下之理，固不可以一端概知。兹饥而当食，寒而当衣，尤为公理而不可易者也，尤为天下古今无人能免之者也。然当病热者，则不许食；当浴体者，则不可衣。夫以衣食之切身，然犹有可用之时焉，而况其他乎？人之饮水冷暖当自知，人之为食饥饱当自适。盖老少、强弱各有其宜，各有其度；少有过误，病即生焉。故善医者，因时地、事业而为方，视老少、壮瘵而发药；人人不同，时时回异。此所以能中病宜而起沉疴也。

　　吾粤有药名万应茶，又曰万应丹，不必问其效之为何、药之如何，而可笑已甚矣。人体之万有不同，病情之万变无定，天下安有以一药而能万应者乎？今革命、民主之说，其为万金之药，而起沉疴锢病者，固多矣。而医者乃悬壶大号于市曰：此万应之良药也，欧美皆服之，而却病延年矣。然则施之亚洲国，则如体热者万不能受人参、鹿茸之滋补，体赢者万不能受大黄、巴豆之泄泻焉，所谓病各有宜也。如印度者，既因服革命自立之方，大泻而神脱体亡矣。吾中国为灌灌老夫，奄奄弱质，风雪四侵，盖亦有然，固与欧洲之壮俊健夫回异矣。此宜理中导气，以渐除病耳。兹遽因欧人壮夫，服大黄大泄大泻而致瘵，西医者乃因验方而遽用之，其必神脱而体亡矣。

　　吾乡有医者曰林大剂者，游于田间，常为农夫治病，应手辄效。其药必用大黄、羚羊、犀角数两，故以大剂得名。有城居士人病，慕其名而延之医，则一剂而毙命。林大剂欣欣自许，以为立效也。夜闻叩门声，以为来谢也，既问其死，乃逾垣遁。盖乡农之病常患热，而都人士之病常患虚；二者相反，故效害亦相反也。

今吾中国之病，但求民权、立宪二药医之，则可立瘳，而为大地人种之巨无霸矣。兹用革命自立之方医之，吾恐如印度之一剂毙命。首难之麻剌加人，虽欲联邦而不能而就灭也。中国果服革命之药，则死矣无可救矣；操革命自立之医者，恐如林大剂之逾垣夜遁而不得也。四万万人命之所寄，四千年文明种族之所系，幸勿误听庸医，误服泻药，而致一瞑不可复救也。吾诚知与时医不同，而不敢苟焉附和者，审症比类，因病施药，而不敢以同胞四万万之人种而供儿戏也。

吾以身许中国久矣，爱之即切，故不自知其语长心重，词冗也哀，而惟冀幸诸医之无妄下药，而病者之无妄服医方也，则犹有瘳之一日乎？（《万木草堂遗稿》）

梁启超

敬告我国民

某不敏，谨因正月初吉，寓书于新民丛报读者诸君，冀以间接力得普达于我所敬所爱所恋所崇拜所服从之四万万国民。

今日国民举熙熙贺新年。顾同是新年也，而当此者之感情，率有两种：大抵儿童常欢抃，老人常慨叹。欢抃者，祝来日之方长也；慨叹者，觉已往之不可追也。我国民今日之位置，盖未易断定，或曰是幼稚时代也，或曰是老大帝国也。果其幼稚也，更历一年，则多一年之进步，吾将贺年；果其老大也，更历一年，则少一年之希望，吾将吊年。吊年非吉祥善事也，吾亦恶其非吉祥善事也，故有所欲陈于我国民。

今年癸卯也，由孔子而来至于今，为癸卯者仅四十一耳。（参观本号附录《癸卯大事表》）远焉者勿论。自今日而逆溯之二百四十年前，所谓第三十七癸卯者，为康熙二年，其前一年，则明桂王被害于缅甸，郑成功卒于台湾之岁也，自彼癸卯以后，中国民族始无复有尺寸土。所谓第三十八癸卯者为雍正元年，始平西藏、青海，自彼癸卯以后，帕米尔高原以东诸部落，始尽合并于中国，数千年亚洲之形势，为之一变。所谓第三十九癸卯者，为乾隆四十八年，至是准部、回部、缅甸、安南皆服，其前一年壬寅，复定暹罗，册郑华为暹王，自彼癸卯以后，满洲势力，几掩覆东亚南亚之全部，然极盛之后难为继矣。所谓第四十癸卯者，为道光二十三年，其前一年，则英人攻陷定海、乍浦、镇江，逼金陵，乃割香港开五口通商之岁也，自彼癸卯以后，满洲民族与中国民族俱敝，欧势日益东渐。遂至今日，为四十一癸卯，实光绪之二十九年，去年义和团余波始悉定，要隘成兵撤退，表面上之自主权还与中国（泛义之中国），自今以往，中国益不得不为全世界之大剧场矣。嘻，岁月不居，时节如流，此后第四十二癸卯，其变迁更不知若何。然律以春秋之例，所谓二百四十年间我祖所逮闻者，其云翻雨覆陵迁谷移之状态，既已若彼，呜呼，宇宙能得几癸卯，吾不忍吊今癸卯，吾亦未敢遽贺今癸卯。

东西各国，每年中必有一二日之大祝典，为国民荣誉之纪念。若美国之七月四日，法国之七月十四日，皆举国胪欢，饕鼓轩舞，使人际其日，参其会，忽起历史上无限之感情，向往先民，而益以增长其强固勇猛进步自立之气。若我中国则何有焉？所号称一年中普天同庆者，惟此一元旦。夫元旦则何奇，不过地球绕日一周而复云尔。国民聚族以居此土者既四千年，乃曾无人事上历史上可纪念可庆祝之一日，而惟取无意识之天象，蹈常习故，聊以自娱，即此一端，而其为国民羞者固已多矣。然使国运隆隆，民生熙熙，为此春酒，以相慰劳，虽非盛轨，犹有取焉。今世何世，今时何时，决死生于河上，釜共舟沉，保喘息于会稽，薪随胆苦，鱼游沸鼎，宁莲叶之能戏，燕处燎堂，岂稻粱之可乐。呜呼，我国民稍有脑筋稍有血性者，茫茫对此，其感何如？

回銮以来，忽忽两新年矣。去年今日，我国民犹喁喁然企踵拭目，若不胜其望治之心者，而今果何如矣？呜呼，我国民依赖政府之恶梦，其醒也未！我国民放弃责任之孽报，其知也未！袁了凡曰："从前种种譬如昨日死，从后种种譬如今日生。"（此二语曾文正屡称道引用。）自今以往，我国民真不可不认定一目的，求所以自立于剧烈天演界之道。我国民今已如孤儿，无父母之可怙，已如寡妇，无所天之可仰；如孤军被陷于重围，非人自为战，不足以保性命；如扁舟遇飓于沧海，非死中求生，不足以达彼岸。乃我国民今徒知想望政府、崇拜政府、责备政府、怨詈政府，是何异救兵不至，而惟待援以自毙，狂飚不息，而惟咒风以求活也。呜呼，愚而可怜，孰有过此！

今执一人而聒之曰：汝其速救而国。人将曰：吾固愿救，然吾日日愿救，今遂可救乎？此实一最难驳解之问题也。顾吾以为今日即未能为救国之实事，然不可不为救国之预备。天下固未有无预备而能成实事者也。今日我辈所以欲救国而无其道者，正坐前此预备工夫之太缺乏。今日所应为之事，宜以前十年、二十年而整备之者也，惟前此不为，故不得不窘我于今日。今日而犹不为焉，则他日欲有所为，其窘我者犹今也。日复一日，而国遂以沦亡。今忧国者动辄曰：政府压制，故民间不能展其力也。斯固然也。然使政府压力顿去，我国民遂能组织一完备之国家乎？吾有以知其不能也。勿征他事，请观两年以来民间之言教育者。夫今之政府，百端皆压制矣，若夫教育事业，勿论其精神，而论其形式，彼固日日下诸谕旨上诸奏牍，汲汲以此事奖厉民间者也。使吾民之能力果能及此，则虽省省府府州州县县市市村村坊坊街街，各置一私立学校，吾信政府必不之禁；使吾民之能力果能及此，则无论其所立学校中设何等之学科，阐何等之哲理，吾信政府必不之干涉。然则吾民虽无他种之自由，而立学之自由，未尝不如人也；虽无他种之民权，而教育之民权，未尝不如人也。顾何以两年来私立学校，屈指可数，其有一二，亦凌乱萎靡而几于不能成立也？兹事虽小，亦可见我国民自治力之甚弱，而非可徒以政府压制为解免明矣。不宁惟是，以今政府行政机关之不整备，其压制力所能及之范围，固自有限，民间除租税讼狱两事外，往往经十年二十年，与政府无一交涉。使我民之能力，能及条顿民族之一二，则地方自治之规模，固可以大备，而何以至今泯泯棼棼也？此犹曰在内地为然也。若夫海外商民，殆四五百万，若此者，其为政府压力所不能及明矣。苟其政治思想稍发达者，安在不可以成一巩固秩序之团体，为祖国模范？乃其文明程度，往往视祖国犹有逊色焉。是安可以不自愧也！以是例之，且使今日政府幡然改焉，颁宪法，行民政，举立法、行政、司法诸大权，而一旦还诸我国民，我国民遂能受之而运用自如耶？其有以愈于今日所享有之教育权者几何也？其有以愈于前此山谷之民、海外之民所享有之自治权者几何也？故吾辈今勿徒艳羡民权，而必当预备其可以享受民权之资格。此格既备，虽百千路易十四为之君，百千梅特涅为之相；未有能压制焉者也。此格不备，虽无压制，又将奈何！吾以为自由权者，必非他人所能夺也，惟有弃之者，斯有夺之者，我既弃矣，人亦何惮而不夺，虽不夺矣，我独能自有乎！故我国民勿徒怨政府詈政府而已，今之政府，实皆公等所自造。公等不好造良政府，而好造恶政府，其又谁尤也？又今忧国者率分两派：一曰持温和主义者，二曰持破坏主义者。持温和主义者，以为破坏之可惧也。虽然，有一问题焉，我不破坏，果能禁腐败官吏无知小民之不破坏乎？破坏之为利为害于中国，今暂勿论，且使自今以往，而吾国中所谓无意识之破坏者（参观第十一号《续论进步篇》），层见叠出，试问我国民何以待之？或曰，今政府之力，御外患不足，戡内乱有余，此区区者不足为病也。然广西之乱，今已垂两年，四川之乱，亦九十阅月矣，岂尝见政府之能定之？即岁年以后，幸而定矣，而定于此者复起于彼，定于今者复起于后，以数百年来所含扰乱之种子，磅礴发泄于今日，其终非现时漂摇脆弱之政府所能善其后，有识者所同信也。夫今日万国比邻之时代，必非许吾国长此沉沉于扰乱之岁月，有断然矣。政府既不能定难，则此后所以定之者，惟有二途：一曰国民，二曰外国。今我国民果能应此时势而有定之之能力否乎，是吾所不能无疑也。吾固惧破坏，不忍为天下发难，然宁能谓举国之大，舍吾以外，遂无一人能破坏者？彼不能为大破坏，未必不能为小破坏，不能为有意识之破坏，未必不能为无意识之破坏，苟此等之破坏起矣，宁得曰我非戎首，而仅以叹息诉詈之数言卸我责也。呜呼，我国民其念诸，此后之中国，其所谓小破坏、无意识之破坏者，不出五年，而必将遍于国内。其时若能以政府之力平定之善也，政府不能，则定之者不可不赖国民，国民犹不能，则定之者不得不赖外国。彼外国岂其有所规避有所揖让而以喧宾夺主自引嫌也？至于赖外国以定内乱，吾族尚可问耶，吾族尚可问耶？吾今不要求公等以鼓吹破坏，不要求公等以赞成破坏，即惟要求公等以扑灭破坏。公等所依赖之政府，若能应此要求，吾犹将馨香而祝之。而今既若此，而公等又若彼，是公等所谓惧破坏者，不过作壁上观，而任斯民鱼肉于天数也，否则讳疾忌医，姑为无聊之言以自慰藉，而曰是殆未必如是未必如是也。嘻，鄙人窃以为误矣。他日破坏之惨，岂有他人焉能代我国民受之；他日外国代平破坏之惨，又岂我国民哀鸣号诉所能免！而我国民及今犹不自为谋，而以委诸其睡鼾鼾之政府，以遗之其欲逐逐之外国，吾不知其何心也！若夫持破坏主义者，则亦有人矣。吾又勿论其主义之为福为毒于中国，惟请其自审焉，果有实行此主义之能力与否而已，今之中国，其能为无主义之破坏者，所至皆是矣，其能为有主义之破坏者，吾未见其人也。政府固腐败，而民党之腐败亦与相埒焉；政府固脆弱，而民党之脆弱或犹倍蓰焉。即彼不我局而我何以能自腾，彼不我尼而我何以能自进也？夫以前途之幸福言之，而民权之不克享受也如彼，以前途之患害言之，而破坏之不能挽救也如此，则我国民之生今日，舍预备何以哉，舍预备何以哉！

孟子曰："今之欲治者，犹七年之病，求三年之艾，苟为不蓄，终身不得。"《战国策》曰："见兔而顾犬，未为晚也，亡羊而补牢，未为迟也。"我国民其有知愧、知忧、知惧之心乎？往不可谏来犹可追，及今而预备焉，此后或犹有可以达其目的之一日。而不然者，堂堂岁月，一去如梭，彼地球之兀兀自转本轴也，若过翼然。立夫今日以视往昔，自庚子国难以来，彼自转者八百余度矣，犹昨日也；自戊戌政变以来，彼自转者千五百余度矣，犹昨日也；自甲午败衄以来，彼自转者三千余度矣，犹昨日也；更等而上之，自第四十癸卯割香港开五口通商以来，彼自转者二万一千余度矣，犹昨日也。此一年三百六十五度者，不过一弹指顷，我国民稍一蹉跎焉，转瞬一新年，转瞬复一新年。近人词云："韶华在眼轻消遣，过后思量总可怜。"他日必有追想今癸卯而不胜其歔欷今昔之感者。嗟夫，吾其如今癸卯何哉！吾其如今癸卯之国民何哉！率因新岁，布其区区，主臣主臣，某顿首。(《新民丛报》第二十五号，1903 年 2 月 11 日，署名"中国之新民")

中国历史上革命之研究（存目）

（《新民丛报》第四十六至四十八合本，1904 年 3 月 11 日，署名"中国之新民"）

黄遵宪

驳革命书

自尧舜以来逮于今日，生长于吾国之民，咸以受治于人为独一无二之主义。其对于政府不知有权利，实由对于人群不知有义务也。以绝无政治思想之民，分之以权，授之以政，非特不能受，或且造邪说而肆谤诬，出死力以相抗拒。以如此至愚极陋之民，欲望其作新民以新吾国，其可得乎！合群之道，始以独立，继以自治，又继以群治，其中有公德，（新民说公德篇云，吾辈生于此群之今日，当发明一种新道德，求所以固吾群、善吾群、进吾群之道，未可以前王先哲所罕言，遂自画而不敢进也。至哉言乎！）有实力，有善法。前王先圣所以谆谆教人者，于一人一身自修之道尽矣，于群学尚阙然其未备也。吾考中国合群之法惟族制稍有规模，古所谓宗以族得民是也。然仁至而义未尽，恩谊明而法制少。且今日无论何乡何村，其聚族而居者，并不止一族，沟画太明，必又树党相争，其流弊极于闽粤械斗而犹未已。故族制之法，施之今日，殊不切于用。（吾又尝思之，中西风俗同异者多，将来保吾国粹以拒彼教者，必在敬祖宗一事，今姑不具论，附识于此。）其他有所谓同乡者，同僚者，同年者，更有所谓相连之姻戚、通谱之弟兄者，大抵势利之场，酬酢之会，以此通人情而已，卑卑无足道也。其稍有意识者为商会（即某某会馆，潮州人最有规模。会馆馆长颇近于领事），为业联（粤省最多，如玉工缝工纸花工之类。近颇有力，有欧洲工党举动），然亦不足自立。其合群之最有力量，一唱而十和，小试而辄效者，莫如会党。自张陵创立五斗米教以来，竟以黄巾扰破季汉，其后如宋之方腊，明之徐鸿儒，近日之洪秀全，皆愚妄无识之徒，而振臂一呼，云合响应，其贻害遍天下，其流毒至数世而犹未已。彼果操何术以致此哉？其名义在平等，其主义在利益均分忧患相救而已。法可谓良，而挟以作贼，则殊可痛也。吾以为讲求合群之道，当用族制相维相系之情，会党相友相助之法，再参以西人群学以及伦理学之公理，生计学之两利，政治学之自治，使群治明而民智开、民气昌，然后可进以民权之说。仆愿公于此二三年之新民报中，巽语忠言，婉譬曲喻。三年之后，吾民脑筋必为之一变，人人能独立，能自治，能群治，导之使行，效可计日待矣。即曰未能，人人知独立知自治知群治，授之以权而能受，授之以政而能达，亦庶几可以有为。至于议院之开设，仆仍袭用加藤弘之之说，以为今日尚早，今日尚早也。

公之所唱民权自由之说皆是也。公言中国政体，征之前此之历史，考之今日之程度，必以英吉利为师，是我辈所见略同矣。风会所趋，时势所激，其鼓荡推移之力，再历数十年、百余年，或且胥天下而变民主，或且合天下而戴一共主，皆未可知。然而中国之进步，必先以民族主义，继以立宪政体，可断言也。公所草新民说，若权利，若自由，若自尊，若自治，若进步，若合群，皆吾腹中之所欲言，舌底笔下之所不能言，其精思伟论，吾敢宣布于众曰，贾、董无此识，韩、苏无此文也。然读至冒险进取破坏主义，窃以为中国之民，不可无此理想，然未可见诸行事也。二百余年，政略以防弊为主，学术以无用为尚。有明中叶以后，直臣之死谏诤，党人之议朝政，最为盛事，逮于国初，余风未沫，矫其弊者极力划削，渐次削除。间有二三骨鲠强项之臣，必再三磨折，其今夕前席明夕下狱，今日西市明日南面者，踵趾相接。务摧抑其可杀不可夺之气，束缚之，驰骤之，鞭笞之，执乾纲独断之说，俾一切士夫习为奴隶而后心安。其文字之祸，诽谤之禁，穷古所未有。由是葸懦成风，以明哲保身为要，以无事自扰为戒。父兄之教子弟，师长之训后进，兢兢然伸明此意，浸淫于民心者至深。故上至士夫、长吏、官幕、军人，乃至胥吏、走卒、市侩、方伎、盗贼、偷窃，其才调意识见于汉唐历史宋明小说者，今乃荡然乌有。总而言之，胥天下皆瞢瞢无知、碌碌无能之辈而已。以如此无权利思想，无政治思想，无国家思想之民，而率之以冒险进取，耸之以破坏主义，譬之八九岁幼童，授以利刃，其不至引刀自戕几希！

公又以为英国查理士第一国会之争，法国路易第十六革命之祸，终不能免，非不知此事之惨酷，而欲以一时之苦痛易千万年之和平，吾之以民权自由之说鼓荡末学，非欲以快口舌，吾每一念及，鼻酸胆战，吾含泪而道也。嗟夫，至矣哉！仁人之言，吾诵公言，亦为之鼻酸胆战也。虽然，欧洲中古以来，其政治之酷，压制之力，极天下古今之所未见，赋敛之重，刑罚之毒，不待言矣，动辄设制立限，某政某事为某种人不应为，某权利为某种人不应享。至于宗教之争，党会之禁，往往株连瓜蔓，死于缧绁死于囹圄死于焚戮者，盈千累万，数至不可胜计。校之中国，惟兴王之待胜朝，霸者之戮功臣，奸雄之锄异己，叔季之兴党狱，间有此祸，他无有也。教化大行，民智已开，故压力愈甚，专制力愈甚，其反动力亦愈甚。彼其卢骚民约之论，入于脑中，深根固蒂，不可拔矣，一旦乘时之会，遂如烈风猛雨，惊雷怒涛之奋激迅疾，其立海水而垂天云，固其宜也。吾不敢谓中国压制之不力，然特别之事恒有之，普通之力不如此甚。吾非不知中国专制之害，然专制政体之完美巧妙，诚如公语，苟非生于今日，地球无他国无立宪共和之比较，乃至专制之名，习而安之，亦淡焉忘之。今以中国麻木不仁痛痒不知之世界，其风俗之敝，政体之坏，学说之陋，积渐之久，至于三四千年，绝不知民义民权之为何物，无论何事，皆低首下心忍受而不辞，虽十卢骚百卢骚千万卢骚，至口瘏手疲，亦断不能立之立导之行也。

日本之开国会也，享其利而未受其害，东人以为幸事。然吾考其原因，将军主政六七百年，及德川氏之季，诸藩联合，以尊王讨幕为名，王室尊矣，幕府覆矣，而一切大政，仍出于二三阀阅之手。于是浮浪之士，失职之徒，乘间抵隙，本万机决于公论之誓，以法国主义为民倡，深识远虑者从而和之，当局者无说以易此，迁延展转，国会终不得不开。其事之成也，有相因而至之机会也；然其得免于祸也，亦足见断头之台，长期之会，非必不能免之阶级，不可逃之夭蘖也。

二十世之中国，必改而为立宪政体，今日有识之士，敢断然决之无疑义也。虽然，或以渐进，或以急进，或授之自上，或争之自民，何涂之从而达此目的，则吾不敢知也。吾辈今日报国之义务，或尊王权或唱民权，或唱民权以争官权，一致而百虑，殊途而同归；迹若相非，而事未尝不相成。

嗟夫，吾读公以乙为鹄指甲趋乙之函，吾读公不习则骇、变骇成习之说，有以窥公之心矣。以公往往过信吾言，怀此半年，未与公往复者，虑或阻公之锐气，损公之高论也；而今日又进一言者，以无智不学之民，愿公教导之诱掖之劝勉之以底于成，不愿公以非常可骇之义，破腐儒之胆汁，授民贼以口实也。公之目的，固与我同，可无待多言，愿公纵笔放论时，少加之意而已。天祚中国，或六、五年，或四、三年，民智渐开，民气渐昌，民力渐壮，以吾君之明，得贤相良佐为之辅弼，因势而利导之，分民以权，授民以事，以养成地方自治之精神，微论英、法，即日本二十年来政党相争之情况，吾亦乌有焉，真天下万国绝无仅有之事也。倘若不幸，彼政府诸公，顽固如故，守此不变，靳固不予，而民智既开，民力既壮，或争之而后得，或夺之而后得，民气日张，民权亦必日伸，以物竞天择、优胜劣败之理推之，其变态吾不知，其结果吾敢断言也。公以播此理想，图报效于国民，冀以其说为消弭祸患之良药，仆以为由此理想而得事实，祸患因而不作，此民之幸，即公之助也，又虑其说为制造祸患之毒药，仆以为民已有智，民既有力，而政府固靳之权，祸患末由而弭，此政府之责，非公之咎也。吾辈唯自尽国民一分子之义务而已矣。

若夫后生新进爱国之士，有唱革命者，唱类族者，主分治者，公亦疑其非矣。吾姑无论理之是非、议之当否，然决其事之必无幸成也，西乡隆盛之起师也，斩竿木荷穰锄而从者数万人，全国之民，响应者十之二三，归向者十之七八，而以一少将扼守熊本，卒不能越雷池一步，展转而困毙。是何也？政府有轮船有铁轨有枪炮，而彼皆无之也。故论今日政府之弱，可谓极矣，而以之防家贼治内扰，犹绰有余裕也。事无幸成，徒使百数十英豪，万数千良懦，血涂原野，骸积山谷，非吾之所忍闻，反诸爱国者之初心，亦必悔其策之愚拙、事之孟浪也。即幸而事成，而取一家之物而又与一家，畏一路之哭而别行一路，以今日之愚族，亦万不能遽跻于强台。以暴易暴，不知其非，吾恐扰攘争夺，未知所底止也。

且吾辈处此物竞天择至剧至烈之时，亟亟然图所以自存所以自立者，固不在内患而在外攘。今日之时，今日之势，诚宜合君臣上下、华夷内外（此四字用古代名词），踔厉奋发忧勤兢惕，以冀同心协力，联合大力以抗拒外敌。即向来官民之界、种族之界，久存于吾民心目间者，尚当消畛域泯成见调和融合，以新民命而立国本，而反纷纷然为蛮触之争，鸡虫之斗，何其量之狭而谋之浅也！彼之纵横交错，布其势力范围于我之各行省、各属地、各外藩者，既俨然以地主人自命，其视吾政府犹奴隶，视吾民人犹奴隶之奴隶，有识之士，所为痛心疾首者也。今不自甘为奴隶之奴隶，又未能养成地主人之资格，学为地主人之本领，乃务与奴隶争。彼或者左袒奴隶以攻击奴隶之奴隶，抑摧灭奴隶之奴隶而并驱奴隶，患不可胜言也。譬之一家，舆台皂隶，日喧呶于左右者之侧，有不勃然大怒挥而斥之乎？有能默尔而息置之不问者乎？日本当明治二十七八年，政党互哄，上下交争，几酿大祸；及与我开战，乃并力一向，忽变阋墙而为外御。初不愿过取之民，舌剑唇枪，两肆攻击，马关会议，反责成国民力筹二万万银圆以充战费，众无异辞，诚知今日大势，在外患不在内忧也。今五大洲之环而伺我者协而攻我者，不独日本，日夜伺吾隙以徼吾利，而爱国之士，反唱革命分治之说，授之以隙而予之以柄，计亦左矣。

今之二三当道，嚣嚣然以识时务自命者，绝不知为国民由国民之为何义，天赋人权之为何物，民约之为何语，谬以为唱民权必废君主，唱民权必改民主。积其科名官职富贵门第腐败不堪之想，一意恢张官权，裁抑民权，举一切政事沟而画之别而白之曰，此官之权于民无与也。果若人言，势必所谓官者，绝不取之于民族，如上古封建之世卿，欧洲中叶之贵族，印度四种之刹帝利而后可；果若人言，又必今日为民，听其愚昧，明日入官，即化为神圣而后可；果若人言，又必以二三千神圣之官，率此四百兆愚昧之民，驱之，出生入死安内排外无所不能而后可。果使普天之下胥变为牛马世界、犬鸡世界、虫蚁世界也，彼其说可行也；若犹是人民世界也，吾知此蚩蚩无知之民，始居于无民之国，继变为无国之民，是不啻为渊驱鱼为丛驱爵乎！是直为天下列强之虎之伥之魔也，是中华之罪人，亦大清国之乱臣贼子也。虽然，今之新进后生爱国之士，知彼辈之必误天下，恶彼辈之说，矫彼辈之论，铤而走险，急何能择，乃倡为革命、类族、分治诸说，其志可哀，其事可悲。然以今日之民，操此术也以往，吾恐唱革命者变为石敬塘之赂外，吴三桂之请兵也；唱类族者不顾汉族、鲜卑族、蒙古族之杂居共治，转不免受治于条顿民族、斯拉夫民族、拉丁民族之下也；唱分治者忽变为犹太之灭、波兰之分、印度越南之受辖于人也。吾非不知时危事迫无可迁延，持缓进之说者，将恐议论未定而兵既渡河，揖让救火而火既燎原。虽然，此坏劫此厄运，由四五千年积压而来，由六七大国驱迫而成，实无可如何也。

公以为由君权而民政，一度之破坏终不可免，与其迟发而祸大，不如速发而祸小。仆以为由蛮野而文明，世界之进步，必积渐而至，实不能躐等而进、一蹴而几也。吾不征往事，征之近日。神拳之神，义民之义，火教堂、戮教民、攻使馆之愚，其肇祸也如此；顺民之旗，都统之伞，通事之讹索，士大夫之献媚，京师破城之歌舞，联军撤退之挽留，其遭难也如彼；和议告成，赔款贻累，而直隶之广宗、湖南之辰州、四川之成都夔州，又相继而起且蔓延于一省，其怙恶也复如此。以如此之民，能用之行革命、类族、分治乎？每念中国二千年来专制政体，素主帝天无可逃、神圣不可犯之说，平生所最希望，专欲尊主权以导民权，以为其势校顺，其事稍易。

戊戌新政，新机动矣，忽而政变，仍以为此推沮力，寻常所有也。既而团拳祸作，六飞播迁，危急存亡，幸延一发，卒下决意变法母子一心之诏，既而设政务处，改科举，兴学校，联翩下诏，私谓我辈目的，庶几可达乎。今回銮将一年，所用之人，所治之事，所搜括之款，所娱乐之具，所敷衍之策，此〔比〕前又甚焉，展转迁延，卒归于绝望，然后乃知变法之诏，第为辟祸全生，徒以之媚外人而骗吾民也。设有诘于我者，谓公之所志，尚能望政府死灰之复然乎？抑将座视国家舟流而不知所届乎？仆亦无辞可答也。茫茫后路，耿耿寸衷，忍泪吞声，郁郁谁语，而何意公之新民说遂陈于吾前也，罄吾心之所欲言，吾口之所不能言，公尽取而发挥之。公试代仆设身处地，其惊喜为何如矣！已布之说，若公德，若自由，若自尊，若自治，若进步，若权利，若合群，既有以入吾民之脑，作吾民之气矣；未布之说，吾尚未知鼓舞奋发之何如也。此半年中，中国四五十家之报，无一非助公之舌战拾公之牙慧者，乃至新译之名词，杜撰之语言，大吏之奏折，试官之题目，亦剿袭而用之。精神吾不知，形式既大变矣；实事吾不知，议论既大变矣。嗟夫，我公努力努力，本爱国之心，绞爱国之脑，滴爱国之泪，洒爱国之血，掉爱国之舌，举西东文明大国国权民权之说，输入于中国，以为新民倡，以为中国光，此列祖列宗之所阴助，四万万人之所托命也。以公今日之学说之政论布之于世，有所向前无人能有惟我独尊之概，其所以震惊一世鼓动群伦者，力可谓雄，效可谓速矣。然正以此故，其责任更重，其关系乃更巨，举一国材智之心思耳目，专注于公，举足左右，便分轻重。彼之恢张官权裁抑民权者，公驳击之指斥之可也，听其自消自灭自腐自朽自溃自烂，亦无不可也。公所唱自由，或故为矫枉过直之言，然使彼等唱自由者拾其唾余，如罗兰夫人所谓"天下许多罪恶假汝自由以行"，大不可也。公所唱民权或故示以加倍可骇之说。然使彼等唱民权者，得所借口，如近世虚无党以无君无政府为归宿，大不可也。一言兴邦，一言丧邦，芒芒禹域，惟公是赖，求公加之意而已。

吾草此函，将敛笔矣，吾哀泪滂沱，栖集笔端，恍若汉、唐、宋、明之往事，毕陈于吾前，举凡尽忠殉国、仗义兴师、无数之故鬼新鬼、亡魂毅魄，乃至亡国之君、亡国之君之妃后、亡国之君之宗族，呜呜而哭，一齐号咷，若曰吾辈何不幸居于专制之国，遭此革命之祸也。吾热血喷涌，洋溢纸上，又若英、日、德、意之新政，毕陈于吾前，举凡上下议院、新开国会、无数之老者少者含哺鼓腹，乃至吾国万岁、吾民万岁、吾君万岁之声，熙熙而来，一片升平，若曰吾辈何幸而生于立宪之国，享此自治之福也。吾亦不自知若何而感泣，忽辍笔而叹也；若何而舞蹈，遂投笔而起也。嗟夫，孰使我哀，哀至于此，吾憾公；孰使我喜，喜至于此，吾又德公。书不尽言，吾复何言！（《新民丛报》第二十四号，1903 年 1 月 13 日，原题为《饮冰室师友论学笺·水苍雁红馆主人来简》，注："水苍雁红馆主人"，即黄遵宪，《驳革命书》为后人所改）

章太炎

驳康有为论革命书

长素足下：读《与南北美洲诸华商书》，谓中国只可立宪，不能革命，援引今古，洒洒万言。呜呼长素，何乐而为是耶？热中于复辟以后之赐环，而先为是龃龉不了之语，以耸东胡群兽之听，冀万一可以解免。非致书商人，致书于满人也。夫以一时之富贵，冒万亿不韪而不辞，舞词弄札，眩惑天下，使贱儒元恶为之则已矣；尊称圣人，自谓教主，而犹为是妄言，在己则脂韦突梯以佞满人已耳，而天下之受其蛊惑者，乃较诸出于贱儒元恶之口为尤甚！吾可无一言以是正之乎？谨案长素大旨，不论种族异同，惟计情伪得失以立说。虽然，民族主义，自太古原人之世，其根性固已潜在，远至今日，乃始发达，此生民之良知本能也。长素亦知种族之必不可破，于是依违迁就以成其说，援引《匈奴列传》，以为上系淳维，出自禹后。夫满洲种族，是曰东胡，西方谓之通古斯种，固与匈奴殊类。虽以匈奴言

之，彼既大去华夏，永滞不毛，言语、政教、饮食、居处，一切自异于域
内，犹得谓之同种也耶？智果自别为辅氏，管氏变族为阴家，名号不同，
谱牒自异。况于戕虐祖国，职为寇仇，而犹傅以兄弟急难之义，示以周亲楰
坿之恩，巨缪极戾，莫此为甚！近世种族之辨，以历史民族为界，不以天
然民族为界。借言天然，则禘祫海藻，享祧蝘蟺，六洲之氓，五色之种，
谁非出于一本，而何必为是聒聒者耶？长素又曰："氐、羌、鲜卑等族，以
至元魏所改九十六姓，大江以南，骆越、闽、广，今皆与中夏相杂，恐无
从检阅姓谱而攘除之。"不知骆越、闽、广，皆归化汉人，而非陵制汉人者
也。五胡、代北，始尝宰制中华，逮乎隋、唐统一，汉族自主，则亦著土
傅籍，同为编氓，未尝自别一族，以与汉人相抗，是则同于醇化而已。日
本定法，夙有蕃别；欧、美近制，亦许归化。此皆以己族为主人，而使彼
受吾统治，故一切可无异视。今彼满洲者，其为归化汉人乎？其为陵制汉
人乎？堂子妖神，非郊丘之教；辫发璎珞，非弁冕之服；清书国语，非斯、
邈之文。徒以尊事孔子，奉行儒术，崇饰观听，斯乃不得已而为之，而即
以便其南面之术，愚民之计。若言同种，则非使满人为汉种，乃适使汉人
为满种也。长素固言大同公理，非今日即可全行，然则今日固为民族主义
之时代，而可溷淆满、汉以同薰莸于一器哉！时方据乱，而言太平，何自
悖其三世之说也？长素二说，自知非持之有故，言之成理，不得已复援引
《春秋》，谓其始外吴、楚，终则等视。不悟荆、扬二域，《禹贡》既列于九
州，国土种类，素非异实。徒以王化陵夷，自守千里，远方隔阂，沦为要
荒。而文化语言，无大殊绝，《世本》谱系，犹在史官，一日自通于上国，
则自复其故名，岂满洲之可与共论者乎？至谓衣服辫发，汉人已化而同之，
虽复改为宋、明之服，反觉不安。抑不知此辫发胡服者，将强迫以成之
耶？将安之若性也？禹入裸国，被发文身；墨子入楚，锦衣吹笙，非乐而
为此也，强迫既久，习与性成，斯固不足以定是非者。吾闻洪、杨之世，
人皆蓄发，不及十年，而曾、左之师摧陷洪氏，复从髡薙。是时朋侪相对，
但觉纤首锐颠，形状暜异。然则蓄发之久，则以蓄发为安；辫发之久，则
以辫发为安。向使满洲制服，涅齿以黛，穿鼻以金，刺体以龙，涂面以垩，
恢诡殊形，有若魖魅，行之二百有六十年，而人亦安之，无所怪矣！不问
其是非然否，而惟问其所安，则所谓祖宗成法不可轻变者，长素亦何以驳

之乎？野蛮人有自去其板齿，而反讥有齿者为犬类，长素之说，得无近于是耶？种种缪戾，由其高官厚禄之性，素已养成，由是引犬羊为同种，奉貈尾为鸿宝，向之崇拜《公羊》，诵法《繁露》，以为一字一句，皆神圣不可侵犯者，今则并其所谓复九世之仇，而亦议之。其言曰："扬州十日之事，与白起坑赵、项羽坑秦无异。"岂不曰秦、赵之裔，未有报白、项之裔者，则满洲亦当同例也！岂知秦、赵、白、项，本非殊种，一旦战胜而击坑之者，出于白、项二人之指麾，非出于士卒全部之合意。若满洲者，固人人欲尽汉种而屠戮之，其非为豫酋一人之志可知也。是故秦、赵之仇白、项，不过仇其一人；汉族之仇满洲，则当仇其全部。且今之握图籍、操政柄者，岂犹是白、项之胤胄乎？三后之姓，降为舆台，宗支荒忽，莫可究诘，虽欲报复，乌从而报复之？至于满洲，则不必问其宗支，而全部自在也；不必稽其姓名，而政府自在也。此则枕戈剚刃之事，秦、赵已不能施于白、项，而汉族犹可施于满洲，章章明矣。明知其可报复，犹复饰为喑聋，甘与同壤，受其豢养，供其驱使，宁使汉族无自立之日，而必为满洲谋其帝王万世、祈天永命之计，何长素之无人心，一至于是也！长素又曰："所谓奴隶者，若波兰之属于俄，印度之属于英，南洋之属于荷，吕宋之属于西班牙，人民但供租税，绝无政权，是则不能不愤求自立耳。若国朝之制，满、汉平等，汉人有才者，匹夫可以为宰相。自同治年来，沈、李、翁、孙，迭相柄政，曾、左及李，倚为外相，恭、醇二邸，但拱手待成耳。即今除荣禄、庆邸外，何一非汉人为政？若夫政治不善，则全由汉、唐、宋、明之旧，而非满洲特制也。然且举明世廷杖、镇盗、大户加税、开矿之酷政，而尽除之。圣祖立一条鞭法，纳丁于地，永复差徭，此唐、虞至明之所无，大地万国所未有。他日移变，吾四万万人必有政权自由，可不待革命而得之也。"夫所谓奴隶者，岂徒以形式言耶？曾、左诸将，倚畀虽重，位在藩镇，蕞尔弹丸，未参内政。且福康安一破台湾，而遂有贝子、郡王之赏；曾、左反噬洪氏，挈大圭九鼎以付满洲，爵不过通侯，位不过虚名之内阁。曾氏在日，犹必谄事官文，始得保全首领。较其轻重，计其利害，岂可同日而道？近世军机首领，必在宗藩。夫大君无为，而百度自治，为首领者，亦以众员供其策使。彼恭、醇二邸之仰成，而沈、李、翁、孙之有事，乃适见此为奴隶，而彼为主人也。阶位虽高，犹之阉宦仆竖，而赐爵仪同者，彼固仰承风旨云尔，曷能独行其意哉！一条鞭法，名为永不加赋，而耗羡平余，犹在正供之外。徭役既免，民无恶声，而舟车工匠，遇事未尝获免。彼既以南米供给驻防，亦知民志不怡，而不得不借美名以媚悦之。玄烨、弘历，数次南巡，强勒报效，数若恒沙，己居尧、舜、汤、文之美名，而使佞幸小人间接以行其聚敛，其酷有甚于加税开矿者。观唐甄之《潜书》与袁枚之《致黄廷桂书》则可知矣。庄生有云："狙公赋芧，朝三暮四，众狙皆怒，朝四暮三，众狙皆悦，名实未亏，而喜怒为用。"此正满洲行政之实相也。况于廷杖虽除，诗案、史祸，较诸廷杖，毒螫百倍。康熙以来，名世之狱，嗣庭之狱，景祺之狱，周华之狱，中藻之狱，锡侯之狱，务以摧折汉人，使之噤不发语。虽李绂、孙嘉淦之无过，犹一切被赭贯木，以挫辱之。至于近世，戊戌之变，长素所身受，而犹谓满洲政治，为大地万国所未有，呜呼！斯诚大地万国所未有矣！李陵有言："子为汉臣，安得不云尔乎？"夫长素所以不认奴隶，力主立宪以摧革命之萌芽者，彼固终日屈心忍志以处奴隶之地者尔。欲言立宪，不得不以皇帝为圣明，举其诏旨有云："一夫失职，自以为罪者，而谓呕呕欲开议院，使国民咸操选举之权以公天下，其仁如天，至公如地，视天位如敝屣，然后可以言皇帝复辟，而宪政必无不行之虑。"则吾向者为《正仇满论》既驳之矣。盖自乙未以后，彼圣主所长虑却顾，坐席不煖者，独太后之废置我耳。殷忧内结，智计外发，知非变法，无以交通外人，得其欢心；非交通外人，得其欢心，无以挟持重势，而排沮太后之权力。载湉小丑，未辨菽麦，铤而走险，固不为满洲全部计。长素乘之，投间抵隙，其言获用。故戊戌百日之政，足以书于盘盂，勒于钟鼎，其迹则公，而其心则只以保吾权位也。曩令制度未定，太后夭殂，南面听治，知天下之莫予毒，则所谓新政者，亦任其迁延堕坏而已。非直堕坏，长素所谓拿破仑第三新为民主，力行利民，已而夜宴伏兵，擒议员百数，及知名士千数，尽置于狱者，又将见诸今日。何也？满、汉两族，固莫能两大也！今以满洲五百万人，临制汉族四万万人而有余者，独以腐败之成法愚弄之、锢塞之耳。使汉人一日开通，则满人固不能晏处于域内，如奥之抚匈牙利、土之御东罗马也。人情谁不爱其种类而怀其利禄，夫所谓圣明之主者，亦非远于人情者也，果能敝屣其黄屋，而弃捐所有以利汉人耶？借曰其出于至公，非有满、汉畛域之见，然而新法犹不能行也。何者？满人虽顽钝无计，而其怵惕于汉人，知不可以重器假之，亦人人有是心矣。顽钝愈甚，团体愈结，五百万人同德戮力，如生番之有社寮。是故汉人无民权，而满洲有民权，且有贵族之权者也。虽无太后，而掣肘者什伯于太后；虽无荣禄，而掣肘者什伯于荣禄。今夫建立一政，登用一人，而肺腑暱近之地，群相谮谗，朋疑众难，杂沓而至，自非雄杰独断，如俄之大彼得者，固弗能胜是也！共、驩四子，于尧皆葭莩姻娅也，靖言庸回，而尧亦不得不任用之。今其所谓圣明之主者，其聪明文思，果有以愈于尧耶？其雄杰独断，果有以侪于俄之大彼得者耶？往者戊戌变政，去五寺、三巡抚如拉枯，独驻防则不敢撤，彼圣主之力，与满洲全部之力，果孰优孰绌也？由是言之，彼其为私，则不欲变法矣；彼其为公，则亦不能变法矣。长素徒以诏旨美谈，视为实事，以此诳耀天下。独不读刘知几《载文》之篇乎？谓魏、晋以后，诏敕皆责成群群下，藻饰既工，事无不可。故观其政令。则辛、癸不如；读其诏诰，则勋、华再出。此足以知戊戌行事之虚实矣。且所谓立宪者，固将有上下两院，而下院议定之案，上院犹得以可否之。今上院之法定议员，谁为之耶？其曰皇族，则亲王贝子是已；其曰贵族，则八家与内外蒙古是已；其曰高僧，则卫藏之达赖、班禅是已。是数者，皆汉族之所无，而异种之所特有，是议权仍不在汉人也。所谓满、汉平等者，必如奥、匈二国并建政府，而统治于一皇，为双立君主制而后可。使东三省尚在，而满洲大长得以兼统汉人，吾民犹勉自抑制以事之。今者满洲故土，既攘夺于俄人，失地当诛，并不认为满洲君主，而何双立君主之有？夫戴此失地之天因，以为汉族之元首，是何异取罪人于囹圄，而奉之为大君也！乃曰："朋友之交，犹贵久要不忘，安有君臣之际，受人之知遇，因人之危难，中道变弃，乃反戈倒攻者！"诚如是，则载湉者，固长素之私友，而汉族之公仇也。况满洲全部之蠢如鹿豕者，而可以不革者哉？虽然，如右所言，大抵关于种类，而于情伪得失未暇论也，则将复陈斯旨，为吾汉族筹之可乎？长素以为革命之惨，流血成河，死人如麻，而其事卒不可就。然则立宪可不以兵刃得之耶？既知英、奥、德、意诸国，数经民变，始得自由议政之权。民变者，其徒以口舌变乎？抑将以长戟劲弩，飞丸发矰变也？近观日本，立宪之始，虽徒以口舌成之，而攘夷覆幕之师在其前矣。使前日无此血战，则后之立宪亦不能成。故知流血成河，死人如麻，为立宪所无可幸免者。长素亦知其无可幸免，于是迁就其说以自文，谓以君权变法，则欧、美之政术器艺，可数年而尽举之。夫如是，则固君权专制也，非立宪也。阔普通武之请立宪，天下尽笑其愚，岂有立宪而可上书奏请者？立宪可请，则革命亦可请乎？以一人之诏旨立宪，宪其所宪，非大地万国所谓宪也！长素虽与载湉久处，然而人心之不相知，犹挃一体而他体不知其痛也。载湉亟言立宪，而长素信其必能立宪，然则今有一人执长素而告之曰：“我当酿四大海水以为酒。”长素亦信其必能酿四大海水以为酒乎？夫事之成否，不独视其志愿，亦视其才略何如。长素之皇帝圣仁英武如彼，而何以刚毅能挟后力以尼新法，荣禄能造谣诼以耸人心，各督抚累经严旨，皆观望而不辨，甚至章京受戮，己亦幽废于瀛台也？君人者，善恶自专，其威大矣，虽以文母之抑制，佞人之谗嗾，而秦始皇之在位，能取太后、嫪毐、不韦而踣覆之。今载湉何以不能也？幽废之时，犹曰爪牙不具。乃至庚子西幸，日在道涂，已脱幽居之轭，尚不能转移俄顷，以一身逃窜于南方，与太后分地而处，其孱弱少用如此。是则仁柔寡断之主，汉献、唐昭之俦耳！太史公曰：“为人君父而不知《春秋》之义者，必蒙首恶之名。”是故志士之任天下者，本无实权，不得以成败论之，而皇帝则不得不以成败论之。何者？有实权而不能用，则不得窃皇帝之虚名也。夫一身之不能保，而欲其与天下共忧，督抚之不能制，而欲其使万姓守法，庸有几乎！事既无可奈何矣，其明效大验已众著于天下矣。长素则为之解曰：“幽居而不失位，西幸而不被弑，是有天命存焉。王者不死，可以为他日必能立宪之征。”呜呼！王莽渐台之语曰：“天生德于予，汉兵其如予何！”今之载湉，何幸有长素以代为王莽也。必若图录有征，符命可信，则吾亦尝略读纬书矣。纬书尚繁，《中庸》一篇，固为赞圣之颂，往时魏源、宋翔凤辈，皆尝附之三统三世，谓可以前知未来，虽长素亦或笃信者也。然而《中庸》以“天命”始，以“上天之载，无声无臭”终。天命者，满洲建元之始也；上天之载者，载湉为满洲末造之亡君也。此则建夷之运，终于光绪，奴儿哈赤之祚，尽于二百八十八年。语虽无稽，其彰明较著，不犹愈于长素之谈“天命”者乎？要之，拨乱反正，不在“天命”之有无，而在人力之难易。今以革命比之立宪，革命犹易，立宪犹难。何者？立宪之举，自上言之，则不独专恃一人之才略，而兼恃万姓之合意；自下言之，则不独专恃万姓之合意；而兼恃一人之才略；人我相待，所倚赖者为多。而革命则既有其合意矣，所不敢证明者，其才略耳。然则立宪有二难，而革命独有一难，均之难也，难易相较，则无宁取其少难而差易者矣。虽然，载湉一人之才略，则天下信其最绌矣。而谓革命党中必无有才略如华盛顿、拿破仑者，吾所不敢必也。虽华盛顿、拿破仑之微时，天下亦岂知有华盛顿、拿破仑者？而长素徒以阿坤鸦度一蹶不振相校。今天下四万万人之材性，长素岂尝为其九品中正，而一切检察差第之乎？借曰此魁梧绝特之彦，非中国今日所能有，尧、舜固中国人矣，中国亦望有尧、舜之主出而革命，使本种不亡已耳。何必望其极点如华盛顿、拿破仑者乎？长素以为中国今日之人心，公理未明，旧俗俱在，革命以后，必将日寻干戈，偷生不暇，何能变法救民，整顿内治？夫公理未明、旧俗俱在之民，不可革命，而独可立宪，此又何也？岂有立宪之世，一人独圣于上，而天下皆生番野蛮者哉？虽然，以此讥长素，则为反唇相稽，校轸无已，吾曰不可立宪，长素犹曰不可革命也。则应之曰："人心之智慧，自竞争而后发生，今日之民智，不必恃他事以开之，而但恃革命以开之。"且勿举华、拿二圣，而举明末之李自成。李自成者，迫于饥寒，揭竿而起，固无革命观念，尚非今日广西会党之侪也。然自声势稍增，而革命之念起；革命之念起；而剿兵救民、赈饥济困之事兴。岂李自成生而有是志哉？竞争既久，知此事之不可已也。虽然，在李自成之世，则赈饥济困为不可已，在今之世，则合众共和为不可已。是故以赈饥济困结人心者，事成之后，或为枭雄；以合众共和结人心者，事成之后，必为民主。民主之兴，实由时势迫之，而亦由竞争以生此智慧者也。征之今日，义和团初起时，惟言扶清灭洋，而景廷宾之师，则知扫清灭洋矣。今日广西会党，则知不必开衅于西人，而先以扑灭满洲、剿除官吏为能事矣。唐才常初起时，深信英人，密约漏情，乃卒为其所卖。今日广西会党，则知己为主体，而西人为客体矣。人心进化，孟晋不已。以名号言，以方略言，经一竞争，必有胜于前者。今之广西会党，其成败虽不可知，要之，继此而起者，必视广西会党为尤胜，可豫言也。然则公理之未明，即以革命明之；旧俗之俱在，即以革命去之。革命非天雄、大黄之猛剂，而实补泻兼备之良药矣！长素以为今之言革命者，或托外人运械，或请外国练军，或与外国立约，或向外国乞师，卒之，堂堂大国，谁肯与乱党结盟，可取则取之耳。吾以为今日革命，不能不与外国委蛇，虽极委蛇，犹不能不使外人干涉，此固革命党所已知，而非革命党所未知也。日本之覆幕也，法人尝通情于大将军，欲为代平内乱。大将军之从之与否，此固非覆幕党所能豫知。然以人情自利言之，则从之为多数，而不从为少数；幸而不从，是亦覆幕党所不料也。而当其歃血举义之时，固未尝以其必从而少沮。今者人知恢复略有萌芽，而长素何忍以逆料未中之言，沮其方新之气乎？乌呼！生二十世纪难，知种界难，新学发见难，直人心奋厉时难。前世圣哲，或不遇时，今我国民，幸睹精色，哀哀汉种，系此刹那，谁无父母，谁无心肝，何其夭阏之不遗余力，幸同种之为奴隶，以必信其言之中也！且运械之事，势不可无，而乞师之举，不必果有。今者西方数省，外稍负海，而内有险阻之形势，可以利用外人而不为外人所干涉者，亦未尝无其地也。略得数道，为之建立政府，百度维新，庶政具举。彼外人者，亦视势利所趋耳，未成则欲取之，小成则未有不认为与国者，而何必沾沾多虑为乎？世有谈革命者，知大事之难举，而言割据自立，此固局于一隅，所谓井底之蛙不知东海者，而长素以印度成事戒之。虽然，吾固不主割据，犹有辩护割据之说在，则以割据犹贤于立宪也。夫印度背蒙古之莫卧尔朝，以成各省分立之势，卒为英人蚕食，此长素所引为成鉴者。然使莫卧尔朝不亡，遂能止英人之蚕食耶？当莫卧尔一统时，印度已归于异种矣，为蒙古所有，与为英人所有，二者何异？使非各省分立，则前者为蒙古时代，后者为英吉利时代，而印度本种，并无此数十年之国权。夫终古不能得国权，与暂得国权而复失之，其利害相越，岂不远哉！语曰："不自由，无宁死！"然则暂有自由之一日，而明日自刎其喉，犹所愿也，况绵延至于三四十年乎？且以印度情状比之中国，则固有绝异者。长素《论印度亡国书》，谓其文学工艺，远过中国，历举书籍见闻以为证。不知热带之地，不忧冻饿，故人多惰惰，物易坏烂，故薄于所有观念。是故婆罗、释迦之教，必见于印度，而不见于异地。惟其无所有观念，而视万物为无常，不可执着故。此社会学家所证明，势无可遁者也。夫薄于所有观念，则国土之得丧，种族之盛衰，固未尝概然于胸中。当释迦出世时，印度诸国已为波斯属州，今观内典，徒举比邻诸王而未见波斯皇帝，若并不知己国之属于波斯者。厥有愤发其所能自树立者，独阿育王一家耳。近世各省分立之举，亦其出于偶尔，而非出于本怀，志既不坚，是故迁延数世，国以沦丧。夫欲自强其国种者，不恃文学工艺，而惟视所有之精神。中国之地势人情，少流散而多执着，其贤于印度远矣！自甲申沦陷，以至今日，愤愤于腥膻贱种者，何地蔑有！其志坚于印度，其成事亦必胜于印度，此宁待蓍蔡而知乎？若夫今之汉人，判涣无群，人自为私，独甚于汉、唐、宋、明之季，是则然矣。抑谁致之而谁迫之耶？吾以为今人虽不尽以逐满为职志，或有其志而不敢讼言于畴人，然其轻视鞑靼以为异种贱族者，此其种性根于二百年之遗传，是固至今未去者也。往者陈名夏、钱谦益辈，以北面降虏，贵至阁部，而未尝建白一言，有所补助，如魏徵之于太宗、范质之于艺祖者。彼固曰异种贱族，非吾中夏神明之胄，所为立于其朝者，特曰冠貂蝉、袭青紫而已，其存听之，其亡听之，若曰为之驰驱效用，而有所补助于其一姓之永存者，非吾之志也。理学诸儒，如熊赐履、魏象枢、陆陇其、朱轼辈，时有献替，而其所因革，未有关于至计者。虽曾、胡、左、李之所为，亦曰建殊勋、博高爵耳，功成而后，于其政治之盛衰，宗稷之安危，未尝有所筹画焉。是并拥护一姓而亦非其志也。其他朝士，入则弹劾权贵，出则搏击豪强，为难能可贵矣；次即束身自好，优游卒岁，以自处于朝隐。而下之贪墨无艺、怯懦忘耻者，所在皆是。三者虽殊科，要其大者不知会计之盈绌，小者不知断狱之多寡，苟得廪禄以全吾室家妻子，是其普通之术矣。无他，本陈名夏、钱谦益之心以为心者，固二百年而不变也。明之末世，五遭倾覆，一命之士，文学之儒，无不建义旗以抗仇敌者，下至贩夫乞子，儿童走卒，执志不屈，而仰药刭刃以死者，不可胜计也！今者北京之破，民则愿为外国之顺民，官则愿为外国之总办，食其俸禄，资其保护，尽顺天城之中，无不牵羊把茅，甘为贰臣者。若其不事异姓，躬自引决，搢绅之士，殆无一人焉。无他，亦曰异种贱族，非吾中夏神明之胄，所为立于其朝者，特曰冠貂蝉、袭青紫而已。其为满洲之主则听之，其为欧、美之主则听之，本陈名夏、钱谦益之心以为心者，亦二百年而不变也。然则满洲弗逐，而欲士之争自濯磨，民之敌忾效死，以期至乎独立不羁之域，此必不可得之数也。浸微浸衰，亦终为欧、美之奴隶而已矣。非种不锄，良种不滋，败群不除，善群不殖，自非躬执大彗，以扫除其故家污俗，而望禹域之自完也，岂可得乎？（以上

录旧著《正仇满论》)

　　夫以种族异同明白如此，情伪得失彰较如彼，而长素犹偷言立宪而力排革命者，宁智不足、识不逮耶？吾观长素二十年中，变易多矣。始孙文倡义于广州，长素尝遣陈千秋、林奎往，密与通情。及建设保国会，亦言保中国、不保大清，斯固志在革命者。未几，瞑瞒于富贵利禄，而欲与素志调和，于是戊戌柄政，始有变法之议。事败亡命，作衣带诏，立保皇会，以结人心。然庚子汉口之役，犹以借遵皇权，密约唐才常等，卒为张之洞所发。当是时，素志尚在，未尽澌灭也。唐氏既亡，保皇会亦渐溃散。长素自知革命之不成，则又瞑瞒于富贵利禄，而今之得此，非若畴昔之易，于是宣布是书，其志岂果在保皇立宪耶？亦使满人闻之，而曰长素固忠贞不贰，竭力致死以保我满洲者，而向之所传，借遵皇权、保中国不保大清诸语，是皆人之所以诬长素者，而非长素故有是言也。荣禄既死，那拉亦耄，载漪春秋方壮，他日复辟必有其期，而满洲之新起柄政者，其势力权藉，或不如荣禄诸奸，则工部主事可以起复，虽内阁军机之位，亦可以觊觎矣。长素固云："穷达一节，不变塞焉。"盖有之矣，我未之见也！抑吾有为长素忧者，曩日革命之议，哗传于人间，至今未艾。陈千秋虽死，孙文、林奎尚在；唐才常虽死，张之洞尚在；保国会之微言不著竹帛，而入会诸公尚在；其足以证明长素之有志革命者，不可件举，虽满人之愚蒙，亦未必遽为长素欺也。呜呼，哀哉！南海圣人，多方善疗，而梧鼠之技不过于五，亦有时而穷矣。满人既不可欺，富贵既不可复，而反使炎、黄遗胄，受其蒙蔽，而缓于自立之图。惜乎！己既自迷，又使他人沦陷，岂直二缶钟惑而已乎？此吾所以不得不为之辨也。若长素能跃然祇悔，奋厉朝气，内量资望，外审时势，以长素魁垒耆硕之誉闻于禹域，而弟子亦多言革命者，少一转移，不失为素王玄圣。后王有作，宣昭国光，则长素之像，屹立于星雾；长素之书，尊藏于石室；长素之迹，葆覆于金塔；长素之器，配崇于铜柱；抑亦可以尉荐矣。借曰死权之念，过于殉名，少安无躁，以待新皇。虽长素已槁项黄馘，卓茂之尊荣，许靖之优养，犹可无操左契而获之。以视名实俱丧，为天下笑者，何如哉！书此，敬问起居不具。章炳麟白。(《太炎文录初编》文录卷二)

与马良书

相伯先生左右：居贤善俗，神道化民者，是先生之志也。崽琐干禄，固不屑为。比闻梁启超、蒋智由辈，将以立宪俪张天下，戴先生为祭酒，舍天爵而植朋党，先生不其然。立宪党人，志不过升斗，借成名以取宠，此婴婉子之所周知，然其说率以民权为埠，故有所谂于先生。代议政体，非能伸民权，而适堙郁之。盖政府与齐民，才有二阶级耳。横置议士于其间，即分为三。政府诚多一牵掣者，齐民亦多一抑制者。欧、美、日本行之，民愈困穷，未见其为元元福也。是在中国，则势尤异于东西。一曰：去封建久近之。比代议者，封建之变形耳。君主立宪，其趣尤近，上必有贵族院，下必审谛户口、土田、钱币之数，至嬺至悉，非承封建末流弗能。欧洲诸国，宪政初萌芽，去封建直三四百岁，日本且不逮一世。封建之政，遇民如束湿薪，渐及专制，地主犹横。于是更立宪政，民固安其故也。中国捆一既二千稔，秩级已弛，人民等夷，名曰专制，其实放任也。故西方有明哲者，率以中国人民为最自由。无故建置议士，使废官豪民梗塞其间，以相陵轹，斯乃挫抑民权，非伸之也。二曰：幅积大小之比。欧洲诸国，大者不当中国四省，最小乃二三府，其生又不繁，选举议士，率五六万人而一，日本亦十万人而一耳，然被选者犹多豪贵。若计中国四百兆人，县选其一，得一千四百人，犹二十九万分之一也。数愈阔疏，则被选者必在故官大骃。不然，则非民所周知与属耳目者，宁有豪牦与选之望。故官素贪污，驵侩又惟锥刀之竞，直道而选，犹不能得佳者，况其出于关节？日本议士三百余员，苟且流溢，比闾可鬶，率为政府爪牙，以侵黎庶。中国士大夫饰身寡过，又不日本若，以是代议，民其得有幸乎？循是二例，以中国行立宪代议之政，其蠹民尤剧于专制。今之专制，直刑罚不中为害，他犹少病。立宪代议，将一切使民沦于幽谷。夫贼民者，非专官吏，乡土秀髦，权力绝尤，则害于民滋甚。乃者诸安豪强把持公事，政府固慈疾之，虽齐民亦欲刲刃其腹焉。州县下车，能搏击巨室土豪者，井里编氓，皆聂噪而称民父。豪强之妨民如是，幸其在野，法尚得施。今超而为议士，为虎着冠，其妨民不愈况耶？且宪政既成，则政党因缘而起，新学浮华之士，又往往参错其间。今之新党，其猥鄙盖甚于旧党矣。榜署既章，惟封殖党援是急，民之利病，固委置之。贿赂公行，为枭为貓，将什佰于官吏。昔明世东林、复社，名为以道德相扶持，及其左右朝政，则自植渠帅以为首辅，延缘昏椓，交通宫禁，苟可以利吾党者，惟力是视。此先生所察知也。近世新党佞谀突梯，又愈在东林、复社下，坑之犹惧不尽，况附益之？人亦有言：芳兰茺蔚，藏不同瓯。先生游衍昊天，躬行文莫，哀民德之昌披，以身作则，教之善道可也，焉用与宵人奔走，以自尘点？有皇上帝，爱民甚矣，岂其使新党豪民肆于人上？书不能尽意，唯裁省览。章炳麟白。（《民报》第十九号，1908 年 2 月 25 日，署名"太炎"）

中夏亡国二百四十二年纪念会书

夫建官命氏，帝者所以类族；因不失亲，天室由其无远。故玄黄于野者，战之疑也；异物来崒者，去之占也。维我皇祖，分北三苗，仍世四千，九有九截。虽穷发异族，或时干纪；而孝慈干蛊，未坠厥宗。自永历建元，穷于辛丑，明祚既移，则炎黄姬汉之邦族，亦因以澌灭。顾望皋湨，云物如故，惟兹元首，不知谁氏？支那之亡，既二百四十二年矣。民今方殆，寐而占梦，非我族类，而忧其不祀。觉寤思之，毁我室者，宁待欧、美？自顷邦人诸友，怒然自谋，作书告哀，持之有故。有言立宪君主者矣，有言市府分治者矣，有言专制警保者矣，有言法治持护者矣，岂不以讦谟定命，国有与立，抑其第次，无乃陵躐？衡阳王而农有言："民之初生，统建维君，义以自制其伦，仁以自爱其类，疆干善辅，所以凝黄中之綑缊也。今族类之不能自固，而何他仁义之云云？"悲夫！言固可以若是。故知一于化者，亦无往而不化也；贞夫观者，非贞则无以观也。且曼殊八部，不当数郡之众；雕弓服矢，未若飞丸之烈。而蓟丘、大同，鞠为茂草；江都、番禺，屠割几尽。端冕沦为辫发，坐论易以长跽。茸兹犬羊，安宅是处；哀我汉民，宜台宜隶。鞭棰之不免，而欲参与政权；小丑之不制，而期捍御晰族，不其怃乎！夫力不制，则役我者众矣；莫之与，则伤之者至矣。岂无骏雄，愤发其所，而视听素移，民无同德，恬为胡豢，相随倒戈。故会朝清明者鲜睹，而乘马班如者多有也。吾属孑遗，越在东海，念大木之所生长，瞻太冲之所乞师，颍然不怡，永怀畴昔。盖望神丛、乔木者，则兴怀土之情；睹狐裘、台笠者，亦隆思古之痛！于是无所发舒，则《春秋》恩王父之义息矣。昔希腊陨宗，卒用光复；波兰分裂，民会未弛。以吾支那方幅之广，生齿之繁，文教之盛，曾不逮是偏国寡民乎？是用昭告於穆，类聚同气，雪涕来会，以志亡国。凡百君子，同兹恫瘝！愿吾滇人，无忘李定国；愿吾闽人，无忘郑成功；愿吾越人，无忘张煌言；愿吾桂人，无忘瞿式耜；愿吾楚人，无忘何腾蛟；愿吾辽人，无忘李成梁。别生类以箴大同，察种源以简蒙古，齐民德以哀同胤，鼓芳风以扇游尘，庶几陆沉之痛，不远而复，王道清夷，威及无外。然则休戚之薮，悲欣之府，其在是矣！庄生云："旧国旧都，望之畅然！虽丘陵草木之缗，入之者十九，犹之畅然，况见见闻闻者耶？"嗟乎！我生以来，华鬓未艾，上念阳九之运，去兹已远，复逾数稔，逝者日往，焚巢余痛，谁能抚摩？每念及此，弥以腐心流涕者也！君子！(《太炎文录初编》卷二)

飞　生

近时二大学说之评论

发端

于近今学界上有二说焉，为一般学子所习闻，而于一切思想界上有影响者，则新民氏之新民说，与夫东游者所称道之立宪说是也。

立一主义焉，将欲国民闻吾之言而有所警惕焉，有所动作焉，有所改革而进步焉。则不可不于其国民之性质，与夫传来之历史，而最要者，尤莫如其群治根本的组织，上下深沉之观察，而得其根本之所在，夫然后可以下药石也。苟不尔者，理非弗精焉，义非弗通焉，而其言不适于其国，不适于其时。或差一级焉，或差一线焉，则无论其言之不行于时，其甚也且将缪以千里而流为祸。故理弗论是非，惟求当于时。今新民氏之言曰："国也者积民而成，未有其民恶陋、怯弱、涣散、混浊，而国犹能立者，故中国之亡，国民之自亡之也。"兹说也，吾无以难之也。为立宪者之说者[曰]："民权弱者其国危，民权昌者其国强。民权何在？曰议院，曰宪法。

夫国未有政纲不立而补苴罅漏能有济者也。"兹说也，亦无以难之也。虽然，理则当，义则通矣，然兹说也，其果适于中国之时势与事实与否，其果能于中国群治组织上下适当之观察，而得其根本与否，使我中国国民闻兹说，其果能有所改革进步与否，则吾今日所欲言研究之问题也。嗟乎，此数千年之古国乎，大风忽来，摇摇欲坠。当时之人，非尽冥顽不灵也，则亦有号者、叫者、呼者、哭者、辨论者，卒无所补救而底于灭亡。此区区亦不过于历史上添一段余悲而已。读四客政论，吾又不知其涕之何从也。

虽然，吾更有说于此。吾今之作是篇，非与新民氏及主张立宪者言也，吾为吾国民之读新民说、读立宪说者告焉。人之见解，各随其历史境遇而异，不可以相强也。且言者之责任与听言之责任又有异：言者但使其言之足以成理，其责任已完；听言者则非徒理而已，不可因其理而误解焉，尤不可自有一主见，立其理之上，而因而读之也，解之也。

第一节　二说之总评

新民也，立宪也，理非弗是焉，义非弗通焉；顾我以为救今日之中国，尚差一间，尚差一间。

使中国之历史，能如日本之成一完全民族国，而戊戌变法能如彼之所谓大政维新，则今日之新民说与夫立宪说，诚可为根本之理论，切要之政策矣。惜也，理论有进步而事实无进步，故理论与事实愈去愈远也。且论者亦知今日中国之亡其原因果何在？而今日救亡之法其道当何由乎？吾请举其根本言之，而二说之价值，乃可得见其真而下评判也。

弱国与病国有分别。今日之中国，病国也，非弱国也。以治弱国之手段治病国，其亡必矣。夫觇一国之成败兴亡之大原，则视其智愚贤不肖之位置而已。贤智者在上，愚不肖者在下，群治组织之公例也。由其贤智之程度之高下，人数之多寡，而国之强弱以判焉。虽然，即弱也，但使其组织之顺序，果能合乎群治之公例，则未有不可为治，未有不可渐致于强者也。譬之于树，树虽小，而枝叶根本各得其所，未有不生长者也。若今日之中国，则枝叶入乎泥土之下，而根乃曝于空气之中，其位置既全乎倒置，此其所以根本腐败，而非有空前绝后之手段不能救也（中国贤智之位置倒置原因，则观云氏之"民习论"言之最切，附录一节以备考）。

"当其河山已非，宗社方墟之日，一二秉英雄豪杰之性者，未尝不并志壹气焦虑困心，欲出万死不顾一生之计，綮之于他人之手，而光复我祖宗之旧物。而被捕缚，遭杀戮，徒党屠醢而家祖覆灭者踵相接，此皆一一摧伤民族之志气者也。……方是时，其能俯仰新朝，而灾祸不及其身者，必其怵于势慑于力，改志易虑蠖屈无声气，以求苟全其性命者也。不然，必其入山之深，入林之密，为耕佣野老以藏身，而不愿闻利害治乱当世之事者也。不然，必其闷闷汶汶塞聪堕明，受时势之大震动，而曾不激刺于其脑性，但能行尸走肉饮食男女，以延祀姓者也。不然，必其或有大不得已者，而遂受其衣冠，拜其禄食，行其朝廷，以示无他，而不欲为之设一谋，画一策，行与心违，旅进旅退，以终其身者也。不若是者，则必薰心于富贵利禄，蝇营狗苟，为虎作伥，挟其小知小能，一技一长，与其媚悦迎合之技，以博取功名势力，而不复知天地间有廉耻气节之事者也。夫以一种之人所谓有豪杰英雄之气骨者，既已销亡，不得延其种类而传其性质，而得意当世子孙蔓延者，非黠巧之夫即庸懦之辈，则其人种之不能立于世界竞争之场盖可知也。"

是故治今日之中国，更正其贵贱贤愚为第一阶级；其次而后，进不肖者使贤、进愚者使智之事，可得言也；而后立宪议院之制可得行也。今第一级未破，而欲第二层之事治中国，更望其迂回而转至第一级，药非弗善也，其如不能下喉何！此二说之病之同者也。

总而言之，则新民说不免有倒果为因之弊，而立宪说则直所谓隔靴搔痒者也。今将二说分论之，而聊贡其一得之愚如左方。

第二节　新民说之评论

新民氏之言曰："苟有新民，何患无新制度、新政府、新国家。"而问其若何而可得新民，则曰："新民云者，非新者一人，而新之者又一人也，则在吾民之各自新而已。"兹言也，则吾之所最不敢赞同者也。夫论民族兴亡之原，而归乎其性质。则性质云者，有秉之自天然者，有受之于地理、历史之遗传影响者，远者且在不可穷诘之种性，近者亦积自千年百年之前，亦既习之成性矣。一旦而欲改革之，固非一议论之所能奏功，亦断非十年、数十年之所能见效。独不见夫欧洲之改革乎？夫社会者国家之母也，则社会改良，国家自能变易面目。而何以百年来政治之改革，痕迹显然，而社会改良则至今尚百口沸腾而莫得其端倪也。故自理论上言，则有新民固何患无新政府；而自事实上言，则必有新政府而后可得新民也。何者？政府者民之代表也，代表其群者必其贤智之过于其群者也。贤者教不肖，智者教愚，则政府者固有新民之天职在也。夫使政府而果贤且智焉，则政府之教民也，固当如新民氏之言矣。若曰"尔其自助，尔其自新"，今政府既不能担任其天职，而乃不思易而置之，而仍教之以自新，不教之以变少数短年易变之政府，而教之以新多数积重之民俗，吾知其事之万不可期，而又不得代此蚩蚩者向新民氏一诉冤也。夫治治国则当用繁赜之法，治乱国则当用单简之法；教文明强悍之国民则当平心静气以立其远大之基，教野蛮柔弱之国民则当单易直捷以鼓其前进之气。反其道而用之，未有能济于事者也。

新民氏曰："今之动辄责政府者抑何不智。"又曰："责人不责己，此中国所以不能维新之大原。"又曰："各委弃其责任，而一望诸家长。"吾以谓，国民者对于国家而负其监督政府之责任者也，舍此之外，吾未见有责任之更大于此者矣。吾正患其不能责政府耳，苟其能也，则中国何至于今日也。且夫吾中国之政府，则又与外国异。譬之甲、乙二人，有二事焉，甲以事委诸丙，而从而指导之焉、监督之焉；乙以事委诸丁，悉与之权而不顾问也。苟二事悉败，则丙之责任为重乎？丁之责任为重乎？中国之政府，丁之类也，四万万人悉举其权而委之，其责任愈重，则责之宜愈严，理势之必然也。夫变俗之事，亦未始不可期，虽然，有其道也，则有一震撼雷霆之举，足以使沉睡之脑一震而耳目能一新是也。善夫严子《原强》之言也，归其本于智、德、力，而救急则归于一震；盖深知智、德、力之进之有道，而救时之要当在是也。新民氏之宗旨与严氏同，而于篇末一节未有留意焉，所以言焉而不免有病也。

嗟乎，吾今勿言理论矣，请以事实论之。十年以来，吾国民智识之进步奚若？而政府者，割地也、赔款也、矿约也、商约也、路约也，凡兹数端，无一事不可以使我世世子孙永失其立国之资格，而长为奴隶，永永沉沦万劫不复者也。而其罪恶尤大者，尤莫如失信用于国民，使之自生亡国之感。夫以前之种种原因以至今日，则新民氏之言至矣，然循是比例以往，智识自然进步之速率，其能胜异族经营事业之进步与否，吾恐即有新民，终不能自存于天地间也，而况乎其必不可得耶？

要之，新民说者，史论也，非政论也；教育家之言，非新闻记者之言也。勿以政论视新民说，则新民说固近今有数之文字也。新民氏闻我言，其以为何如？

是故新民说者，揆之理论而通，合诸事实而违者也。中国之亡，其罪万不能不归之于政府，国民之不责政府，国民之罪也。归亡国之罪于国民，而又劝其不责政府，则又何说焉！夫轻生死，绝利禄，以殉其己之所信，是说也，可以律杰出之士，而不可以责一般社会者也。在上者挟其利禄之途，生死之权，以操纵其下，则亦上好善而民好善耳。今新民氏之言曰："夫官吏之不肖，政府之桎梏，为一国退化之重要根原，亦何待言，而谓舍此以外，一无改革，遂可以尽善尽美，吾见其太早计矣。"固也。然吾必其谓官吏非不肖，政府非腐败，夫然后群俗乃可以改良，乃可以求尽善尽美。若以今日之官吏、政府，任之而不革，而乃欲望民间有所改革，有所兴起，无论其无也，即有之，而独不思彼政府者，固日日以摧伤民气为第一政策乎！刀锯横其后，利禄诱其前，蚩蚩之氓，有何知焉？此吾所以决其事之万不可通，而其说则为倒果为因而不疑也。

论国家兴亡之原，而归乎其民，归乎其民族之性质，以斯言而教我国民，则尤有不可不注意者一事焉。吾国民者，自古以不担责任闻于天下者也。当鼎革之时，衰乱之际，则悉归其命于天，故夫国之亡也，则曰：天实为之，我独奈之胡哉！是曰任天。今将以兴亡之故，归其命于人，则国之亡也，彼又得曰：是蚩蚩者实自为之，吾独奈之胡哉！是曰任人。夫任天与任人，其理之是非勿容辨，然其为任则一也。且吾恐不肖者，且将引此言以为卸过之地，以为中国之存亡非吾一人之责。而一二贤者，习闻此说，则睹此蚩蚩攘攘者，冥焉若游梦，教之而无术，呼之而不醒，夫以愚蠢如我民，而教之无术，呼之不醒，则焉有不伤神短气，而为之心灰焉哉。呜呼，立说一不慎，而层层误解，且即从此而生，后有作者，其亦闻此言而三思焉。

第三节　立宪说之评论

怪哉，今日之所为立宪说也。夫立宪则立宪耳，而又不敢打破局面，必曰和平而后可济事则何也！和平则和平耳，而又不敢爽快直捷，必欲运动政府而后可得者则又何也！并此奇奇怪怪不可思议之数思想，而总戴一旗帜曰立宪，于是詈之者则曰：是辈实欲作官而已矣。驳之者则曰：以变法让权之大典，责诸不同感情历史之异族，是实梦呓耳，夫兹数说者，皆所为反对立宪说者也，其持之亦有故，其言之则成理。虽然，吾则以为是说也，皆未足以服其心者也。何则？非立宪者据空理以立言。若曰：中国者，中国人之中国也。果为中国人之中国，立宪可，专制亦未尝不可，如今日之中国而立宪乎，则我亦犹是奴也，于我乎何有。立宪者据势以立言。若曰：今日之所患者，白种也，彼白种之势力，既日膨胀，一旦内乱起，是以速外人之来耳，故不如不打破局面，而使政府变法之为愈也。夫据理与据势，则两者各有壁垒，各有矛戈以相抗也，待此种议论，争辨至极点，则我中国已不知何处去了。若夫做官之说，则吾今日又不敢横执是说以詈人。吾今日者，平其心，静其气，就实事不就空论，就势不就理，以与诸公论立宪。则分其节为三，曰：中国之存亡其果在立宪不立宪乎？曰：今日之政府其果能立宪乎？曰：立宪即可以求和平乎？夫原立宪说者万不得已之苦衷，则亦曰：求和平而不打破局面已耳。则论事至和平一点，其亦可以为终结点矣。

　　环地球上，宪法成立之国无不强，固也。虽然，问其何自而得之，则曰：有自破坏而得之者，有自和平而得之者。破坏者既勿言矣，其自和平而得之者，曰英，曰日。夫英之不能学也，亦既知之矣，则宜莫如日。说者见日人宪法成立之历史，与夫成立后国势之强盛也，则亦从而艳羡之，而欲移之于今日之中国。呜呼，此立宪说者，根本的谬误也。独不思宪法未成以前之日本，亦犹是今日之中国，昏昏在睡梦中乎？当夫庆应之末，明治之初，一二志士，前仆后起，相与建革政之功者，此其人为何如人？此其事为何如事乎？岂以庚子以后之数道上谕，遂可冒之以大政维新乎？先辈未见有西乡隆盛，而今日之志士乃欲做伊藤博文乎？改革之绪，有先后，有次序，勿可越尺寸也。故必先造新政府，然后可以行新制度，断未有求旧政府而可以立新制度者也。夫一国存亡之源，则视其自觉心而已。有自觉心者，则其心向上，有希望，有进取；不然者，其心向下，主因循，主退缩。以数千年因循之古国，而欲振起其自觉心，则宜莫如使之耳目一新。譬之是犹人也，宪法参苓也，今日之中国，睡儿也，儿未醒，孰从而饮食之。明治初年之日本，醒儿也，故能食。今日之中国，睡儿也，夫未有酣睡之国，而能立于大地者也，则亦醒之而已矣。不此之务，吾未见其能济也。

假而曰：日本之兴必在宪法，中国现状必不可打破，立宪一策必可以救中国。则吾请更进一问题曰：今日之政府，其果能立宪乎？夫政府今日，其所以宁断送此四万万财产性命于异族者，果何为乎？夫亦曰保稳其几只饭碗头耳。此四万万之性命财产与此几只饭碗头相碰，乃以成今日之现势，其势之不能两立盖可知也。今日之欲以和平改革语政府也，若曰造反，彼之所惧也，吾不可以此言惊之使却走。吁嗟乎！愚哉！其不知政府之真相也。彼政府者，又乌知有所谓和平，有所谓激烈，若曰有一物焉，足以倒我之饭碗头者，必出死力以拒之。拒之有其辞，则曰"叛逆"。叛逆者何？倒饭碗头者是也，岂有定名哉。假使谓之曰："有官把汝做，有钱把汝用。"则又世祖章皇帝矣。而独不见夫戊戌之变乎，其名则曰变法也，而杀之，杀之为其不利于己也。而独不见夫庚子之变乎，其名则曰保皇也，而杀之，杀之为其不利于己也。夫变法也，保皇也，岂不和平也哉，而拒之若此。今之言立宪，以为我之说较革命造反为和平，而可以此动政府也，其亦知政府眼光中，又乌有所谓立宪、革命者乎！要之此四万万性命财产不去，则此几只饭碗头不保。如真欲救中国而求立宪乎，则政府视之亦叛逆也。如曰欲做官乎，则吾又何说之辞。

假而曰：政府必能立宪，政府而不能，则我运动国民以要求之。噫！休矣！若是言立宪则立宪耳，又何必借和平之旗帜以为幛也！而独不见夫法兰西乎？大革命以前，何尝无议会，而议会适以为大革命之媒。故论和平不和平，亦视其国之内容何如耳。以今日小民生计之困难，政府财政之紊乱，而又种族之戚深入人心，不许人以言论自由则已耳，苟许之又何能止之？如是而一而二而三，未有不酿大乱者也。是故立宪者，大革命之媒也。世之求和平而又反酿乱者，未有不如是者也。夫日本昔日为争权也，故诏救一下而即平，盖亦历史之故，而时机之得也。今日中国历史又不同，而其民既争权尤须争命，予其权而不救其命，此大革命之所由来也。且即言日本，公等亦闻江藤新平之事乎？和平何有焉？和平何有焉？

立宪说者乎，其能解此三问题也，则吾亦降心而随诸公之后。如其不然，则请有以语我来。

抑吾尤有进者，凡英雄之能成大事也，其走路必直线不走圈线，必走一条必不走第二条，光明其宗旨，愿者来，不愿者去。事成乎，则万人拜之，馨香祝之；不成乎，则墓木绕之，秋虫鸣之。其为事也如博然，一掷则中，不着则已者也，是故其精神则快乐也，其心肠则铁石也，其成功则久远也。而不然者，屈曲其言论，暧昧其宗旨，汲汲乎欲自用其才其学，以望人之信我，则所谓屈心以运动人，未有不为人所运动者也。夫我不敢詈人，吾以为诸君者，皆有心于国事者也，特不知今日政府之为何如真相，而又慑于外力，不敢打破局面以图将来耳。若曰：将以求利禄也。则吾敢决曰：三年以后，必无立宪之声矣，而吾又何为哓哓哉。

第四节　结论

吾作是，吾未竟也，吾之友汗且喘以走告我曰："俄人占领奉天，而英、而德、而日、而法乃据俄人之故策以为请，瓜分之局定矣，而子犹以文字争，其可已矣夫，其可已矣夫！"余闻之神色虽不动，而其心犹上下颤动其未已也。呜呼，此数千年之古国乎，尔终往矣，吾复何言，吾亦将随尔以往耳。夫事虽不实，权苟操诸人，今日明日吾又何能料也。呜呼，蚩蚩之氓，既不知亡国之惨；而所谓有志者，又迂缓寡断，不肯出万死不顾一生之计，而必待事之临头而始喟然悟。呜呼，此中国所以终亡也夫！此中国所以终亡也夫！（《浙江潮》第八、九期，1903 年 10 月、11 月）

佚　名

为外人之奴隶与为满洲政府之奴隶无别

今之所谓自由，所谓平等者，以其独立不羁完全无缺也。于一国之内，言论自由、出版自由、迁徙自由、集会自由、本身自主、家宅自主，下及诉求请愿、秘密书函、干涉行政之得失、选举议员之资格，无不有焉，此自由也。若夫上对君主，下对细民，均处一律之地位，无稍差异，此平等也。于此之外，固不受野蛮君主之压制，并不受文明异族之驱使。若不受野蛮君主之压制，而受文明异族之驱使，是同一奴隶也。且以为文明异族人之奴隶而自豪，是奴隶犹足以自豪，天下事无可耻可悲之事也。岂吾四万万神明黄帝之华胄而忍出此。当今之时，志士一言之得失，关全种之兴亡。兴亡之机，系于一言，则一言安得而不慎？吾又安得而不辨？

慨自宗周以降，玁狁匈奴，迭为北患，虽以秦皇之雄才，不过驱诸河套以外。至是而还，赖汉武通西域而断匈奴右臂，汉宣得坐受单于之朝，延至东汉曹魏，犹不稍衰。此实吾汉种强盛而奴隶异种时代也。迨晋武诒谋不臧，以致五胡乱华，南北分朝，长城以南，两淮以北，几无净土。虽唐高曾臣逐突厥，然因五季之乱，石敬塘之徒，以燕云十六州拱手而贡于契丹。至于宋兴，犹岁赠货币，以言和亲，复蹈汉高文景时代之覆辙，徽、钦之朝，两河之地，没入于金。度宗以后，中原全土，尽入于元。虽明之兴，而曾不数百年，又有今日，又有今日之朝廷。此吾汉族衰弱而为异族奴隶时代也。上下数千年，除三代、汉、唐以外，嗟吾同胞，类无不为异族之奴隶者。而彼李陵、王猛、张宏范之徒，且残杀同族，献媚异族而为其奴隶，且以为奴隶自豪。噫，是何心，是何心！然犹曰：数千年或数百年前之事，非吾身所亲历，无可如何；今请从此自励而外拒白种，内覆满洲。然则知奴隶为可耻，而不容有奴隶之思想也明矣。

乃言者曰：印度灭于英，英文明国也，故为其奴隶亦甚乐观，沪上巡捕可知。我中国以往安能如印度之为英奴隶者。噫吁！奴亦可羡耶？设有文明异种如英，以奴隶印度者而奴隶我国遂欢迎再拜而受之耶？是言也，岂可入吾同胞之耳；是思想也，岂可映诸吾同胞之脑。吾故不得不辨。何以言之？天既赋人以权利，天即赋人以能力。自人不能廓充其能力，乃不能保存其权利。于是奴隶其身而不平等，奴隶其心而不自由，心与身且不自由矣，妻子财产更何待问，鞭笞任人，刈艾任人，何乐之有？且古之灭人国也以形质，今之灭人国也以精神；故精神之［亡］惨于形质之亡。试观英之灭印度也，朝廷如旧，政府如旧，人民如旧，形质亡而未亡也，而不知吸收其财源，同化其政教，奴隶其人民，为精神之亡耶？故吾中国倘亦如印度灭亡于文明之英，奴隶于文明之英，亦得充当其巡捕，则吾同胞奢愿既偿，帖然皈复，吾恐中国永堕百劫之狱，无时自拔矣。后世文学家之议论，历史家之记载，谓支那以四万万之人民，二万万之土地而见灭于异种，乃维新志士使人民求如印度奴隶于英所致，岂不哀哉！

故曰：志士一言之得失，即全种之兴亡也。(《童子世界》第二十四期，1903 年 5 月 2 日）

薛锦江

二十世纪之中国

中国永无振兴之日乎？吾不忍言。中国能与列强争雄乎？吾不敢信。不忍言，则不得不望黄帝子孙群起诛独夫；不敢信，则不得不求青年童子，毋失其英锐之气。印度、埃及，地非不广，人非不众，而卒不克自主，臣属于英，其境遇之惨，虽木石之人，亦当流涕，而况英雄志士乎？虽然，不流涕则已，既流涕而仍不悔悟，屡蹈覆辙，其不与印度、埃及同为奴隶牛马者几希矣。中国者，吾黄帝子孙之国，非白种之国也。土地者，吾国人之土地，非满洲之土地也，然而今日之中国，为白种之国矣；今日之土地，为满洲之土地矣。阻国民之事业，夺国民之权利，以快一人之私欲，呜呼，吾同胞何不幸至于此极耶？窃为之痛心焉。吾等同为国家人民，各有救国之职，各有复我权利之本分，安可互相推委，以我生长之国，膏腴之土，拱手让诸外人耶？且数十年前，欧美诸国日益强，我中国则仍酒醉未醒，虽革命之象，一起再长，东西南北，受其余波者盖多，除独夫而去压制，亦何难焉？然百年以来，中国乃奴隶之中国也，乃主人隐居之中国也。主人其可久隐乎？奴隶其可久安乎？狂涛怒浪，疾卷而东，转瞬间又今日矣。十目所视，十手所指，实惟中国，而革命之事亦稍见，有此不易得之机会，苟乃不自振，以谋反抗顽固者，吾恐黄帝子孙绝种不远矣。往者不可悔，来者犹可追。吾辈自命为英雄志士，岂可坐视宗国之覆亡，而不为援手耶？抑尽吾才力，竭吾心思，以为四万万人求福耶？由前之说，吾非特不敢为，并不忍言；由后之说，吾言之于口，并欲行之实事。识者当早知之，亦不待吾辈为童子者妄言矣。今日者，大江南北，颇有振兴之象，学界之事，不一而足。去岁南洋公学学生退学后，风潮普及举国之野蛮学校。苟一旦同倡事业，则学生之势力必大，学生之根本必坚，不数年可与白种争强弱矣，不数年，而吾辈为主人矣。然而斯时也，奴隶盈满之时代，非独立巩固之时代也。独立之萌方启，苟群力不固，一受阻即涣散矣。苟吾国人人求为英雄志士，不肯居人下，不肯让俄人、英人、法人争先，则二十世纪之中国，必有振兴之一日，必有与白种不两立之一日。为此事者，负此职者，非吾辈童子而谁？吾愿诸君，各用才力，以百折不回之气，而谋国事，则中国之兴，可翘足而待也。

果如是也，吾将为二十世纪之中国贺矣。（《童子世界》第二十五期，1903 年 5 月 4 日）

革命制造厂

沈荩既死，满洲政府益欲逞其毒于我同胞国民。留学生之还入内地者，皆被查检甚严。而魏光焘指捕扬州新党若干人，上海新党四十七人，其说腾播；弃家逃威，望门投止者，趾踵相错，满人之虐我汉族，暗无天日至此耶！

吾今乃知满人之所以水火我刀锯我者，非疾痰而药石；我之蹈此水火饮此刀锯者，不当怒而当感。何也？则以吾汉族四万万人，质性薄弱，习染深固，非满人出大力锻炼而陶冶之，不足以成利器也。冶工之铸刀剑也，猛火以融之，铁锤以舂之，镴锡砂石以攻之，虽汗流气嘘力耗神疲不惜；卒之火力愈猛淘汰愈精，压力愈重质性愈坚，磨练愈深锋锷愈锐，迨至利器既成，出为世用，无不宝贵。近世格致昌明，制造之工日出；而革命之制造，尤十八世纪以来，世界之大工也。是故英王若耳治，美国革命之大工人也；巴黎巴士的狱，法国革命之大工场也。西班牙之于荷兰，日耳曼之于瑞士，土耳其之于意大利、塞尔维、希腊等，莫不尽举附属之民，投一炉而冶之，百炼千锤，务使其能独立自强，成光芒锋锐之性质。故迄今白民族之游刃四海，试锋东亚，几如切玉昆刀，无坚不破，制造之功能神且大如此。吾中国数千年来，代不乏制造之人，惜其法未精，虽有废兴改革，类皆以暴易暴，无阖辟天地转捩世界之观。民气销沉，受群外族之磨削，恬然忍受而不知耻。近顷满洲政府奋其热心，运其能力，以法律为薪炭，以狴犴为鼎炉，以刀锯为锥凿，以剥肤敲髓为刮磨，以水深火热为淬砺，而吾民族顽民之顽，尤甚顽铁。当戊戌之际，康、梁、潭〔谭〕、杨等数人，伏阙上书，请颁新政，天下喁喁望治，然其意欲以平和改革也；政府以为未足，执而诛之，以造成唐才常等数十辈。然唐才常等，虽实能行流血主义，而其名犹曰保皇也；政府以为未足，执而诛之，以造成数万民党，如近日广西之变。然内外学生等，以法人之干预，恐阴夺政府国权，慨然有拒法之请，留东学生复编学生军，愿听节制以抗俄人，则其保存满洲政府之心或犹未忘；满洲政府惟恐其气恭，必欲锻炼而磨砻之，于是将甘心于学生，四处逮捕，至商请日使内田筹压制留东学生之法，而邹章之狱，至今未解，保皇党之龙积之、沈荩等，尤满洲政府之所甚恶，或执或诛，以警天下歌功颂德之辈，使咸趋于革命而后止。盖至此而炉火纯青，功十八九矣。尤足奇者，禁锢留学生，不得入成城学校，以效秦政之焚诗书销锋镝；开经济特科，而即捕经济特科之士，以效张献忠之屠诸生。呜呼，经如此之匠心，运如此之神工鬼斧，虽枯铜腐铁安得不立成利器耶！

今世界制造之精良，首推英国。然爱尔兰人者，赛尔脱民族也，虽屈服于盎格鲁撒逊民族势力之下，然脱轭独立之心，未尝须臾忘。英君主知之，乃与以平等之权，开其自由之路，爱人暂安目前，隐忍不发。是英人艺术虽精，尚不能制造一固有形体之爱人。满洲政府于工业之制造，无一事摹仿泰西；而革命之制造，独能与泰西争胜，且务胜于泰西特出之英吉利。此亦见其精神巧力，踔越万国，而足以自豪于世界者矣。

或曰：子之言好奇，天下无铸剑以自刎者，满洲政府夫亦视汉族之为异类，欲以鼎镬之威，摧抑民气，甘心自亡于英、俄各国，而求为小朝廷耳：曰：不然，秦人防民最严而祚最促，法兰西君权最尊而祸亦最剧。政变以来，诛数人而数十人出，诛数十人而数百人、数千万人出。击力愈重则弹力愈强，满洲政府岂不知之。况英人以能合爱尔兰，奥大利以能合匈牙利，故二国之君，卒能兼王爱尔兰、匈牙利而坐享其高厚。印度、安南、缅甸诸土酋，既授其权于他人，自拥虚器，虽得为小朝廷，岂尚有生趣哉。不欲为坐享高厚之英、奥之君，而甘为印度、安南、缅甸之土酋，吾知满洲政府虽愚，断不出此，然则满洲政府果何厚于汉人，而为是制造耶？以世界民族第一之黄帝胄裔，而受外族陵夷，下与斐州黑民、印度土人，同入于奴隶之陷阱而莫之惜，此其局外之不平，固人情所不免；况满人自入关以来，践汉人之土，食汉土之毛，受汉族者之恩，二百六十年于兹乎！昔人称孔铸颜，余敢反其义而正其名，为我同胞正告曰：满铸汉！（《江苏》第五期，1903 年 8 月 1 日）

邹　容

革命军

《革命军》序

　　蜀邹容为革命军方二万言，示余曰："欲以立懦夫定民志，故辞多恣肆，无所回避，然得无恶其不文耶。"余曰：凡事之败，在有其唱者，而莫与为和，其攻击者且千百辈，故仇敌之空言，足以堕吾实事。夫中国吞噬于逆胡，二百六十年矣，宰割之酷，诈暴之工，人人所身受，当无不昌言革命。然自乾隆以往，尚有吕留良、曾静、齐周华等持正议以振聋俗，自尔遂寂泊无所闻。吾观洪氏之举义师，起而与为敌者，曾、李则柔煦小人，左宗棠喜功名乐战事，徒欲为人策使，顾勿向其腱非枉直，斯固无足论者。乃如罗、彭、邵、刘之伦皆笃行有道士也，其所操持，不洛、闽而金溪、余姚，衡阳之"黄书"，日在几阁，孝弟之行，华戎之辨，仇国之痛，作乱犯上之戒，宜一切习闻之；卒其行事乃相紾戾如彼，材者张其角牙以复宗国，其次即以身家殉满洲，乐文采者则相与鼓吹之。无他，悖德逆伦，并为一谈，牢不可破，故虽有衡阳之书，而视之若无见也。然则洪氏之败，不尽由计划失所，正以空言足与为难耳。今者风俗臭味少变更矣，然其痛心疾首恳恳必以逐满为职志者，虑不数人。数人者，文墨议论，又往往务为蕴藉，不欲以跳踉搏跃言之，虽余亦不免是也。嗟乎，世皆嚚昧而不知话言，主文讽切，勿为动容，不震以雷霆之声，其能化者几何！异时义师再举，其必堕于众口之不俚，既可知矣。今容为是书，壹以叫咷恣言，发其惭恚，虽嚚昧若罗、彭诸子，诵之犹当流汗只悔，以是为义师先声，庶几民无异志，而材士亦知所返乎！若夫屠沽负贩之徒，利其径直易知，而能恢发智识，则其所化远矣。借非不文，何以致是也。抑吾闻之，同族相代谓之革命，异族攘窃谓之灭亡，改制同族谓之革命，驱除异族谓之光复。今中国既灭亡于胡，所当谋者，光复也，非革命云尔。容之署斯名，何哉？谅以其所规划，不驱除异族而已，虽政教、学术、礼俗、材性，犹有当革命者焉，故大言之曰革命也。

共和二千七百四十四年四月，余杭章炳麟序。

《革命军》自叙

不文以生，居于蜀十有六年；以辛丑出扬子江，旅上海；以壬寅游海外，留经年。录达人名家言印于脑中者，及思想间所不平者，列为编次，以报我同胞。其亦附于文明国中，言论自由、思想自由、出版自由者欤？虽然，中国人，奴隶也。奴隶无自由，无思想。然不文不嫌此区区微意，自以为以是报我四万万同胞之恩我、父母之恩我、朋友兄弟姊妹之爱我。其有责我为大逆不道者，其有信我为光明正大者，吾不计。吾但信卢骚、华盛顿、威曼，诸大哲于地下有灵，必晒曰："孺子有知，吾道其东。"吾但信郑成功、张煌言，诸先生于地下有灵，必笑曰："后起有人，吾其瞑目。"文字收功日，全球革命潮。吾言已，吾心不已。

皇汉民族亡国后之二百六十年，岁次癸卯三月日，革命军中马前卒邹容记。

第一章　绪论

扫除数千年种种之专制政体，脱去数千年种种之奴隶性质，诛绝五百万有奇之满洲种，洗尽二百六十年残惨虐酷之大耻辱，使中国大陆成干净土，黄帝子孙皆华盛顿，则有起死回生，还魂返魄，出十八层地狱，升三十三天堂，郁郁勃勃，莽莽苍苍，至尊极高，独一无二，伟大绝伦之一目的，曰革命。巍巍哉！革命也。皇皇哉！革命也。

吾于是沿万里长城，登昆仑，游扬子江上下，溯黄河，竖独立之旗，撞自由之钟，呼天吁地，破颡裂喉，以鸣于我同胞前曰：呜呼！我中国今日不可不革命。我中国今日欲脱满洲人之羁缚，不可不革命。我中国欲独立，不可不革命。我中国欲与世界列强并雄，不可不革命。我中国欲长存于二十世纪新世界上，不可不革命。我中国欲为地球上名国，地球上主人翁，不可不革命。革命哉！革命哉！我同胞中老年、中年、壮年、少年、幼年、无量男女，其有言革命而实行革命者乎？我同胞其欲相存、相养、相生活于革命也，吾今大声疾呼，以宣布革命之旨于天下。

革命者，天演之公例也。革命者，世界之公理也。革命者，争存争亡过渡时代之要义也。革命者，顺乎天而应乎人者也。革命者，去腐败而存良善者也。革命者，由野蛮而进文明者也。革命者，除奴隶而为主人者也。是故一人一思想也，十人十思想也，百千万人百千万思想也，亿兆京垓人亿兆京垓思想也。人人虽各有思想也，即人人无不同此思想也。居处也，饮食也，衣服也，器具也，若善也，若不善也，若美也，若不美也，皆莫不深潜默运，盘旋于胸中，角触于脑中，而辨别其孰善也，孰不善也，孰美也，孰不美也。善而存之，不善而去之，美而存之，不美而去之，而此去存之一微识，即革命之旨所出也。夫犹指此事物而言之也，试放眼纵观，上下古今，宗教、道德、政治、学术，一视一谛之微物，皆莫不数经革命之掏攍，过昨日，历今日，皆革命之现象也。夫如是也，革命固如是平常者也，虽然，亦有非常者在焉。

闻之，一千六百八十八年英国之革命，一千七百七十五年美国之革命，一千八百七十年法国之革命，为世界应乎天而顺乎人之革命，去腐败而存良善之革命，由野蛮而进文明之革命，除奴隶而为主人之革命。牺牲个人以利天下，牺牲贵族以利平民，使人人享其平等自由之幸福。甚至风潮所播及，亦相与附流合汇，以同归于大洋。大怪物哉！革命也。大宝物哉！革命也。吾今日闻之，犹口流涎而心痒痒。吾是以于我祖国中，搜索五千余年之历史，指点二百会万方里之地图，问人省己，欲求一革命之事，以比例乎英、法、美者。呜呼！何不一遇也。吾亦尝执此不一遇之故，而熟思之，重思之，吾因之而有感矣，吾因之而有慨于历代民贼独夫之流毒也。

自秦始统一宇宙，悍然尊大，鞭笞宇内，私其国，奴其民，为专制政体，多援符瑞不经之说，愚弄黔首，矫诬天命，挽国人所有而独有之，以保其子孙帝王万世之业。不知明示天下以可欲、可羡、可歆之极，则天下之思篡取而夺之者愈众。此自秦以来，所以狐鸣篝中，王在掌上，卯金伏诛，魏氏当涂，黠盗奸雄，觊觎神器者，史不绝书。于是石勒、成吉思汗等类，以游牧之胡儿，亦得乘机窃命，君临我禹域，臣妾我神种。呜呼！革命，杀人放火者，出于是也。呜呼！革命，自由平等者，亦出于是也。

吾悲夫吾同胞之经此无量野蛮之革命，而不一伸头于天下也，吾悲夫吾同胞之成事齐事楚任人掬抛之天性也。吾幸夫吾同胞之得与今世界列强遇也。吾幸夫吾同胞之得闻文明之政体、文明之革命也。吾幸夫吾同胞之得卢梭《民约论》、孟得斯鸠《万法精理》、弥勒约翰《自由之理》《法国革命史》《美国独立檄文》等书译而读之也。是非吾同胞之大幸也夫！是非吾同胞之大幸也夫！

夫卢梭诸大哲之微言大义，为起死回生之灵药，返魄还魂之宝方，金丹换骨，刀圭奏效，法、美文明之胚胎，皆基于是。我祖国今日病矣，死矣，岂不欲食灵药、投宝方而生乎？苟其欲之，则吾请执卢梭诸大哲之宝旛，以招展于我神州土。不宁惟是，而况又有大儿华盛顿于前，小儿拿破仑于后，为我同胞革命独立之表木。嗟乎！嗟乎！革命！革命！得之则生，不得则死。毋退步，毋中立，毋徘徊，此其时也！此其时也！此吾之所以倡言革命，以相与同胞共勉共勖而实行此革命主义也。苟不欲之，则请待数十年百年后，必有倡平权、释黑奴之耶女起，以再倡平权、释数重奴隶之支那奴。

第二章　革命之原因

革命，革命，我四万万同胞今日何为而革命？吾先叫绝曰：不平哉！不平哉！中国最不平伤心惨目之事，莫过于戴满洲人而为君，而我方求富求贵，摇尾乞怜，三跪九叩首，醜嬉浓浸于其下，不知自耻，不知自悟。哀哉！我同胞无主性。哀哉！我同胞无国性。哀哉！我同胞无种性，无自立之性。

近世革新家、热心家常号于众曰：中国不急急改革，则将蹈印度后尘，波兰后尘，埃及后尘。于是印度、波兰之活剧，将再演于神州等词，腾跃纸上。邹容曰：是何言欤？是何言欤？何厚颜盲目而为是言欤？何忽染疯病而为是言欤？不知吾已为波兰、印度于满洲人之胯下三百年来也，而犹曰"将为也"。何故？请与我同胞一解之。将谓吾已为波兰、印度于满人，满人又为波兰、印度于英、法、俄、美等国乎？苟如是也，则吾宁为此直接亡国之民，而不愿为此间接亡国之民，何也？彼英、法等国之能亡吾国也，实其文明程度高于吾也，吾不解吾同胞不为文明人之奴隶，而偏爱为此野蛮人奴隶之奴隶。呜呼！明崇祯皇帝殉国，任贼碎戮朕尸，毋伤我百姓之一日，满洲人率八旗精锐之兵，入山海关，定鼎北京之一日，此固我皇汉人种亡国之一大纪念日也。

世界只有少数人服从多数人之理，愚顽人服从聪明人之理。使满人而多数也，则仅五百万人，尚不及一州县之众；使满人而聪明也，则有目不识丁之亲王大臣，唱京调二簧之将军都统。三百年中，虽有一二聪明特达之人，要皆为吾教化所陶熔。

一国之政治机关，一国之人共司之，苟不能司政治机关，参预行政权者，不得谓之国，不得谓之国民，此世界之公理，万国所同然也。今试游于华盛顿、巴黎、伦敦之市，执途人而问之曰："汝国中执政者，为同胞欤？抑异种欤？"必答曰："同胞同胞，岂有异种执吾国政权之理。"又问之曰："汝国人有参预行政权否？"必答曰："国者积人而成者也，吾亦国人之分子，故国事为己事，吾应得参预焉。"乃转诘我同胞，何一一与之大相反对也耶？谨就满人待我同胞之政策，为同胞述之。

满洲人之在中国，不过十八行省中之一最小部分耳，而其官于朝野者。则以一最小部分，敌十八行省而有余。今试以京官满汉缺额观之，自大学士、尚书、侍郎满汉二缺平列外，如内阁衙门，则满学士六，汉学士四，满蒙侍读学士六，汉军汉侍读学士二，满侍读十二，汉侍读二，满蒙中书九十四，汉中书三十。又如六部衙门，则满郎中、员外、主事缺额约四百名，吏部三十余，户部百余，礼部三十余，兵部四十，刑部七十余，工部八十余，其余各部堂主事，皆满人，无一汉人。而汉郎中、员外、主事缺额不过一百六十二名，每季《搢绅录》中，于职官总目下，只标出汉郎中、员外、主事若干人，而浑满缺于不言，殆有不能示天下之隐衷也。是六部满缺司员，几视汉缺司员而三倍（笔帖式尚不在此数）。而各省府道实缺又多由六部司员外放，何怪满人之为道府者，布满国中也。若理藩院衙门，则自尚书、侍郎迄主事、司库，皆满人任之，无一汉人错其间。（理藩之事，惟满人能为之，咄咄怪事。）其余掌院学士、宗人府、都察院、通政司、太理寺、太常寺、太仆寺、光禄寺、鸿胪寺、国子监、銮仪卫诸衙门缺额，未暇细数，要之皆满缺多于汉缺，无一得附平等之义者。是其出仕之途，以汉视满，不啻霄壤云泥之别焉。故常有满汉人同官、同年、同署，汉人则积滞数十载，不得迁转，满人则俄而侍郎，俄而尚书，俄而大学士矣。纵曰满洲王气所钟，如汉之沛，明之濠，然未有绵延数百年，定为成例，竟以王者一隅，抹煞天下之人才至于斯极者也。向使嘉、道、咸、同以来，其手奏中兴之绩者，非出自汉人之手，则各省督抚府道之实缺，其不为满人攫尽也几希矣。又使非军兴以来，杂以保举、军功、捐纳，以争各部满司员之权利，则汉人几绝于仕途矣。至于科举清要之选，虽汉人居十之七八，然主事则多额外，翰林则益清贫，补缺难于登天，开坊类乎超海，不过设法虚糜之，以戢其异心。又多设各省主考学政及州县教官等职，俾以无用之人，治无用之事而已。即幸而亿万人中，有竟登至大学士、尚书、侍郎之位者，又皆头白齿落，垂老气尽，分余沥于满人之手。然定例汉人必由翰林出身，始堪大拜，而满人则无论出身如何，均能资兼文武，位兼将相，其中盖有深意存焉。呜呼！我汉人最不平之事，孰有过于此哉？虽然，同种待异种，是亦天演之公例也。

然此仅就官制一端而言也。至乃于各行省中，择其人物之骈罗，土产之丰阜，山川之险要者，命将军、都统治之，而汉人不得居其职。又令八旗子弟驻防各省，另为内城以处之，若江宁、若成都、若西安、若福州、若杭州、若镇江等处，虽历年二百有奇，而满自满，汉自汉，不相错杂，盖显然有贱族不得等伦于贵族之心。且试绎驻防二字之义，犹有大可惊骇者。得毋时时恐汉人之叛我，而羁束之如盗贼乎？不然，何为而防？又何为而驻也？又何为驻而防之也？

满人中有建立功名者，取王公如拾芥，而汉人则大奴隶如曾国藩、左宗棠、李鸿章之伦，残弑数百万同胞，挈东南半壁，奉之满洲，位不过封侯而止。又试读其历朝圣训，遇稍著贤声之一二满大臣，奖借逾恒，真有一德一心之契，而汉人中虽贤如杨名时、李绂、汤斌等之驯静奴隶，亦常招谴责挫辱，不可向迩。其余抑扬高下，播弄我汉人之处，尤难枚举。

我同胞不见夫彼所谓八旗子弟、宗室人员、红带子、黄带子、贝子贝勒者乎？甫经成人，即有自然之禄俸，不必别营生计，以赡其身家，不必读书向道，以充其识力，由少爷而老爷、而大老爷、而大人、而中堂，红顶花翎，贯摇头上，尚书、侍郎殆若天职。反汉人而观之，夫亦可思矣。

中国人群向分为士、农、工、商，士为四民之首，曰士子，曰读书人。

　　吾见夫欧美人无人不读书，即无人不为士子，中国人乃特而别之曰士子，曰读书人。故吾今亦特言士子，特言读书人。

　　中国士子者，实奄奄无生气之人也。何也？民之愚不学而已，士之愚则学非所学而益愚。而满人又多方困之，多方辱之，多方汩之，多方羁之，多方贼之，待其垂老气尽，阘然躯壳，而后鞭策指挥焉。困之者何？困之以八股、试帖、楷折，俾之穷年矻矻，不暇为经世之学。辱之者何？辱之以童试、乡试、会试、殿试（殿试时无坐位，待人如牛马），俾之行同乞丐，不复知人间有羞耻事。汩之者何？汩之以科名利禄，俾之患得患失，不复有仗义敢死之风。羁之者何？羁之以痒序卧碑，俾之柔静愚鲁，不敢有议政著书之举。贼之者何？贼之以威权势力，俾之畏首畏尾，不敢为乡曲豪举、游侠之雄。牵连之狱开创于顺治（朱国治巡抚江苏，以加钱粮，诛连诸生百余人），文字之狱滥觞于乾隆（十全老人以一字一语惩诛天下，群臣震恐），以故海内之士，莘莘济济，鱼鱼雅雅，衣冠俎豆，充牣儒林，抗议发愤之徒绝迹，慷慨悲咤之声不闻，名为士人，实则死人之不若。《佩文韵府》也，《渊鉴类函》也，《康熙字典》也，此文人学士所视为拱璧连城之大类书也。而不知康熙、乾隆之时代，我汉人犹有仇视满洲人之心思，彼乃集天下名人，以为此三书，以借此销磨我汉人革命复仇之锐志焉。（康熙开千叟宴数次，命群臣饮酒赋诗，均为笼络人起见。）噫吁嘻，吾言至此，吾不禁投笔废书而叹曰："朔方健儿好身手，天下英雄入壳中。"好手段！好手段！吾不禁五体投地，顿首稽颡，恭维拜服，满洲人压制汉人、笼络汉人、驱策汉人、抹煞汉人之好手段！好手段！

　　中国士人，又有一种岸然道貌，根器特异，别树一帜，以号于众者，曰汉学，曰宋学，曰词章，曰名士。汉学者流，寻章摘句，笺注训诂，为六经之奴婢，而不敢出其范围。宋学者流，日守其《五子近思录》等书，高谈太极、无极、性功之理，以求身死名立，于东西庑上，一啖冷猪头。词章者流，立其桐城、阳湖之门户流派，大唱其姹紫嫣红之滥调排腔。名士者流，用其一团和气、二等才情、三斤酒量、四季衣服、五声音律、六品官阶、七言诗句、八面张罗、九流通透、十分应酬之大本领，钻营奔竞，无所不至。此四种人日演其种种之活剧，奔走不遑。而满洲人又恐其顿起异心也，乃特设博学鸿词一科，以一网打尽焉。近世又有所谓通达时务者，拓腐败报纸之一二语，袭皮毛西政之二三事，求附骥尾于经济特科中，以进为满洲人之奴隶，欲求不得。又有所谓激昂慷慨之士，日日言民族主义，言破坏目的，其言非不痛哭流涕也，然奈痛哭流涕何？悲夫！悲夫！吾揭吾同胞腐败之现象至此，而究其所以至此之原因，吾敢曰：半自为之，半满洲人造之。呜呼！呜呼！刀加吾颈，枪指吾胸，吾敢曰：半自为之，半满洲人造之。

　　某之言可以尽吾国士人之丑态者曰"复试而几案不具，待国士如囚徒；赐宴而尘饭涂羹，视文人如犬马。簪花之袍，仅存腰幅；棘围之膳，卵作鸭烹；一入官场，即成儿戏。是其于士也，名为恩荣，而实羞辱，其法不行也。由是士也，髫龄入学，皓首穷经，夸命运祖宗风水之灵，侥房师主司知音之幸，百折不磨，而得一第，其时大都在强仕之年矣，而自顾余生吃着，犹不沾天禄毫末忽厘之施，于此而不鱼肉乡愚，威福梓里，或恤含冤而不包词讼，或顾廉耻而不打抽丰，其何能赡养室家，撑持门户哉？"痛哉斯言！善哉斯言！为中国世人之透物镜，为中国士人之活动大写真（即影戏）。然吾以为处今之日，处今之时，此等丑态，当绝于天壤也。既又闻人群之言曰：某某入学，某某中举，某某报捐，发财做官之一片喊声，犹是嚣嚣然于社会上。如是如是，上海之滥野鸡；如是如是，北京之滑兔子；如是如是，中国之腐败士人。嗟夫！吾非好为此奸酸刻薄之言，以骂尽我同胞，实吾国士人，屠毒社会之罪，有不能为之恕。《春秋》责备贤者，我同胞盍醒诸！

　　今试游于穷乡原野之间，则见夫黧其面目，泥其手足，荷锄垄畔，终日劳劳，而无时或息者，是非我同胞之为农者乎？若辈受田主土豪之虐待不足，而满州〔洲〕人派设官吏，多方刻之，以某官括某地之皮，以某官吸某民之血，若昭信票，摊赔款，其犹著者也。是故一纳赋也，加以火耗，加以钱价，加以库平，一两之税，非五六两不能完，务使之鬻妻典子而后已，而犹美其名曰薄赋，曰轻税，曰皇仁。吾不解薄赋之谓何？轻税之谓何？若皇仁之谓，则是盗贼之用心，杀人而曰救人也。嘻！一国之农，为奴隶于满人下，而不敢动，是非满人压制汉人之好手段？呜呼！呜呼！刀加吾颈，枪指吾胸，吾敢曰：满人压制汉人之好手段！

　　不见乎古巴诱贩之猪仔，海外被虐之华工，是又非吾同胞之所谓工者乎？初则见拒于美，继又见拒于檀香山、新金山等处，饥寒交逼，葬身无地，以堂堂中国之民，竟欲比茸发重唇之族而不可得，谁实为之至此极哉？然吾闻之，外国工人有干涉国政，倡言自由之说，以设立民主为宗旨者；有合全国工人立一大会，定法律，以保护工商者；有立会演说，开报馆，倡社会之说者。今一一转询中国，有之乎？曰：无有也。又不见乎杀一教士，而割地偿款；骂一外人，而劳上谕动问；而我同胞置身海外，受外人不忍施之禽兽者之奇辱，而满洲政府，殆若盲于目、聋于耳者焉。夫头同是园〔圆〕，足同是方，而一则尊贵如此，一则卑贱如此。呜呼！呜呼！刀加吾颈，枪指吾胸，吾敢曰：满洲人之虐待我！

抑吾又闻之，外国之富商大贾，皆为议员执政权，而中国则贬之曰末务，卑之曰市井，贱之曰市侩，不得与士大夫伍；乃一旦偿兵费，赔教案，甚至供玩好养国蠹者，皆莫不取之于商人。若者有捐，若者有税，若者加以洋关而又抽以厘金，若者抽以厘金而又加以洋关；震之以报效国家之名，诱之以虚衔封典之荣；公其词则曰派，美其名则曰劝，实则敲吾同胞之肤，吸吾同胞之髓，以供其养家奴之费，修颐和园之用而已。吾见夫吾同胞之不与之计较也自若。呜呼！呜呼！刀加吾颈，枪指吾胸，吾敢曰：满洲人之敲吾肤吸吾髓！

以言夫中国之兵，则又有不忍言者也。每月三金之粮饷，加以九钱七之扣折，与以朽腐之兵器，位置其一人之身命，驱而使之战，不聚歼其兵，而馈饷于敌，夫将焉往？及其死伤也，则委之而去，视为罪所应尔，旌恤之典，尽属虚文，妻子哀望，莫之或问。即或幸而不死，即遣以归农，扶伤裹创，生计乏绝，流落数千里外，沦为乞丐，欲归不得，而杀游勇之令，又特主严酷。以此残酷之事，从未闻有施之于八旗驻防者。嗟夫！嗟夫！吾民何辜，受此惨毒，始也欲杀之，终也欲杀之，上薄苍天，下彻黄泉，不杀不尽，不尽不快，不快不止。呜呼！呜呼！刀加吾颈，枪指吾胸，吾敢曰：满洲人之残杀我汉人。

文明国中，有一人横死者，必登新闻数次，甚至数十次不止；司法官审问案件，即得有实凭实据，非犯罪人亲供，不能定罪（于审问时无用刑审问理）。何也？重生命也。吾见夫吾同胞每年中，死于满人借刀杀人、滥酷刑法之下者，不知凡几。满人之用苛刑于中国，言之可丑可痛，天下怨积，内外咨嗟。华人入籍外邦，如避水火，租界必思会审，如御虎狼。乃或援引故事虚文，而顿忘眼前实事。不知今无灭族，何以移亲及疏？今无肉刑，何以毙人杖下？今无拷讯，何以苦打成招？今无滥苛，何以百毒备至？至若监牢之刻，狱吏之惨，犹非笔墨所能形容，即比以九幽十八狱，恐亦有过之无不及。而满人方行其农忙停讼、热审减刑之假仁假义以自饰。呜呼！呜呼！刀加吾颈，枪指吾胸，吾敢曰：满人之屠戮我！若夫官吏之贪酷，又非今世界文字语言所得而写拟言论者也。悲夫！

乾隆之圆明园，已化灰烬，不可凭借。如近日之崇楼杰阁，巍巍高大之颐和园，问其间一瓦一砾，何莫非刻括吾汉人之膏脂，以供一卖淫妇那拉氏之笑傲？夫暴秦无道，作阿房宫，天下后世尚称其不仁，于圆明园何如？于颐和园何如？我同胞不敢道其恶者，是可知满洲政府专制之极点。

开学堂则曰无钱矣，派学生则曰无钱矣，有丝毫利益于汉人之事，莫不曰无钱矣无钱矣。乃无端而谒陵修陵，则有钱若干；无端而修宫园，则有钱若干；无端而作万寿，则有钱若干。同胞乎！盍思之。

"量中华之物力，结友邦之欢心"，是岂非煌煌上谕之言哉？中国者，中国人之中国也。割我同胞之土地，抢我同胞之财产，以买其一家一姓五百万家奴一日之安逸，此割台湾、胶州之本心，所以感发五中者也。咄咄怪事！我同胞看者！我同胞听者！

吾读《扬州十日记》《嘉定屠城记》，吾未尽，吾几不知流涕之何自出也。吾为言以告我同胞曰：扬州十日，嘉定三屠，是岂非当日满人残戮汉人一州一县之代表哉？夫二书之记事，不过略举一二耳，想当日既纵焚掠之军，又严剃发之令，满人铁骑所至，屠杀虏掠，必有十倍于二地者也。有一有名之扬州、嘉定，有千百无名之扬州、嘉定。吾忆之，吾恻动于心，吾不忍而又不能不为同胞告也。

《扬州十日记》有云："初二日，传府道州县已置官吏，执安民牌，遍谕百姓，毋得惊惧。又谕各寺院僧人，焚化积尸，而寺院中藏匿妇女，亦复不少，亦有惊饿死者。查焚尸载籍，不过八日，共八十余万，其落井投河、闭门焚缢者不与焉。"

吾又为言以告我同胞曰：满人入关之时，被满人屠杀者，是非吾高、曾、祖之高、曾、祖乎？是非吾高、曾、祖之高、曾、祖之伯、叔、兄、舅乎？被满人奸淫者，是非吾高、曾、祖之高、曾、祖之妻、之女、之姊妹乎？（《扬州十日记》云：卒常谓人曰我辈征高丽掳妇女数万人无一失节者，何堂堂中国无耻至此。读此言可知当日奸淫之至极。）《记》曰：父兄之仇，不共戴天。此三尺童子，所知之义。故子不能为父兄报仇，以托诸其子，子以托诸孙，孙又以托诸玄、耒、礽。是高、曾、祖之仇，即吾今父兄之仇也。父兄之仇不报，而犹厚颜以事仇人，日日言孝弟，吾不知孝弟之果何在也！高、曾、祖若有灵，必当不瞑目于九原。

中国之有孔子，无人不尊崇为大圣人也。曲阜孔子庙，又人人知为礼乐之邦，教化之地，拜拟不置，如耶稣之耶路撒冷也。乃满人割胶州于德，而听德人侮毁我尧、舜、禹、汤、文、武、周公遗教之地。生民未有神圣不可侵犯之孔子之乡，使神州四万万众，无教化而等伦于野蛮。是谁之罪欤？夫耶稣教新旧相争，犹不惜流血数百万人，我中国人何如？

一般服从之奴隶，有上尊号，崇谥法，尊谥为圣祖仁皇帝、高宗纯皇帝者。故在黑暗之时代，皆号为令主贤君，及观《南巡录》所记，实则淫掳无赖，鸟兽洪水，泛滥中国（乾隆欲食黄角蜂，由张家口递至扬州，三日而至，于此可见其奢）。嗟夫！竭数省之民力，以供觉罗玄晔（即康熙）、觉罗弘历（即乾隆）二民贼之所欲，方之隋炀、明武为比例差，吾不知其相去几何。吾曾读《隋炀艳史》，吾安得其人再著一《康熙、乾隆南游史》，揭其禽兽之行，暴著天下。某氏以法王路易十四比乾隆，吾又不禁拍手不已，喜得其酷肖之神也。

主人之转卖其奴也，尚问其愿不愿。今以我之土地送人，并不问之，而私相授受，我同胞亦不与之计之较之，反任之听之。若台湾，若香港，若大连湾，若旅顺，若胶州，若广州湾，于未割让之先，于既割让之后，从未闻有一纸公文，布告天下。我同胞其自认为奴乎？吾不得而知之。此满洲人大忠臣荣禄所以有"与其授家奴，不如赠邻友"之言也。

牧人之畜牛马也，牛马何以受治于人，必曰人为万物之灵。天下只有人治牛马之理。今我同胞受治于满人之下，是即牛马之受治于牧人也。我同胞虽欲不自认为牛马，而彼实以牛马视我。何以言之？有证在。今各府州县苟有催租劝捐之告示出，必有"受朝廷数百年豢养深恩，力图报效"等华，煌煌然大贴于十字街衢之上，此识字者所知也。夫曰豢养也，即畜牧之谓也。吾同胞自食其力也，彼满洲人抢吾之财，攘我之土，不自认为贼，而犹以牛马视吾。同胞乎！抑自居乎？抑不自居乎？

满洲人又有言曰："二百年食毛践土，深仁厚泽，浃髓沦肌。"中国者，中国人之中国也，非满人所得而固有也。夫谁食谁之毛，谁践谁之土，不待辩别而自知。满人之为此言也，抑反言欤？抑实谓欤？请我同胞自道之。满人入关二百六十年，食吾同胞之毛，践吾同胞之土，吾同胞之深仁厚泽，沦其髓，浃其肌。此言也，不出于我同胞之口，而反出诸于满洲人之口，丧心病狂，至于此极耶？

山海关外之一片地，曰满洲，曰黑龙江，曰吉林，曰盛京，是满人所谓发祥之地，游牧之地，满人固当竭力保守者也。今乃再拜顿首，奉献于俄罗斯。有人焉，已不能自保，而犹望其保人，其可得乎？有人焉，不爱惜己之物，而犹望其爱惜人之物，其又可得乎？

拖辫发，着胡服，躅躅而行于伦敦之市，行人莫不曰披克台儿（译言猪尾）、塞维基（译言野蛮）者，何为哉？又躅躅而行于东京之市，行人莫不曰跄跄遬子（译曰拖尾奴才）者，何为哉？嗟夫！汉官威仪，扫地殆尽；唐制衣冠，荡然无存。吾抚吾所衣之衣，所顶之发，吾恻痛于心。吾见迎春时之春官衣饰，吾恻痛于心。吾见出殡时之孝子衣饰，吾恻动于心。吾见官吏出行时荷刀之红绿衣，喝道之皂隶，吾恻痛于心。辫发乎，胡服乎，开气袍乎，花翎乎，红顶乎，朝珠乎，为我中国文物之冠裳乎？抑打牲游牧满人之恶衣服乎？我同胞自认。

满人入关所下剃头之令，其略曰：

向来剃头之制，不急姑听自便者。欲俟天下大定，始行此事，朕已筹之熟矣。君犹父也，民犹子也，父子一体，岂可违异，若不归一，不几为异国人乎？自今布告之后，京城限旬日，直隶各省地方，而部文到日，立限旬日，尽行剃头。若惜发争辩，决不轻贷。

呜呼！此固我皇汉人种，为牛为马，为奴为隶，抛汉唐之衣冠，去父母之发肤，以服从满洲人之一大纪念碑也。同胞，同胞，吾愿我同胞日日一读之！

倡妓之于人也，人尽可以为夫，皆为博缠头计也。我之为满人顺民、满人臣妾，从未见益我以多金；即有入其利禄诱导之中，登至尚书总督之位，要皆以同胞括蚀同胞，而满人仍不拔自若也。呜呼！我同胞，何倡妓之不若！

吾同胞今日之所谓朝廷、所谓政府、所谓皇帝者，即吾畴昔之所谓曰夷、曰蛮、曰戎、曰狄、曰匈奴、曰鞑靼。其部落居于山海关之外，本与我黄帝神明之子孙不同种族者也。其文字不与我同，其语言不与我同，其衣服不与我同，逞其凶残淫杀之威，乘我中国流寇之乱，闯入中原，盘据上方，驱策汉人，以坐食其福。故祸至则汉人受之，福至则满人享之。太平天国之立也，以汉攻汉，山尸海血，所保者满人。甲午战争之起也，以汉攻倭，偿款二百兆，割地一行省，所保者满人。团匪之乱也，以汉攻洋，血流津京，所保者满人。故今日强也，亦满人强耳，于我汉人无与焉；故今日富也，亦满人富耳，于我汉人无与焉。同胞，同胞，毋引为己类！贼满人刚毅之言曰："汉人强，满人亡。"彼族之明此理久矣。愿我同胞，当蹈其言，毋食其言。

以言夫满洲人之对待我者固如此，以言夫我同胞之受害也又如彼，同胞，同胞，知所感乎？知所择乎？夫犬羊啮骨，犹嫌鲠喉；我同胞受此种种不平之感，殆有若铜驼石马者焉。然而满人之奴隶我者尚不止此。吾心之所欲言者，而口不能达之，口之所能言者，而笔不能宣之。吾今发一誓言以告人曰："有举满人对侍我同胞之问题，以难于吾者，吾能杂搜博引，细说详辩，揭其隐衷微意，以著于天下。吾但愿我身化为恒河沙数，一一身中出一一舌，一一舌中发一一音，以演说满人驱策我、屠杀我、奸淫我、笼络我、虐待我之惨状于我同胞前。我但愿我身化为无量恒河沙数名优巨伶，以演出满人驱策我、屠杀我、奸淫我、笼络我、虐待我之活剧于我同胞前。"

且夫我中国固具有囊括宇内，震耀全球，抚视万国，凌轹五洲之资格者也。有二百万方里之土地，有四百兆灵明之国民，有五千余年之历史，有二帝三王之政治，且也地处温带，人性聪明，物产丰饶，江河源富，地球各国所无者，我中国独擅其有。倘使不受弩尔哈齐、皇太极、福临诸恶贼之蹂躏，早脱满洲人之羁缚，吾恐英吉利也，俄罗斯也，德意志也，法兰西也，今日之张牙舞爪以蚕食瓜分于我者，亦将屏气敛息，以惮我之威权，惕我之势力；吾恐印度也，波兰也，埃及也，土耳其也，亡之灭之者不在英、俄诸国，而在我中国，亦题中应有之义耳。今乃不出于此，而为地球上数重之奴隶，使不得等伦于印度红巾（上海用印度人为巡捕），非洲黑奴。吁可惨也！嘻可悲也！夫亦大可丑也！夫亦大可耻也！呜呼！"灭六国者，六国也，非秦也；族秦者，秦也，非天下也。"满洲人亡我乎？抑我自亡乎？古人曰："往者不可谏，来者犹可追。"昨日之中国，譬犹昨日死，今日之中国，譬犹今日生。过此以往，其光复中国乎？其为数重奴隶乎？天下事不兴则亡，不进则退，不自立则自杀，徘徊中立，万无能存于世界之理，我同胞速择焉。

我同胞处今之世，立今之日，内受满洲之压制，外受列国之驱迫，内患外侮，两相刺激，十年灭国，百年灭种，其信然夫。然近人之言曰："欲御外侮，先清内患。"如是如是，则满人为我同胞之公敌，为我同胞之公仇，二百六十余年之奴隶犹能脱，数十年之奴隶勿论已。吾今与同胞约曰：张九世复仇主义，作十年血战之期，磨吾刃，建吾旗，各出其九死一生之魄力，以驱逐凌辱我之满人，压制我之满人，屠杀我之满人，奸淫我之满人，以恢复我声明文物之祖国，以收回我天赋之权利，以挽回我有生以来之自由，以购取人人平等之幸福。

噫吁嘻，我中国其革命！我中国其革命！法人三次，美洲七年，是故中国革命亦革命，不革命亦革命，吾愿日日执鞭以从我同胞革命，吾祝我同胞革命。

"忍令上国衣冠，沦于夷狄。相率中原豪杰，还我河山。"我同胞其有是志也夫。

第三章　革命之教育

有野蛮之革命，有文明之革命。

野蛮之革命，有破坏无建设，横暴恣肆，适足以造成恐怖之时代，如庚子之义和团，意大利之加波拿里，为国民增祸乱。

文明之革命，有破坏有建设，为建设而破坏，为国民购自由、平等、独立、自主之一切权利，为国民增幸福。

革命者，国民之天职也，其根柢原于国民，因于国民，而非一二人所得而私有也。今试问吾侪何为而革命？必有障碍吾国民天赋权利之恶魔焉，吾侪得而扫除之，以复我天赋之权利。是则革命者除祸害而求幸福者也。

为除祸害而求幸福，此吾同胞所当顶礼膜拜者也。为除祸害而求幸福，则是为文明之革命，此更吾同胞所当顶礼膜拜者也。

欲大建设，必先破坏；欲大破坏，必先建设。此千古不易之定论。吾侪今日所行之革命，为建设而破坏之革命也。虽然，欲行破坏，必先有以建设之。善夫，意大利建国豪杰玛志尼之言曰："革命与教育并行。"吾于是鸣于我同胞前曰："革命之教育。"更进之曰："革命之前，须有教育，革命之后，须有教育。"

今日之中国，实无教育之中国也。吾不忍执社会上种种可丑、可贱、可厌、可嫌之状态，以出于笔下，吾但谥之曰："五官不具，四肢不全，人格不完。"吾闻法国未革命以前，其教育与邻邦等；美国未革命以前，其教育与英人等。此兴国之往迹，为中国所未梦见也。吾闻印度之亡也，其无教育与中国等；犹太之灭也，其无教育与中国等。此亡国之往迹，我中国擅其有也。不宁惟是，十三洲之独立，德意志之联邦，意大利之统一，试读其革命时代之历史，所以鼓舞民气，宣战君主，推倒母国，诛杀贵族，倡言自由，力尊自治，内修战事，外抗强邻，上自议院宪法，下至地方制度，往往于兵连祸结之时，举国糜烂之日，建立宏猷，体国经野，以为人极，一时所谓革命之健儿，建国之豪杰，流血之巨子，其道德，其智识，其学术，均具有振衣昆仑顶、濯足太平洋之慨焉。吾崇拜之，吾倾慕之，吾究其所以致此之原因，要不外乎教育耳。若华盛顿，若拿破仑，此地球人种所推尊为大豪杰者也。然一华盛顿、一拿破仑倡之，而无百千万亿兆华盛顿、拿破仑和之，一华盛顿何如？一拿破仑何如？其有愈于华、拿二人之才、之识、之学者又何如？有有名之英雄，有无名之英雄。华、拿者不过其时抛头颅、溅热血、无名无量之华、拿之代表耳。今日之中国，故非一华盛顿、一拿破仑所克有事也。然必预制造无量无名之华盛顿、拿破仑其庶乎有济。吾见有爱国忧时之志士，平居深念自尊为华、拿者若而人，其才识之愈于华、拿与否，吾不敢知之，吾但以有名之英雄尊之。而此无量无名之英雄，则归诸冥冥之中，甲以尊诸乙，乙又以尊诸丙。呜呼！不能得其主名者也。今专标斯义，推广斯旨，相约数事，以与我同胞共勉之。

一、当知中国者，中国人之中国也 中国之一块土，为我始祖黄帝所遗传，子子孙孙，绵绵延延，生于斯，长于斯，衣食于斯，当共守其勿替。

有染指于我中国，侵占我皇汉民族之一切权利者，吾同胞当不惜生命，共逐之，以复我权利。

一、人人当知平等自由之大义　有生之初，无人不自由，即无人不平等，初无所谓君也，所谓臣也。若尧、舜，若禹、稷，其能尽义务于同胞，开莫大之利益，以孝敬于同胞，故吾同胞视之为代表，尊之为君，实不过一团体之头领耳，而平等自由也自若。后世之人，不知此义，一任无数之民贼独夫、大盗巨寇，举众人所有而独有之，以为一家一姓之私产，而自尊曰君，曰皇帝，使天下之人，无一平等，无一自由，甚至使成吉斯汗、觉罗福临等，以游牧之族入主我中国，以羞我始祖黄帝于九原。故我同胞今日之革命，当共逐君临我之异种，杀尽专制我之君主，以复我天赋之人权，以立于性天智日之下，以与我同胞熙熙攘攘，游幸于平等自由城郭之中。

一、当有政治法律之观念　政治者，一国办事之总机关也，非一二人所得有之事也。譬如机器，各机之能运动，要在一总枢纽，倘使余机有损，则枢纽不灵。人民之于政治，亦犹是也。然人民无政治上之观念，则灭亡随之，鉴于印度，鉴于波兰，鉴于已亡之国，罔不然。法律者，所以范围我同胞，使之相无过失耳。□□曰："野蛮人无自由。"野蛮人何以无自由？无法律之谓耳。我能杀人，人亦能杀我，是两不自由也。条顿人之自治力，驾于他种人者何？有法律之观念故耳。

由斯三义，更生四种：

一曰，养成上天下地，惟我自尊，独立不羁之精神。

一曰，养成冒险取进，赴汤蹈火，乐死不辟之气概。

一曰，养成相亲相爱，爱群敬己，尽瘁义务之公德。

一曰，养成个人自治，团体自治，以进人格之人群。

第四章　革命必剖清人种

地球之有黄白二种，乃天予之以聪明才武，两不相下之本质，使之发扬蹈厉，交战于天演界中，为亘古角力较智之大市场，即为终古物竞进化之大舞台。夫人之爱其种也，必其内有所结，而后外有所排。故始焉自结其家族，以排他家族；继焉自结其乡族，以排他乡族；继焉自结其部族，以排他部族；终焉自结其国族，以排他国族。此世界人种之公理，抑亦人种历史之一大原因也。吾黄种，吾黄种之中国之皇汉人种，吾就东洋历史上，能相结相排之人种，为我同胞述之，使有所观感焉。

亚细亚黄色人种，约别为二种：曰中国人种，曰西伯利亚人种。

中国人种，蔓延于中国本部、西藏及后印度一带地方，更详别为三族。

第一、汉族，汉族者，东洋史上最特色之人种，即吾同胞是也。据中国本部，栖息黄河沿岸，而次第蕃殖于四方。自古司东亚文化之木铎者，实惟我皇汉民族焉。

第二、西藏族，自西藏蔓延克什米尔、泥八剌及缅甸一带地方。殷周时之氐羌，秦汉时之月氏，唐之吐蕃，南宋之西夏等，皆属此族。

第三、交趾支那族，自支那西南部，即云南贵州诸省，而蔓延于安南、暹罗等国。此族在古代似占据中国本部，而为汉族所渐次驱逐者。周以前之苗民荆蛮，唐之南诏，盖属此族。

西伯利亚人种，自东方亚细亚北部，蕃殖北方亚细亚一带，今更详别之，凡四族。

第四、蒙古族，原蕃殖于西伯利亚之贝加尔湖东边一带，其后次第南下，今日乃自内外蒙古，蔓延天山北路一带地方。元朝由此族而起，殆将浑一欧、亚，印度之莫卧尔帝国，亦由此起。

第五、通古斯族，自朝鲜北部，经满洲而蔓延于黑龙江附近地。秦汉时之东胡，汉以后之鲜卑，隋唐时之末曷，唐末之契丹，宋之女真等，皆属此族。今日入主我中国之满洲人，亦由此族而兴焉。

第六、土耳其族，原蕃殖于内外蒙古地，后渐西移。今日则自天山南路，凡中央亚细亚一带地方，多为此族占据。周以前之獯鬻猃狁，汉之匈奴，南北朝之柔然，隋之突厥，唐之回纥等，皆属此族。今东欧之土耳其，亦此族所建。

由是以观，我皇汉民族，起自黄河东北一带之地，经历星霜，四方繁衍，秦汉之世，已布满中国之全面，以中国本部为生息之乡，降及今日，人口充溢四万万，为地球绝大蕃多、无有伦比之民族。其流出万里长城以外、青海西藏之地者，达一千余万之多。更进而越日本之境，或侵入北方黑龙江之左岸俄界，或达南方，进入安南、交趾、柬蒲塞、暹罗、缅甸、马来半岛；更入太平洋，侵入布哇、美洲合众国、加拿大、秘露、伯拉；

逾南洋，侵入吕宋、爪哇、浡泥及澳洲、欧洲者，亦不下三四百万。无资力者，孜孜励精，以劳力压倒凌驾他国人民。有资力者，拥数十百万之资本，与欧美之富商大贾，争胜败于商战场中，而不相下。我汉族之富于扩张种族之势力者有如此，即以二十世纪世界之主人翁推尊我汉族，吁，亦非河汉之言也。

呜呼！我汉种，是岂飞扬祖国之汉种，是岂独立亚细亚大陆上之汉种？是岂伟大国民之汉种？呜呼！汉种，汉种虽众，适足为他种人之奴隶。汉地虽广，适足供他种人之栖息。汉种，汉种，不过为满洲人恭顺忠义之臣民。汉种，汉种，又由满洲人介绍为欧美各国人之奴隶。吾宁使汉种亡尽杀尽死尽，而不愿其享升平盛世，歌舞河山，优游于满洲人之胯下。吾宁使汉种亡尽杀尽死尽，而不愿其为洪承畴，为细崽，为通事，为买办，为翻译，于地球各国人之下。吾悲汉种，吾先以种族之观念觉汉种。

执一人而谓之曰："汝之父非真汝父也，为汝父者某某也。"其人莫不立起而怒，以诘其直而后已。又一家人，父子、夫妇、兄弟相居无事也，忽焉来一强暴，入其室，据其财产，又奴其全家人，则其家人莫不奋力死斗，以争回原产而后已。夫语人有二父而不怒，夺人之家产而不争，是其人不行尸走肉，即僵尸残骸。吾特怪吾同胞以一人所不能忍受之事，举国人忍受之；以一家所不能忍受之事，举族忍受之。悲夫！满洲人入关，称大清朝顺民；联军破北京，称某某国顺民。香港人立维多利亚纪念碑曰："德配天地。"台湾人颂明治皇功德曰："德广皇仁。"前之为大金、大元、大辽、大清朝之顺民既去矣，今之为大英、大法、大俄、大美国之顺民者又来。此无他，不明于同种异种之观念，而男盗女娼，羞祖辱宗之事，亦何不可为。

吾正告我同胞曰：昔之禹贡九州，今之十八省，是非我皇汉民族嫡亲同胞，生于斯，长于斯，聚国族于斯之地乎？黄帝之子孙，神明之胄裔，是非我皇汉民族嫡亲同胞之名誉乎？中国华夏，蛮夷戎狄，是非我皇汉民族嫡亲同胞区分人种之大经乎？满洲人与我不通婚姻，我犹是清清白白黄帝之子孙也。夫人之于家庭，则莫不相亲相爱，对异姓则不然，有感情故耳。我同胞岂忍见此莫大之奇辱，而无一毫感情动于中耶？爱尔兰隶于英，以人种稍异故，数与英人争，卒得其自治而后已。谚曰："非我族类，其心必异。"又曰：

"狼子野心，是乃狼也。"我同胞其三复斯言。我同胞其有志跳身大海洋之中，涌大海洋之水，以洗洁我同胞羞祖辱宗、男盗女倡之大耻大辱乎？

第五章　革命必先去奴隶之根性

曰国民，曰奴隶，国民强，奴隶亡，国民独立，奴隶服从。中国黄龙旗之下，有一种若国民非国民，若奴隶非奴隶，杂糅不一，以组织成一大种。谓其为国民乎？吾敢谓群四万万人而居者，即具有完全之奴颜妾面，国民乎何有？尊之以国民，其污秽此优美之名词也孰甚？若然，则以奴隶界之，吾敢拍手叫绝曰：奴隶者，为中国人不雷同、不普通、独一无二之徽号。

印度之奴隶于英也，英人非欲奴隶之，印人自乐为奴隶也。安南之奴隶于法也，非法奴隶之，安人自乐为奴隶也。我中国人之奴隶于满洲、欧美人也，非满洲、欧美欲奴隶之，中国人自乐为奴隶耳。乐为奴隶，则请释奴隶之例。

奴隶者，与国民相对待，而不耻于人类之贱称也。国民者，有自治之才力，有独立之性质，有参政之公权，有自由之幸福，无论所执何业，而皆得为完全无缺之人。曰奴隶也，则既无自治之力，亦无独立之心，举凡饮食男女，衣服居处，莫不待命于主人，而天赋之人权，应享之幸福，亦莫不奉之主人之手，衣主人之衣，食主人之食，言主人之言，事主人之事，倚赖之外无思想，服从之外无性质，谄媚之外无笑语，奔走之外无事业，伺候之外无精神，呼之不敢不来，麾之不敢不去，命之生不敢不生，命之死不敢不死，得主人之一盼，博主人之一笑，如获异宝登天堂，夸耀于侪辈以为荣，及婴主人之怒，则俯首屈膝，气下股栗，至极其鞭扑践踏，不敢有分毫抵忤之色，不敢生分毫愤奋之心，他人视为大耻辱不能一刻忍受，而彼无怒色无忤容，怡然安其本分，乃几不复自知为人。而其人亦为国人所贱耻，别为异类，视为贱神，妻耻以为夫，父耻以为子，弟耻以为兄，严而逐之于平民之外。此固天下奴隶之公同性质，而天下之视奴隶者，即无不同此贱视者也。我中国人固擅奴隶之所长，父以教子，兄以勉弟，妻以谏夫，日日演其惯为奴隶之手段。呜呼！人何幸而为奴隶哉，亦何不幸而为奴隶哉！

且夫我中国人之乐为奴隶，不自今日始也。或谓秦汉以前有国民，秦汉以后无国民。吾谓宴息于专制政体之下者，无所往而非奴隶。数千年来，名公巨卿，老师大儒，所以垂教万世之二大义，曰忠，曰孝，更释之曰：忠于君，孝于亲。吾不解忠君之谓何？吾见夫法、美等国之无君可忠也，而斯民遂不得等伦于人类耶？吾见夫法、美等之国无君可忠，而其国人尽瘁国事之义务，殆一日不可缺焉。夫忠也，孝也，是固人生重大之美德也，以言夫忠于国也则可，以言夫忠于君也则不可。何也？人非父母无以自生，非国无以自存，故对于父母国家，自有应尽之义务焉，而非为一姓一家之家奴走狗者，所得冒其名以相传习也。

中国人无历史，中国之所谓二十四朝之史，实一部大奴隶史也。自汉末以迄今日，凡千七百余年，中国全土为奴隶于异种者，三百五十八年，黄河以北，为奴隶于异种者，七百五十九年。呜呼！黄帝之子孙，忍令率其嫡亲之同胞，举其世袭之土地，为他族所奴隶者，何屡见而不一。"箪笥壶浆，以迎王师""纡青拖紫，臣妾骄人""二圣青衣行酒去，九哥白马渡江来"。忠君忠君，此张宏范、洪承畴之所以前后辉映也，此中国人之所以为奴隶也。

曾国藩也，左宗棠也，李鸿章也，此大清朝皇帝所谥为文正、文襄、文忠者也，此当道名人所推尊为中兴三杰，此庸夫俗子所羡为封侯拜相，此科举后生所悬拟崇拜不置。然吾闻德相毕士麻克呵李鸿章曰："我欧洲人以平异种为功，未闻以残戮同胞为功。"嗟乎！吾安得起曾、左而闻是言？吾安得起曾、左以前之曾、左而共闻是言？吾安得起曾、左以后之曾、左，上自独当一面之官府，下至不足轻重之官吏，而亦共闻是言？夫曾、左、李三人者，亦自谓为读书有得，比肩贤哲之人也，而犹忍心害理，屠戮同胞，为满洲人忠顺之奴隶也如是，其他何足论？吾无以比之，比之以李自成、张献忠，吾犹嫌其不肖。李、张之所以屠戮同胞，而使满洲人入主中国也，李、张固无学识，不读书，又为明之敝政所迫，而使之不得不然，吾犹为之恕。曾、左、李三人者，明明白白知为汉种也，为封妻荫子，屠戮同胞，以请满洲人再主中国也，吾百解而不能为之恕。某氏谓英人助满洲平太平天国，亡汉种之罪，英人与有力焉。呜呼！是又因乌及屋之微意也。

曾、左、李者，中国人为奴隶之代表也。曾、左、李去，曾、左、李来。柔顺也，安分也，韬晦也，服从也，做官也，发财也，中国人造奴隶之教科书也。举一国之人，无一不为奴隶，举一国之人，无一不为奴隶之奴隶，二千年以前皆奴隶，二千年以后亦必为奴隶。同胞乎！同胞乎！法国议院中无安南人足迹，英国议院中无印度人足迹。印度人之为奴隶也，犹得绕红布头巾为巡捕，立于上海香港之十字街头上，驱策中国人以为乐。然吾试问我同胞，曾否于地球面积上，择一为巡捕之地，驱策异种人以为乐？面包一块，山芋一碟，此固非洲黑奴之旧生活也。同胞！同胞！请重思之。

　　吾先以一言叫起我同胞曰：国民，吾愿我同胞万众一心，支体努力，以砥以砺，拔去奴隶之根性，以进为中国之国民。法人革命前之奴隶，卒收革命之成功；美洲独立前之奴隶，卒脱英人之制缚。此无他，能自认为国民耳。吾故曰：革命必先去奴隶之根性。非然者，天演如是，物竞如是，有国民之国，群起染指于我中土，我同胞其将由今日之奴隶，以进为数重奴隶，由数重奴隶而猿猴，而野豕，而蚌介，而荒荒大陆，绝无人烟之沙漠也。

　　近人有古乐府一首，名《奴才好》云：

　　奴才好，奴才好，勿管内政与外交，大家鼓里且睡觉。古人有句常言道："臣当忠，子当孝。"大家切勿胡乱闹。满洲入关二百年，我的奴才做惯了，他的江山他的财，他要分人听他好。转瞬洋人来，依旧要奴才，他开矿产我做丁，他开洋行我细崽，他要招兵我去当，他要通事我也会。内地还有甲必丹，收赋治狱荣巍巍，满奴作了作洋奴，奴性相传入脑胚。父诏兄勉说忠孝，此是忠孝他莫为，什么流血与革命，什么自由与均财，狂悖都能害性命，倔强那肯就范围，我辈奴仆当戒之，福泽所关慎所归。大金、大元、大清朝，主人国号已屡改，何况大英、大法、大美国，换个国号任更载。奴才好，奴才乐，世有强者我便服，三分刁黠七分媚，世界何者为龌龊，料理乾坤世有人，坐阅风云多反复，灭种复族事遥遥，此事解人已难索。堪笑维新诸少年，甘赴汤火蹈鼎镬，达官震怒外人愁，身死名败相继仆，但识争回自主权，岂知己非求己学。奴才好，奴才好，奴才到处皆为家，何必保种与保国。

第六章　革命独立之大义

　　与贵族重大之权利，害人民营业之生活，擅加租赋，胁征公债，重抽航税，此英国议院所以不服查理王，而唱革命之原因也。滥用名器，致贵贱贫富之格，大相悬殊，既失保民之道，而又赋敛无度，此法国志士仁人，所以不辞暴举逆乱之名，而出于革命之原因也，重征茶课，横加印税，不待立法院之承允，而驻兵民间，此美人所以抗论于英人之前，遂以亚美利加之义旗，飘扬于般岌剌山，而大唱革命，至成独立原因也。吾不惜再三重言申明曰：内为满洲人之奴隶，受满洲人之暴虐，外受列国人之刺击，为数重之奴隶，将有亡种殄种之难者，此吾皇帝神明之汉种，今日唱革命独立之原因也。

自格致学日明，而天予神授为皇帝之邪说可灭；自世界文明日开，而专制政体一人奄有天下之制可倒；自人智日聪明，而人人皆得有天赋之权利可享。今日，今日，我皇汉人民，永脱满洲之羁绊，尽复所失之权利，而介于地球强国之间，盖欲全我天赋平等自由之位置，不得不革命而保我独立之权。嗟予小子，无学顽陋，不足以言革命独立之大义，兢兢业业，谨模拟美国革命独立之义，约为数事，再拜顿首，敬献于我最敬最亲爱之皇汉人种四万万同胞前，以备采行焉。如下：

一、中国为中国人之中国，我同胞皆须自认为自己的汉种、中国人之中国。

一、不许异种人沾染我中国丝毫权利。

一、所有服从满洲人之义务，一律销灭。

一、先推倒满洲人所立北京之野蛮政府。

一、驱逐居住中国中之满洲人，或杀以报仇。

一、诛杀满洲人所立之皇帝，以儆万世不复有专制之君主。

一、对敌干预我中国革命独立之外国及本国人。

一、建立中央政府，为全国办事之总机关。

一、区分省分，于各省中投票公举一总议员，由各省总议员中投票公举一人，为暂行大总统，为全国之代表人。又举一人为副总统。各州县府，又举议员若干。

一、全国无论男女皆为国民。

一、全国男子有军国民之义务。

一、人人有承担国税之义务。

一、人人当致忠于此所新建国家之义务。

一、凡为国人，男女一律平等，无上下贵贱之分。

一、各人不可夺之权利，皆由天授。

一、生命自由，及一切利益之事，皆属天赋之权利。

一、不得侵人自由，如言论、思想、出版等事。

一、各人权利，必需保护，须经人民公许，建设政府，而各假以权，专掌保护人民权利之事，

一、无论何时，政府所为，有干犯人民权利之事，人民即可革命，推倒旧日之政府，而求遂其安全康乐之心。迨其既得安全康乐之后，经承公议，整顿权利，更立新政府，亦为人民应有之权利。若建立政府之后，少有不洽众望，即欲群起革命，朝更夕改，如奕棋之不定，固非新建国家之道。天下事不能无弊，要能以和平为贵，使其弊不致大害人民，则与其颠复昔日之政府，而求伸其权利，毋宁平和之为愈。然政府之中，日持其弊端暴政，相继施行，举一国人民，悉措诸专制政体之下，则人民起而颠复之，更立新政府，以求遂其保权之心，岂非人民至大之权利，且为人民自重之义务哉？我中国人之忍苦受困，已至是而极矣，今既革命独立，而犹为专制政体所苦，则万万不得甘心者矣。此所以不得不变昔日之政体也。

一、定名"中华共和国"。（清为一朝之名号，支那为外人呼我之词。）

一、"中华共和国"为自由独立之国。

一、自由独立国中，所有宣战、议和、订盟、通商及独立国一切应为之事，俱有十分权利与各大国平等。

一、立宪法悉照美国宪法，参照中国性质立定。

一、自治之法律悉照美国自治法律。

一、凡关全体个人之事，及交涉之事，及设官分职国家上之事，悉准美国办理。

皇天后土，实共鉴之。

第七章　结论

我皇汉民族四万万男女同胞，老年、晚年、中年、壮年、少年、幼年，其革命！其以此革命为人人应有之义务！其以此革命为日日不缺之饮食！尔毋自暴，尔毋自弃，尔之土地占亚洲三分之二，尔之同胞有地球五分之一，尔之茶供全世界亿万众之饮料而有余，尔之煤供全世界二千年之燃料亦无不足；尔有黄祸之先兆，尔有种族之势力，尔有政治尔自司之，尔有

法律尔自守之，尔有实业尔自理之，尔有军备尔自整之，尔有土地尔自保之，尔有无穷无尽之富源尔须自挥用之，尔实具有完全不缺的革命独立之资格；尔其率四万万同胞之国民为同胞请命，为祖国请命，掷尔头颅，暴尔肝脑，与尔之世仇满洲人，与尔之公敌爱新觉罗氏，相驰骋于枪林弹雨中，然后再扫荡干涉尔主权外来之恶魔。则尔历史之污点可洗，尔祖国之名誉飞扬，尔之独立旗已高标于云霄，尔之自由钟已哄哄于禹域，尔之独立厅已雄镇于中央，尔之纪念碑已高耸于高冈，尔之自由神已左手指天右手指地为尔而出现。嗟夫！天清地白，霹雳一声，惊数千之睡狮而起舞，是在革命，是在独立。

皇汉人种革命独立万岁！

中华共和国万岁！

中华共和国四万万同胞的自由万岁！（《革命军》）

刘师培

论留学生之非叛逆

今之论留学生及各省学堂学生者当曰畔逆畔逆。所谓畔逆者，畔同种之谓也，畔祖国之谓也。今当道诸公无一非畔同种叛祖国之人，故遇一不叛同种不叛祖国者即称之曰叛。呜呼□矣。

同种者即吾汉族是也。祖国者何？即吾中国是也。学生（者），欲排异种而保同种者也，于此而谓之叛，则希腊之离土，亦将以叛目之乎？意人之排奥，亦将以叛目之乎？诸君！诸君！直未知顺逆之理耳，吾何责焉。

且所谓叛逆者，如汉之中行说，宋之张元、吴昊、刘豫，明之洪承畴、吴三桂是也。助异种以锄同种，此罪之所以不容已于诛也。若今之以叛逆目学生者，非助满清即助俄法，孰非蹈中行说诸人之故智者乎？于此而不自知，可谓无廉耻无羞恶之人矣。孟子谓无是非之心非人，由今观之，何无是非之心者之多耶！

吾观近今学生之（所）倡者，不过排俄排法二端耳。学生倡（之），（而）政府禁之，是政府即为学生之公敌。抚我则活，虐我则仇，今政府甘为公敌而不辞，于学生乎何尤？

吾今以一语告诸公曰：中国者，汉族之中国也。叛汉族之人即（为）叛中国之人，保汉族之人即为存中国之人。诸公其愿为存中国之人耶，亦〔抑〕愿为叛汉族之人耶？惟诸公自探之可耳。惟以保汉族为叛逆，则大悖于公理，故特辨之。（《苏报》1903 年 6 月 22 日，署名"申叔"）

论激烈的好处

现在有一种的人，天天说平和，天天说待时，说天下的事情，都要慢慢的一步一步做起来，断不可不顾事情的成败，只晓得乱闹。唉呀！这话便说错了。现在说这话的人，他心里有几种想头：一种是看见康有为变法，唐才常勤王，都是因做事匆促失败大事的，所以遇见这激烈的人，就引起康有为、唐才常的几桩旧事来，说你们断断乱闹不得，就是乱闹断断是无济于事的。一种是看见现在平和党的人，有的开学堂，有的兴实业，到也觉得有几分效验；说他们宗旨虽不好，还能办两件实实在在的事情，你们除乱闹以外，就没有一桩事情能办了，可不是和平的好处么！这两种人由我看起来，都说他是趋利避害。因什么原故呢？天下惟这种平和党的人，又获名，又获利，又能保全身家妻子。这维新的人既说他开通，那守旧的人又不说他悖逆。他既能在守旧的面前讨好，又要在维新的面前做名，所以他所做的事业都是平稳不过的。人看见他做事情平稳，就大家都要学他的法子，所以从前激烈不过的人，到现在都变成平和一派，再过两年，我恐怕这一种激烈的人，一个都没有了。可不是平和党的为害，也共洪水猛兽夷狄一样的么？你们既晓得平和的坏处，我就把激烈的好处，一桩一桩的讲出来。

第一桩是无所顾忌。中国的人做事，是最迟缓不过的。这种人有三种心：一种是恐怖心，一种是罣碍心，一种是希恋心。所以一桩事情到面前，先想他能做不能做，又想他成功不成功，瞻前顾后，把心里乱的了不得，到了做事情的时候，便没有一桩能做了。这激烈党的一派人便共他不同，遇着一桩事情，不问他能做不能做，也不问他成功不成功，就不顾性命去做了。他就是不成功，也是于世上有影响的，所以外国人说道"失败者成功之母"，没有失败的事情，那里有成功的事情呢？你看中国古时候的英雄，如陈涉、项羽一般人，大抵都是亡命之徒，到了没有法子想的时候，出来闹一闹，遇着机会，他就可以成功了。大约天下的人，最难的是不怕死，到了不怕死，无论什么事件，都可以出来做。所以古时候的大刺客、大游侠、大盗、大奸，都是出来拚命做事情的，但是这一种人，都是激烈派，不是平和派。你们说这康有为、唐才常做事太骤，由我看起来，他们两个人的宗旨，固然是看不起他的，但是他们敢作敢为，勇往直前的气概，也是你们比不上他的。他们做事虽不成功，还能做两件不成功的事，若依这种平和的宗旨，恐怕再等几十年，这种变法、勤王的事情还没有呢！大凡机会两个字，都是我们做出来的，只要无所顾忌，自然天下没有难事了。以上是激烈派的好处第一桩。

第二桩是实行破坏。天下的事情，没有破坏，就没有建设。这平和党的人各事都要保全，这激烈派的人各事都要破坏。我明晓得这破坏的人断断不能建设；但是中国到了现在，国里头的政府既坏得不堪，十八省的山河都被异族人占了去，中国的人民不实行革命，断断不能立国，就是"破坏"两字，也是断断不能免的了。你看日本的吉田松阴，意国的马志尼，岂不是破坏的人？法国的巴黎革命，奥国的马加分立，那一个不是破坏的事？况且中国的事情，没有一桩不该破坏的，家族上的压抑，政体上的专制，风俗、社会上的束缚，没有人出来破坏，是永远变不好的。虽破坏的时候，各事扰乱，中国的百姓都要吃亏，但不吃这种小亏，是断断不能享福的。所以由我看起来，无论甚么暴动的事情都可以出来做，就是把天下闹得落花流水，也不失为好汉。但是这一种没用的人，虽天天嘴里说破坏，都不能实行。到了他们激烈派的人，就能实实在在的做去了。所以中国秦末的时候，有项羽、汉高祖的一般破坏家，隋末的时候，有李密、杨玄感一般破坏家，元末的时候，有刘福通、陈友谅的一般破坏家。由这样看起来，中国实行破坏的英雄，可不是共欧洲一样的么？没有这种激烈派的人，就不能做空前绝后惊天动地的大事业。以上是激烈派的好处第二桩。

第三桩是鼓动人民。由前两桩比起来，说空话的人比不上做实事的，但这一种的人，于现在的中国也很有益。从前法国有两个文豪，一个叫做卢梭，一个叫做孟德斯鸠，他说的话都是激烈不过的，那巴黎的革命，就是被他鼓动起来的。又日本有两个志士，一个叫做高山正之，一个叫做蒲生秀实，他说的话也是激烈不过的，那日本的"尊王攘夷"，也是被他鼓动起来的。所以这一种著书、出报、演说的人，宗旨也要激烈。你看爱国学社创办的时候，上海创《苏报》，东京创义勇队，这几件事情的宗旨，都是激烈不过的，虽说内地没有大影响，但东南各省的人，被他们感动的也很不少，就是现在倡排满革命的人，也大半是受他们影响的，就是激烈派的效验了。他们政府里头，看见这一种激烈的人，不说他是妖言惑众，就说他是丧心病狂，极力的要共他们为难，可不是政府也狠恐怕激烈的么！况且现在的人，宗旨既然激烈，就是做一部书，说一句话也都是达于极点的议论，共那一种平和人不同。我看见新书上说过，要著书莫要怕杀头，这种激烈派的人，就都是不怕杀头的了。以上是激烈派的好处第三桩。

以上三桩，都是激烈派的好处，那种平和的人，是断断没有的。大约中国亡国的原因，都误在"平和"两字；这平和原因，又误在"待时"两字。那晓得现在还有一种治新学的人，看了几部《群学肄言》等书，便满嘴的说平和的好处，看见这激烈的人，不说他不晓得进化的层次，就说他不晓得办事的条理。现在的人惑于这等议论的，也狠不少。我恐怕再过几年，连一个做事情的人都没有了，可不是把中国弄得灭亡么！所以我把几桩的好处，一层一层的说出来，教中国的人民都快快的出来办事，不要更有迟疑，中国的事情，就可以一天一天的好起来了。（《中国白话报》第六期，1904年 3 月 1 日，署名"激烈派第一人"）

黄　兴

在华兴会成立会上的讲话

本会皆实行革命之同志，自当讨论发难之地点与方法以何为适宜。一种为倾覆北京首都，建瓴以临海内，有如法国大革命发难于巴黎，英国大革命发难于伦敦。然英、法为市民革命，而非国民革命。市民生殖于本市，身受专制痛苦，奋臂可以集事，故能扼其吭而拊其背。若吾辈革命，既不能借北京偷安无识之市民得以扑灭虏廷，又非可与异族之禁卫军同谋合作，则是吾人发难，只宜采取雄据一省，与各省纷起之法。今就湘省而论，军学界革命思想日见发达，市民亦潜濡默化，且同一排满宗旨之洪会党人久已蔓延固结，惟相顾而莫敢先发。正如炸药既实，待吾辈引火线而后燃，使能联络一体，审时度势，或由会党发难，或由军学界发难，互为声援，不难取湘省为根据地。然使湘省首义，他省无起而应之者，则是以一隅敌天下，仍难直捣幽燕，驱除鞑虏。故望诸同志对于本省、外省各界与有机缘者分途运动，俟有成效，再议发难与应援之策。（《黄兴传记》）

陈天华

论中国学生同盟会之发起

呜呼！吾中国其真亡矣，吾中国其真亡矣！不亡于顽固政府，不亡于娈毒疆吏，不亡于列强之瓜分，不亡于各级社会之无知识，吾敢一言以断之曰：中国之亡，亡于学生。

何言乎学生亡中国也？盖凡事有为其主人者。孤军困于围城之中，主帅出降，何论士卒；倾卖祖宗之遗产，家长画诺，何言子弟！夫学生者，非被举世之推崇而目之为主人者乎！如其为主人也，则必尽其主人之天职，毫无失放。内而政府，外而疆吏，皆受佣于主人者也，而顽固而娈毒，主人得以扑责之，推倒之。列强者，对主人而立于客位者也，客欲喧宾夺主，主人得以排击之。各级社会，皆吾主人之兄弟、亲戚也，而知识缺乏，主人得以提携之，输贯之。由斯以谭，通国之人皆对于亡国之宣告不知所署，一惟主人之马首是瞻。主人欲亡，则吾国亡；主人不欲亡吾国，果谁得以亡吾国者！今学生者，既主人矣，主人则有不得亡吾国之义务矣。而漫曰亡中国者学生也，学生也，何吾言之矛盾若是？呜呼！为中国学生者，其思之，其重思之。

中国之有学生也，自二十年以来也。近岁之顷，成就尤多。东京留学生之程度最高，而南、北洋及湖北、浙江各省大学堂之成材亦千余辈，而方兴未艾，方轨并进。如水陆军、师范、农工业、大学、中学、蒙学、女学、公学、私学等统计之，殆数万人。试问此数万人者，成立者何事？影响者何事？其中岂无志士魁桀，坚忍不拔，见义敢为，慨然以新中国自负者？乃出而任事，累起累蹶，以留学生之资格犹不能无憾，而内地无论焉。吾为此言，非谓留学生之性质有以优于内地也。以留居东京多生无穷之感情，多受外界之激刺，故苟非凉血类之动物，殆无不有"国家"二字浮于脑海者。而内地则毫无闻见，懵焉瞆焉，故尔不如留学生之感觉灵而发达早也。

然则学生之所以不能成立者，何以故？曰：无一完全无缺、颠扑不破之大团体故。以学生之位置，学生之目的，学生之性质，无不相同，而仍不能结一团体，其他更何所望！近者东京学生有人类馆、台湾馆之争，政府公使所无可如何者，学生敢争执之。而东三省问题出现，义勇队之编，尤足以震动全国。内地如上海爱国学社之协应，北京大学堂之上书，湖北学生五百余人之演说堂（闻改两湖经正学堂为演说堂，梁鼎芬无如何），安徽学生三百余人之爱国会，到处风发，气象特佳，不可谓学生之无势力也。然吾恐其不能持久，组织未终而目的消灭，则所谓完全无缺颠扑不破之大团体者，终成画饼，而不可以见诸实行也。蜀邹容者，东京退学生也，愤中国学生团体之不坚，毅然创一中国学生同盟会，海内外全体学生皆要求入会，各省各设总部，各府、县各设分部，权利、义务分条揭载（会章另登）。其目的在于学界成一绝大〔合〕法团体，以鏖战于中国前途竞争逼拶之中者也。呜呼！中国学生同盟会者，此何事而顾一邹容发起之？邹容不过学生中一分子耳。吾中国全体学生闻之，其感情何如？其对于同盟会之责任何如？

学生者，中国之学生也。亦既知之，则当求其合于中国之适用。是故中国学生者，非能如各国学生于国权巩固、人格完美之中而循序以求学者也。学之外，盖大有事在。所谓事者，亦求其毋致中国之亡已耳。政府之顽固也，而学生不顽固；疆吏之婪毒也，而学生不婪毒；列强之欲瓜分也，而学生不欲瓜分；各级社会之无知识也，而学生非无知识；然则中国存亡之关键，不属于学生而谁属？如学生终不求所以结团体之故，借学堂为阶梯，为官场作傀儡，对本部自命为旁视，对外界不能受冲突，得一毕业证书，不啻得一奴才证书，逢迎唱诺，去社会惟恐不远者，则中国国亡无日。列强既实行其瓜分，而政府疆吏或侥幸隶属小朝廷之下，各级社会又任可为何国之顺民。斯时之学生自负其高尚之人格，新中国之学问将如之何？计惟有死而已。夫一死岂足以塞责，一死而中国亡，则吾国之亡，确亡于学生。吾诚不幸谈言之微中也。

若夫学生能组织一理想团体，中国前途又如之何？是得下一转语曰：中国之兴，兴于学生。子不见奥大利之逐梅特涅乎？谁逐之？学生逐之也。意大利之退德军乎？谁退之？学生退之也。充学生之势力，无论内忧，无论外患，殆无不可摧陷而廓清之！俄罗斯学生之风潮披靡全国，以俄皇之专制至不能不降心以从之；则岂有生息于专制政体之下，而竟一无展布，无所求其施演之舞台者乎？乌乎！时势惟人所造，若必待时势而为之，吾恐波兰、印度之人今有求学而不可得者也。学生乎，学生乎！吾今谓国亡于学生，公等其承认之耶？其奋怒之耶？若奋怒之，则同盟会其成立矣，而中国兴矣。惟兴惟亡，是在汝！是在汝！（《苏报》1903 年 5 月 30、31 日）

复湖南同学诸君书

同学诸君鉴：接函具悉。华等以瓜分祸迫，拟以血肉之躯，亲御强俄，为国民倡。后以俄事渐缓，改为军国民教育会，至日本体育会学习体操，以备有事之秋，稍尽义务，自谓于意无恶。不谓内地当道，不谅其心，反加以多事为〔之〕名。不思学生军设立之初，报告监督，通电政府，名正言顺，别无他意。以此为罪，将谓俄不可拒乎？俄国于远东之义勇舰队，日本于对俄之社会，则奖励之，中国则严禁之，何其相反之甚也？至于体育会，日本几遍地皆是，留学生一入其会，则遂大惊小怪，屡索而不得其解。我政府之识见如此，我国民之程度如此，此诚可为痛哭流涕者也。

若以弟言为不可信，则请将学生军之章程，及弟所做之《敬告湖南人》观之，有一字违悖否？弟签名之时，已置死生于度外，徒以川资无出，故尔稽迟，实深抱歉。倘有机会，仍当归梓。设遇不测，亦只先诸君一步耳，乞勿代为过虑。此事发起者为江、浙,湖南人应之者甚少,新化除华一人外,别无他人,万勿惊疑。

东京现在异常平靖,而内地如此谎〔慌〕张,风声鹤唳,几于草木皆兵,岂非怪事!乍闻之下,殊觉其可怜可笑。各国聚数十万之精兵图谋我,当道诸人熟视无睹,若不足介意者,独于区区数学生,全国戒严,如临大敌,其重视我留学生过于英、俄、法、德,留学生万万不配也。

然以留学生之举动,归之于康、梁之党,则失实已甚。夫康、梁何人也?则留学生所最轻最贱而日骂之人也。今以为是康、梁之党,则此冤枉真真不能受也。国之亡也,必有党祸,吾非欲解免此名也,独奈何加我所不足之人乎?今使曰康、梁是留学生之党尚且不可,况曰是康、梁之党!康、梁何幸而得此名也?留学生何不幸而得此名也?

今政府于留学生之一举一动而疑忌之,夫留学生则何求?欲求富贵乎?举人、进士之上谕固已降矣,毕业之后数十百金之馆地固无忧也;岂有于至安至稳者不之求,而求之侥幸不可必得之数乎?恐虽下愚,亦不出此。其所以然者,保国急于一人之富贵也,国不保则一人之富贵将焉取之?故我等当以保国为第一义,一人之富贵为第〔二〕等义。政府诸公果能以保国为心,而不以吾侪割送与人,则吾等岂有不为其易者而为其难者?否则吾等又安能甘作亡国之民也!彼亡国不恤,而惟一人之富贵是急者,亦不过于各国多一顺民也,于政府何益?此日之志士多杀一人,则他日捍国难者少一人,此无异自戕其手足也,于志士何损!盖志士迟早一死,不死于政府,必死于外敌。死,一也,又何择焉!

华菱靡不振,深恐有所牵染而不果死,致贻口实;若真有死之一日,则弟之万幸也。可为弟幸,何悲之有?

海天万里,各自勉旃!诸君其幸留有用之身,以担任异日艰难,是为至盼。书不尽言,伏乞珍重。天华白。(《苏报》1903 年 6 月 14 日)

猛回头

序

俺也曾,洒了几点国民泪,俺也曾,受了几日文明气,俺也曾,拨了一段杀人机，代同胞愿把头颅碎。俺本是如来座下现身说法的金光游戏，为什么有这儿女妻奴迷？俺真三昧，到于今始悟通灵地。走遍天涯，哭遍天涯，愿寻着一个同声气。拿鼓板儿，弦索儿，在亚洲大陆清凉山下，唱几曲文明戏。

纪元二千四百五十五年　群学会主人书

黄帝肖像后题

哭一声我的始祖公公！叫一声我的始祖公公！想当初大刀阔斧，奠定中原，好不威风。到如今，飘残了，好似那雨打梨花，风吹萍叶，莫定西东。受过了多少压制，做过了数朝奴隶，转瞬间又要为牛为马，断送躯躬。怕的是刀声霍霍，炮声隆隆，万马奔腾，齐到此中。磨牙吮血，横吞大嚼，你的子孙，就此告终。哭一声我的始祖公公！叫一声我的始祖公公！在天有灵，能不忧恫？望皇祖告诉苍穹，为汉种速降下英雄。

哭一声我的同胞弟兄！叫一声我的同胞弟兄！我和你都是一家骨肉，为什么不相认？忘着所生，替他人残同种，忍心害理，少不得自己们也要受烹。那异族非常凶狠，把汉族当做牺牲，任凭你顺从他，总是难免四万万共入了枉死城。俺同胞，到此地，尚不觉醒，把仇雠，认做父，好不分明！想始祖，在当日，何等威武。都只缘，这些不肖子孙，败倒名声。哭一声我的同胞弟兄！叫一声我的同胞弟兄！又是恨卿，又是想卿。弃邪归正，共结同盟，驱除外族，复我汉京。昆仑高高兮，江水清清，乃我始祖所建国兮，造作五兵。我饮我食兮，无非始祖之所经营，誓死以守之兮，决不令他族之我争。子子孙孙兮，同此血诚。

地理略述

普天之下，共分五大洲。中国是亚细亚洲一个顶大的国，内地有十八省，称为中国本部。在本部东北方，有东三省，即从前宋朝那时候的金国，现在的满洲。那满洲乘着明末的乱，占了我们中国，改号大清国。直隶、山西、陕西之北有蒙古，即元鞑子，灭了宋朝，一统中华，明太祖把他赶归原处，后亦为满洲所灭。由甘肃过去，有新疆省，是一个回回国，乾隆年间灭的。四川之西有西藏，是一个活佛做国主，亦归服清朝。除了十八省以外，从前都是外国，于今都是大清国。虽然中国也不过与那蒙古、新疆、西藏同做了满洲的奴隶。在中国东方的有日本国，约有中国两省大，从前也是弱国，近来仿照西洋人的法子，不过三十年，遂做了世界第一等的强国。与山东省遥遥相对的是高丽国，近来改名朝鲜，从前也是中国的属国，自甲午年战败之后，遂不归中国管辖。在中国南方的有越南国、暹罗国、缅甸国，皆是进贡中国的。后来法国占了越南，英国占了缅甸，暹罗亦受英、法两国的挟制，不久也是要灭。由西藏之西南，有印度国，佛菩萨所出的地方，约有中国十二三省大，乾隆年间，为英国东印度公司所灭。以上皆是亚细亚。此外又有大、小国数十，都被那西洋人灭了。亚细亚洲之西，有欧罗巴洲。五大洲之中，惟此洲最小又最强。洲中大、小国亦数十：第一强国是俄罗斯。他的地方，小半在欧罗巴洲，大半在亚细亚。中国与他连界二万余里，国土有清国二倍之大，但人口只有中国三分之一。第二是英吉利。他的本国很小，属地比本国大七十六倍。又有法兰西、德意志、奥大利、意大利，皆是强国。其余的国大者如中国的一二府而已。欧罗巴洲的南方有阿非利加洲，沙漠居多，天气很热，从前也有数十国，于今皆为西洋人所瓜分。印度之南，有南洋群岛，约有数百，自明朝即为西洋人所占。南洋群岛之中，有最大的岛名叫澳大利加洲，亦称为五大洲中之一，土人很少，为英国所占领。在以上四州之西者，叫做阿美利加洲，从前本是一块荒地，与这四洲东隔着太平洋，西隔着大西洋，自古与四洲不相通。自明朝中间，欧罗巴人名叫哥伦布者，始寻得是处。其后欧罗巴的人往者愈多，遂建了多少的国，尤以美利坚为最大。五洲万国，除中国、日本数国之外，其余诸部，皆归服了欧罗巴。中国又危乎殆哉！我同胞乎！你们还没有醒转来吗？

人种略述

天下的人，自大处言之，约分五种：亚细亚洲的人，大半是黄色种；欧罗巴洲的人是白色种；阿非利加洲的人是黑色种；南洋群岛的人是棕色种；阿美利加洲的土人是红色种。五种人中，只有白色种最强，黄色种次之；其余的三种，都为白色种所压制，不久就要灭种。此就色面而分出五大种也。专就黄色种而言之，则十八省的人皆系汉种，我始祖黄帝于五千年前，自西北方面来，战胜了苗族，一统中国。今虽为外种所征服，其人口共四万万有余，居世界人口四分之一。满洲是通古斯种，金朝亦是此种人，其人口共五百万。蒙古为蒙古种，其人口共二百万。新疆为回回种，其人口一百二十万。西藏为吐番种，其人口一百五十万。苗、瑶是从前中国的土人，其数比汉种较多，于今只深山之中留了些微。满洲、蒙古、西藏、新疆的人，从前都是汉种的对头，无一刻不提防他。其人皆是野蛮，凶如虎狼，不知礼义，中国称他们为犬羊，受他等之害不少。自满洲入主中国，号称中外一家，于是向之称他为犬羊者，今皆俯首为犬羊的奴隶了。

猛回头

大地沉沦几百秋，烽烟滚滚血横流。

伤心细数当时事，同种何人雪耻仇！

俺家中华灭后二百余年一个亡国民是也。幼年也曾习得一点奴隶学问，想望做一个奴隶官儿。不料海禁大开，风云益急，来了什么英吉利、法兰西、俄罗斯、德意志，到我们中国通商，不上五十年，弄得中国民穷财尽。这还罢了，他们又时的兴兵动马，来犯我邦。他们连战连胜，我们屡战屡败。日本占了台湾，俄国占了旅顺，英国占了威海卫，法国占了广洲湾，德国占了胶州，把我们十八省都划在那各国的势力圈内，丝毫也不准我们自由。中国的官府好像他的奴仆一般，中国的百姓好像他的牛马一样。又有那一班传教的教士，如狼似虎，一点儿待他不好，遂办起教案来，要怎么样就怎么样。我中国虽说未曾瓜分，也就比瓜分差不多了！那时我们汉人中有一班志士，看见时势不好，热心的变法，只想把这国势救转来。那里晓得这满洲的政府说出什么"汉人强，满人亡"的话儿，不要我们汉人自己变法，把轰轰烈烈为国流血的大豪杰谭嗣同六个人一齐斩了；其余杀的杀，走的走，弄得干干净净。不上两年工夫，出了一个义和团。这义和团心思是很好的，却有几件大大的不好处。不操切实本领，靠着那邪术。这邪术乃是小说中一段假故事，那里靠得住！所以撞着洋人，白白的送了性命。兼且不分别好丑，把各国一齐都得罪了，不知各国内也有与我们有仇的，也有与我们无仇的，不分别出来，我们一国哪里敌得许多国住！我们虽然恨洋人得很，也只好做应敌的兵，断不能无故挑衅。说到那围攻公使馆，烧毁天主堂，尤为无识。自古道："两国相争，不斩来使。"我无故杀他的使臣，这是使他有话说了。我们要杀洋人，当杀那千军万马的洋人，不要杀那一二无用的洋人。若他们的军马来，你就怕他，他们的商人教士，你就要杀害他，这是俗话所谓"谋孤客"，怎么算得威武呢！义和团不懂这个道理，所以弄出天大的祸来，把我们中国害得上不上，下不下。义和团真真是我们中国的罪人了！当时那一班顽固的大臣，满怀私意，利用义和团，等到八国兴兵问罪，束手无策，弃了北京，逃往陕西，不顾百姓的死活。可怜北京一带，被八国杀得尸体遍野，血流成河，足足杀了数百万。俄国乘势占了东三省，无故地把六千人赶入黑龙江。列位，你道好惨不好惨！

可惜这无耻无能的中国人，大家扯了八国顺民旗，接迎八国的兵马进城。还有那丧尽天良的，引着八国的人，奸淫掳掠，无所不至。咱家说到此处，喉咙也硬了，说也说不出来，只恨我无权无力，不能将这等自残同种的混帐王八蛋千刀万段，这真真是我的恨事了！列位，你道各国占了北京，怎么不就把这中国实行瓜分了？不晓得各国相貌不同，言语不通，兼且离我中国很远，那里有许多人镇服我们！不如留着这满洲的政府，代他管领，他又管领这满洲的政府。汉人做满洲的奴隶是做惯了的，自然安然无事，我们是奴隶的奴隶，各国是主人家的主人家，何等便当！岂不比这实行瓜分要自己费力的好得多吗？果然这满洲的政府感激各国了不得，从前赔款数次，差不多上十万万了，此次赔各国的款，连本带息，又是十万万，我们就是卖儿卖女，也是出不起来的。又自己把沿海的炮台削了；本国的军营请各国来练；本国的矿产让各国来开；本国的铁路听各国来修；还有那生杀用人的权柄都听各国指挥。列位，你看满洲的政府，只图苟全一己，不顾汉人永世翻不得身，件件依了洋人的，你道可恨不可恨！我们若不依他的，他就加以违旨的罪，兴兵剿洗，比草芥也比不上。十八省中，愁云黯黯，怨气腾霄，赛过那十八层地狱。他又见从前守旧的惹出祸来，才敷衍行了一段新政，不过是掩饰人的耳目。他且莫讲，京城修一个大学堂，要费三十万银子，政府说费用大了，至今未修；皇太后复修颐和园，数千万银子也办出来了，每年办陵差，动辄数百万，亦是有的，独有这三十万难道说寻不出呢？我们百姓家里，要一个钱买水吃也没有，去年荣禄嫁女，他的门房得门包三十二万。这银子是那里来的？都是那贪官剥削我们的脂膏，献与荣禄的。荣禄之外，还有那太监李连英，皇太后最信用他，最相好的，他的家财比荣禄多了十倍。当今的官府多半是他的门生、小门生。列位，你看这个情形，中国还保得住吗？到了今年，俄国就要把东三省实归他有了；法国也要这广西省。中国若准了他两国，这英国少不得就要长江七省，德国少不得就要山东、河南，日本少不得就要福建、浙江。还有那一块是我们的？我想这政府是送土地送熟了的，不久就是拱手奉纳。我们到了那个时节，上天无路，入地无门，还有什么好处呢？咱家想到此际，把做官的念头丢了，只想把我们的同种救出苦海。无奈我们的同胞沉迷不醒，依然歌舞太平，大家自私自利，全无一点团结力。真真是"火烧到眉毛尖子上尚不知痛"。好叹呀！咱家闲下无事，编成了几句粗话，叫做"猛回头"。列位若不厌烦，听咱家唱来，消消闲好么？

拿鼓板，坐长街，高声大唱，

尊一声，众同胞，细听端详：

我中华，原是个，有名大国，

不比那，弹丸地，僻处偏方。

论方里，四千万，五洲无比；

论人口，四万万，世界谁当；

论物产，真个是，取之不尽；

论才智，也不让，东西两洋。

看起来，那一件，比人不上？

照常理，就应该，独称霸王。

为什么，到今日，奄奄将绝，

割了地，赔了款，就要灭亡？

这原因，真真是，一言难尽，

待咱们，细细数，共做商量。

五千年，俺汉人，开基始祖，

名黄帝，自西北，一统中央。

夏商周，和秦汉，一姓传下，

并没有，异种人，来做帝皇。

这是我，祖宗们，传留家法，

俺子孙，自应该，永远不忘。

可惜的，骨肉间，自相残杀，

惹进了，外邦人，雪上加霜。

到晋朝，那五胡，异常猖獗，
无非是，俺同种，引虎进狼。
自从此，分南北，神州扰乱，
到唐朝，才平定，暂息刀枪。
到五季，又是个，外强中弱，
俺同胞，遭杀戮，好不心伤！
宋太祖，坐中原，无才无德，
复燕云，这小事，尚说不遑。
难怪他，子孙们，懦弱不振，
称臣侄，纳贡品，习以为常。
那徽宗，和钦宗，为金捉去，
只岳飞，打死仗，敌住虎狼。
朱仙镇，杀得金，片甲不返，
可恨那，秦桧贼，暗地中伤，
自此后，俺汉人，别无健将，
任凭他，屠割我，如豕如羊。
元鞑子，比金贼，更加凶狠，
先灭金，后灭宋，锋不可当。
杀汉人，不计数，好比瓜果，
有一件，俺说起，就要断肠！
攻常州，将人膏，燃做灯亮，
这残忍，想一想，好不凄凉！
岂非是，异种人，原无恻隐，
俺同胞，把仇雠，认做君王。
想当日，那金元，人数极少，
合计算，数十万，有甚高强！
俺汉人，百敌一，都是有剩，
为什么，寡胜众，反易天常？
只缘我，不晓得，种族主义，
为他人，杀同胞，丧尽天良。

> 他们来，全不要，自己费力，
>
> 只要我，中国人，自相残伤。
>
> 这满洲，灭我国，就是此策，
>
> 吴三桂，孔有德，为虎作伥。
>
> 那清初，所杀的，何止千万！
>
> 哪一个，不是我，自倒门墙。

列位！你看中国数千年来，只有外国人杀中国人，只有外国人到中国做皇帝，断没有中国人往外国做皇帝的。这是甚么缘故？因为中国地方大得很，人口多得很，大了就不相往来，多了就难于亲热，又不晓得是一个祖宗发出来的，把做别人相看。太平久了，没有祸患来逼迫他，自然是游手好闲，不习武艺。外国地方既小，人口又少，所以最相亲爱，合数十万人为一个人。他们又没有别项出息，全靠着游猎掳掠为生，把武艺做性命，人人都操得好，一可敌十，以攻我这一人，是一全无气力的中国人，怎么不有胜无败！况且又有我这忘着自己本族的人，替他尽死，怎么不就做了中国的皇帝呢？从前做中国皇帝的，虽然朝代屡易，总是我汉人，总是我黄帝的子孙，只可称之为换朝，算不得灭国。惟有元鞑子灭了中国，后来赖有朱太祖恢复转来了。如今这满洲灭了我中国，难道说我们这些人就不想恢复了吗？

> 俺汉人，想兴复，倒说造反，
>
> 便有这，无耻的，替他勤王！

列位，你道这"造反"二字怎么样讲的？他强占了我们的国，我们自己想恢复起来，是正正堂堂的道理，有什么造反！好比那人家有一份产业，被强盗霸去了，到后来，这人家的子孙长大了，想要报这个仇，把从前的产业争转来，也可说他是不应该的吗？那人家的子孙，若是有一半倒要帮这个强盗，把自己的亲兄弟杀害了，到那强盗处讨功，这还算得一个人吗？列位，你看这勤王党，岂不是与这个人杀害自己的亲兄弟，到那强盗处讨功的一样吗？列位，列位，这都忍得，还有哪一件忍不得的呢！

> 还有那，读书人，动言忠孝，
>
> 全不晓，"忠孝"字，真理大纲。
>
> 是圣贤，应忠国，怎忠外姓？

分明是，残同种，灭丧纲常。

转瞬间，西洋人，来做皇帝，

这班人，少不得，又喊"圣皇"。

想起来，好伤心，有泪莫洒，

这奴种，到何日，始能尽亡！

还有那，假维新，主张立宪，

略畛域，讲服重，胡汉一堂。

这议论，都是个，隔靴搔痒，

当时事，全不懂，好像颠狂。

倘若是，现政府，励精图治，

保得住，俺汉种，不遭凶殃。

俺汉人，就吞声，隶他宇下，

纳血税，做奴仆，也自无妨。

怎奈他，把国事，全然不理，

满朝中，除媚外，别无他长。

俺汉人，再靠他，真不得了，

好像那，四万万，捆入法场。

俄罗斯，自北方，包我三面；

英吉利，假通商，毒计中藏；

法兰西，占广州，窥伺黔桂；

德意志，胶州领，虎视东方；

新日本，取台湾，再图福建；

美利坚，也想要，割土分疆。

这中国，那一点，我还有分？

这朝廷，原是个，名存实亡。

替洋人，做一个，守土官长，

压制我，众汉人，拱手降洋。

列位：你道现在的朝廷，仍是满洲的吗？多久是洋人的了。列位！若还不信，请看近来朝廷所做的事，那一件不是奉洋人的号令？我们分明是拒洋人，他不说我们与洋人做对，反说与现在的朝廷做对，要把我们当做谋反叛逆的杀了。列位，我们尚不把这个道理想清，事事依这朝廷的，恐怕口虽说不甘做洋人的百姓，多久做了尚不知信。朝廷固然是不可违拒，难道说这洋人的朝廷，也不该违拒么？

俺汉人，自应该，想个计策，

为什么，到死地，不慌不忙？

痛只痛，甲午年，打下败阵；

痛只痛，庚子岁，惨遭杀伤；

痛只痛，割去地，万古不返；

痛只痛，所赔款，永世难偿；

痛只痛，东三省，又将割献；

痛只痛，法国兵，又到南方；

痛只痛，因通商，民穷财尽；

痛只痛，失矿权，莫保糟糠；

痛只痛，办教案，人命如草；

痛只痛，修铁路，人扼我吭；

痛只痛，在租界，时遭凌践；

痛只痛，出外洋，日苦深汤。

列位！你看洋人到了中国，任是什么下等人，我们官府都要把做上司相看。租界虽说租了，仍是我的地方；那里晓得到了租界内，中国人比禽兽也比不上，一点儿不到，任是什么大官，都要送到工部局治罪。守街的巡捕，比那虎狼还凶些。中国人打死外国人，一个人要完十个人的命，还要革许多的官员，才能结案；外国人打死中国人，他就送往本国去了，中国的官府半句话也讲不得。上海的西洋人有一个花园，上贴一张字："只有狗与支那人不准进入！"中国人当狗都当不得了！南洋群岛一带，以及美洲、澳洲，中国有二三百万人在那里做苦工营生，那洋人异常妒忌，每人上岸，就要抽五十元的税。每年还有种种的税，少〔稍〕不如他们的意，他就任意打死。有一个地方，号做檀香山，有中国万多人的街。病死一个妇人，也是常事，那洋人说是疫死的，怕传染他们外国人，就放火把这街全行烧了。这街的人不敢做声，大家都到那河边树下居住。列位，你道伤心不伤心！那洋人看见中国的人，仍来他国不止，又想一个法子：上岸的时候，不能写五十个洋字的，不准上岸，把五十元的身税，加至五百元。其余的辣手段都高涨了，差不多中国人不能有一个配出洋的。这一条苦生路，都将没有，还有别项生路吗？中国尚未为洋人所瓜分，已到这个情形，等到他们瓜分中国之后，他还准我们有一碗饭吃吗？

怕只怕，做印度，广土不保；

怕只怕，做安南，中兴无望。

列位！你道印度这大的地方，怎么灭的？说来真是好笑。三百年前，英国有几个商人，集十二万的小小的公司，到印度通商，不上百年，这公司的资本就大了。到乾隆年间，这公司的一个书记叫做克雷飞的，生得有文武全才，他就招印度人为兵，就印度地方筹饷，把印度各国全行灭了，归他公司管辖。列位，你道希罕得很罢？这印度是出佛菩萨的国，其地方比中国小不得几多，其人口也有中国四分之三，为什么被英国一个公司所灭？不晓得是印度人自己灭的，全不要英国费力，怎么怪得英国！我们中国人和这印度人好像是一槽水冲出来的。英国在我国的势力，比当初在印度大得多。列位！试想一想，我们今日骂印度人，恐怕印度人就要骂我们了。安南是越南国，从前是进贡我中国的，和云南、广西隔界，有中国三省地方之大，光绪十年为法国所灭。这安南国王仍有个皇帝的空号，只没有权柄，受气不过，悔恨而死。临死的时候，叫道："欧洲人惹不得。"呜呼！晚了！

怕只怕，做波兰，飘零异域；

怕只怕，做犹太，没有家乡！

列位！道这波兰国是个什么国？数百年前，它也是欧洲一个最著名的大国；后来内政不修，贵族当权，上下隔绝，遂为那俄罗斯、德意志、奥大利三国瓜分了。俄罗斯所得的地方更大，那暴虐的政府，真是笔不能述。波兰的人民受虐不过，共起义兵，恰好有了基础，那贪生怕死的贵族，甘心做外族的奴隶，替俄人杀戮同胞。正如我国太平王起义兵，偏偏有这湘军替满洲平定祸乱。那俄人得此势力，遂乘势把波兰人杀死大半，其余杀不尽的，不准用波兰的语言和波兰的文字，波兰的教门，一切都要用俄罗斯的。四处有俄罗斯的警察兵，波兰人一言一动都不能自由。又把这贵族富户以及读书的人，都用囚笼囚了，送往那常年有雪的西伯利亚，共数三万，每一队有兵一队押送。起程之际，各人都舍不得自己的安乐家乡，抱头大哭，天昏地暗，就使铁石人听了也应掉下泪来。独有这如狼似虎的兵卒，不管你舍得舍不得，不行的皆用鞭子抽，顷刻间血肉横飞，死了无数。有一个妇人，抱着孩子啼哭，那兵卒从怀中抢去，掷出数丈之外，那孩子口含馒头，遂跌死了，那妇人心如刀割，亦就抢〔撞〕死在地。一路之上，风餐露宿，忍饥受打，足足行了数月，方到彼处，已只救得三分之一。满目荒凉，凄惨万状；回想前日的繁华，真如隔世，都是梦也做不到的。那波兰人到此地步，思想早知如此，何不同那国民军共杀异族，纵然战死疆场，也落得个干干净净，何至如此受苦，真个悔之无及。列位！这岂非是波兰人自作自受吗？至若犹太国更与波兰不同，是数千年前一个名国，那耶苏〔稣〕即生在这个地方。其人最是聪明，文章技艺，件件俱精，尤善行商。只因行为卑鄙，没有政治思想，张三来也奉他做皇帝，李四来也奉他做君王。谁晓得各国只要土地，不要人口，把犹太人逐出在外，不准在本地居留。可怜犹太人东奔西窜，无家可归，纵有万贯家财也是别人的，即是绝顶才学也无用处。各国都见他是一个无国的人，不把做个人相看，任意欺凌。今年俄罗斯有一个地方，住有数千犹太人，素安本分，近日俄人失掉了一个小孩子，哄传是犹太人杀了祭神，聚集多人，把犹太人房屋放火烧了。犹太人也有自投河的，也有自吊梁的，其余的被俄人或砍其手，或断其足，或把身体支分节剖。又将小儿掷在空中，用刀承接，种种残虐，惨无天日。那俄国的官府不但不禁，反赞道应该如此；俄国的绅士以及传教士，都坐马车往观以为笑乐。列位！试想一想，人到没有国的田地，就是这个模样！那一国不是俄罗斯？那一个不是犹太人？好叹呀！好怕呀！

怕只怕，做非洲，永为牛马；

怕只怕，做南洋，服事犬羊。

列位呀，莫道中国地是很大，人是很多，任从洋人怎么样狠，终不能瓜分中国。这非洲也就不小了，天下五大洲，亚细亚洲最大，第二就是非洲，人口也有二万万，只蠢如鹿豕，全不讲求学问，欧洲各国，遂渐渐把他的地方瓜分了。又将人口掳回，叫他做最粗的工，好比牛马一样。西洋人看待此处的人，如草芥一般，享福的是西洋人，受苦的是此处人。这是何故？都缘其人概不读书，愚蠢极了，所以受制于人。你看中国的人，有本领有知识的有几个？就是号称读书人的，除了"且夫""若曰"几个字外，还晓得什么？那欧美各国以及日本，每人到了六岁，无论男女，都要进学堂，所学的无非是天文、舆地、伦理、化学、物理、算学、图画、音乐，一切有用的学问。习了十余年，还有那陆军、海军、文科、农科、医科、师范，各种专门学问。他的极下等人，其学问胜过我国的翰林进士。所以他造一个轮船，我只能当他的水手；他立一个机器厂，我只能当他的粗工；他们安坐而得大利，我们劳动而难糊口。此时大家尚不送子弟讲求切实的学问，等到洋人瓜分了中国，一定是不要我们学他的，恐怕是求为牛马都不可得了！

怕只怕，做澳洲，要把种灭；

怕只怕，做苗瑶，日见消亡。

列位！你道如今灭国，仍是从前一样吗？从前灭国，不过是把那国的帝王换了坐位，于民间仍是无损。如今就大大的不相同了，灭国的名词，叫做"民族帝国主义"。这民族帝国怎么讲的？因其国的人数太多，本地不能安插，撞着某国的人民本领抵当他不住的，他就乘势占了。久而久之，必将其人灭尽，他方可全得一块地方。非是归服于他，就可无事，这一国的人种不灭尽，总不放手。那灭种的法子，也是不一：或先假通商，把你国的财源如海关等一手揽住，这国的人，渐渐穷了，不能娶妻生子，其种自然是要灭；或先将利债借与你国，子息积多，其国永远不能还清，拱手归其掌握；或修铁路于你国中，全国死命皆制在他手；或将你国的矿产尽行霸占，本国的人倒没有份。且西洋人凡灭了一国，不准你的国人学习政治、法律、军事，只准学些最粗浅的工艺，初则以为牛马，终则草芥不如。其尤毒者，则使某国的人自相残杀。那澳洲的土人凶悍不过，英国虽占领此处也无法可治；最后乃想出一个绝好的妙计，土人之中有自将同类杀害来献者，每一头赏银五角。那土人为着五角银子，纷纷相杀，这人杀了那人，其头又被他人取去。不上几十年的工夫，其人遂没有种了，银子丝毫仍归英人。列位，你看我们中国的人为着每月一二两饷银，便甘心为异族杀害同种，岂不与这澳洲的土人一样吗？那西洋人灭人国的法子哪一条没有向中国用过呢？就使不瓜分我们中国，但如此行去，不上百年，我们中国也没有种了。这是何故？你看自通商以来，我们中国的人不是日穷一日吗？每年因通商要送他四五千万银子，洋烟一项又要送他无数万。中国就是金山也要用尽，况且近来又添出五六千万两的赔款，哪里有这项大款呢？记得我前年在本省省城居住，市上生意尚为繁盛，新年度岁，热闹非常；到了去年，因要出这项赔款，倒了多少钱号；及至今年新正，冷淡多了。仅只一年，已是如此，再过二三十年后，可想得吗？洋人在中国的轮船、铁路，日多一日，那靠着驾船、挑担为生者，再有路吗？洋人在中国的机器织布等局，愈推愈广，那靠着手艺纺织为生者，再用得着吗？这轮船、铁路、机器织布，最能富国，无奈中国的人，自己不做，甘心送与洋人做，岂非是自寻死路吗？中国的矿产，随便一省，足敌欧洲一国，也都送与洋人，还有哪里可生活呢？洋人得了中国的钱，就用来制中国的命，英国施于澳洲的手段，又施之于中国。俄国在东三省，英国在威海卫，德国在胶州，法国在广州湾，即招中国人为兵，与中国开起战来，把此等的兵当做先锋。将来各国瓜分中国之后，又不能相安无事，彼此仍要相争。此国驱这省的人，彼国驱那省的人，彼此死的都是中国人，洋人不过在后做一个指挥官，胜了败了，都与他无涉。各国战争没有休止，中国人的死期也没有休止。等到中国人杀完了，其实洋人终未动手，仍是中国人杀中国人。人数虽多，不过比澳洲多杀得几年，哪里还有种呢？列位不要错认蒙古、满洲灭了中国，中国人种虽当时杀了十分之九，不久又复了原，将来洋人分了中国，也不过是一例。须晓得蒙古、满洲，本地人数很少，中国人数很多，没有中国人，他得一块荒地，有何用处？兼且他是野蛮，我是文明，无一件不将就中国的人。这非他有爱于我，为势所迫，不得不然。那蒙古初得中国的时候，本意要将汉人杀尽，把其地做为牧场，以便畜养牛马。耶律楚材说，不如留之以出租税，是以得免。汉种之不灭，岂不侥幸得很吗？洋人的文明，比中国强得远，他得了中国，除充下等的奴隶，哪一项要你这个无用的东西。文明当他不住，他就不杀，也是要灭的。这中国先前的主人翁岂不是那苗、瑶的吗？这十八省哪一处不是他的？我们汉族自西北方来到中国，也与西洋人自泰西来的差不多。他们战败了，渐渐退出黄河一带，让与我们汉人，又被我们汉人由大江一带把他赶到那闽、广、云、贵等处居住，不久又被我们汉人占了。到了今日，除深山穷谷外，尚有些少苗、瑶，其余的平原大地，还有苗、瑶的影儿吗？当汉人未来之先，这苗、瑶也是泱泱大族，他族内的事情，他也办得井井有条，只因撞着我们这文明的汉族，就如雪见太阳，全不要理他，自行消灭。我汉族对于蒙古、满洲、苗、瑶自然是文明的，对于欧美各国又是野蛮。倘不力求进步，使文明与欧美并驾齐驱，还有不灭种的理吗？

<blockquote>
左一思，右一想，真正危险，

说起来，不由人，胆战心惶。

俺同胞，除非是，死中求活，

再无有，好妙计，堪做主张。
</blockquote>

第一要，除党见，同心同德

列位！我们四万万人都是同胞，有什么党见呢？常言道得好："兄弟在家不和，对了外仇，一根喉咙出气。"我看近来，也有守旧的，也有求新的，遂闹出多少的意见。其实真守旧是很好的，他的意思，总要守着那祖宗相传的习惯，恐怕讲习时务就变了外国的模样，我实在佩服得很。但可惜没有到实事上用心去想，不晓得这时务是万要讲的。比如冬天有冬天的事情，夏天有夏天的事情，一点儿都要守那冬天的样子，可行得去吗？我们从前用弓箭交战，他如今变了洋枪，我们还可拿弓箭与他交战吗？我们用手织布，他用机器织布，一人可抵得千人，我又不能禁人不穿洋布，还可不学他的机器吗？凡他种种强过我们的事件，我哪一件不要学他的呢？不把他们的好处学到手，可抵得住他吗？犹如邻家恃着他的读书人多，武艺高强，银钱广有，欺凌我到极步，我恨他是不消说得的。但任你如何恨他，也奈他不何，少不得也要送子弟读书、习武，将他发财的道理一切学习，等到件件与他一样，才可报他的仇。这样看来，不想守旧则罢，要想守旧，断断不能不求新了。那真求新的，这种守旧的念头，也就很重。祖宗旧日的土地，失了数百年，仍想争转来，一草一木都不容外族占去，岂不较那徒守旧的胜得多吗？至若专习几句洋话，到那洋人处去当一个二毛子，遂自号求新党，这是汉种的败类，怎么说得是求新呢！那守着八股八韵，只想侥幸得一个功名以外一概不管，这是全无人心的人，怎么说得是守旧！这两种人都可不讲，只要这真守旧、真求新的会合起来，这利益就很大了。从前只有守旧、求新二党，到了晚近，即求新一党又分出许多党来：有主张革命的。有主张勤王的；有主张急进的，有主张和平的；有主张陆军的，有主张科学的。比那从前两大党的争竞，还激烈一些。不晓得都没平心去想，革命固是要紧，但那勤王的只是一时见不到，久后一定要变。除非是两军阵前，总不可挟持意气，只可将真理慢慢的讲明。今日的时势，急进是万不可无，然没有和平一派，一败之后，遂没有人继起了。要把现在的江山从那虎狼口中抢转来，怎么不要陆军呢？但江山抢转来了，没有科学，又怎么行得去呢？外国人的党派虽多，然大宗旨都是与他国他族做对，全是为公，并没为私。撞着他国他族的事件来了，他一国一族的人同是一个心，并没有两个心。故我等但求莫失这与外族做对的大宗旨，其余下手的方法，也就听各人自便，毫不能相强的。此外又有私立的党会，算来不下数千百起，都不相连络，此处起事，彼处旁观，甚或彼此相仇，也是有的。列位呵！昔日有一个番王，他有十九个儿子，到了临死的时候，把十九个儿子都喊到面前，每人赐一枝箭，叫把一枝箭折断就折断了；又叫把十九枝箭扎合起来，就不能折断半毫。那番王言道："孩儿呵，你们须晓得分开易断，合聚难折。你们兄弟，假若一人是一人，别人就不难把你们灭了；你们若是合聚起来，如一个人一般，哪一个能灭得你们！"这十九人听了他父亲的言语，果然国富兵强，没有一国敢小视他。今日无数的外族都要灭我们这一族，我们四万万人，就合做一个，尚恐怕敌他不住，怎么一起是一起的，全不相关！等到各起都灭完了，难道你这一起保得住吗？依了鄙人的愚见，不如大家合做一个大党，凡是我汉族的人，无论是为士、为农、为工、为商，都不可丝毫扰害，都要极力保护。不使一个受外族的欺凌，方可对得祖宗住，岂不是大豪杰所做的事吗？

第二要，讲公德，有条有纲

列位！你看我们中国到这个地步，岂不是大家都不讲公德，只图自利吗？你不管别人，别人也就不管你，你一个人怎么做得去呢？若是大家都讲公德，凡公共的事件，尽心去做，别人固然有益，你也是有益。比如当他人穷困的时候，我救了他，我到了穷困的时候，他又来救我，岂不是自救吗？有一个物件，因为不是我的，不甚爱惜，顺便破坏，到了我要用那物件的时候，又没有了，岂不是自害吗？我看外国的人，没有一个不讲公德的，所以强盛得很。即如商业一项，诚实无欺，人人信得他过；不比中国人做生意，奸盗诈伪齐生，没有人敢照顾。这商务难道不让他占先吗？列位！为人即是为己，为己断不能有益于己的。若还不讲公德，只讲自私，不要他人来灭，恐怕自己也是要灭的。

第三要，重武备，能战能守

列位！今日的世界，什么世界？是弱肉强食的世界。你看如今各国，哪国不重武备？每人到了二十岁，就是王子也要当兵三年。不当兵的，任是什么贵族，也没有个出身。这兵的贵重，比中国的举人、秀才还贵重一些。兵丁的礼信，中国的道学先生多当他不得。平日的操练如临战一般，到了两军阵前，有进无退。若是战死了，都到死者家里庆贺，这家也就不胜荣宠，全无哀戚的心思。假若临阵脱逃，父遂不以为子，妻遂不以为夫。所以极小的国，都有数十万精兵，任凭何等强国都是不怕。不比中国"好儿不当兵，好铁不打钉"，把兵看得极贱，平时操练一点没有，到开差的时候，妇啼子哭，恐怕就不生还，一路奸淫掳掠，闻风就跑。列位！你看外国的兵是那个样子，中国的兵是这个样子，怎么不有败无胜？若不仿照外国的法子，人人当兵，把积弊一切扫除，真真不可设想了！

第四要，务实业，可富可强

列位！中国从前把工艺人做下等人物看待，哪里晓得各国的富强，都从工艺来的。于今中国穷弱极了，若没有人做枪炮，何能与外国开战？没有人做一切的机器，何能把通商所失的利权争转来？铁路、轮船、矿务都可以富国，若没有人学习此等的专门，又何以办得呢？列位！你们有子弟的，何不赶紧送出外洋学习实业，不过费一二千金，立刻可以大富，并且有大利于国，何苦而不为呢？

第五要，兴学堂，教育普及

列位！各国的教育，前已讲明过了。中国此时，尚不广兴学堂，真是无从救了。

第六要，立演说，思想遍扬

列位！演说是开通风气第一要着，外国有了三四个人，就要演说一番，要想救国，这是万不可不立的。

第七要，兴女学，培植根本

列位！那女子无才便是德的谬说，真正害人得很！外国女子的学问与男子一样，所以能相夫教子；中国的女子一点知识没有，丈夫、儿子不但不能得他的益，且被他阻挠不少。往往有大志的人，竟消磨于爱妻慈母，男子半生都在女子手里，女子无学，根本坏了，哪里有好枝叶呢？

第八要，禁缠足，敝俗矫匡

缠足的害，已经多人说了，不消重述。但大难临头，尚不赶紧放足，岂不是甘心寻死吗？

第九要，把洋烟，一点不吃

洋人害中国的事，没有毒于洋烟的。然而洋人自己不吃，这是怪得洋人吗？吸烟明明有损无益，都不能戒，也就没有话说了！

第十要，凡社会，概为改良

列位！我们若不把社会一切不好的处，大加改变，无论敌不住外族，就是没有外族，又怎么自立呢？外国人好，非是几个人，乃是全国的人都好。比如一家只有一二个好人，其余都是无恶不做的，那家怎么能兴呢？列位，照现在的人心风俗，恐怕是万事俱休的景况，可痛呀！

> 这十要，无一件，不是切紧，
> 劝同胞，再不可，互相观望。
> 还须要，把生死，十分看透，
> 杀国仇，保同族，效命疆场。
> 杜兰斯，不及我，一府之大，
> 与英国，战三年，未折锋芒。
> 何况我，四万万，齐心决死，
> 任凭他，什么国，也不敢当！
> 看近来，怕洋人，到了极步，
> 这是我，毫未曾，较短比长。
> 天下事，怕的是，不肯去做，
> 断没有，做不到，有志莫偿。
> 这杜国，岂非是，确凭确证，
> 难道我，不如他，甘做庸常！

列位呵！你看从前听得"洋人"二字，心中便焦，恨不将空拳打死他，全不晓得他人怎么样强，只恃着我一肚子血气。俺家曾劝道：不要无理取闹，恐怕惹出祸来，没有人担任。不意近来一变而为怕洋人的世界，见了洋人，就称"洋大人""洋老爷"，预先存一个顺民的意思。列位啊！从前的行为，虽然有一些野蛮，尚有一点勇敢之概，照现在的情形，是做了一次的奴隶不足，又要做第二次的奴隶，真个好哭呀！这也无非因打下几个败阵，遂把洋人看得极重。其实洋人也不过是一个人，非有三头六臂，怎么就说不能敌他！近数年有一段故事，列位听了，就不要惧怕那洋人：南阿非利加洲有一个小小的民主国，名叫杜兰斯。那国的地方，也有中国数府大，只是人口仅有四五十万，不及中国一县。这国的金矿很多，世界第一个强国英吉利惯灭人国的，怎么不起了贪心，想要把这国归他管辖。那里晓得杜国人人都是顶天立地的大国民，不甘做他人的奴隶，遂与英国开战。这英国灭过多少的大国，哪里有杜国在眼里！不意杜国越战越猛，锋不可当，英国大惊，调各属地的大兵三十万，浩浩荡荡，向杜国进发。可怜杜国通国可当兵的，不过四五万人，尽数调集，分头迎敌，足足战了三年，丝毫都没有退让。英国晓得万不能灭他，遂与杜国讲和退兵。列位呵！那英国的属地，比本国大七十六倍，个个是杜兰斯，英国能占得他人一寸地吗？中国的人比杜国多一千倍，英国要灭我中国，照杜国的比例算起来，英国须调兵至三万万，相战至三千年，才可与他言和。杜国既然如此，难道我就当不得杜国吗？"天下无难事，只怕有心人"，这两句话难道列位未曾听过吗？

要学那，法兰西，改革弊政

列位！你看如今哪个不赞道法兰西的人民享自由的福。谁晓得他当二百年以前，受那昏君赃官的压制，也与我现在一样。法兰西通国只有中国一二省大，却有十三万家的贵族，都与那国王狼狈为奸，把百姓如泥似土的任意凌践。当明朝年间，法国出了一个大儒，名号卢骚，是天生下来救渡普世界的人民的，自幼就有扶弱抑强的志气。及长，著了一书，叫做《民约论》，说道这国家是由人民集合而成，公请一个人做国王，替人民办事，这人民就是一国的主人，这国王就是人民的公奴隶。国王若有负人民的委任，这人民可任意调换。法国的人先前把国认做是国王的，自己当做奴隶看待，任凭国王残虐，也不敢怨；闻了卢骚这一番言语，如梦初醒，遂与国王争起政来。国王极力镇压，把民党杀了无数。谁知越杀越多，一连革了七八次命，前后数十年，终把那害民的国王贵族，除得干干净净，建设共和政府，公举一人当大统领，七年一换。又把那立法的权柄归到众议院来了，议员都从民间公举。从前的种种虐民的弊政一点没有，利民的善策件件做到。这法兰西的人民好不自由快乐吗！人人都追想卢骚的功劳，在法国京城巴黎为卢骚铸一个大大的铜像，万民瞻仰，真可羡呀！

要学那，德意志，报复凶狂

列位呵！"有恩不报非君子，有仇不报枉为人"，这两句话岂不是我们常常讲的吗？试看我们的仇一点报了没有？不独没报，有这个报仇的心思没有？这德意志就与我们不同。法国的皇帝名叫拿破仑第一，恃着他的英雄，把德国破残到极步。那德国的皇帝威廉第一与宰相俾士麦，想报法国的仇，用全国皆兵的制度。人民到了二十岁，即当正兵三年，退为预备兵，到了五十岁，方可免役。不上几十年，人人都是精兵。到了咸丰年间把法国打得大败，拿破仑第一的侄儿拿破仑第三扯下白旗，向德国投降，又割了七城及五千兆法兰格，与德国讲和息兵。德国便做了第一等的强国，岂不真可佩服吗？

要学那，美利坚，离英自立

列位！你看五洲万国，最平等，最自由，称为极乐世界者，岂不是美利坚吗？列位！须晓得，这个世界也不是容易做得来的。这美利坚原是北美洲一块荒土，自前明年间，英国有数人前往开荒，自后越来越多，到乾隆时候，有了三百万人。时英国与法国连年开战，兵饷不足，把美利坚的地税加了又加，百姓实在出不起了，向那官府面前求减轻一些，不但不准，反治了多少人的罪。人人愤怒，共约离英自立，公举华盛顿挂帅，与英国一连战了八年。英国奈他不何，只好听其自立一国，公举华盛顿为王。华盛顿坚不允从，说道："岂可以众人辛苦成立的国家，作为一人的私产！"因定了民主国的制度，把全国分为十三邦，由十三邦公举一人做大统领，四年一任，退任后与平民一样。其人若好，再可留任四年，八年后，任凭如何，不能留任。众人公举了华盛顿为大统领，后又做过一任，即住家中为农，终身未尝言功。列位！这岂非是大豪杰、大圣贤的行径吗！美利坚至今仍守此制，人口有了七千余万，荒地尚有五分之四未开，全国的铁路一十六万里，学堂的费用每年八千余万，其国的人民好像在天堂一般。列位！这美利坚若不是八年苦战，怎么有了今日呢？

要学那，意大利，独自称王

列位！这意大利从前是一统的大国，后来为奥大利占领，分做无数的小邦，都受奥大利的节制。有多少志士，思想恢复，终是不成。前数十年，有一个志士名叫玛志尼，因国为人所灭，终身穿着丧服，著书立说，鼓动全国的人民报仇复国，人人都为他所感动。又有一个深明韬略的加波里，智胜天人的加富耳，辅着那撒尔丁王，一统意大利，脱了奥大利的羁绊。于今意大利有人口三千万，海、陆精兵五十余万，在欧洲算一个头等的国，岂不是那三杰的功劳吗？

莫学那，张弘范，引元入宋

列位呵！你看好好一个中国，被那最丑最贱的元鞑子所灭，谁不痛心切齿。那晓得就是枭獍为心的张弘范带领元兵灭的。这张弘范虽把他千刀万割，也不足以偿其罪！但恐怕如今要做张弘范的正是很多，何苦以一时的富贵，受万古的骂名，也很犯不着。就是要倾倒那满洲，只可由我所为，断不可借外洋的兵。那引虎进狼的下策，劝列位万万莫做。

莫学那，洪承畴，狼心毒肠

列位呵！奸淫的人，见了美貌女子，莫不甘言哄诱；及到了手，又嫌他是不贞的妇女，常存鄙薄的心思。那强盗取人的国，就是这个情形。要他人投降，便以高官厚爵相哄；降了之后，又要说他不忠。比如洪承畴是明朝一个大学士，督统天下的兵马征讨满洲，战得大败，满洲把他捉去。其初也有不降的心思，满洲苦苦相劝，他遂变了初节，又做了满洲的阁老，捉拿残明的福王、唐王、桂王，都是他的头功。那里晓得满洲的统帅个个封王赐爵，独有洪承畴白白亡了明朝的江山，一爵俱无。到了乾隆年间，修纂国史，把他放在贰臣传第一。列位，那洪承畴死后有知，岂不埋怨当初吗？

莫学那，曾国藩，为仇尽力

列位呵！当道光、同治年间，我们汉人有绝好自立的机会，被那全无心肝的人，苦为满洲出力，以致功败垂成，岂不是那湘军大都督曾国藩吗？俺想曾国藩为人也很诚实，只是为数千年的腐败学说所误，不晓得有本族、异族之分，也怪他不得。但可怜曾国藩辛苦十余年，杀了数百万同胞，仅得一个侯爵。八旗的人，绝不费力，不是亲王，就是郡王。而且大功才立，就把他兵权削了，终身未尝立朝，仅做个两江总督，处处受人的挟制，晦气不晦气！若是当日晓得我的世仇万不可不灭的，顺便下手，那天下多久是我汉人的，曾国藩的子孙如今尚是皇帝，湘军的统领都是元勋，岂不好得多吗？列位！你道可惜不可惜呢？

莫学那，叶志超，弃甲丢枪

列位，对于自己不可为满洲杀同胞，对于他人又不可不为同种杀外种。日本与我国在朝鲜国开战，淮军统领叶志超，带领数十个营头不战而逃，以致朝鲜尽失，又赔日本的款二万万两，台湾割送。中国自此一败，便跌落到这一地步，岂不是叶志超的罪魁吗？

> 或排斗，或革命，舍死做去，
> 孙而子，子而孙，永远不忘。
> 这目的，总有时，自然达到，
> 纵不成，也落得，万古流芳。
> 文天祥，史可法，为国死节，
> 到如今，都个个，顶祝馨香。
> 越怕死，越要死，死终不免，
> 舍得家，保得家，家国两昌。
> 那元朝，杀中国，千八百万，
> 那清朝，杀戮我，四十星霜。
> 洗扬州，屠嘉定，天昏地暗，
> 束着手，跪着膝，枉作夭殃。
> 阎典史，据江阴，当场鏖战，
> 八十日，城乃破，清兵半伤。
> 荀当日，千余县，皆打死战。
> 这满洲，纵然狠，也不够亡。
> 无如人，都贪生，望风逃散，
> 遇着敌，好像那，雪见太阳。
> 或悬梁，或投井，填街塞巷，
> 妇女们，被掳去，拆散鸳鸯。

那丁壮，编旗下，充当苦役，

任世世，不自由，赛过牛羊。

那田地，被圈出，八旗享受，

那房屋，入了宫，变做旗庄。

还要我，十八省，完纳粮饷，

养给他，五百万，踊跃输将。

看起来，留得命，有何好处？

倒不如，做雄鬼，为国之光。

　　列位呵！你看元朝入中国以来，前后共杀人一千八百万，这是有册可考，那未入册的，又不知有几多。假若这一千八百万人，预先晓得这一死是不能免的，皆起来与他做敌，这元朝总共只有数十万人，就是十个拚他一个，不过死数百万人，他也没有种了，又怎能灭中国呢？就是清朝，自明万历以来，日在辽东一带，吵闹有数十年之久，所杀的人已不知多少了。自顺治元年到康熙二十二年，共四十年，无一时一刻不是杀汉人。扬州一城，已是八十余万，天下一千六百余城，照此算来可以想了。现在人口四万万，明朝休养三百年，亦必有了此数。康熙年间查点天下的人口仅二千余万，是二十个只救得一个，其余的小半是张、李二贼所杀，大半是满洲所杀。列位，你道可惨得很吗！这被杀的人，都不是在阵前杀的，人人都想逃死，各人只顾各人。那满洲杀了这一方，又杀那一方，全没有人抗拒。仅江阴县有一个阎典史，名叫应元，纠集民兵数百，死守县城。那满洲提大兵二十五万，日夜攻打，应元临机应变，满洲人死了无数。直攻打八十日，其城乃破，应元手执大刀，等在巷口血战，所杀的鞑子数百余个，始为满兵所捉。满洲的头目苦劝其投降，许以王侯之贵。那位阎典史只是骂不绝口，仍不敢杀他，幽在一寺，半夜间自行死了。一城的男女都皆战死，无一个投降的。满洲自犯中国以来，从未损兵折将，这回死了一王、二贝勒，及兵将十余万。列位，假若人人都是应元，县县都是江阴，那满洲怎能入中国呢？可惜人皆怕死，这一死是万不能免的。杀不尽的妇女，被满洲掳去，任意奸淫，有钱可以赎回，无钱永不相见。丁壮赶往北方，交八旗人为奴，牛马也比不上；如有私逃的人，匿留一晚，就要全家诛戮，往往因一人株连数千家。离北京横直五百里，都圈做八旗的地。从前的业主赶出本境，房屋一概入官，做为旗庄。此外又要十八省的人公养他五百万，至今不农不工，只是坐食汉人。列位，这岂非是可恨之极吗？

> 这些事，虽过了，难以深讲，
> 恐将来，那惨酷，百倍萧凉。
> 怎奈人，把生死，仍看不透；
> 说到死，就便要，魂魄失丧。
> 任同胞，都杀尽，只图独免；
> 那晓得，这一死，终不能攘。
> 也有道，是气数，不关人事；
> 也有道，当积弱，不可轻尝；
> 这些话，好一比，犹如说梦，
> 退一步，进一步，坐以待亡。
> 那满人，到今日，势消力小，
> 全不要，惧怕他，失掉主张。
> 那列强，纵然是，富强无敌，
> 他为客，我为主，也是无妨。
> 只要我，众同胞，认清种族；
> 只要我，众同胞，发现天良；
> 只要我，众同胞，不帮别个；
> 只要我，众同胞，不杀同乡。

列位呵！那满洲只有我百分之一，怎么能压制汉人？都因不知汉人是同祖的骨肉，满洲是异种的深仇，倒行逆施，替仇人残害同种，所以满人就能安然坐了二百余年的天下。岂是满人的才能，乃我汉人愚蠢极了。试问那一处的祸乱，不是汉人代他平息的；假若汉人都晓得种族，把天良拿出来，不帮他了，只要喊一声，那满人就坐不稳了。列位，你们也晓得家有家帮，族有族帮，县有县帮，府有府帮，难道说对于外国异族，就没有帮口吗？有人叫列位把自己的兄弟杀死，虽有多少银钱，列位谅不愿的。怎么为着数两银子，就甘心替仇人杀同胞！列位，试自问有良心没有？他要杀人的时候，就叫列位来，他没有人杀，就不要列位了。列位有半点不是，他又叫人来杀列位。列位所吃的粮，虽说是满洲所出，其实他吃的都是汉人的，那里有粮与你吃？吃汉人的粮仍杀汉人，列位可想得去吗？列位！若是替同种杀了异种，那个不报你的功劳呢？列位！列位！前此错了，如今可以转来了。至若替那数万里外的西洋人杀害同胞，不消说得，这是万不可行的。

> 哪怕他，枪如林，炮如雨下；
>
> 哪怕他，将又广，兵又精强；
>
> 哪怕他，专制政，层层束缚；
>
> 哪怕他，天罗网，处处高张。
>
> 猛睡狮，梦中醒，向天一吼！
>
> 百兽惊，龙蛇走，魑魅逃藏。
>
> 改条约，复政权，完全独立，
>
> 雪仇耻，驱外族，复我冠裳。
>
> 到那时，齐叫道"中华万岁"！
>
> 才是我，大国民，气吐眉扬。

俺小子，无好言，可以奉劝，这篇话，愿大家，细细思量。

> 瓜分豆剖逼人来，同种沉沦剧可哀！
>
> 太息神州今去矣，劝君猛省莫徘徊！
>
> 匈奴未灭，何以家为？（《武昌革命真史·前编》）

警世钟

> 长梦千年何日醒，睡乡谁遣警钟鸣？
>
> 腥风血雨难为我，好个江山忍送人！
>
> 万丈风潮大逼人，腥膻满地血如糜；
>
> 一腔无限同舟痛，献与同胞侧耳听。

嗳呀！嗳呀！来了！来了！甚么来了？洋人来了！洋人来了！不好了！不好了！大家都不好了！老的、少的、男的、女的、贵的、贱的、富的、贫的、做官的、读书的、做买卖的、做手艺的各项人等，从今以后，都是那洋人畜圈里的牛羊，锅子里的鱼肉，由他要杀就杀，要煮就煮，不能走动半分。唉！这是我们大家的死日到了！

苦呀！苦呀！苦呀！我们同胞辛苦所积的银钱产业，一齐要被洋人夺去；我们同胞恩爱的妻儿老小，活活要被洋人拆散；男男女女们，父子兄弟们，夫妻儿女们，都要受那洋人的斩杀奸淫。我们同胞的生路，将从此停止；我们同胞的后代，将永远断绝。枪林炮雨，是我们同胞的送终场；黑牢暗狱，是我们同胞的安身所。大好江山，变做了犬羊的世界；神明贵种，沦落为最下的奴才。唉！好不伤心呀！

恨呀！恨呀！恨呀！恨的是满洲政府不早变法。你看洋人这么样强，这么样富，难道生来就是这么样吗？他们都是从近二百年来做出来的。莫讲欧美各国，如今单说那日本国，三十年前，没一事不和中国一样。自从明治初年变法以来，那国势就蒸蒸日上起来了。到了如今，不但没有瓜分之祸，并且还要来瓜分我中国哩！论他的土地人口，不及中国十分之一，他因为能够变法，尚能如此强雄。倘若中国也和日本一样变起法来，莫说是小小日本不足道，就是那英、俄、美、德各大国恐怕也要推中国做盟主了。可恨满洲政府抱定一个"汉人强，满人亡"的宗旨，死死不肯变法，到了戊戌年才有新机，又把新政推翻，把那些维新的志士杀的杀，逐的逐，只要保全他满人的势力，全不管汉人的死活。及到庚子年闹出了弥天的大祸，才晓得一味守旧万万不可，稍稍行了些皮毛新政。其实何曾行过，不过借此掩饰掩饰国民的耳目，讨讨洋人的喜欢罢了。不但没有放了一线光明，那黑暗倒反加了几倍。到了今日，中国的病遂成了不治之症。我汉人本有做世界主人的势力，活活被满洲残害，弄到这步田地，亡国灭种，就在眼前，你道可恨不可恨呢？

恨的是曾国藩，只晓得替满人杀同胞，不晓得替中国争权利。当初曾国藩做翰林的时候，曾上过折子，说把诗赋小楷取士不合道理，到了后来出将入相的时候，倒一句都不敢说了。若说他不知道这些事体，缘何却把他的儿子曾纪泽学习外国语言文字，却不敢把朝廷的弊政更改些儿呢？无非怕招满政府的忌讳，所以闭口不说，保全自己的禄位，却把那天下后世长治久安的政策，丢了不提，你道可恨不可恨呢？

恨的是前次公使随员、出洋学生，不把外洋学说输进祖国。内地的人为从前的学说所误，八股以外没有事业，五经以外没有文章，这一种可鄙可厌的情态，极顽极固的说话，也不用怪。我怪那公使随员，出洋学生，亲到外洋，见那外洋富强的原由，卢骚的《民约论》、美国的《独立史》，也曾看过，也曾读过，回国后，应当大声疾呼，喊醒祖国同胞的迷梦。那知这些人空染了一股洋派，发了一些洋财，外洋的文明，一点全没带进来。纵有几个人著了几部书，都是些不关痛痒的话，那外洋立国的根本，富强的原因，没有说及一句。这是甚么缘故哩？恐怕言语不慎，招了不测之祸，所以情愿瞒着良心，做一个混沌汉。同时日本国的出洋人员回了国后，就把国政大变的变起来，西洋大儒的学说大倡的倡起来，朝廷若不依他们，他们就倡起革命来，所以能把日本国弄到这个地步。若是中国出洋的人，回国后也和日本一样逼朝廷变法，不变法就大家革起命来，那时各国的势力范围，尚没有如今的广大，中国早已组织了一个完完全全的政府了，何至有今日万事都措手不及哩？唉！这些出洋的人，只怕自己招罪，遂不怕同胞永堕苦海，你道可恨不可恨呢？

恨的是顽固党遇事阻挠，以私害公，我不晓得顽固党是何居心，明明足以利国利民的政事，他偏偏要出来阻挠。我以为他不讲洋务一定是很恨洋人的，那里晓得他见了洋人，犹如鼠见了猫一般，骨都软了，洋人说一句，他就依一句。平日口口声声说制造不要设，轮船、铁路不要修，洋人所造的洋货，他倒喜欢用，洋人所修的轮船、火车，他倒偏要坐。到了如今，他宁可把理财权、练兵权、教育权拱手让把洋人，开办学堂、派遣留学生，他倒断断不可。这个道理，哪一个能猜得透哩！呵呵！我知道了。他以为变了旧政，他们的衣食饭碗就不稳了，高官厚爵也做不成了，所以无论什么与国家有益的事，只要与他不便，总要出来做反对，保他目前的利权。灭国灭种的话全然不知，就有几个知道，也如大风过耳，置之不理。现在已到了灭亡时候，他还要想出多少法儿，束缚学生的言论、思想、行为自由，好像恐怕中国有翻身一日，你道可恨不可恨呢？

这四种人到今日恨也枉然了。但是使我们四万万人做牛做马，永世不得翻身，以后还有灭种的日子，都是被这四种人害了。唉！我们死也不能和他甘休的！

真呀！真呀！真呀！中国要瓜分了！瓜分的话，不从今日才有的。康熙年间，俄罗斯已侵入黑龙江的边界。道光十八年，英吉利领兵三千六百人侵犯沿海七省，破了许多城池；到了道光二十二年才讲和，准他在沿海五口通商：割去香港岛（属广东省），又前后赔他银子二千一百万两。从此那传教的禁条也解了，鸦片烟也任他卖了。照万国公法，外国人在此国，必依此国的法律。那时中国和英国所订的条约，英国人在中国犯了罪，中国官员不能惩办他；就是中国人在租界，也不归中国管束，名为租界，其实是英国的地方了。又各国于外国进口的货物，抽税极重，极少值百抽二十，极多值百抽二百，抽多抽少，只由本国做主，外国不能阻他。独有英国在中国通商，值百抽五，订明在条约上面，如要加改，不由英国允许了不可；并且条约中还有利益各国均沾的话，所以源源而来的共有十六国，都照英国的办法。从此中国交涉的事日难一日，一切利权都任洋人夺去，亡国灭种的祸根，早已埋伏在这个条约里了，可怜中国人好像死人一般，分毫不知。到了咸丰六年，英、法两国破了广东省城，把两广总督叶名琛活活捉去，后来死在印度。咸丰十年，英、美、俄、法四国联兵，把北京打破，咸丰帝逃往热河，叫恭亲王和四国讲和，赔银八百万两，五口之外，又加上了长江三口。以后到了光绪十年，法国占了越南国，后一年英国又占了缅甸国，那中国的势力，越发弱下去了。光绪二十年，日本国想占高丽国，中国发兵往救，连打败仗，牛庄、威海〔卫〕接连失守；遂命李鸿章做全权大臣，在日本马关，和日本宰相伊藤博文订立和约，赔日本银二万万两，另割辽东（即盛京省）七城，台湾一省。后来俄国出来说日本不应得辽东，叫中国再加银三千万两，赎还七城，日本勉强听从。俄国因此向中国索讨谢敬，满洲遂把盛京的旅顺、大连湾奉送俄国。各国执了利益各国均沾那句话，所以英国就乘势占了威海卫，德国在先占了胶州湾，法国照样占了广州湾。（旅顺在盛京省，威海〔卫〕、胶州俱属山东省；以上三处，俱是北洋第一重门户。广州湾属广东省。）那时已大倡瓜分之说，把一个瓜分图送到总理衙门（就是如今的外务部），当时也有信的，也有不信的，但不信的人多得很。到了庚子年，义和团起事，八国联兵打破北京，这时大家以为各国必要实行瓜分中国了。不料各国按兵不动，仍许中国讲和，但要中国出赔款四百五十兆（每兆一百万两），〔连本带息共九百八十兆〕，把沿海沿江的炮台拆毁，京师驻扎洋兵，各国得了以上各项利益，遂把兵退了。

于是人人都说瓜分是一句假话，乃是维新党捏造出来的，大家不要信他的胡说。不知各国不是不瓜分中国，因为国数多了，一时难得均分，并且中国地方宽得很，各国势力也有不及的地方，不如留住这满洲政府代他管领，他再管领满洲政府，岂不比瓜分便宜得多吗？瓜分慢一年，各国的势子越稳一年，等到要实行瓜分的时候，只要把满洲政府去了，全不要费丝毫之力。中国有些人，瓜分的利害全然不知，一丝儿不怕；有些人知道瓜分的利害，天天怕各国瓜分中国。我只怕各国不实行瓜分，倘若实行瓜分了，中国或者倒能有望。这暗行瓜分的利害，真真了不得。果然俄国到今年四月，东三省第二期撤兵的时候，也不肯照约撤兵，（庚子年俄国用兵把东三省尽行占了，各国定约叫俄国把东三省退回中国，分做三期撤兵。吉林、黑龙江、盛京叫做东三省，又叫做满洲，是清朝的老家。）提出新要求七款，老老实实，把东三省就算做自己的了。那时中国的学生志士，奔走叫号，以为瓜分的时候又到了。后来英、美、日本三国的公使，不准中国答应俄国七款的要求。俄国借口中国不答应他的要求，就不肯退兵，彼此拖了许多日子。那中国的人见俄国按兵不动，又歌舞太平起来，越发说瓜分的话是假的了。那知俄国暗地里增兵，并且还放一个极东大总督驻扎在东三省。他的权柄，几乎同俄皇一样大小。俄皇又亲到德国，与德皇联盟，法国也和俄国联盟，彼此相约瓜分中国。英、美两国看见德、法都从了俄国，也就不和日本联盟，都想学俄国的样儿。日本势孤无助，不得不与俄国协商，满洲归俄国，高丽归日本，各行各事，两不相管。俄国到此没有别国掣他的肘了，就大摇大摆起来。到了八月二十八第一〔第三〕撤兵的期，又违约不退。兵丁从俄国调来的，前后共有十余万，在九月中旬，派兵一千名，把盛京省城奉天府占了，把盛京将军增祺囚了，各项衙门及电报局尽派俄兵驻守，东三省大小官员限一月内出境，每人只给洋银一百元，逐家挨户都要挂俄国的旗，各处的团练都要把军器缴出，大车装运的俄国兵每日有数千。于是俄国第一个倡瓜分中国，各国都画了押，只等动手。那知俄国贪心不足，又想占高丽（即朝鲜）北方，日本不答应，为着此事商议了几次。俄国恃他的国大于日本五十倍，兵多十倍，没有日本在眼，丝毫不肯让。日本忍无可忍，于去年十二月下旬，遂与俄国开战。照理讲起来，俄国占了中国的东三省，中国应当和俄国交战，日本不过是傍边的人。谁知他二国开战，中国倒谨守中立，说此事与中国不相干。呵呵，日、俄两国，为着什么事开战？开战的地方在哪个的地方？这也可算得中立吗？日本把俄国的海军打得不亦乐乎，俄国在东洋的兵船总共只有二十余只，被日本打沉大半。最大的铁甲船长七十余丈，甲厚二尺，船上的大炮十余万斤一个，一只的价钱多的要一千五百万元，通十八省的钱粮，只能做得二只。这样贵重的船，日本放一个水雷就打坏了。俄国海军所失了的一万万开外，有名的海军提督也被日本打死。近日旅顺口也被日本冒死连塞三次，遂把港口塞住，俄国在旅顺的兵船，通同不能出港。俄国陆军又屡次大败，九连城、凤凰城、盖平、金州皆为日本所据。日俄战事不了，各国也就把瓜分中国的事暂且搁在一边，等日、俄战事定局，再来大发作。但俄国战日本不赢，遂想从中国出气，向各国说道，日本一个小小的国，学我们的样子，仅仅三十年就这样了不得；中国偌大的地方，倘不在此时切实瓜分了他，等他日后也变起法来，还了得吗？那时我们白人（欧美各国皆白色，称白人）一定要吃黄人（中国同日本皆黄色种，称黄人）的亏（元太祖灭国六十，俄罗斯等国也被元所灭，欧洲常常有黄人祸之语，义和团起事之后，越发讲得很，皆说此时若不灭尽黄人，异日必为他白人之祸）。各国听了俄国的话，遂想即日下手了。日本《朝日新闻》报上，说俄兵十万入了蒙古，向长城内进发，法兵一万到了广西龙州，美国兵船七号到了牛庄，英兵一面从西藏进兵，一面把兵船调到香港，德国从本国调兵到胶州、山东铁路俱已成功。列位想想，这瓜分还是真不真呢？

痛呀！痛呀！痛呀！你看中国地方这么样大，［人口这么样多］，可算是世界有一无二的国度了，那里晓得自古至今，只有外国人杀中国人的，断没有中国人杀外国人的，这是什么缘故呢？因为中国人不晓得有本国的分别，外国人来了，只有稍为比我强些，遂拱手投降，倒帮着外国人杀本国人，全不要外国人费力。当初金鞑子、元鞑子在中国横行直走，没有一个敢挡住他。若问他国实在的人数，总计不及中国一县的人，百个捉他一个，也就捉完他了。即如清朝在满洲的时候，那八旗兵总共只有六万，若没有那吴三桂、孔有德、洪承畴一班狗奴才，带领数百万汉军，替他平定中国，那六万人中国把他当饭吃，恐怕连一餐都少哩！到后来太平天国有天下三分之二，将要成功，又有湘军三十万人，替满洲死死把太平天国打灭，双手仍把江山送还满洲，真个好蠢的东西呀！可恨外洋各国，也学那满洲以中国人杀中国人的奸计，屡次犯中国，都有中国人当他的兵，替他死战。

庚子年八国联兵，我以为这次洋兵没有百万，也应该有几十万，谁知统共只有二万，其余的都是中国人。打起仗来，把中国人排在前头，各国洋兵奸淫掳掠，中国人替他引导。和局定了，各国在中国占领的地方，所练的兵丁，大半是中国人，只有将领是洋人。东三省的马贼很多，俄国尽数招抚，已有一万二三千人。这些马贼，杀人比俄兵还要凶悍些。俄国又在东三省、北京一带，招那中国读书人做他的顾问官，不要通洋文，只要汉文做得好，也有许多无耻的人去了，巴望做洪承畴一流的人物。将来英国在长江，德国在山东，日本在福建，法国在两广，一定要照俄国的样儿来办。各省的会党、兵勇尽是各国的兵丁，各省的假志士、假国民尽是各国的顾问官，其余的狗奴才，如庚子北直的人，一齐插顺民旗，更不消说了。各国不要调一兵，折一矢，中国人可以自己杀尽。天呀！地呀！同胞呀！世间万国，都没有这样的贱种！有了这样的贱种，这种怎么会不灭呢！不知我中国人的心肝五脏是什么做成的，为何这样残忍？唉！真好痛心呀！

耻呀！耻呀！耻呀！你看堂堂中国，岂不是自古到今四夷小国所称为天朝大国吗？为什么到如今，由头等国降为第四等国呀？外洋人不骂为东方病夫，就骂为野蛮贱种，中国人到了外洋，连牛马也比不上。美国多年禁止华工上岸，今年有一个谭随员，无故被美国差役打死，无处伸冤；又梁钦差的兄弟，也被美国的巡捕凌辱一番，不敢作声。中国学生到美国，客店不肯收留。有一个姓孙的留学生，和美国一个学生相好，一日美国学生对孙某说道："我和你虽然相好，但是到了外面，你不可招呼我。"孙某惊问道："这话怎讲？"美国学生道："你们汉人是满洲的奴隶，满洲又是我们的奴隶，倘是我国的人知道我和做两层奴隶的人结交，我国的人一定不以人齿我了。"孙某听了这话，遂活活气死了。美国是外洋极讲公理的国，尚且如此；其余的国，更可想了。欧美各国，与我不同洲的国，也不怪他。那日本不是我的同洲的国吗？甲午年以前，他待中国人，和待西洋人一样。甲午年以后，就隔得远了，中国人在日本的，受他的欺侮，一言难尽哩！单讲今年日本秋季大操，各国派来看操的，就是极小的官员，也有座位，日本将官十分恭敬。中国派来看操的，就是极大的官员，也没有座位，日本将官全不理会。有某总兵受气不过，还转客栈，放声大哭。唉！列位！你看日本还把中国当个国吗？外国人待中国人，虽是如此无礼，中国的官府仍旧丝毫不恨他，撞着外国人，倒反恭恭敬敬，犹如属员见了上司一般，唯唯听命，这不是奇事么？租界虽是租了，仍是中国的地方，哪知一入租界，犹如入了地狱一般，没有一点儿自由。站街的印度巡捕，好比阎罗殿前的夜叉，洋行的通事西仔，好比判官手下的小鬼，叫人通身不冷，也要毛发直竖。上海有一个外国公园，门首贴一张字道："狗和华人不准入内。"中国人比狗还要次一等哩！中国如今尚有一个国号，他们待中国已是这样，等到他瓜分中国之后，还可想得吗？各国的人也是一个人，中国的人也是一个人，为何中国人要受各国人这样欺侮呢？若说各国的人聪明些，中国的人愚蠢些，现在中国的留学生在各国留学的，他们本国人要学十余年学得成的，中国学生三四年就够了，各国的学者莫不拜服中国留学生的能干。若说各国的人多些，中国的人少些，各国的人极多的不过中国三分之一，少的没有中国十分之一。若说各国的地方大些，中国的地方小些，除了俄罗斯以外，大的不过如中国的二三省，小的不过如中国一省。若说各国富些，中国穷些，各国地面、地内的物件，差不多就要用尽了，中国的五金各矿，不计其数，大半没开，并且地方很肥，出产很多。这样讲来，就应该中国居上，各国居下，只有各国怕中国的，断没有中国怕各国的。哪知把中国比各国，倒相差百余级，做了他们的奴隶还不算，还要做他们的牛马；做了他们的牛马还不算，还要灭种，连牛马都做不着。世间可耻可羞的事，哪有比这个还重些的吗？我们于这等事还不知耻，也就无可耻的事了。唉！伤心呀！

杀呀！杀呀！杀呀！如今的人，都说中国此时贫弱极了，枪炮也少得很，怎么能和外国开战呢？这话我也晓得，但是各国不来瓜分我中国，断不能无故自己挑衅，学那义和团的举动。于今各国不由我分说，硬要瓜分我了，横也是瓜分，竖也是瓜分，与其不知不觉被他瓜分了，不如杀他几个，就是瓜分了也值得些儿。俗语说的，"赶狗逼到墙，总要回转头来咬他几口"。难道四万万人，连狗都不如吗？洋兵不来便罢，洋兵若来，奉劝各人把胆子放大，全不要怕他。读书的放了笔，耕田的放了犁耙，做生意的放了职事，做手艺的放了器具，齐把刀子磨快，子药上足，同饮一杯血酒，呼的呼，喊的喊，万众直前，杀那洋鬼子，杀投降那洋鬼子的二毛子。满人若是帮助洋人杀我们，便先把满人杀尽；那些贼官若是帮助洋人杀我们，便先把贼官杀尽。"手执钢刀九十九，杀尽仇人方罢手！"我所最亲爱的同胞，我所最亲爱的同胞，向前去，杀！向前去，杀！向前去，杀！杀！杀！杀我累世的国仇，杀我新来的大敌，杀我媚外的汉奸。杀！杀！杀！

奋呀！奋呀！奋呀！于今的中国人，怕洋人怕到了极步。其实洋人也是一个人，我也是一个人，我怎么要怕他？有人说洋人在中国的势力大得很，无处不有洋兵，我一起事，他便制住我了。不知我是主，他是客，他虽然来得多，总难得及我。在他以为深入我的腹地，我说他深入死地亦可以的。只要我全国皆兵，他就四面受敌，即有枪炮，也是寡不敌众。古昔夏朝有一个少康皇帝，他的天下都失了，只剩得五百人，终把天下恢复转来。又战国的时候，燕国把齐国破了，齐国的七十余城，都已降了燕国，只有田单守住即墨一城，到后来终把燕国打退，七十余城又被齐国夺回。何况于今十八省完完全全，怎么就说不能敌洋人呢？就是只剩得几府几县，也是能够独立的。阿非利加洲有一个杜兰斯哇国，他的国度只有中国一府的大，他的人口只有中国一县的多，和世界第一个大国英吉利连战三年。英国调了大兵三十万，死了一半，终不能把杜国做个怎么样。这是眼前的事，人人晓得的，难道我连杜国都不能做得吗？（日本与俄国开战，那一个不说日本不是俄国之敌手，然而日本倒不怕俄国，妇人孺子都想从军。起先政府尚有些惧怕，人民则没有一个怕的，和俄国打起仗来，和在教场操演一般，从容得很，杀得俄国望风而逃，这就是现在的事呢。杜国和日本的人，敢把这么样小的国和这么样大的国打仗，这是何故呢？因为杜国、日本的人，人人都存个百折不回的气概，人人都愿战死疆场，不愿做别人的奴隶，所以能打三年的死仗、无前的大战。）中国的人没有坚忍的志气，一处败了，各处就如鸟兽散了。须知各国在中国已经数十年了，中国从前一点预备都没有，枪炮又不完全，这起头几阵一定是要败的，但败得多，阅历也多，对付各国的手段也就精了。汉高祖和楚霸王连战七十二阵，阵阵皆败，最后一胜就得天下。湘军打长毛，当初也是连打败仗，后来才转败为胜。大家都要晓得这个道理，都把精神提起，勇气鼓足，任他前头打了千百个败仗，总要再接再厉。那美国独立，也是苦战了八年才能够独立的。我如今就是要苦战八十年，也应该要支持下去，怎么要胆小，怎么要害怕！这个道理，我实在想他不透。俗语说的，"一人舍得死，万夫不敢挡"。一十八省四万万人都舍得死，各国纵有精兵百万，也不足畏了。各国的兵很贵重的，倘若死了几十万，他就要怕中国，不敢来了。就是他再要来，汉人多得很，死去几百万，几千万，也是无妨的。若是把国救住了，不上几十年，这人口又圆满了。只要我人心不死，这中国万无可亡的理。诸君！诸君！听者！听者！舍死向前去，莫愁敌不住，千斤担子肩上担，打救同胞出水火，这方算大英雄、大豪杰，怎么同胞不想做呢？

快呀！快呀！快呀！我这人人笑骂个个欺凌将要亡的中国，一朝把国势弄得蒸蒸日上起来，使他一班势利鬼不敢轻视，倒要恭维起来，见了中国的国旗，莫不肃然起敬。中国讲一句话，各国就奉为金科玉律。无论什么国，都要赞叹我中国，畏服我中国，岂非可快到极处吗？我这全无知识全无气力要死不死的人，一朝把体操操得好好儿的，身子活活泼泼，路也跑得，马也骑得，枪也打得，同着无数万相亲相爱的同胞，到了两军阵前，一字儿排开，炮声隆隆，角声呜呜，旌旗飘扬，鼓声雷动，一声喊起，如山崩潮涌一般，冲入敌阵，把敌人乱杀乱砍，割了头颅，回转营来，沽酒痛饮，岂非可快到极处吗？就是不幸受伤身死，众口交传，全国哀痛，还要铸几个铜像，立几个石碑，万古流芳，永垂不朽，岂非可快到极处吗？世间万事，惟有从军最好。我劝有血性的男儿，不可错过这个时代。照以上所说的，列位一定疑我是疯了，又一定疑我是义和团一流人物了。不是！不是！我生平是最恨义和团的。洋人也见过好多，洋国也走过几国，平日极要人学习洋务，洋人的学问，我常常称道的。但是我见那洋人心肠狠毒，中国若是被洋人瓜分了，我汉人一定不得了，所以敢说这些激烈的话，提醒大家，救我中国。但是要达这个目的，又有十个须知。

第一，须知这瓜分之祸，不但是亡国罢了，一定还要灭种。中国从前的亡国，算不得亡国，只算得换朝（夏、商、周、秦、唐、宋、明都是朝号，不是国号，因为是中国的人），自己争斗。只有元朝由蒙古（就是古时的匈奴国），清朝由满洲（就是宋朝时候的金国）打进中国，这中国就算亡过二次。但是蒙古、满洲的人数少得很，只有武力胜过汉人，其余一概当不得汉人，过了几代，连武力都没有了，没有一事不将就汉人，名为他做国主，其实已被汉人所化了。所以中国国虽亡了，中国人种的澎涨力，仍旧大得很。近来洋人因为人数太多，无地安插，四处找寻地方，得了一国，不把敌国的人杀尽死尽，他总不肯停手。前日本人某，考察东三省的事情，回来向我说道："那处的汉人，受俄人的残虐，惨不可言！一日在火车上，看见车站旁边，立着个中国人，一个俄国人用鞭抽他，他又不敢哭，只用两手擦泪。再一鞭，就倒在铁路上了。却巧有一火车过来，把这人截为两段，火车上的人，毫不在意。我问道：'这是甚么缘故呢？'一个中国人在旁答道：'没有什么缘故，因为俄国人醉了。'到后来也没人根究这事，这中国人就算白死了。一路上中国的人被俄人打的半死半生的，不计其数，虽是疼痛，也不敢哭，倘若哭了，不但俄国人要打他，傍边立的中国人，也都替俄国人代打。倘若打死了，死者家里也不敢哭，倘若哭了，地方官员就要当最重的罪办他，讨俄人的好。路上不许中国人两人相连而行，若有两个人连行，俄国的警察兵，必先行打死一个，恐怕一个俄国人，撞着两个中国人，要遭中国人的报复，所以预先提防。俄兵到一处，就把那处的房屋烧了，奸淫掳掠，更不消讲。界外头的汉人，不准进界；界里的汉人，不准出界。不出三年，东三省的汉人（东三省的人口共有一千六百万，有汉人十分之七），一定是没有了。将来中国瓜分之后，你们中国人真不堪设想了。"（照日本人所说如此。到今年日、俄二国开起战来，俄人把东三省的牛马、粮食尽行抢去做他的军饷，不论男女都赶去替他修筑炮台、铁路，马贼仍叛了俄国，把俄国的铁路拆毁，俄国奈何马贼不得，多出银钱与马贼讲和，此银钱仍从东三省的人取出。这几个月内，日、俄两国及马贼通共死不上几千人，惟有这怕死畏事的东三省人，不为俄国所杀，就要为日本、马贼所杀，总计饿死的、杀死的、奸淫死的，已有了数百万人，比他们在战场死的多一千倍。这样讲起来，岂不可怕到极处吗？试看英、美、德、法，哪一个不是俄罗斯！即是日本，现在以保全中国为名，当海军得胜之后，日本议院遂把以后的结局如何施行来商议。有一个法学博士名叫冈田朝太郎的献议："东三省若归了日本，各国也不答应的，最好将东三省退还中国，开作万国公地，由中国赔日本的兵费，理民小事，中国掌理，一切兵权、财权，日本掌理。东三省地方宽的很，处处设兵，饷项太多，得不偿失，太犯不着，不如仅据守一二险要，如旅顺口、牛庄等处，里内责成中国兵替日本驻扎，用日本人做监督。如此既不取各国之忌，又可得实利，便宜极了。又中国的人，一定不可以平等相待。前回日本在台湾杀人不多，那台湾人不晓得惧怕，时时起事。此回到东三省要大杀一场，使他畏服我日本帝国，然后能把我日本帝国的人民移到东三省。"当时议院的人皆赞成此说。言保全的如此，不言保全的更不知做到什么样了。）各国瓜分中国之后，又不能相安无事，彼此又要相争，都要中国人做他的兵了。各国的竞争没有了时，中国的死期，也没有了时。或者各国用那温和手段，假仁假义，不学俄国的残暴，那就更毒了！这是何故呢？因为各国若和俄国一样，杀人如麻，人人恐怕，互相团结，拼命死战起来，也就不怕了。只有外面和平，内里暗杀，使人不知不觉，甘心做他的顺民，这灭种就一定不免了。他不要杀你，只要把各人的生路绝了，使人不能婚娶，不能读书，由半文半野的种族，变为极野蛮的种族，再由野蛮种族，变为最下的动物。日本周报所说的中国十年灭国，百年灭种的话，不要十年，国已灭了，不要百年，这种一定要灭。列位若还不信，睁眼看看从通商以来，只有五十年，已弄得一个民穷财尽。若是各国瓜分了中国，一切矿山、铁路、轮船、电线以及种种制造，都是洋人的，中国人的家财，中国人的职业，一齐失了，还可想得吗？最上的做个买办通事，极下的连那粗重的工程都当不得。一年辛苦所得的工资，纳各国的税还不够，那里还养身家？中国的人日少一日，各国的人日多一日，中国人口全灭了，中国的地方他全得了。不在这时拚命舍死保住几块地方，世界虽然广大，只怕没有中国人住的地方了。不但中国人没有地方可以住，恐怕到后来，世界上连中国人种的影子都没有了！

第二，须知各国就是瓜分了中国之后，必定仍旧留着满洲政府压制汉人。列位，你道今日中国还是满洲政府的吗？早已是各国的了！那些财政权、铁道权、用人权，一概拱手送与洋人。洋人全不要费力，要怎么样，只要下一个号令，满洲政府就立刻奉行。中国虽说未曾瓜分，其实已经瓜分数十年了。从前不过是暗中瓜分，于今却是实行瓜分。不过在满洲政府之上，建设各国的政府，在各省督抚之上，建设各国的督抚。到那时，我们要想一举一动，各国政府就要下一个令把满洲政府，满洲政府下一道电谕把各省督抚，各省督抚下一道公文把各府州县，立刻就代各国剿除得干干净净了。"尔等食毛践土，具有天良，当此时势艰难，轻举妄动，上贻君父之忧，殊堪痛恨"的话，又要说了。我们汉人死到尽头，那满洲政府对于汉人的势力依然还在；汉人死完了，满洲政府也就没有了。故我们要想拒洋人，只有讲革命独立，不能讲勤王。因他不要你勤王，你从何处勤哩？有人说道："中国于今不可自生内乱，使洋人得间。"这话我亦深以为然。倘若满洲政府从此励精求治，维新变法，破除满汉的意见，一切奸臣尽行革去，一切忠贤尽行登用，决意和各国舍死一战，我也很愿把从前的意见丢了，身家性命都不要了，同政府抵抗那各国。怎奈他拿定"宁以天下送之朋友，不以天下送之奴隶"的主见，任你口说出血来，他总是不理。自从俄国复占了东三省之后，瓜分的话日甚一日，外国的人都替中国害怕，人人都说中国灭种的日子到了；那里晓得自皇太后以至大小官员，日日在颐和园看戏作乐，全不动心。今年谒西陵，用银三百万，皇太后的生日，各官的贡献，比上年还要多十倍。明年皇太后七旬万寿，预备一千五百万银子做庆典。北京不破，断不肯停的。马玉崑在某洋行买洋枪三千杆，要银数万两，户部不肯出；皇太后修某宫殿，八十万银子又有了。你看这等情形，还可扶助吗？（今年正月，驻扎各国的钦差连名电奏。说日俄开战，中国尽好于此时变法自强，等到他二国的战事终了，那就不得了，没有法可变了。皇太后见了此折大怒，丢折于地，他们钦差的话都说不准，我们还有话可说吗？）中国自古以来，被那君臣大义的邪说所误。任凭什么昏君，把百姓害到尽头，做百姓的总不能出来说句话。不知孟夫子说道："民为贵，社稷次之，君为轻！"君若是不好，百姓尽可另立一个。何况满洲原是外国的鞑子，盗占中国，杀去中国的人民无数，是我祖宗的大仇。如今他又将我四万万汉人尽数送入枉死城中，永做无头之鬼，尚不想个法子，脱了他的罗网，还要依他的言语，做他的死奴隶，岂是情愿绝子绝孙绝后代吗？印度亡了，印度王的王位还在；越南亡了，越南王的王位还在；只可怜印度、越南的百姓，于今好似牛马一般。那满洲政府，明知天下不是他自己的，把四万万个人做四万万只羊，每日送几千，也做得数十年的人情。人情是满洲得了，只可怜宰杀烹割的苦楚，都是汉人受了。那些迂腐小儒至今还说，忠君忠君，遵旨遵旨，不知和他有什么冤孽，总要把汉人害得没有种子方休！天！天！天！那项得罪了他，为何忍下这般毒手呀？

　　第三，须知事到今日，断不能再讲预备救中国了。只有死死苦战，才能救得中国。中国的毛病，平时没有说预备，到了临危，方说预备，及事过了，又忘记了。自道光以来，每次讲和，都因从前毫没预备，措手不及，不如暂时受些委屈，等到后来预备好了，再和各国打仗。哪知到了后来，另是一样的话。所以受的委屈，一次重过一次。等到今日各国要实行瓜分了，那预备仍是一点儿没有。于今还说后来再预备，不但是说说谎话罢了；就是想要预备，也无从预备了。试看俄人在东三省，把中国兵勇的枪炮尽行追缴，不许民间设立团练，两人并行都要治罪，还有预备可说吗？要瓜分中国，岂容你预备？你预备一分，他的势子增进一丈，我的国势堕落十丈。比如一炉火，千个人添柴添炭，一个人慢慢运水，那火能打灭吗？兵临境上，你方才讲学问，讲教育，讲开通风气，犹如得了急症，打发人往千万里之外买滋补的药，直等到病人的尸首都烂了，买药的人还没有回来，怎么能救急呢？为今之计，唯有不顾成败，节节打去，得寸是寸，得尺是尺，等到有了基础，再讲立国的道理。此时不把中国救住，以后莫想恢复了。满洲以五百万的野蛮种族，尚能占中国二百六十年，各国以七八万万的文明种族分占中国，怎么能恢复呢？我听多少人说，国已亡了，惟有预备瓜分以后的事。我不知他说预备何事，大约是预备做奴隶吧！此时中国虽说危急，洋兵还没深入，还没实行瓜分，等到四处有了洋兵，和俄国在东三省一般，一言一语都不能自由，纵你有天大的本领，怎么用得出呢？那就不到灭种不休了。所以要保皇的，这时候可以保了，过了这时没有皇了；要革命的，这时可以革了，过了这时没有命了。一刻千金，时乎！时乎！不再来，我亲爱的同胞，快醒！快醒！不要再睡了！

第四，须知这时多死几人，以后方能多救几人。如今的人，多说国势已不可救了，徒然多害生灵，也犯不着，不如大家就降了各国为兵。唉！照这样办法，各国一定把中国人看得极轻，以为这等贱种，任凭我如何残暴，他总不敢出来做声，一切无情无理的毒手段，都要做了出来，中国人种那就亡得成了。此时大家都死得轰轰烈烈，各国人都知道中国人不可轻视，也就不敢十分野蛮待中国人了。凡事易得到手的，决不爱惜，难得到手的，方能爱惜，这是的确的道理。你看金国把宋朝徽宗、钦宗两个皇帝捉去，宋朝的百姓不战自降。后来元世祖灭了宋朝，看见中国人容易做别人的奴隶，从没报过金国的仇，遂想把中国的人杀尽，把中国做为牧牛马的草场。耶律楚材说道："不如留了他们，以纳粮饷。"后来才免。虽因此中国人侥幸得生，但是待汉人残酷的了不得。明末的时候，各处起义兵拒满洲的不计其数，那殉节录所载拒满的忠臣，共有三千六百个，所以清朝待汉人，比元朝好得多了。到了乾隆年间，修纂国史，把投降他的官员，如洪承畴等，尽列在贰臣传中，不放在人数上算账；明朝死难的人，都加谥号，建立祠堂，录用他的后裔。譬如强盗强奸人的妇女，一个是宁死不从，被他杀了，一个是甘心从他，到了后日，那强盗一定称奖那不从他的是贞节，骂那从他的是淫妇。那淫妇虽忍辱想从强盗终身，这强盗一定不答应，所受的磨折，比那贞节女当日被强盗一刀两段的，其苦更加万倍。那贪生怕死的人，他的下场一定和这淫妇一样。故我劝列位撞着可死的机会，这死一定不要怕，我虽死了，我的子孙还有些利益，比那受尽无穷的耻辱，到头终不能免一死，死了更无后望的，不好得多吗？泰西的大儒有两句格言："牺牲个人（指把一个人的利益不要）以为社会（指为公众谋利益）；牺牲现在（指把现在的眷恋丢了）以为将来（指替后人造福）。"这两句话，我愿大家常常讽诵。

第五，须知种族二字，最要认得明白，分得清楚。世界有五个大洲：一个名叫亚细亚洲（又称亚洲，中国、日本、高丽、印度都在这洲），一个名叫欧罗巴洲（又称欧洲，俄、英、德、法等国都在这洲），一个名叫阿非利加洲（又称非洲，从前有数十国，现在都被欧洲各国灭了），一个名叫澳非利加洲（又称澳洲，被英国占领），以上四洲，共在东半球（地形如球，在东的称东半球，在西的称西半球）。一个名阿美利加洲（又称美洲，美利坚、墨西哥都在这洲），独在西半球。住在五洲的人，也有五种：一黄色种（又称黄种），亚洲的国，除了五印度的人（印度人也是欧洲的白色种，但年数好久了，所以面上变为黑色），皆是黄种人；二白色种（又称白种，欧洲各国的人，及现在美洲各国人，都是这种）；三红色种（美洲的土人）；四黑色种（非洲的人）；五棕色种（南洋群岛的人）。单就黄种而论，又分汉种（始祖黄帝于四千三百余年前，自中国的西北来，战胜了蚩尤，把从前在中国的老族苗族赶走，在黄河两岸建立国家。现在中国内部十八省的四万万人，皆是黄帝公公的子孙，号称汉种），二苗种（从前遍中国皆是这种人，于今只有云、贵、两广稍为有些），三东胡种（就是从前的金，现在的满洲，人口有五百万），四蒙古种（就是从前的元朝，现在内外蒙古，人口有二百万），其余的种族，不必细讲。合黄种、白种、黑种、红种、棕色种的人口算起来，共有一十六万万，黄种五万万余（百年前有八万万，现在减了三万万），白种八万万（百年前只五万万，现在多三万万），黑种不足二万万（百年前多一倍），红种数百万（百年前多十倍），棕色种二千余万（百年前多两倍）。五种人中，只有白种年年加多，其余四种，都年年减少。这是何故呢？因为世界万国，都被白种人灭了（亚洲百余国，美洲数十国，非洲数十国，澳洲南洋群岛各国，都是那白色种的俄罗斯、英吉利、德意志、法兰西、奥大利、意大利、西班牙、葡萄牙、荷兰、美利坚、墨西哥、巴西、秘鲁各国的属国。只有中国和日本等数国没灭，中国若亡了，日本等国也不可保了）。这四种人不晓得把自己祖传的地方守住，甘心让与外种人，那种怎能不少呢！这种族的感情，是从胎里带来的，对于自己种族的人，一定是相亲相爱；对于以外种族的人，一定是相残相杀。自己没有父，认别人做父，一定没有像亲父的恩爱。自己没有兄弟，认别人做兄弟，一定没有像亲兄弟的和睦。譬如一份家产，自己不要，送把别人，倒向别人求衣食，这可靠得住吗？这四种人不晓得这个道理，以为别人占了我国也是无妨的，谁知后来就要灭种哩！所以文明各国，如有外种人要占他的国度，他宁可全种战死，决不做外种的奴隶。（西洋各国，没有一国不是这样。）所以极小的国，不及中国一县，各大国都不敢灭他。日本的国民，现在力逼政府和俄国开战，那国民说道：就是战了不胜，日本人都死了，也留得一个大日本的国魂在世；不然，这时候不战，中国亡了，日本也要亡的。早迟总是一死，不如在今日死了。（政府又说没有军饷，和俄国开不得战，日本人民皆愿身自当兵，不领粮饷。战书既下，全国开了一个大会，说国是一定要亡的，但要做如何亡法方好；人人战死，不留一个，那就是一个好法子了。所以日本预存这个心，极危险的事毫不在意。俄人把守旅顺口、九连城一带如铁桶一般，都被日本人打破。一只运送船装载日本兵丁二百余人，撞着俄国的兵船要他扯白旗投降，日本兵丁皆不愿意，在甲板上放枪，俄船放一炮来，船将沉下之际，两百余人皆唱"帝国万岁"而没。通国的儿童皆穿军衣，上书"决死队"。无老无少都有必死的气概，这是何故呢？无非为着保种、保国起见，所以奋不顾身。）日本是一个很强的国，他的人民顾及后来，还如此激昂，怎么我中国人身当灭亡地步的，倒一毫不动哩？唉，可叹！只有中国人从来不知有种族的分别，蒙古、满洲来了，照例当兵纳粮，西洋人来了，也照例当兵纳粮，不要外种人动手，自己可以杀尽。禽兽也知各顾自己的同种，中国人真是连禽兽都不如了。俗话说得好，人不亲外姓，两姓相争，一定是帮同姓，断没有帮外姓的。但是平常的姓，都是从一姓分出来的，汉种是一个大姓，黄帝是一个大始祖，凡不同汉种，不是黄帝的子孙的，统统都是外姓，断不可帮他的，若帮了他，是不要祖宗了。你不要祖宗的人，就是畜生。

第六，须知国家是人人有份的，万不可丝毫不管，随他怎样的。中国的人，最可耻的，是不晓得国家与身家有密切的关系，以为国是国，我是我，国家有难，与我何干？只要我的身家可保，管什么国家好不好？不知身家都在国家之内，国家不保，身家怎么能保呢？国家譬如一只船，皇帝是一个舵工，官府是船上的水手，百姓是出资本的东家，船若不好了，不但是舵工水手要着急，东家越加要着急。倘若舵工水手不能办事，东家一定要把这些舵工水手换了，另用一班人，才是道理，断没有袖手旁观，不管那船的好坏，任那舵工、水手胡乱行驶的道理。既我是这个国的国民，怎么可以不管国家的好歹，任那皇帝、官府胡乱行为呢？皇帝、官府尽心为国，我一定要帮他的忙，皇帝、官府败坏国家，我一定不答应他，这方算做东家的职分。古来的陋儒，不说忠国，只说忠君，那做皇帝的，也就把国度据为他一人的私产，逼那人民忠他一人。倘若国家当真是他一家的，我自可不必管他，但是只因为这国家断断是公共的产业，断断不是他做皇帝的一家的产业。有人侵占我的国家，即是侵占我的产业；有人盗卖我的国家，即是盗卖我的产业。人来侵占我的国家，盗卖我的产业，大家都不出来拼命，这也不算是一个人了。

第七，须知要拒外人，须要先学外人的长处。于今的人，都说西洋各国富强得很，却不知道他怎么样富强的，所以虽是恨他，他的长处，倒不可以不去学他。譬如与我有仇的人家，他办的事体很好，却因为有仇，不肯学他，这仇怎么能报呢？他若是好，我要比他更好，然后才可以报得仇呢。日本国从前很恨西洋人，见了西洋人，就要杀他，有藏一部洋书的，就把他全家杀尽。到了明治初年，晓得空恨洋人不行，就变了从前的主意，一切都学西洋，连那衣服、头发，都学了洋人的装束（日本从前用中国古时的装束）。从外面看起来，好像是变了洋人了，却不知他恨洋人的心，比从前还要增长几倍，所有用洋人的地方，一概改用日本人，洋人从前所得日本人的权利，一概争回来，洋人到了日本国，一点不能无礼乱为，不比在中国可以任意胡行。这是何故呢？因为洋人的长处，日本都学到了手，国势也和洋人一样，所以不怕洋人，洋人也奈何他不得。中国和日本正是反比例，洋人的长处一点不肯学，有说洋人学问好的，便骂他想做洋鬼子；洋人的洋烟（日本一切洋人的东西都有，只有洋烟没有），及一切没有用的东西，倒是没有不喜欢的。更有一稀奇的事，各国都只用本国的银圆钞票，不用外国的银圆钞票，就是用他的，亦只做得七折八折。只有中国倒要用外国的银圆钞票（日本一圆的银圆，本国不用，通行中国），自己的银圆钞票，倒难通行，这也可算保守国粹吗？平日所吃所穿所用的东西，无一不是从洋人来的，只不肯学他的制造，这等思想，真真不可思议了。有人口口说打洋人，却不讲洋人怎么打法，只想拿空拳打他，一经事到临危，空拳也要打他几下，平时却不可预存这个心。即如他的枪能打三四里，一分时能发十余响，鸟枪只能打十余丈，数分时只能发一响，不学他的枪炮，能打得他倒吗？其余洋人的长处，数不胜数。他们最大的长处，大约是人人有学问（把没有学问的不当人）、有公德（待同种却有公德，待外种却全无公德）、知爱国（爱自己的国，决不爱他人的国），一切陆军、海军（各国的将官，都在学堂读书二三十年，天文、地理、兵法、武艺无一不精，军人亦很有学问）、政治、工艺，无不美益求美，精益求精。这些事体，中国哪一项不应该学呢？俗语道："天下无难事，只怕有心人。"若有心肯学，也很容易的。越恨他，越要学他；越学他，越能报他，不学断不能报。就是这时不能学得完备，粗浅也要学他几分，形式或者可以慢些，精神一定要学（精神指爱国，有公德，不做外种的奴隶）。要想学他，一定要开学堂，派送留学生。如今的人，多有仇恨留学生的，以为留学生多半染了洋派，喜欢说排满革命，一定是要扶助洋人的。不知外面的洋派不甚要紧，且看他心内如何（于日本可知）。他说排满革命，也有不得已之苦衷（前已说过），不是故意要说这些奇话，想得利益（留学生若是贪图利益，明明翰林进士的出身不要，倒要做断头的事，没有这样蠢了）。至于忍耻含羞，就学仇人的国，原想习点本领，返救祖国，岂有为洋人用的理？即有此等人，也只有待他败露，任凭同胞将他捉来，千刀万剐，比常人加十倍治罪，此时却难一笔抹杀。同胞！同胞！现在固然不是为学的时候，但这等顽固心思，到了这个时候尚不化去，也就不好说了。

第八，须知要想自强，当先去掉自己的短处。中国的人，常常自夸为文明种族，礼义之邦。从前我祖宗的时候，原是不错。但到了今日，奸盗诈伪，无所不为，一点古风也没有了。做官的只晓得贪财爱宝，带兵的只晓得贪生怕死，读书的只晓得想科名，其余一切的事都不管。上中下三等的人，天良丧尽，廉耻全无，一点知识没开，一点学问没有，迂腐固陋，信鬼信怪，男吸洋烟，女缠双足，游民成群，盗贼遍野，居处好似畜圈，行为犹如蛮人，言语无信，爱钱如命。所到之国，都骂为野蛮贱种，不准上岸，不准停留。国家被外国欺凌到极处，还是不知不觉，不知耻辱，只知自私自利。瓜分到了目前，依然欢喜歌舞。做农做工做商的，只死守着那古法，不知自出新奇，与外国竞争。无耻的人，倒要借外国人的势力欺压本国，随便什么国来，都可做他的奴隶。一国的人，都把武艺看得极轻（俗话"好铁不打钉，好汉不当兵"），全不以兵事为意，外兵来了，只有束手待毙。其余各项的丑处，一言难尽，丑不可言。大家若不从此另换心肠，痛加改悔，恐怕不要洋人来灭，也要自己灭种了。

第九，须知必定用文明排外，不可用野蛮排外。文明排外的办法，平日待各国的人，外面极其平和，所有教堂、教士、商人尽要保护，内里却刻刻提防他。如他要占我的权利，一丝儿不能（如他要在我的地方修铁路、买矿山，及驻扎洋兵、设立洋官等事，要侵我的权利的，都不许可）。与他开起战来，他用千万黄金请我，我决不去。他要买我粮饷食物，我决不卖（俄国在东三省出重价向日本商民买煤，日本商民硬不卖与他）。他要我探消息，我决不肯。在两军阵前，有进无退，巴不得把他杀尽。洋兵以外的洋人，一概不伤他。洋兵若是降了擒了，也不杀害（万国公法都是这样，所以使敌人离心，不至死战。若一概杀了，他必定死战起来，没有人降了）。这是文明排外的办法（现在排外，只能自己保住本国足了，不能灭洋人的国，日后仍旧要和，故必定要用文明排外）。野蛮排外的办法，全没有规矩宗旨，忽然聚集数千百人，焚毁几座教堂，杀几个教士教民以及游历的洋员、通商的洋商，就算能事尽了。洋兵一到，一哄走了，割地赔款，一概不管。

这是野蛮排外的办法。这两种办法，那桩好，那桩歹，不用讲了。列位若是单逞着意气，野蛮排外，也可使得；若是有爱国的心肠，这野蛮排外，断断不可行的。

第十，须知这排外事业，无有了时。各国若想瓜分我国，二十岁以上的人不死尽，断不任他瓜分。万一被他瓜分了，以后的人，满了二十岁，即当起来驱逐各国。一代不能，接及十代；十代不能，接及百代；百代不能，接及千代。汉人若不建设国家，把中国全国恢复转来，这排外的事永没有了期。有甘心做各国的奴隶，不替祖宗报仇的，生不准进祖祠，死不准进祖山，族中有权力的，可以随便将他处死。海石可枯，此心不枯；天地有尽，此恨不尽。我后辈千万不可忘了这二句话。

十个须知讲完了，又有十条奉劝。

第一，奉劝做官的人，要尽忠报国。我这报国二字，不是要诸君替满洲杀害同胞，乃是要诸君替汉人保守疆土。因为国家是汉人的国家，满洲不过偶然替汉人代理。诸君所吃的俸禄都是汉人的，自应当替汉人办事。有利于汉人的，必要尽心去办。汉人强了，满洲也无忧了（满洲宁以天下送之外国，只恐怕汉人得势，实在糊涂极了。因为各国与满洲有甚么恩爱，各国断不肯保全满洲）。汉人不存，满洲一定要先灭。为汉人就是为满洲，专为满洲，就害了满洲（张之洞所以是满洲的罪人）。至于爱财利己，害国伤民的事，一概做不得，更不消说。我看近日做官的，又把趋奉满洲的心肠趋奉洋人，应承洋人的旨意比圣旨还要重些。洋人没来，已先预备做洋人的顺官，不以为耻，反以为荣。我以为诸君的计太左了。诸君的主意，不过想做官罢了，不知各国哪里有官来把你们做，他得了中国，一定先从诸君杀起。诸君不信，你看奉天将军增祺，从前诚心归服俄人，俄人讲一句，他就依一句，那知俄人今年再占奉天，遂把他因了，如今生死还不能定。东三省的官员，平日趋奉俄人无所不至，都被俄人赶逐出境，利益一点没得，徒遭千人的唾骂，有什么益处呢？我劝诸君切不可学。官大的倡独立，官小的与城共存亡，宁为种族死，不做无义生，这方算诸君的天职。

第二，奉劝当兵的人，要舍生取义。列位！这当兵二字，是人生第一要尽的义务。国家既是人人有份，自应该人人保守国家的权利；要想保守国家的权利，自应该人人皆兵。所以各国都把当兵看得极重，王子也要当兵三年，其余的人更可想了。平日纪律极严，操练极勤，和外国开起战来，有进无退；就是战死了，那家也不悲伤，以为享了国家的利益，就应当担任国家的义务。至于卖国投降的人，实在少得很。不比中国把兵看得极轻，一点操练没有，替满洲杀同胞，倒能杀得几个，替同胞杀洋兵，就没有用了。听说洋人口粮多些，那心中跃跃欲动，就想吃洋人的粮，甘心为国捐躯的，很少很少。于今中国的兵都是这样，怎么不亡呢？汉种的存亡，都在诸君身上，诸君死一个，汉人就得救千个，诸君怎么惜一人的命，置千个同胞不救呢？人生终有一死，只要死得磊落光明，救同胞而死，何等磊落！何等光明！千古莫不敬重大宋的岳爷，无非因他能替同胞杀鞑子。诸君若能替同胞杀鬼子，就是死了，后人也是一样敬重，怎的不好呢？

第三，奉劝世家贵族，毁家纾难。世家贵族，受国家的利益，较常人多些，国家亡了，所受的惨也要较常人重些。明朝李闯王将到北京的时候，崇祯皇帝叫那世家贵族，各拿家财出来助饷，各人都吝啬不肯。及李闯王破了北京，世家贵族，都受了炮烙之刑，活活拷死，家财抄没。当时若肯把少半家财拿出来助饷，北京又怎么能破？北京没破之前，武昌有一个楚王家资百万，张献忠、李闯王兵马将到，大学士贺逢圣告老在家，亲见楚王道："人马尽有，只要大王拿出家财充饷。"楚王一金不出。张献忠到了，先把楚王一家放在一个大竹篮内，投到江心，张两面长围，尽把武汉的人驱入大江。打入楚王府中，金银堆积如山，献忠叹道："有如此的财，不把来招兵，朱胡子真庸人了！"又有一个福王，富堪敌国，也不肯把家财助饷，被贼捉去，杀一只鹿，和福王的肉（福王极肥胖）一同吃了，名叫"福禄酒"。后来满洲到了南京，各世爵都投降了，只想爵位依然尚在，那知满洲把各人的家财，一概查抄充公。有一个徐青山，系魏国公徐达的后代，后来流落讨饭，当了一个打板的板子手，辱没祖宗到了极处了。明末最难的是饷，倘若各世家贵族，都肯把家财拿出来，莫说一个流寇，十个流寇也不足平哩！先前以为国家坏了，家财仍旧可以保得住，谁知家财与国一齐去了，性命都是难保。虽要懊悔，也懊悔不及，真真好蠢呀！波兰国被俄、奥、德三国瓜分，俄国把波兰的贵族，尽数送至常年有雪的西伯利亚，老少共三万余口，在路死了一半。既到那处，满目荒凉，比死去的更惨万倍。庚子年联军进京，王爷、尚书被洋人捉去当奴隶拉车子，受苦不过的往往自尽。瓜分之后，那惨酷更要再加百倍了！我看现在的世家，贵族，实在快活得很，不知别人或者还有生路，只这世家贵族一定是有死无生。外国人即或不杀，本国的兵民断难饶恕你，况且外国人也是不放手的。近看庚子年，远看波兰，就可晓得了。只要把架子放下来，每年要用一万的，止用一千，所余的九千，来办公事。降心下气，和那平民党、维新党，同心合德，不分畛域，共图抵制外国，一切大祸可免，还有保国的功劳，人人还要爱戴，没有比这计更上的了。如若不然，我也不能替诸君设想了。

第四，奉劝读书士子，明是会说，必要会行。我看近来的言论发达到了极处，民权革命、平等自由几成了口头禅。又有甚么民族主义、保皇主义、立宪主义，无不各抒伟议，都有理信可执，但总没有人实行过。自瓜分的信确了之后，连那议论都没有人发了。所谓爱国党，留学生，影子都不见了。从偏僻之处寻出一二个，问他何不奔赴内地，实行平日所抱的主义？答道："我现在没有学问，没有资格，回去不能办一点事。"问他这学问、资格何时有呢？答道："最迟十年，早则五六年。"问这瓜分之期何日到？答道："远则一年，近则一月。"呵呵！当他高谈阔论的时候，怎么不计及没有学问、没有资格？到了要实行的时节，就说没有学问、没有资格。等到你有了学问、资格的时候，中国早已亡了，难道要你回去开追悼会不成？这学问、资格，非是生来就有的，历练得多，也可长进。试看日本当年倾幕的志士，有什么学问、资格，只凭热心去做，若没有这等热心，中国从前也曾有有学问、有资格的人，可曾办出什么事来？所谓瓜分之后也要讲学问，是为瓜分以后的人说话，不是为现在的人说话。若现在的人不多流些血，力救中国不瓜分，只空口说说白话，要使后来的人在数百年之后，讲民族，讲恢复，那个肯信？只有现在舍死做几次，实在无可如何了，那后辈或者体谅前辈的心事，接踵继起，断没有自己不肯死，能使人死的。那诸葛武侯《出师表》上，所谓"汉贼不两立，王业不偏安"，"汉不伐贼，王业亦亡；与其坐以待亡，不如伐之"，又谓"鞠躬尽瘁，死而后已，至于成败利钝，非所逆睹"的话，我们应该常常讽诵。有人谓大家都死了，这国一亡之后，遂没有人布文明种子了。这话我也亦以为然。但总要有一半开通人先死，倘若大家都想布文明种子，一个不肯死，这便不是文明种子，乃是奴隶种子了！布文明种子的人，自有人做。人所不为的，我便当先做，这方算是真读书人。

第五，劝富的舍钱。（日本自开战以来，国人捐助军饷已有数万万元，多的数百万，少的三十文。有极贫的小孩，在学堂屡次取超等得赏银二元，也献出充军饷。救助军人家室随处皆是。贫民如是，富户更不用说了。）世间之上，最能做事业、最能得名誉的，莫过于家富的人。盖没有资本的人，随便做什么事，都是力不从心。譬如现在要拒洋人，枪炮少得很，如能独捐巨款，买枪炮千枝万枝；或因军饷不足，助军饷捐，那功劳比什么人都大几倍。其余开办学堂，印送新书，以及演说会、体育会、禁缠足会、戒洋烟会、警察团练等事，都是没钱不办，有能出钱办的其功德大得很。更有不要助捐，于自己有重息，于国家有大利的一桩事，如集资设立公司，修设轮船、铁路、电线，及各种机器局、制造局、采炼各矿，这些事体，多有大利可得，为何不办呢？把银钱坐收在家，真是可惜。把这些钱会用了，就能取名得誉；不会用了，就能招灾惹祸。你看自古换朝的时候，受尽苦楚的不是那富户吗？《扬州十日记》上所载，满兵将到扬州，那些富户一文钱不肯出；及城破了，争出钱买命。一队去了，一队又来，有出过万金，终不免于死的。我乡父老，相传明末的富户被满兵捉去，把竹丝所做的大篮盘，中穿一心，戴在颈上，周围点火，要他说出金银埋在何处。尽行说出，仍旧以为不至有此数，就活活烧死。又某小说书所载：有一富翁积金百万，不肯乱用一文，恐怕人偷去金银，四布铁菱角，因此人喊他叫做铁菱角。满兵一到，把骡马装运金银，不上半天，就干干净净。那人见一世辛苦所积，一朝去了，遂立时气死。满洲入关的时候有什么饷？偏偏有人替他积着。早若是拿出来打满洲，满洲那里还有今日呢？犹太人会积财，只因没有国，所有的都被别人得去。英国占印度，所有富户的田租一概充公。于今印度每年有赋税二万八千万两（中国只有赋积八千万两），三分之一是从前富户的田租。日本占台湾，有一个姓林的绅士有数千万的家资，用他一家，也可敌住日本。私地向日本投降，献银数百万，日本一入台湾，他在台湾的产业，日本一概查抄，现在台湾的富户，尽变了穷民，新出的财主，皆是日本人了。诸君当知国保了，家财自在，国若不保，家财断不能保住的。列位此刻尚见不透，没有日子了。

第六，劝穷的舍命。中国的穷民，最占多数，于是他们常常想天下乱，以为天下乱了，这些富户与他一样的受苦。更有不肖之辈，存一个乘浊水捉鱼的心事，不知天下乱了，富户固然吃亏，穷民也没有便宜可占。平时尚能用人力挣几个钱，刀兵四起，那一个请你来做工？况且洋人占了天下愈加了不得，他最重的是富户，最贱的是穷民。他本国的穷民，且不把在人内算数，何况于所征服的敌国，一定见富者穷，穷者变牛马。我听见多少人说，洋人也要人抬轿担担，哪怕没有工做，要担什么心？不争主权，只要有奴隶做，我也没有话和他说了。但是洋人一切都用机器，人工一定不要，一般穷民怎么得了。他因为本国人多，无地安插，所以远远抢占别人的土地。中国的人住得无处安针，最多的又是穷民，不把你们害尽，叫他到那里去住？我晓得洋人初到，一定用巧言哄诱，还要施一点小恩惠，但是到了后来，方晓得他狠。试问他费了许多的金银，用了许多的心力，不是谋害你们，他为别的什么呢？他有恩惠怎么不施在本国，来施你们？把饵钓鱼，不是把饵给鱼吃，乃是要鱼上钩；你吃了他的饵，他一定要吃你的肉。今日没有别法，洋兵若来，只有大家拼命死打。洋人打退了，再迫官府把各人的生计想一个好法子，必定要人人足衣足食，这方是列位的道理。

第七，劝新、旧两党，各除意见。于今的时候，有什么新旧？新的也要爱国，旧的也要爱国，同是爱国，就没有不同之处。至于应用的方法，总以合时宜为主，万不能执拗。即有不合，彼此都要和平相商，不可挟持私见。《诗经》上说得好："兄弟阋于墙，外御其侮。"现在什么时候，还可做那阋墙之事么？我有新旧之分，在洋人看起来，就没有新旧，只要是汉人，一样的下毒手。故我剖心泣血，劝列位总要把从前的意见捐除，才是好哩。

第八，劝江湖朋友，改变方针。那些走江湖的，种类很多。就中哥老会、三合会、各省游勇，最占多数。想做大事，也有不少。没有志气，只想寻几个钱度日的，也有好多。这等人就是起事，也没有什么思想，不过图奸淫掳掠四字。或者借个名目，说是"复明灭清"，或者说是"扶清灭洋"。一点团体没有，上的上山，下的下水，一切事做不出来。穷而无计的时候，丧灭天良的，也就降了洋人，替洋人杀起同胞来，和东三省的马贼一样。我不怕洋人，就怕这等不知祖国只图一己的人，我实在要吃他的肉。

但江湖的豪杰，一定是爱国的男儿，平生愤恨外族侵凌中国，所以结集党羽，无非是想为汉种出力，打救同胞，决不是为一人的富贵，做洋人的内应。须知做事以得人心为主，若是纪律不严，人人怨恨，这怎么能行得去呢？我起初恨各处乡团，不应该违拒太平王，后来晓得也难怪他。太平王的部下，不免骚扰民间，人心都不顺他，因此生出反对来。若太平王当日秋毫不犯，这乡团也就不阻抗他了。所以我劝列位起事，这人民一定不可得罪的。又现在各种会党，彼此都不通。不知蚊子最小，因为多了，那声音如雷一般。狮子最大，单独一个，也显不出威风来。各做各的，怎么行呢？一定要互相联络，此发彼应才行。我更有一句话奉劝，我们内里的事情没有办好，轻举妄动，或烧教堂，或闹租界，好像请洋人来干涉，这也是犯不着。暗地组织，等到洋人实在想侵夺中国了，大家一齐俱起，照着文明排外的办法，使他无理可讲，我有理可说，不使他占半点便宜。生为汉种人，死为汉种鬼，弄到水尽山穷，终不拜那洋人的下风，这方算是大豪杰，大国民。我所望于列位的，如此如此。不知列位都以为是否？

第九，劝教民当以爱国为主。教与国不同，教可以自由奉教，国是断断不能容别人侵夺的。欧洲各国，一国之中有数数，毫不禁制。无论何教的人，都爱自己生长的国。譬如天主教皇在罗马，倘若罗马人要侵夺各国，这各国的天主教人，一定要替本国抵拒罗马人。就是教皇亲来，也是不答应的。日本国从前信奉儒教，有一个道学先生门徒很多，一日有个门徒问先生道："我们最尊敬孔子，倘若孔子现在没死，中国把他做为大将，征讨我国，我们怎么做法呢？"先生答道："孔子是主张爱国的，我们若降了孔子，便是孔子的罪人了。只有齐心死拒，把孔子擒来，这方算得行了孔子的道。"各国的人，不阻止外国的教，所以别人的好处，能够取得到手，没有自尊自大的弊习。但是只容他行教，却不容他占本国的土地，所以国国都强盛得很。中国人有些拼命要与洋教为仇，有些一入了教，就好像变了外国人，忘记自己是中国人，反要仗着教的势力，欺侮我们中国人。不知这中国是自从祖宗以来，生长在此的，丢了祖宗，怎么可以算人呢！一入了教，还有些人平素相爱的朋友、亲戚都不要了，只认得洋人。洋人要他的国，他也允许；洋人要杀他的朋友、亲戚，他也允许。唉！世间之上那有这样的教呢？各教的书，我也读过看过，无一不说国当爱的。倘若信耶酥的道，人不要爱本国的，这真是耶稣的罪人了。我也晓得各位有因为被官府欺侮不过，所以如此的。但是中国人极多，少数人得罪了你，未必中国全数人都得罪了你，祖宗也没有亏负你，怎么受了小气，遂连祖宗都不要了。好人家请先生，不论何国都可请得的，这先生一定要敬重他。但是我这父母、兄弟也是不可丢的，先生若是谋害我的家起来，我也可答应他吗？教士好比是一个先生，中国好比是我的家，教士灭我的国，怎么可应允他呢？况并不是教士，不过教士国的人呢（各国教士不管国政）？我劝列位信教是可以信的，这国是一定要爱的。

第十，劝妇女必定也要想救国。中国人四万万，妇女居了一半，亡国的惨祸，女子和男子一样，一齐都要受的。那救国的责任，也应和男子一样，一定要担任的。中国素来重男卑女，妇女都缠了双足死处闺中，一点学问没有，那里晓得救国？但是现在是扩张女权的时候，女学堂也开了，不缠足会也立了。凡我的女同胞，急急应该把脚放了，入了女学堂，讲些学问，把救国的担子，也担在身上，替数千年的妇女吐气。你看法兰西革命，不有那位罗兰夫人吗？俄罗斯虚无党的女杰，不是那位苏菲尼亚吗？就是中国从前，也有那木兰从军，秦良玉杀贼，都是女人所干的事业，为何今日女子就不能这样呢？我看妇女们的势力，比男子还要大些，男子一举一动，大半都受女子的牵制，女子若是想救国，只要日夜耸动男子去做，男子没有不从命的。况且演坛演说，军中看病，更要女子方好。妇女救国的责任，这样儿大，我女同胞们，怎么都抛弃了责任不问呢？

我的话讲到这里也讲完了，我愿我同胞呀！

醒来！醒来！快快醒来！快快醒来！不要睡的像死人一般。同胞！同胞！我知道我所最亲最爱的同胞，不过从前深处黑暗，没有闻过这等道理。一经闻过，这爱国的心，一定要发达了，这救国的事，一定就要担任了。前死后继，百折不回，我汉种一定能够建立个极完全的国家，横绝五大洲，我敢为同胞祝曰：汉种万岁！中国万岁！

◎附一：印送《警世钟》缘起

中国，一大死海也。其深千寻，非有排山倒海之风推飏排荡，则不足以变其永静性。自甲午以来，创深痛巨，二三志士奔走号呼，亦已口瘏心瘁矣。而上中社会之因而开通者，百难一二，况下等社会乎！

夫今日之世局，国民与国民相竞争之日也，非使人人有国民思想，则必不能立于优胜劣败之场。而欲使人人有国民思想，舍教育不为功。顾教育之为效也，远之百年，近亦十年。患已切肤，其何能待？欲等救急之方，其必自多刻通俗之书始也。坊间所刻，有《猛回头》《警世钟》《黑龙江》等小册子；通俗之报章，则有《中国白话报》（上海棋盘街镜今书局发行，每月二册，每册一角五分）、《绣象小说报》（上海商务印书馆发行），皆最有价值之书也。本社同人，初拟将《猛回头》等书，各印送数十万册，而于《中国白话报》《小说报》则购送数百份。以资绌，仅印送《警世钟》一万部，购送《中国白话报》一百份，其余有俟。乃付印未竟，接内地各处来函，称此书已翻刻数十板，册数以百万计，可见人有同情也。尚望有启世牖民之责者，于此等书多著多送，其功德较之以血写藏经者，其远当不可以道里言，又岂寻常阴骘文之可比乎？

印既终，书其缘起于此，以告于送善书之诸君子，俾其舍彼就此，于前途或不为无益也。又此书原本出于日俄未战之前，今仍请神州痛哭人将近日情节补入，故与原本有出入，读者谅之。

黄帝纪元四千三百九十六年四月黄必强谨识

◎附二：题辞

孔子铸颜之，冶黄帝首山之铜，以锻以熔，造警世钟，坚其外洪其中，有大放夏声之效力，而使汝哀鸣于二十世纪荒荒大陆之东。呜呼！警世钟，吾铭汝功。

云浓浓，天梦梦，扬州春梦何年终？刀霍霍以加颈兮，欹枕从容。无可奈何春去了，杜鹃泣血唤空空。呜呼！警世钟，吾悲汝穷。

小叩小鸣，人谁启聪；大叩大鸣，人斥汝凶；不叩不鸣，人益以聋。故园西望，双袖龙钟。呜呼！警世钟，将谁适从？

炮声隆隆，剑声铿铿，帝国主义何其雄，欧风美雨驰而东，哀我黄种黑甜朦朦，苟迷楼之撞破，悔九死其无庸。呜呼！警世钟，吾慕汝忠。

有心哉主人题词

保种为孝，保国为忠，一家顺子，无补覆宗，一姓家奴，卖汝取佣，台湾辽沈，血海扬红，愿我同胞看《警世钟》。

人人畏死，人不我容；人人舍死，人避我锋。扬州嘉定，罗此残凶，前鉴不远，种祸重逢。与为奴死，宁为鬼雄，愿我同胞看《警世钟》。

狄必攘拜读（《武昌革命真史·前编》）

论中国宜改创民主政体

法人孟德斯鸠恫法政之不如英善也，为《万法精理》一书，演三权分立之理，而归宿于共和。美利坚采之以立国。故近世言政治比较者，自非有国拘流梏之见存，则莫不曰"共和善，共和善！"中国沉沦，奴伏于异种之下者二百数十年。迄来民族主义日昌，苟革彼膻秽残恶旧政府之命，而求乎最美最宜之政体，亦宜莫共和若。何也？朱明为汉驱元，一家天下，满洲从而攘之，以民族之公而行其私，君主专制，政敝而不能久存也。而况虎视鹰瞵，环于四邻者，其为优胜百倍满、蒙，奈何为之敝耶！且以一大民族形成国家，其间至平等耳，而欲以一人擅神圣不犯之号，以一姓专国家统治之权，以势以情，殆皆不顺。然则言中国变革，而盛诵夫君主立宪之美者，为彼少数异种方握政权者计，而非为我汉族光复于将来者计也。顾其间反对共和之说者，要以就程度立言者为最坚，貌为持重，善于附会，而怠乎方张锐进之人心，其最不可不辨也。

持程度之见者曰："国之治化，其进在群，群之为道，其进以渐；躐等而求之，则反蹶而仆，或且失其最初之位置。法兰西之革命，流血至多，而卒不若英国民权之固，由程度之不逮也。中国经二十余朝之独夫民贼，闭塞其聪明，钳制其言论，灵根尽去，锢疾久成，是虽块然七尺之躯乎？而其能力之弱，则与未成年者相差无几，遽欲与他人之成年者同享自由之福，其可得乎？其不可得乎？此殆为当今切要之问题也。欲解决此问题，当有三前提：第一，能力果绝对不可回复乎？抑尚可以回复乎？第二，回复之时期，能以至短之期限回复之乎？抑必须长久之岁月乎？第三，回复之后，即能复有完全之权利乎？"吾侪以为此问题至易解决也。

第一前提，吾侪直断其可以回复而不待费辞也。天下事惟无者不易使之有，有者断难使之消灭。如水然，无水源斯已也，苟有源流，虽如何防遏之、压塞之，以至伏行于地中至数千年之久，一旦有决之者，则滔滔然出矣。无目者不能使之有明，本明而蔽之，去其蔽斯明矣；无耳者不能使之聪，本聪而塞之，拔其塞斯聪矣。吾民之聪与明，天所赋与也，于各族民中不见其多逊，且当鸿昧初起，文明未开之际，吾民族已能崭然见头角，能力之伟大，不亦可想？特被压制于历来之暴君、污吏，稍稍失其本来，然其潜势力固在也。此亦如水之伏行地中也，遽从外观之，而即下断语曰："中国之民族，贱民族也，只能受压制，不能与以自由。"外人为是言，民贼为是言，浸假而号称志士，以大政治家、大文豪自负者，亦相率为是言，一夫唱之，百夫和之，并为一谈，牢不可破，一若吾民族万古不能有能力，惟宜永世为牛为马为奴为隶者，何其厚诬吾民族也！吾民族有四千余年之历史，有各民族不及之特质姑不论；即以目近而言，民族主义提倡以来，起而应之者，如风之起，如水之涌，不可遏抑，是岂绝对无能力者所能之耶？地方自治，西人所艳称者也，而吾民族处野蛮政府之下，其自治团体之组织，有可惊者。朝廷既无市町村制之颁，而国民亦不克读政法之学，徒师心创造，已能默合如是，使再加以政治思想、国家思想，其能力岂可限制耶？盛京、吉林之间，有韩姓其人者，于其地有完全自治权，举日、俄、清不能干涉之，其实际无异一小独立国。而韩亦一乡氓也，未尝读书识字，其部下亦不闻有受文明教育者，而竟能为文明国民所不能为，谓非天然之美质曷克臻是！己身不肖斯已也，勿辱蔑祖先，勿抹杀一切，而故作悲观之语，以阻我国民之志气也。吾侪之所以敢于断言国民能力必可回复者此也。

　　第二前提，吾侪以为可以至短之期限回复之也，观之于教育未成年者与成年者得以知之矣。天机之发育未达，则必历若干岁而始能言，历若干岁而始有知识，历若干岁而始能行动，盖有天然之步骤，有非人力所能为者。若夫年限已至，因人为而迷其良知者，则固可以特别之速成法教之。近来采速成教法者，缩短十余年之学程而为二三年之学课，其程度亦略相等。曾谓已经开化之国民，其进步之速度，与未曾开化者同其濡滞乎？南山可移，吾腕可断，此言吾决不信也！质而言之：吾民族之进步，实具长足之进步也。西人未脱于榛狉之时，吾族之文明实达于极点，特因四傍皆蛮夷，无相竞争之族，侈然自大，流于安逸，渐致腐败；幸与欧美接触，其沉睡亦稍醒悟矣。醒悟之后，发奋自雄，五年小成，七年大成，孰能限制之！不观之日本乎？四十年之前与我等也，以四十年之经营，一跃而为宇内一等强国。矧以土地、人民十倍之者，不能驾轶之耶？夫创始者难为功，因就者易为力。以欧美积数百年始克致之者，日本以四十年追及之；日本以四十年致之者，我辈独不能以同比例求之乎？故合中西为一炉而共锤之，其收效必有出于意料之外者。譬如肴然，使必待求种莳之，则诚非立谈之间可以得之也；若珍羞已罗列于几案之前，惟待吾之取择烹调，则何不可以咄嗟立办？世人有倡言中国之教育难于普及，民主制度终不行于中国者，盍不取此譬而三思之也！吾侪谓中国国民之能力可以至短之期限回复之者此也。

第三前提，吾侪以为中国国民可享完全之权利也。语有之，不能尽义务者不能享权利。吾国民之能尽义务，置之各国，未见其不如也。而今若于国事甚冷淡者，则政府不得其人，而民不知国家为何物也。苟一日者皆明国家原理，知公权之可宝而义务之不可不尽，群以义务要求公权，悬崖坠石，不底所止不已，倘非达于共和，国民之意欲难厌，霸者弥缝掩饰之策，决其不能奏效也。今人争称条顿民族与大和民族，条顿民族以能殖民闻，大和民族以武勇闻；而吾民族实兼有此二长也。外人之殖民也，政府为之后援；吾民族之殖民于海外也，政府不特不与以援助，且视之若仇雠，等之于盗贼，挫折无所不至。而吾民以不挠不屈之气概，与外族战，与土番战，与寒暑战，卒能斩荆披棘，蕃育其子孙至数百万，输大财源于母国，是条顿民族之所长，吾民族有之也。日本之与俄战也，所攻必克，所战必胜，南山之取，旅顺之拔，惊动全球，无不以"敢死男儿"之徽号，上之于日本国民；顾吾汉族之宣扬于塞外者，遽岂乏人？勒铭燕然之山，饮马乌孙之水，姑以湮远置之；湘、楚各军，徒步以平定二万里之回疆，转战于沙漠雪窟之中，其壮烈岂让日俄之战争乎？中国行军，以札硬塞、打死仗为要义，肉搏攻城，冲锋陷阵之举，殆已视同习惯，不见其可畏，所缺者无新战术耳。使与日本有同等之教育，有相当之将官，则中日之兵，正不易分优劣也。夫日本视军士为无上之荣誉，国家之所以鼓舞之者，殆不遗余力；而中国则至贱者兵也，其出征也非如日本之有军人援助会也，其死也非如日本之有勋号年金也，其伤也非如日本之有廪给终身也。至于社会上之待遇，则不特不能与日本兵士同科，且适成反比例；而一有召募，则争先恐后，一临战阵，则骈首不辞，以视日本维新之初，革除武士，改行征兵，而应之者寥寥，卒至用大强力而始就绪，孰谓日本之武勇非因政策而养成者乎？中国之不武勇非因政策而消失者乎？改易其政策，而中国之武勇不日本若，吾决不信之也。中国民族既具条顿民族、大和民族之所长，则其能享二族所有之权利无疑也。顾吾谓吾民族不仅能享有条顿民族、大和民族所有之权利已也。拿坡仑曰："将来世界，或为支那民族所支配，亦不可知。"夫以能支配世界之民族，而不能享有世界最上之权利，有是理乎？吾侪以为中国国民能享有完全之权利者此也。

　　夫以中国国民之能力可以回复，并可以至短之期限回复，能享有完全权利之证据又确凿如是，而犹曰欧美可以言民权，中国不可以言民权；欧美可以行民主，中国不可以行民主，为是言者，无论何人，皆知其失。然而庸俗之见以为列强环伺，群志未孚，专制行之，犹恐不济，况启纷议之端，来解散之象，不与救时之旨相悖乎？是殆误认吾侪之所主持为无政府主义，而以民主政治为取放任者也。不知吾侪原不欲为过高之论，不切时宜之谈，以误我国民之视听，固按时切势，求其可行者言之也。彼无政府之主义，宁吾侪今日之所主持乎？至于以民主政治为取放任，则曷不取法、美、清、俄四国现时之行政而比较之，教育之强迫，内政之整饬，秩序之维持，孰能实行，孰不能实行，当不待智者而辨也。使中国而改共和也，当兴立兴，当革立革，雷厉风行，毫无假借，岂若今政府之泄泄乎？吾侪求总体之自由者也，非求个人之自由者也。以个体之自由解共和，毫厘而千里也。共和者亦为多数人计，而不得不限制少数人之自由。且当利未见、害未形之时，自非一般人所能分晓，于是公举程度较高于一般人者为之代表，以兴利于未见，除害于未形，当其始也，似若甚拂众人之欲者，及其既也，乃皆众人之所欲兴欲除者也。政府之制治同，而其所以制治者异也。不问政府之内容，而一概排斤〔斥〕之，是不得谓为真爱自由者也。惟欲求总体之自由，故不能无对于个人之干涉，然而以望之现政府不可。现政府之所为，无一不为个人专制、强横专制者，其干涉也，非以为总体之自由，而但以为私人之自利。今以政府为不可少，干涉为不可无也，彼乃变易面目，阴济其私，是无异教猱升木，助桀为虐也。现政府之不足与有为也，殆已成铁据。其一由于历史：中国未有于一朝之内，自能扫其积弊者也；必有代之者起，于以除旧布新，然后积秽尽去，民困克苏；不革命而能行改革，乌头可白，马角可生，此事断无有也！第二由于种族：今之政府非汉族之政府，而异族之政府也，利害既相反，则其所操之方针，不得不互异；吾方日日望其融和，彼乃日日深其猜忌，外示以亲善，而牢笼欺诈，毒计愈深，党狱之起，未央之诛，指顾间之事。诸君不信，请读康、雍、乾三朝之史，观光绪戊戌、庚子之事，可以知往而则来矣。《传》曰："非我族类，其心必异。"又曰："戎狄豺狼，不可亲也。"诸君欲认贼为父，窃恐徒足以取辱，而无秋毫之补也。

日本之奏维新之功也，由于尊王倾幕。而吾之王室既亡于二百余年之前，现之政府，则正德川氏之类也。幕不倾则日本不能有今日，满不去则中国不能以复兴，此吾侪之所以不欲如日本之君主立宪，而必主张民主立宪者，实中国之势宜尔也。中国舍改为民主之外，其亦更有良策以自立乎？谅诸君亦无以对也。无已则惟有苟且偷安，任满政府转售之于人耳，是则非吾侪之所欲闻也。吾侪既认定此主义，以为欲救中国，惟有兴民权，改民主；而入手之方，则先之以开明专制，以为兴民权改民主之豫备；最初之手段，则革命也。宁举吾侪尽牺牲之，此目的不可不达。呜呼！吾欲彼志行薄弱者姑缄其口，拭目以俟吾人之效果也。而何有程度之足云哉！何有程度之足云哉！（《民报》第一号，1905 年 11 月 26 日，署名"思黄"）

中国革命史论

第一章　绪论

中国之革命，以今日之眼孔观之，其足以搀入近日泰西革命史者，殊不易觏。虽然，岂惟革命，中国凡百事业，其足与今日之泰西媲美者有几？而究不得谓中国可无史也。准是以谈，中国革命史之作，乌容已哉！

近人有作《中国历史上革命之研究》者，以中国革命史与泰西革命史比较，举其不如者七端：一曰，有私人革命，而无团体革命；二曰，有野心的革命，而无自卫的革命；三曰，有上等、下等社会革命，而无中等社会革命；四曰，革命之地段，较泰西为复杂；五曰，革命之时日，较泰西为长久；六曰，革命家与革命家之自相残杀；七曰，因革命而外族之势力因之侵入。其所列之事实，不一而足。是不知今日万事皆当开一新纪元，不得援旧闻以相难。阻变法者以熙宁为借口，阻开矿者以明季为借口，不能谓熙宁、明季所为皆尽善也。而法之当变，矿之当开，讵可以熙宁、明季惩艾乎？世固有名称同而实际异，其收效自殊，稍有识者所同认也，奈何于革命而有所疑心乎？且中国革命之无价值固也，泰西革命之有价值，亦自近世纪始然也。希腊、罗马之革命，德意志、法兰西、英吉利诸国之革命，亦尝乱亡相寻，杀戮不已。惟中国为私人革命，而泰西为团体革命，此较胜于中国者。然法之革命主动为市民，非普及于最大多数。而前乎此，所谓平民团体者，其范围极狭（希腊之市民、罗马之公民，其数极少；其极多数为奴隶），亦一次等之贵族团体也。谓泰西于中古以前，已有平民革命，不过表面之名词，实际尚不如中国自秦以降，革命者多堀〔崛〕起民间，于平民革命较近之，革命以后虽无自由之享受，而亦无特别奴制。彼泰西因革命而得自由者，次等之贵族团体也，于多数之奴隶何与？以泰西近世之革命例吾以往之革命，而曰中国不如泰西，泰西可革命，中国不可革命，为是言者，殆不明泰西之历史者也。

宇内各国，无不准进化之理。其所以雄飞突步得有今日者，进化为之也，非自古而然，革命亦其一端也。当其更新之际，恐怖革命者，度亦如今世之人，揣惴焉谓将蹈历史上覆辙。二三之仁人志士，苦心组织，卒奏澄清之功，一扫从来之污点，其惊喜乃出于意外，从而讴歌之，笔载之，乃放大光明于历史。后虽有欲非革命者，不敢复开其口。故革命者惟问于当世宜不宜，不必复问历史，自我作始可也，苟无创始者，则历史又何从有乎？

从来历史之要义，法、戒各居其半。历史而良也，因当详述之，以为后人之规则；历史而即不良也，亦当细叙之，以垂后昆之之鉴。中国之革命固可戒者多，而亦未尝无一二足法者也。即使果无一可足法者，而愈不可不指示症结所在，促后起者之改良。此余所以有中国革命史之作也。

泰西革命之所以成功者，在有中等社会主持其事；中国革命之所以不成功者，在无中等社会主持其事。泰西之中等社会何以主持革命？则以作历史者，以革命为救民之要务，从而鼓舞之，吹唱之，能使百世之下，闻风而起，历史上之影响决非寻常。中国则反是，稍束身自爱者，不敢逸于常轨，以蒙青史之诛。唯一二之枭雄，冲决藩篱，悍然不顾，甘冒天下之大不韪，以求济其私心之所欲。一般之细民，则因迫于饥寒，挺而走险，其举动毫无意识，此所以革命同而收果异也。前人既造此恶因，而以此不良之结果贻吾侪，吾侪不可不急于改造良因，以冀有良结果之发生。不此之务，惟取消极主义，从事于革命之镇压，拔本寒〔塞〕源，非徒无益而又害之，深愿当世之秉史笔者，于斯三致其意也。

质而言之，革命者，救人世之圣药也。终古无革命，则终古成长夜矣。彼暴君、污吏，不敢以犬马土芥视其民，而时懔覆舟之惧者，正缘有革命者以持其后也。不然者，彼无所恐怖，其淫威宁有涯耶？中国虽无文明之革命，而既革命矣，必鉴前王之所以失，而深思所以保持其民，抚绥之策出矣。虽出于假托，吾民亦得以息肩，较之前此处于深汤烈火之下，有霄壤之殊。夫革命非文明者，其主动非直接由于国民者，尚能造福于吾民若是，矧主动由于国民，而出之以文明，其食福尚有量乎？吾因爱平和而愈爱革命，何也？"革命""平和"，两相对待，无革命则亦无平和，腐败而已，苦痛而已，尚忍言哉！

余于是叙述中国古今之革命，自秦末以至近世纪。三代之革命多由贵族，不论；东汉之七国，西晋之八王，明世之燕王棣、宸壕，君主之家事，无关国民之消长，亦不论；其他权臣篡国，夷狄乱华，暨揭竿者之旋起旋灭，当别有史，不得混入于革命，兹亦不叙。惟因于时君之失政，草泽啸聚，英雄崛起，颠覆旧政府者，乃撮录之。一篇之中，必详叙其致乱之原，当时革命之实迹，及革命后之影响，务录其实，不敢诬罔。终以近世之文明革命，两相比照，为正当之批评，俾使世人知法、戒之所在。区区之用意，其亦转移时势之一道乎？

第二章　秦末之革命

·第一节　革命前之秦国·

三代之政治，一贵族之政治也。君主之专制实不能完全发达，受多少之限制。民在其间，颇有左右足则为重轻之势，而臣之欲篡其国者，辄预见好于民。如公子鲍之于宋，陈氏之于齐，其明征也；而晋灵公之不君，其则赵盾因得以弑之。当时民气之隆，虽不能如今日之欧洲，亦非后世所能望。其所以致此者，一由于有言论自由权。工执艺事以谏，遒人以木铎徇于路上之求言，固如不及；他若郑人游于乡校，以诋毁时政，时制毫不禁之；其有一度禁止之者，如周厉王设卫巫以监谤者，而召公以为防民之口甚于防川，卒之流王于彘，后无敢再为之者，故曰有言论自由权也。二由于有著述自由权。当时史官，振笔直书，无所徇隐，固也。如《老子》等诸书，非薄礼义，纯取自然，自当时观之，亦可谓非圣无法矣，而不遭当世之文网，故曰有著述自由权也。三由于有集会自由权。孔子以文会友，而至有弟子三千，率之以周游列国，实为当时一大学会，一大政党，而列国君长争欢迎之，不闻有议其非者，以视后世以讲学获罪，而毁及书院，遣及门徒，相去何止天壤，故曰有言论自由权也。四由于人民有参政权。《洪范》"谋及庶人"，《周礼》"每岁召万民而询之"，晋文听舆人之诵，以卜军之进退。其他经传所举，若此类不胜枚数，要非尽虚拟文词。当时之人民虽无议院，亦获与闻时政矣。五由于君权不甚重。天子一位，公一位，侯一位，伯一位，子、男同一位，天子特高于公一等耳。而当时之公、侯、伯、子、男所领之地，不过百数十里，犹今之州县巡检司耳，而皆直接于天子。公、侯、伯、子、男之下，有乡大夫、士，则犹今之乡绅耳，而皆有其职守。天子之权受限制于诸侯，诸侯之权受限制于乡大夫、士，而操纵之者国民也。故天子欲与诸侯争权，诸侯欲与乡大夫、士争权者，以民之从违为胜负，而民之权乃昌大无比也。六由于教育普及。"不识不知，顺帝之则"。此君主之所以贵有愚民也。至三代而庠序之制渐已完备，不学者少。如丈人荷蓧者流，虽处下贱，而皆有超世之识，不满于君主政治，则君主之威严不得不因之而损。民之不易侮，殆由是也。七由于兵、民不分也。三代兵、农合一，失其民者失其兵也，其何所恃以加于民耶？民之所以能御上，上之所以不得不俯首以听命于民，胥以此也。若后世兵与农分，民即怨之，其若之何？此君权、民权隆替之大原因也。八由于均地权也。井田之制，人皆受田百亩，民无甚富，而亦无甚贫，以其余假，致力于学，无所须于人，而自尊自立之风由之养成，欧美视之，犹有愧色也。

有此八因，虽未进于升平而为据乱也，得保民权之一部分，其于自由犹庶几也。不幸而至于战国，井田之制先废，而兼并之风起，兵、农又渐分离，教育亦多不振，七雄相争，版图日大，而君主之尊严甚矣。集权中央，政主独断，而人民之参政权无矣。然而处士横议之风亦浸炽，贫贱骄人之辈，往往气折王侯。而言论、著述、集会之自由尚获保存，中国学术之昌明，实于斯时达其极点。物质上之自由虽感多少之损失，精神上之自由则转见其有所增加，犹十八世纪之欧洲，不意学界之声光，不足当政界之凶焰。有秦政其人者出，以枭悍雄杰之资，乘六世之余烈，执长鞭以御宇内，吞噬六国，大揉大搏，震天撼地，举前圣之精意，屡代之典章，扫荡无余，犹悬河以泻火，犹倒东海以倾大地，虽山川如故，而景物全非，回如隔世。自羲、黄以来，二三千年之旧制，至此结一大局，为一大顿挫，而另开一大生面，为后此二千余年政界之新纪元。亚历山大钦？大彼得钦？雄猛则有之，暴犹不及也。噫嘻！以欧洲之十八世纪，而产出十九世纪之自由，以中国之战国，而产出秦之专制，始皇之能力为之乎？抑由于当时无卢骚、孟德斯鸠其人乎？殆皆非也。当时国民之能力，不如今世之欧洲，而始皇之威权，更甚于路易十四，李斯之徒，复无异于梅特涅，此专制之所以达于极点也。不特此也，欧洲各国，势力平均，不能由一国一统，国际之争甚，则务智其民，而国内之专制有难行者；惟六国皆非秦敌，见并于秦，莫予敢侮，所患者民智而思抵抗耳。举其心目之所营，皆用之于所以愚弱其民者，他更无足以劳其心者也。夫无外界竞争者，以共和行之则愈趋于共和，以专制行之则愈趋于专制。事有必至，理有固然，故始皇之政策首在剥夺人民言论、著述、集会三大自由（始皇置酒咸阳宫，仆射周青臣进颂曰：陛下平定海内，以诸侯为郡县，上古所不及。始皇悦。博士淳于越曰：殷周之王千余岁，封子弟功臣，自为枝辅。今陛下有四海，而子弟为匹夫，卒有田恒六卿之臣，何以相救，事不师古，而能长久，非所闻也。始皇下其议，丞相李斯言：五帝不相复，三王不相袭，越言乃三代之事，何足法也？异时诸侯并争，厚招游学；今天下已定，法令出一，诸生不师今而学古，闻令下则各以学议之，入则心非，出则巷议，夸主以为名，异趣以为高，率群下以造谤，如此弗禁，则主势降乎上，党与成乎下，臣请史官，非秦纪皆烧之；非博士官所职，天下有藏《诗》《书》百家语者，皆诣守尉杂烧之；偶语《诗》《书》者弃市，以古非今者族，吏见知不举与同罪；令下三十日不烧，黥为城旦。所不去者医药、卜筮、种树之书；欲学法令者，以吏为师。制曰："可。"），然后可以予智自雄，人莫能非之，为专制一进步。改封建为郡县，削地方自治之权；销兵器，徙豪富于咸阳，为强干弱枝之计（丞相绾等言：诸侯初破，不置王无以镇之，请立诸子。始皇下其议，李斯议：置诸侯不便。始皇曰："天下共苦战斗不休，以有侯王，赖宗庙，天下初定，又复立国，是树兵也，而求其宁息，岂不难哉！廷尉议是。"分天下为三十六郡，郡置守尉，收天下兵器聚咸阳，销以为钟鐻金人，一法度，衡石丈石，徙天下豪富于咸阳十二万户），为专制一进步。若此者，皆非一统之后不能也。彼自以为功兼三皇，德并五帝，改号皇帝，示古今无与为俦。路易十四"朕即国家"之言，殆为彼之代表。国民为其所束缚驰骤，实无异于牛马之受羁绁。史称其修阿房，筑长城，民疲于奔命，而不知不自由之苦，更有远甚于此者。语曰："不自由，毋宁死！"为秦之民者，不自由甚矣！始皇虽神圣，国民即微小，准诸"足寒伤心，民怨伤国"之理，能无有群蚁溃堤之日耶？故博浪之锥，见于始皇当世。身死无几，所惨澹经营之天下，欲留为子孙万世之业者，已土崩瓦解矣。

·第二节　革命中之秦·

法兰西专制之主，路易十四，而非路易十六也。然而布奔氏王朝之亡，不亡于路易十四，而亡于路易十六。论者多谓布奔氏之颠覆也，路易十六懦弱所致，非专制之咎也。使路易十四而在，则法民虽愤，若彼何哉？论者既如此，于是移以论秦末之革命者曰："始皇之暴戾睢盱，虽人皆侧目，而卒无敢发难者，必待其死而后反侧四起；倘胡亥之才武，能始皇若，吾知革命军之不能起也，即起亦易于扑灭。始皇年方鼎盛而殂，胡亥复不肖，天之所以厌秦也。是故亡秦者胡亥，非革命军也。公子扶苏若立，急谋所以救亡之道，革命乌能为者？"呜呼！为是言者，何其昧于因果也？夫世无无因之果，始皇、路易十四造其因者既非一日，而胡亥、路易十六适食其果，其幸而不及身遇之者，缘于当日果未熟耳。倘其寿命延长，而至胡亥、路易十六之世，则被望夷之弑者，非胡亥而始皇；上断头之台者，非路易十六而路易十四也。曾谓一人之智勇，足以敌万民之愤怒耶？至若扶苏之为人，正路易十六之流亚也，徒见革命军之初起，假其名号，而人争相附集，以为人心所归，其立必足以副民之望，可以消祸于未形者，则不思之甚也。推原其实，则由于苦秦已久，见有反抗者，则惊喜出于望外，皆走而从之，不暇辩主名之为何人，此正足以见怨毒之深，讵可为扶苏幸乎？扶苏而立也，度亦不能行大改革以收已失之人心；即能而为时已晚，终亦无济。彼路易十六，不亦尝与路易十四异其趣者乎？而何解夫民怨也？况秦之大臣贵族，俱不利于政体之改变，其能任扶苏之所行乎？既无始皇奋发踔厉之才，而当众叛亲离之日，谓足以全首领而保宗庙，无论谁人，俱不能为扶苏信也。吾于是而知专制之为祸烈矣！始以杀人，终以自杀。

始皇务尊君权以抑民权，民之视君，如虎狼之不可近，积威之渐，命令所至，无敢抗违，真假是非，不辩分辨，此赵高、李斯所以利用之而杀其子扶苏也。（初，始皇使公子扶苏监蒙恬军于上郡。三十七年，始皇东巡至平原津而病，令中军府令行符玺事赵高，为书赐扶苏曰："与丧，会咸阳而葬。"未付使者。七月，始皇崩于沙丘，丞相斯恐诸公子及天下有变，秘不发丧，独胡亥、赵高及所幸宦者五六人知之。赵高与蒙恬弟毅有隙，与胡亥谋，诈以始皇命诛扶苏，而立胡亥。更说丞相斯，相与矫诏立胡亥为太子。更为书赐扶苏，数以不能立功，数上书怨谤，而恬不矫正，皆赐死。扶苏发书泣，欲自杀。恬曰：陛下使臣将三十万众，而长子为监，此天下重任也。今一使者来，安知其非诈？复请而死未暮也。扶苏曰：父赐子死，尚安复请？即自杀。恬不肯死，使者属吏，系诸阳周。更置李斯舍人为护军，还报胡亥。至咸阳，发丧。胡亥袭位，赵高用事，日夜毁恶蒙氏，胡亥遂杀恬兄弟。）刻薄寡恩，果于诛戮，私图所便，不别亲疏，此胡亥所以师之，而尽杀诸公子、公主也。（二世谓赵高曰：人生居世间，犹骋六骥过决隙也。吾欲悉耳目之所好，穷心志之所乐，以终吾年寿，可乎？赵高曰：此贤主之所能行，而昏乱主之所禁也。然沙丘之谋，诸公子及大臣皆疑焉。今陛下初立，此其意怏怏皆不服，恐为变，陛下安得为此乐乎？二世曰："为之奈何！"高曰：严法刻刑，诛灭大臣、宗室，尽除故臣，更置亲信，陛下则可高枕肆志宠乐矣。二世然之，乃更为法律，益务刻深，大臣、诸公子有罪，辄下高鞠治，公子十二人，戮死于咸阳；十公主磔死于杜，相连逮者不可胜数。）若是者，即微革命诸人，而始皇之血胤已将尽矣。乃竭亿兆之血泪，欲刿刃其所爱而不可得者，不动声色，而其子若女骈死于市，非专制之效曷至此？

盖立宪国三权鼎立，君主有行政之权，而无司法之权。杀一平民，必其显犯法典，经司法者合议其刑，覆审无误，然后付之司狱，否则虽以君主之诏敕，不能加人以罪也，况于皇子、公主之尊乎？使秦而如今之立宪国也，君主之命亦必以法典限制之，越法典者无效，又何至以一宦官，得假其命令以歼其嗣哉？是故始若为民，终以自全者，立宪国也；初若有利，继以自祸者，专制国也。始皇恐民权盛而君位不克世守也，其所以保持其君权者无不至，而不知人即以其君权杀其子女，作法自毙，其始皇之谓乎！始皇以一秦而灭六国，胡亥以天下而不能敌渔阳之戍卒，兵甲之坚，将帅之武，举不始皇时若耶？陈胜、吴广、刘邦、项羽之俦，其智识力量，皆超于六国之君若臣耶？殆皆不然也！当日六国之所以虐其民者亦如秦，民未习闻国民之主义，以为特君主之奴隶耳，相率而服从强者；及见秦之虐更甚于六国，萃〔卒〕所以怨六国之君者而钟于一秦，故一夫发难，四隅响应，如爆发物然。始皇满实其药，而特以导火之线授胜、广，岂胜、广之力哉？始皇使之也。

　　吾观于赵高之所以朦蔽二世者，而叹专制君主为臣下所愚，古今一辙也。盖专制之君主不欲分权于民，而己身又欲行乐，惮执国事，于是暗以其权与之近幸；迨至大权已去，则身命随之。二世未伏国民之诛，而先死于赵高之手（赵高欲专秦权，恐群臣不听，乃持鹿献于二世曰："马也"，二世笑曰："丞相误耶？谓鹿为马。"问左右，或默，或言鹿。高因阴中诸言鹿者以法，后群臣皆畏之，莫敢言其过。高前数言关东盗无能为，及沛公已破武关，二世使责让高，高惧，使其婿咸阳令阎乐弑二世于望夷宫)，此之故也，岂必待子婴之素车白马，而始知秦之不祀哉？嗟乎！嗟乎！始皇欲遗其业于万世，不三世而亡，世之欲以专制保其君统者，可以返矣！

·第三节　革命后之影响·

　　有国民之革命，有英雄之革命。革命而出于国民也，革命之后，宣布自由，设立共和，其幸福较之未革命之前，增进万倍，如近日泰西诸国之革命是也。革命而出于英雄也，一专制去而一专制来，虽或有去旧更新之实，究之出于权术者多，出于真自由者少。或则群雄角逐，战争无已，相持至数十百年，而后始底于一，幸福之得，不足以偿其痛苦，中国历来之革命是也。秦末之革命，为国民革命乎？抑为英雄革命乎？其始也，殆为国民革命，教育未普及，程度不相等，野心家利用之，而其结果，遂至为英雄革命。何以谓始为国民革命也？革命而出于少数人之意见者，可谓之非国民之革命；革命而出于多数人之意见者，可谓之国民之革命。胜、广发难，未数月而遍及天下，孔鲋以先圣之裔，抱器相从，义军所指，曾无抵拒，则非出于少数人之意见明矣。既非出于少数人之意见，则亡秦之功，不得以归之陈胜、吴广、刘邦、项羽，而必以之归于多数之共亡秦者；吾故曰，其始也，殆为国民之革命。顾一变而为英雄之革命，复见六国之纷争，重来楚、汉之剧战，使丁壮苦于征役，老弱罢于转输，必数载而后已者，又何也？其原因诚有非数言可了者，语其大端，则由于当时未闻共和之说，但存君主之制。夫既同时并起，势均力敌，孰甘为之下者？势必互相角逐，非群雄尽灭，一雄独存，生民之祸不得已也。故陈胜之起，即自立为陈王，未几而武臣自立为赵王，田儋自立为齐王，秦未灭而皆有帝制自为之心矣。甚至张耳、陈余以刎颈之交而相攻。沛公入关，即遣兵守函谷，为刘、项交恶之始，卒蹶项而殪之。朝同盟而夕仇雠，是岂非利害不相容耶？以数私人之竞争，而流无数国民之血，吾于是而知革命不可出于功名心，惟当出于责任心也。

胜之陇上辍耕，而叹息于富贵。邦、羽之纵观始皇，或欲取而代之，或以为大丈夫固当如是。故知非出于责任心而出于功名心也。夫出于责任心者，功不必自己出，利不必自己居，目的苟达，则奉身而退，无所私焉；出于功名心者反是。使邦、羽而出于责任心也，择一人而君之，皆为之臣可也；不然，以天下为公，听民之所选择亦可也。项、刘相协以奖中国，惠元元，则斯民之康乐安强，可立而俟也。元气已复，民力已充，更用之以向于外，以刘居守，以项为将，奉扬声威，广宣王化，则辟疆万里，垂麻亿载不难也。顾计不出此，拔山盖世之气概不施之于犬羊，而施之于同胞，致使生灵涂炭，匈奴坐大，始皇所辛苦经营之地而仍失之（始皇收河南地为县，匈奴远徙。至楚汉之际，仍为匈奴所得）。匈奴乘中国之敝而入，数千余载，常受其患。是故以人道论，则吾不能不恕刘、项而恶始皇；以民族论，则吾宁予始皇而斥刘、项也。幸匈奴当日尚未如今之列国也，非然者，两雄相逐于中原，匈奴乘隙而收渔人之利，其堪设想乎？故中国今日而革命也，万不可蹈刘、项之覆辙；而革命之范围必力求其小，革命之期日必力促其短；否则亡中国者革命之人也，而岂能遂其家天下之私心耶？夫人群，进化者也。吾诚不能以今日之文明革命苟责古人，而亦不愿今日仍有私人之革命，而无国民之革命，故不惜断断致辩也。

·第四节　国民之小康与汉祖之政策·

《诗》曰："民亦劳止，迄可小康。"中国古来君之所以绥其民，下之所以要其上，皆不外消极之方法，从未有持积极之方法者，况于暴秦之后，而有人焉，轻其负担，减其束缚，有不感激涕零者乎？史称汉高宽仁大度，除秦苛法，天下归心，大业以立，树四百年有道之长基者，端于此是赖。抑知汉高果为宽仁大度之人，而能除秦苛法者耶？他勿论，挟书之律，诽谤之诛，夷族之法，终汉高之世未尝去也。民之所获自由者有几？胡亦饥者易为食，渴者易为饮之类耳。夫以始皇、二世之横征苛役，淫刑以逞，以汉高较之，仁暴自相天壤。譬如炎暑行沙碛之中，苟有荫庇，皆走就之，虽为恶林，不暇顾也。汉高之得宽仁大度之名者，亦犹恶林之在沙碛中也，使遇今日之国民，则必起第二次之革命也。

吾观汉高之用心，一始皇之用心也，其所施之政策，阴师之而阳反之，特异其术耳。始皇以严核而败，故易之柔缓；始皇以苛碎而亡，故易之以宽大；矫其失而非出于性也。不然者，彼于勋戚故旧，诛戮无所假，猜忌无不至，而独能有爱于民乎？始皇恐启纷争，改封建为郡县，子弟功臣，无尺寸之土；汉高惩秦孤立，大封同姓为诸侯王，自其表面上观之，立于正反对之地位也，自其居心论之，则若合符节也。何也？皆欲以保其一家之私产也。故政策苟不关系于国民者，无劣优之可分，无得失之可论。世人每于封建郡县，详论其优劣得失，其亦不思之甚也。

始皇、汉高相异之大点，在于始皇烧诗书，而汉高求诗书，吾以为此汉高之大作用也。夫礼，非仅朝仪也，汉高于他之仪制阙焉不讲，而首命叔孙通创朝仪，以定皇帝之贵，严堂陛之辨，其求诗书也，度亦犹是耳，有利于君权者存之，其不利于君权者仍禁之。始皇之烧诗书，以极迂阔之手段愚民，故不三十年而消灭；汉高之求诗书，利用诗书以愚民，二千年尚保其薪传。始皇之政策在一时，汉高之流毒在千古矣！综而论之：始皇之恶在刚，汉高之恶在柔，心术之光明，度有不始皇若者。始皇有征匈奴、辟疆土之功，而汉高贻和亲之辱。据此而论，汉高之罪，浮于始皇矣。至于论专制之宗法，则吾宁祧始皇而祖汉高，世之识者，或不以予言为谬乎？（《民报》第一、第二号，1905 年 11 月 26 日、1906 年 1 月 6 日，署名"思黄"）

绝命辞

　　呜呼我同胞！其亦知今日之中国乎？今日之中国，主权失矣，利权去矣，无在而不是悲观，未见有乐观者存。其有一线之希望者，则在于近来留学者日多，风气渐开也。使由是而日进不已，人皆以爱国为念，刻苦向学，以救祖国，则十年二十年之后，未始不可转危为安。乃进观吾同学者，有为之士固多，有可疵可指之处亦不少。以东瀛为终南捷径，其目的在于求利禄，而不在于居责任。其尤不肖者，则学问未事，私德先坏，其被举于彼国报章者，不可缕数。近该国文部省有清国留学生取缔规则之颁，其剥我自由，侵我主权，固不待言。鄙人内顾团体之实情，不敢轻于发难。继同学诸君倡为停课，鄙人闻之，恐事体愈致重大，颇不赞成；然既已如此矣，则宜全体一致，务期始终贯彻，万不可互相参差，贻日人以口实。幸而各校同心，八千余人，不谋而合。此诚出于鄙人预想之外，且惊且惧。惊者何？惊吾同人果有此团体也；惧者何？惧不能持久也。然而日本各报，则诋为乌合之众，或嘲或讽，不可言喻。如《朝日新闻》等，则直诋为"放纵卑劣"，其轻我不遗余地矣。夫使此四字加诸我而未当也，斯亦不足与之计较。若或有万一之似焉，则真不可磨之玷也。

　　近来每遇一问题发生，则群起哗之曰："此中国存亡问题也。"顾问题有何存亡之分，我不自亡，人孰能亡我者！惟留学生而皆放纵卑劣，则中国真亡矣。岂特亡国而已，二十世纪之后有放纵卑劣之人种，能存于世乎？鄙人心痛此言，欲我同胞时时勿忘此语，力除此四字，而做此四字之反面："坚忍奉公，力学爱国。"恐同胞之不见听而或忘之，故以身投东海，为诸君之纪念。诸君而如念及鄙人也，则毋忘鄙人今日所言。但慎毋误会其意，谓鄙人为取缔规则问题而死，而更有意外之举动。须知鄙人原重自修，不重尤人。鄙人死后，取缔规则问题可了则了，切勿固执。惟须亟讲善后之策，力求振作之方，雪日本报章所言，举行救国之实，则鄙人虽死之日，犹生之年矣。

　　诸君更勿为鄙人惜也。鄙人志行薄弱，不能大有所作为，将来自处，惟有两途：其一则作书报以警世；其二则遇有可死之机会则死之。夫空谈救国，人多厌闻，能言如鄙人者，不知凡几！以生而多言，或不如死而少言之有效乎！至于待至事无可为，始从容就死，其于鄙人诚得矣，其于事何补耶？今朝鲜非无死者，而朝鲜终亡。中国去亡之期，极少须有十年，与其死于十年之后，曷若于今日死之，使诸君有所警动，去绝非行，共讲爱国，更卧薪尝胆，刻苦求学，徐以养成实力，丕兴国家，则中国或可以不亡。此鄙人今日之希望也。然而必如鄙人之无才无学无气者而后可，使稍胜于鄙人者，则万不可学鄙人也。与鄙人相亲厚之友朋，勿以鄙人之故而悲痛失其故常，亦勿为舆论所动，而易其素志。鄙人以救国为前提，苟可以达救国之目的者，其行事不必与鄙人合也。鄙人今将与诸君长别矣，当世之问题，亦不得不略与诸君言之。

近今革命之论，嚣嚣起矣，鄙人亦此中之一人也。而革命之中，有置重于民族主义者，有置重于政治问题者。鄙人平日所主张，固重政治而轻民族，观于鄙人所著各书自明。去岁以前，亦尝渴望满洲变法，融和种界，以御外侮。然至近则主张民族者，则以满、汉终不并立。我排彼以言，彼排我以实。我之排彼自近年始，彼之排我，二百年如一日。我退则彼进，岂能望彼消释嫌疑，而甘心愿与我共事乎？欲使中国不亡，惟有一刀两断，代满洲执政柄而卵育之。彼若果知天命者，则待之以德川氏可也。满洲民族，许为同等之国民，以现世之文明，断无有仇杀之事。故鄙人之排满也，非如倡复仇论者所云，仍为政治问题也。盖政治公例，以多数优等之族，统治少数之劣等族者为顺，以少数之劣等族，统治多数之优等族者为逆故也。鄙人之于革命如此。

然鄙人之于革命，有与人异其趣者，则鄙人之于革命，必出之以极迂拙之手段，不可有丝毫取巧之心。盖革命有出于功名心者，有出于责任心者。出于责任心者，必事至万不得已而后为之，无所利焉。出于功名心者，己力不足，或至借他力，非内用会党，则外恃外资。会党可以偶用，而不可恃为本营。日、俄不能用马贼交战，光武不能用铜马、赤眉平定天下，况欲用今日之会党以成大事乎？至于外资则尤危险，菲律宾覆辙，可为前鉴。夫以鄙人之迂远如此，或至无实行之期，亦不可知。然而举中国皆汉人也，使汉人皆认革命为必要，则或如瑞典、诺威之分离，以一纸书通过，而无须流血焉可也。故今日惟有使中等社会皆知革命主义，渐普及下等社会。斯时也，一夫发难，万众响应，其于事何难焉。若多数犹未明此义，而即实行，恐未足以救中国，而转以乱中国也。此鄙人对于革命问题之意见也。

近今盛倡利权回收，不可谓非民族之进步也。然于利权回收之后，无所设施，则与前此之持锁国主义者何异？夫前此之持锁国主义者，不可谓所虑之不是也；徒用消极方法，而无积极方法，故国终不锁。而前此之纷纷扰扰者，皆归无效。今之倡利权回收者，何以异兹？故苟能善用之，于此数年之间，改变国政，开通民智，整理财政，养成实业人才，十年之后，经理有人，主权还复，吸收外国资本，以开发中国文明，如日本今日之输进之外资可也。否则争之甲者，仍以与乙，或遂不办，外人有所借口，群以强力相压迫，则十年之后，亦如溃堤之水滔滔而入，利权终不保也。此鄙人对于利权回收问题之意见也。

近人有主张亲日者，有主张排日者，鄙人以为二者皆非也。彼以日本为可亲，则请观朝鲜。然遂谓日人将不利于我，必排之而后可者，则愚亦不知其说之所在也。夫日人之隐谋，所谓司马昭之心，路人皆知；即彼之书报亦倡言无忌，固不虑吾之知也。而吾谓其不可排者何也？"兼弱攻昧，取乱侮亡"，吾古圣之明训也。吾有可亡之道，岂能怨人之亡我？吾无可亡之道，彼能亡我乎？朝鲜之亡也，亦朝鲜自亡之耳，非日本能亡之也。吾不能禁彼之不亡我，彼亦不能禁我之自强，使吾亦如彼之所以治其国者，则彼将亲我之不暇，遑敢亡我乎？否则即排之有何势力耶？平心而论，日本此次之战，不可谓于东亚全无功也。倘无日本一战，则中国已瓜分亦不可知。因有日本一战，而中国得保残喘。虽以堂堂中国被保护于日本，言之可羞，然事实已如此，无可讳也。如耻之，莫如自强，利用外交，更新政体，于十年之间，练常备军五十万，增海军二十万顿〔吨〕，修铁路十万里，则彼必与我同盟。夫"同盟"与"保护"，不可同日语也。"保护"者，自己无势力，而全受人拥蔽，朝鲜是也。"同盟"者，势力相等，互相救援，英、日是也。同盟为利害关系相同之故，而不由于同文同种。英不与欧洲同文同种之国同盟，而与不同文同种之日本同盟。日本不与亚洲同文同种之国同盟，而与不同文同种之英国同盟。无他，利害相冲突，则虽同文同种，而亦相仇雠；利害关系相同，则虽不同文同种，而亦相同盟。中国之与日本，利害关系可谓同矣，然而势力苟不相等，是"同盟"其名，而"保护"其实也。故居今日而即欲与日本同盟，是欲作朝鲜也；居今日而即欲与日本相离，是欲亡东亚也。惟能分担保全东亚之义务，则彼不能专握东亚之权利，可断言也。此鄙人对于日本之意见也。

凡作一事，须远瞩百年，不可徒任一时感触而一切不顾，一哄之政策，此后再不宜于中国矣。如有问题发生，须计全局，勿轻于发难，此固鄙人有谓而发，然亦切要之言也。鄙人于宗教观念，素来薄弱。然如谓宗教必不可无，则无宁仍尊孔教；以重于违俗之故，则兼奉佛教亦可。至于耶教，除好之者可自由奉之外，欲据以改易国教，则可不必。或有本非迷信欲利用之而有所运动者，其谬于鄙人所著之《最后之方针》言之已详，兹不赘及。

近来青年误解自由，以不服从规则、违抗尊长为能，以爱国自饰，而先牺牲一切私德。此之结果，不言可想。其余鄙人所欲言者多，今不及言矣。散见于鄙人所著各书者，愿诸君取而观之，择其是者而从之，幸甚。《语》曰："君子不以人废言。"又曰："鸟之将死，其鸣也哀；人之将死，其言也善。"则鄙人今日之言，或亦不无可取乎？（《民报》第二号，1906 年 1 月 6 日）

汪兆铭

民族的国民

（一）

呜呼，满洲入寇中国二百余年，与我民族，界限分明，未少淆也，近者同化问题日益发生，此真我民族祸福所关，不容默尔；故先述民族同化之公例（凡文字必严著述之辨，著者自发其思，成一家言，故有所征引，必详所出，述者本诸旧闻，连缀成辞，大概分译述、讲述二种，未尝自居己作，故所征引，可略所出，亦以难于毛举也，于此不辨，而崇剿说，则是以士君子而为盗贼之行，故附识于此），次论满族之果能与吾同化否，以告我民族。

民族云者，人种学上之用语也，其定义甚繁。今举所信者，曰：民族者同气类之继续的人类团体也。兹析其义于左：

（一）同气类之人类团体也。兹所云气类，其条件有六：一同血系（此最要件，然因移住婚姻，略减其例），二同语言文字，三同住所（自然之地域），四同习惯，五同宗教（近世宗教信仰自由，略减其例），六同精神体质。此六者，皆民族之要素也。

（二）继续的人类团体也。民族之结合，必非偶然，其历史上有相沿之共通关系，因而成不可破之共同团体。故能为永久的结合；偶然之聚散，非民族也。

国民云者，法学上之用语也。自事实论以言，则国民者构成国家之分子也。盖国家者团体也，而国民为其团体之单位，故曰国家之构成分子。自法理论言，则国民者有国法上之人格者也。自其个人的方面观之，则独立自由，无所服从。自其对于国家的方面观之，则以一部对于全部，而有权利义务，此国民之真谛也。此惟立宪国之国民惟然，专制国则其国民奴隶而已，以其无国法上之人格也。

准是，则民族者自族类的方面言，国民者自政治的方面言，二者非同物也。而有一共通之问题焉，则同一之民族果必为同一之国民否，同一之国民果必为同一之民族否是也。

解决此问题有二大例：

（一）以一民族为一国民　凡民族必被同一之感，蒙具同一之知觉，既相亲比以谋生活矣，其生活之最大者为政治上之生活，故富于政治能力之民族，莫不守形造民族的国家之主义。此之主义，名民族主义。盖民族的国家，其特质有二：一曰平等，自有人类，即有战争，战胜民族，对于战败民族，牛马畜之，不齿人类。古之希腊，所征服者，悉以为奴隶，是其例也。若一民族，则所比肩者皆兄弟也，是为天然之平等。二曰自由，非我族类其心必异，战胜民族对于战败民族，必束缚压抑之，不聊其生而死其心，以求必逞。若一民族则艰难缔造，同瘁心力，故自由之分配必均。以是之故，民族主义为人性所固有，即或民族中更变乱，为强所弱，四分五裂，不能自存，而民族主义淬而愈厉，困苦百折，卒达其目的而后已。举例以言，罗马帝国瓦解后，民族主义代世界主义而兴，英吉利之亨利八世及大僧正威尔些之事业，法兰西之路易十一世之事业，大僧正里些流之事业，及亨利四世之事业，皆贯彻此主义者也。十九世纪之初，日尔曼民族分属联邦，无统一之观念，遭法兰西蹂躏，憬然思变，实行民族主义，卒合二十五联邦而成德意志帝国。意太利民族自帝国破灭后，邦分离析，受轭制于奥太利，惟能实行民族主义，卒合十一邦而成意太利帝国。此其荦荦大者也。其他诸国受此思潮，理想丕变，此主义遂磅礴全欧，其结果也进步而为民族帝国主义。

（二）民族不同，同为国民　其类至繁，先大别为二种：

（甲）以不同一之民族不加以变化而为同一之国民者　其中复有二小别：（一）诸民族之语言习惯，各仍其旧，惟求政治上之统一，如瑞、西是。此必诸民族势力同等然后可行，否则一有跳梁，全体立散矣。（二）征服民族对于被征服民族，既以威力抑勒之，使不得脱国权之范围；又予以劣等生活，俾不得与己族伍，如古者埃及之于犹太，今者俄之于芬兰、波兰是也。然使被征服民族而有能力。必能奋而独立。以张民族主义，如比利时之离荷兰，希腊之离土耳其是。

（乙）合不同一之民族使同化为一民族以为一国民者　今欲问此为民族之善现象乎？抑恶现象乎？社会学者，尝言凡民族必严种界，使常清而不杂者，其种将日弱而驯致于不足自存。广进异种者，其社会将日即于盛强，而种界因之日泯。希腊邑社之制，即以严种界而衰微。罗马肇立，亦以严种界而几沦亡，其显例也。是故民族之同化也，极迁变翕辟之一致，而其所由之轨，有可寻者，归纳得同化公例凡四。

第一例，以势力同等之诸民族融化而成一新民族。

第二例，多数征服者吸收少数被征服者，而使之同化。

第三例，少数征服者以非常势力吸收多数被征服者，而使之同化。

第四例，少数征服者为多数被征服者所同化。

以上四例，通于今古。至于同化之方法，不外使生共通之关系，社会的生活之共通，政治社会的生活之共通，或由于诱引，或由于强迫，皆足纳之于同化之域者也。

上之所述，皆政治学者社会学者所标之公例也，以下将涉于鄙论。

吾今为一言以告我民族曰：凡关于民族上之研究，第一宜求诸公例；公例者演绎归纳以获原理，立之标准，以告往知来者也。为变虽繁，必由其轨者也。第二宜知我民族在公例上之位置。

　　呜呼！吾言及此，而不能不有憾于严几道也。夫几道明哲之士也。其所译《社会通诠》有云："宗法社会，始以羼族为厉禁，若今日之社会，则以广土众民为鹄，而种界则视为无足致严。"此其言诚当也。然几道案语言外之意，则有至可诧者。观其言曰："中国社会，宗法而兼军国者也。故其言治也，亦以种不以国。……是以今日党派虽有新旧之殊，至于民族主义，则不谋而合，今日言合群，明日言排外，甚或言排满；……虽然，民族主义，将遂足以强吾种乎？愚有以决其必不能矣。"几道此言，遂若民族主义为不必重，而满为不必排者，此可云信公例矣。而未可云能审我民族公例上之位置也。以上同化四公例言之，其第一例重势力同等。是故彼之合同平等之合同也，自由之合同也，盖格鲁撒逊民族、峨特民族、条特列民族，群居美洲，以共同生活之既久，遂成为亚美利加民族，是其例也。盖其合同也。诸民族实皆居主人之地位以相交互，故能相安而无尤。其他三例则皆征服者与被征服者之关系也，此其合同非出于双方之自由，意思甚明。夫两者相持，势力优者，权必独伸。而政治上之势力，军事上之势力，其最者也。是之势力，必握于征服者之手，由是挟其雷霆万钧之力所当必碎，被征服者乃不得不戢戢然归化之。是其一立于征服者之地位，一立于被征服者之地位，厘然分明也。更端言之，则一立于主人之地位，一立于奴隶之地位也。夫民谁其堪奴隶者？果其能力萎弱，则不聊其生而渐归于尽，而非然者则将百折不挠，以求遂民族主义之目的。而方其未遂也，叩心饮泣，觍然以为人奴。而彼之征服者狎之既久，则食其毛，践其土，薰其文化，乐而忘其故，自形式观之，固同化矣；自精神观之，则不共天日之仇雠，而强相安于衽席之上也。于是而指摘被征服者曰：汝其与之同化，汝胡不安？汝胡不安？呜呼！是真欲其长处于被征服者之地位而已！呜呼，是曰知公例而不知公例上之位置。

　　今欲知吾民族于同化公例上之位置，则请言自黄帝以来，以至有明之末，民族变化之历史，然欲语其详，有专史者，今述其概略而已。

　　黄帝时代与苗族竞，九黎之君曰蚩尤，苗族之至强者也。黄帝破而灭之，迁其类之善者于邹屠之乡，其不善者以木械之，命之曰"民"，己之族则曰"百姓"。三代以来，百姓与民之别泯矣，是为彼折而同化于我。

　　观夫春秋有荆越、山戎、诸戎、北狄、长狄、鲜虞诸族，或猾诸夏，以主齐盟，然至于秦则凡此名词，仅留于历史上而已，是亦折而同化于我。

汉初患匈奴，逮乎孝武，以兵攘之，命张骞通西域，命唐蒙通西南夷，其卒闽、粤、滇、黔皆折而同化于我。

降乎典午，吾族不武，五胡乱华。前赵，则匈奴也。成，则巴氏也。后赵，则羯也。前燕、后燕、南燕、西秦、南凉皆鲜卑也。前秦、后凉，皆氐也。后秦，羌也。北凉、大夏，亦匈奴也。以次夷灭天下，中分南北，北朝始于拓跋氏，其后高氏、宇文氏复中分。自晋至隋，我民族之陵迟极矣。诸虏得志，多效汉俗，几如第四例所云，少数征服者为多数被征服者所同化。然刘裕创之于前，隋文帝获之于后，诸族中更屠杀，其孑遗者悉折而同化于我，我民族虽暂屈于被征服者之地位，而终复居征服者之地位。

唐初，突厥肆虐，太宗灭之。其后回纥土蕃，虽屡为梗，无大患也。五季沙陀、契丹相继猖獗，至于有宋，我民族复宁焉。宋末阨于女真，亡于蒙古，元胡之辱我民族也尤酷，谓契丹为汉人，谓我民族为南人，阶级至卑，此大诟也。有明奋兴，北虏穷遁，归其巢穴，未同化于我，而我民族光复故物，复居于征服者之地位。

是则四千年来我民族实如第二例所云，多数民族，吸收少数民族而使之同化。我民族初本单纯，后乃繁杂，然实以吾族处主人之位，殊方异类，悉被卵翼，相安既久，遂同化为一，而成四万万之大民族。

呜呼！今竟何如？自明亡以来，我民族已失第二例之位置，而至于今，则将降而列第三例之位置。

满洲与我，族类不同，此我民族所咸知者也。即彼满人。亦不靦然自附，观其开国方略云："长白山（在吉林岛拉城东南）之东，有布库哩山，山下有池，曰布勒瑚里，相传有天女三，浴于池，有神鹊衔朱果置季女衣，取而吞之，遂有身，生一男，及长，命以爱新觉罗为姓，名曰布库哩雍顺云云。"是则满族与我，真若风马牛之不相及，无他之问题，可以发生。彼其长白山下，宁古塔边，长林丰草，禽兽所居，挈乳蕃庶，乃奋其牙角，奔踔噬咋，先取金辽部落，继兼有元裔之蒙古，又继兼有朝鲜，又继兼有明之关外。金辽，语言相同之国也，蒙古语言居处不同而衣冠骑射同之国也。朝鲜及明则语言衣冠皆不同，故用兵次第，亦因之为先后。（语本魏源《圣武记》。）然金之与彼，实同族类，《开国方略》曾详言之，天女之说，其神话耳。彼其东胡贱族（西方谓之通古斯种）方以类聚，故昕合至易，辽及蒙古，视之有间矣。至于朝鲜，则尤疏远。然彼未尝涎之，特以近在肘腋，劫以威力，使勿生变耳。"天命"以来，所处心积虑以图之者，厥惟中国，终乃乘明之亡，疾驱入关，遂盗九鼎。自是而后，与我民族相接益密，夫以满族与我民族相比较，以云土地，彼所据者长白山麓之片壤，而我则神州。以云人口，彼所拥者蕞耳之毳裘，而我则神明之胄。以云文化，彼所享者，鹿豕之生活，而我则四千年之文教，相去天壤，不待言也。彼既荐食，不仰给于我，且无以为生，使其绝对的不同化于我，必不足以营卫明矣。使其绝对的同化于我，则一二世后将如螟蛉失其故形而别有所天，是自歼其族也。彼中枭酋，处此问题，苦心焦虑，匪伊朝夕，卒乃得其所以自保而制人者，为术有二：一曰勿为我民族所同化。二曰欲使我民族与之同化。如是则彼族可以长处主人之位，以宰制万类，其计弥工，其心弥毒，顺康雍乾以来，妙用此术，未尝少变。今钩考历史，刺取其真证实据，类列于左，以供参考。

（一）欲不为我民族所同化　夫两民族相遇，其性格相近而优劣之差少者，其同化作用速；其性格相异而优劣之差少者，其同化作用迟；其优劣之差远者，其同化作用速，此通例也。（语本日本小野塚博士《政治学》。）满族与我，文野相殊，不能以道里计，盖适合乎第三例者。当同化进行时，滔滔然莫之能御，势将举其语言、文字、居处、饮食，而一同于我，此固当日之所不能免者也。彼大酋思障其流。首严通婚之禁，（多尔衮入关，下令满汉得通婚姻，其后撤回此令，通婚者罪不赦，见蒋良骐《东华录》）。夫满之与我，不同血族，复绝婚姻，故二百年来精神体质未尝少淆。彼族所恃以自存者在此，不然，以五百万之民族与四万万之民族相胖合，在我民族固蒙其恶质，而不及百年彼族将无一存者，可决言也。彼既自闲其族系，乃复保守其所固有者以自别于我，利用其所擅长者以凌制我，其手段可别为二种。

（甲）保守其习惯　习惯为民族之一要素，习惯存则民族之精神存。其显然表见者，常有以自异于他民族。满人而知葆此，其计之巧者也。虽然，若语满人之习惯，必将有狂笑绝气者，微特吾人不知所云，即彼族亦赧言之。举其一二例：生而以石压首，作圆扁形，彼悬诸太庙之太祖、太宗，图形于紫光阁之世臣，皆作此状。即最夸能保守满洲旧族之弘历，亦言之若有余羞者也，此其习惯之一。崇奉堂子，凡有战役必先祭之，其神何名，无知之者。其祭献之礼绝诡秘，或曰其大酋自裸以为牺牲，然无信据也，此其习惯之二。自作文字，先以蒙古字合满语联缀成句，寻复以十二字头无圈点，上下字雷同无别，因加圈点以分析之，其拙劣僿野，不足以载道甚明（如译壬戌为黑狗之类），此其习惯之三。夫其习惯之不足言如此。而彼兢兢然保持之者，非以为美也，以之自别于我民族，而使其族人毋忘固有之观念也。此其心事彼固明言之，王先谦《东华录》内载，"乾隆十七年三月辛巳谕：阅《太宗实录》内载崇德元年，读《金世祖本纪》谕众云：熙宗合喇及完颜亮，效汉人之陋习，世宗即位，惟恐子孙仍效汉俗，豫为禁约，衣服语言，悉遵旧制，时时练习骑射，以备武功，先时儒臣巴克什达海库肃缠，屡劝朕改满洲衣冠效汉人服饰制度，朕不从，正为万世子孙计也，云云。（以上太宗语，乾隆引之）我满洲先正遗风，自当永远遵守，循而弗替。是以朕常躬率八旗臣仆，行围较猎，时以学习国语，练习骑射，操练技勇，谆切训诲。此欲率由旧章，以传奕禩，永绵福祚"。呜呼，此语情见乎辞矣。其为万世子孙计，真不可谓不周矣。彼既累世相传，坚守此旨，故于满洲旧俗，虽至微细，必监督之。乾隆八年，叹满洲旧俗日即废弛，责宗室子弟食肉不能自割，行走不佩箭袋，有失旧俗。十五年六月癸未谕："前因宗室等及满洲部院大臣，俱各偷安坐轿，竟不骑马，曾降谕禁止，此欲令伊等勤习武艺，不至有失满洲旧规。今闻有坐车者，与坐轿何异？嗣后只准王等与满洲一品大臣坐轿，其余概令骑马。"二十年五月谕："满洲本性朴实，不务虚名，近日薰染汉习，每思以文墨见长，并有与汉人较论同年行辈者，尤属恶习。不知其所学者，未造汉人之堂奥，反为汉人所窃笑，此等习气不可不痛加惩戒。嗣后八旗，总以清语、骑射为务，即翰林等有与汉人互相唱和较论同年行辈者，一经发觉，决不宽贷。"其谨小慎微，思患豫防，至于如此。然其中尚有宜注意之点，彼一则曰："学习国语。"再则曰："以清语、骑射为务。"夫以满洲人操满洲语，此真天然之事，何待强迫督率之为者？则以彼虏自入关以来，悉操北京语，久已忘其固有之语言故也。彼知语言、文字为民族之要素，故汲汲欲保守之。且令翰林院必考试满洲文，然丑劣寡用，微特汉人唾弃之，即满人亦不以为意，特为威力所怵，聊事率循而已。至于骑射，则关系重要，后将论之。其他习惯，亦多关于强悍之俗，彼之主张保守非无故也。夫北魏孝文帝，自恶虏俗，刻意模范汉人风化，迁都洛阳，粉饰汉制，其结果胡虏悉同化于我民族。迨乎隋唐，珍畦悉泯，无他，忘故我之观念，而与他族相混于无形也。满人之保守其习惯也，是欲永保其固有之民族，以翘乎我民族之上，不可忽也。

（乙）发皇其所长　满俗无所长，其所长惟骑射，彼之得志，皆由狂噬死咋而来，故日谋实有而精进之观，上所述诸论可证也。而彼惟利用所长，故得钤制我民族，使无生气。因之于吾历史上留万年之大纪念，曰：满洲自入寇以来，凡兵权悉萃于彼族，而我民族无与焉。呜呼，吾不能不叹满人设计之工也。夫以兵权悉操于彼族之手，则生杀屠醢一惟其命，故以少数之民族制多数民族而有余。彼于一方，则利我民族之文弱，务求柔其骨而蘼其神者，既以科举愚之矣，又开博学鸿词科，求天下图书，储之四库，使儒臣从事校勘，使之益近于文柔。至于武事，则不复齿之。乾隆之于汉臣，口吻尤刻。于陈宏谋之转粮不力也，则曰：彼系汉人，不必责以有勇知方；于陈世倌之言兵事也，则曰：彼汉文臣，乃敢言兵事，其志可嘉。（皆见《东华录》）其侮弄如此。于一方则重满人之兵权，凡国家之军政组织全部属之。其用意所在，固至易明；盖两民族相遇，一尚文柔，一尚强武，此其格格不相入而必不能同化，无待言者。而强者摧柔，又其必然之理。故彼族首重此，以为如是，则不独有以自异于我民族，且足以凌制驯伏我民族而有余也。故其兵制，则重驻防，重禁旅，而不重绿营。魏源《圣武记》有云："八旗有禁旅，有驻防，禁旅八旗，满洲兵六万，并蒙古汉军共十万，其人则皆东海扈伦诸部落，无在黑龙江北宁古塔东者。其汉军亦无远在山海关以内者。若夫驻防之兵，则即八旗佐领中之余丁，佐领外之新附，随时编籍，人无定额，散处辽河东西诸城，无事射猎耕屯，有事驰驱甲胄。故天命十一年，攻宁远时，兵已十三万。崇德中，远蹂燕蓟，近摧宁锦，旁挞朝鲜，蒙古用兵常十余万。而入关以后，以之内卫京师，外驭九服四夷。"观此，其兵制可略见矣。是以入关以来，凡有战役，皆以禁旅驻防任之。彼其心不第不望绿营之强也，实且利绿营之弱，即间有一二征伐，资绿营之力者，然终不以为正师也。惟康熙三藩之役，有小例外。盖其时为满族与我民族交战，彼满人者既深忌我，复深畏我，惧其悉趋于三藩而并力以敌己也，故谋有以离间而利用之。为手谕以诏绿营典将曰：从古汉人叛乱，只用汉兵剿平，岂有满兵助战？于是一时赵良栋、施琅、李之芳、傅宏烈、诸民贼争刈同种，以媚异族，而三藩遂戡。此其间出之政策也。至于典兵之臣，则几满族所专有，其初皆以亲王为统帅，睿礼郑豫肃勤等是也。康熙时尚仍此制，三藩之役，则安、康、简等也。西北用兵，亦屡以皇子将之。至雍正而后，始不尽然。汉人之司军柄者惟年羹尧、岳钟琪二人。然年旋被戮，岳亦谤书盈箧，以其手縶曾静以兴大狱，始幸而苟全。其他如康熙准噶尔之役，则费扬古也；雍正西南夷之役；则鄂尔泰也；乾隆准部之役，则班第永常兆惠等也；回疆之役，则兆惠等也；大金川之役；则傅恒也；小金川之役，则阿桂也；缅甸之役，则傅恒也；廓尔喀之役，则福康安也；嘉庆川湖陕之役，则额勒登保德楞泰也，此荦荦之大役，皆以满人掌兵。而汉人则不欲其与闻军事，即为偏裨，亦欲限制之。雍正六年，满珠等奏京营武弁等员参将以下不宜用汉人为之。得旨："朕满汉一体，从无歧视，……满洲人数本少，今止将中外紧要之缺补用已足，若参将以下之员弁，悉将满洲补用，则人数不敷，势必员缺。"（见蒋氏《东华录》）于"满汉一体"之下，忽著此语，一何可笑至此？亦可云情见乎辞矣。总之，专制国以政府有非常之兵力为第一要义，使为异族政府，则更所急。察满洲军事的组织，乃欲以一民族为一军队，营卫京师而驻防各省，长驾远驭，以为子孙帝王万世之计。至于其不予我民族以兵权，则战胜民族对于战败民族所应有之手段。英之于印度，法之于安南，亦犹是也。彼之不愿与我民族同化者在此，彼之遂能不与我民族同化者亦在此。

（二）欲迫我民族为所同化　彼之不欲为我民族所同化，既如上述。然不同民族而同为国民，虑我民族之不安其生，而将有变也。则求所以同化我者，其目的在使我民族铲除民族思想，而为驯伏之奴隶，彼又虑欲达此目的，非用威逼之手段不可，故不以柔道行之，而惟以蛮力行之，其手段可分二种。

（甲）关于物质上者　其最重要者，莫如剃发易服一事，而剃发尤切肤之痛也。夫民族之表见于外者，为特有之徽识，图腾社会（此从严译《社会通诠》，日本译为徽章社会）视此最重。至于今世，亦莫能废。民族之徽识，常与民族之精神相维系，望之而民族观念油然而生。彼满族之与我民族徽识大殊，使各仍其俗欤，则民族观念永无能合也。使其悉效我民族之所为欤，是使人灭绝满洲民族之观念也；使其强我民族悉效彼之所为欤，是使人灭绝我民族之观念也。故彼旁皇久之，卒厉行此政策。蒋氏《东华录》，顺治五年谕礼部："向来剃发之制，姑听自便者，欲俟天下大定也，此事朕筹之至熟，若不归一，不几为异国之人乎？自今布告以后，京城内外直隶各省，限旬日内尽行剃完。若巧避惜发，借词争辩，决不宽贷。该地方官，若有为此事渎上奏章，欲将朕已定地方仍存明制，不遵本朝制度者，杀无赦。"呜呼！此一纸之剃发令，彼实掬其野心，以示天下者也！悍然曰"若不归一，不几为异国之人"，质直自白，无遁辞焉。犹复饰言明制，彼宁不知此非有明一代之制，而我民族相沿之制耶？不过欲我民族变形鹿豕，丧尽种族观念，戢戢然归化之而已。然我民族一息尚存，此心不死。自剃发令宣告后，吴楚江浙，接踵起义，伏尸百亿，流血万里，以殉其节。遗臣逸老，争祝发为僧，或着道士服。而王夫之氏且窜身獠峒，终其身不复出，此犹曰忠节之士也。一般国民屈于毒焰，不得自由，然风气所成，有男降女不降，生降死不降之说。女子之不易服，犹曰非其所严禁，至于殡殓死者，以本族之衣冠，使不至于不暝，而有以见先人于地下，其节弥苦，其情尤惨矣。此犹曰普通之人心也。污贱如陈同夏，犹知昌言于朝，谓蓄发正衣冠，然后天下太平；毒戾如吴三桂，犹知以剃发易服为耻，号召天下，以谋一洗之。此辈狗彘不若，而赞同舆论犹若此，此犹曰为时尚迩也。洪杨崛起，兵力所及，汉官威仪，一复其旧，东南群省，翕然应之，几覆满祚。呜呼，怨气所聚郁而必泄，自今以往，我知彼族终无幸存之理也。彼虽处心积虑，以谋同化我，其安能！其安能！

　　（乙）关于精神上者　我民族有自尊之性质，自以神明之胄，不当与夷狄齿，故对于他民族无平等之观念，至于用夏变夷，尤非所堪。此种思想，为满人所大不利，彼以犬羊贱种，入据九鼎，假使我民族日怀猾夏之痛，死灰必燃，终为彼患。盖社会心理，常为事实之母，果其民族精神团结不解，则虽怵于威力，为形式上之服从，一旦暴发，若溃江河，决非彼所能御也。彼故日谋所以使我民族死心尽气者，日以刀锯鼎镬待天下之士，饰之以淫辞，行之以威力，庄廷鑨之狱，戴前山之狱，查嗣庭之狱，陆生楠之狱，曾静、吕留良之狱，钱名世之狱，胡中藻之狱，皆以一二私人，痛心种沦，时发微叹，遂被踪迹，而及于难。直接使一二人受其痛苦，而间接使我民族钳口结舌，胥相忘于公义，由是视异类若兄弟，戴仇雠为父母，剥丧廉耻，世为人奴。呜呼，贱胡操术若是工耶！今举当时诏书，其心事之最明白显露者如下。雍正七年九月癸未谕有云："我朝既仰承天命，为中外生民之主，则所以蒙抚绥爱育者，何得以华夷而有殊视，而中外臣民，既共奉我朝以为君，则所以归诚效顺尽臣民之道者，尤不得以华夷而有异心。"又云："本朝之为满洲，犹中国之有籍贯，舜为东夷之人，文王为西夷之人，曾何损于圣德乎？诗言"戎狄是膺，荆舒是惩"者，以其僭王猾夏不知君臣之大义，故声其罪而惩艾之，非以其为夷狄而外之也。"其所根据者，为以君臣之大义，破种族之思想，以为既成君臣，不当复问种族也。而当时有排满思想者，亦实不免以政治上之革命，与种族上之革命混和同观。故彼所持之说，转若鉴然有声，至今日则知以一王室仆一王室，谓之易姓；以一国家蹈一国家，谓之亡国；以一种族克一种族谓之灭种。彼满洲者对于明朝，则为易姓，而对于中国，对于我民族，则实为亡国灭种之寇雠。誓当枕戈泣血，以求一洗。而奚君臣之与有？噫嘻！五洲之族类繁矣，苟其不问种姓，惟强是从，前则生番野獠黑蛮红夷皆将可为吾君，而奚止汝满奴者？彼其利用儒术，摭拾一二尊君亲上之语，欲以摧陷廓清华夷之大防，以蕲我民族死心归化，罔敢有越志，故虽一字之微，亦所不忽。观雍正十一年四月己卯谕："朕览本朝刊写书籍，凡遇夷狄胡虏等字，每作空白，又或改易形声，如以夷为彝，以虏为卤之类。揣其意盖为本朝忌讳而避之，不知此固悖理犯义不敬之甚，此后临文作字，刊刻书籍，如仍蹈前辙，将此等字空白及更换者，照大不敬律治罪。"（见《东华录》雍正八）夫蔼然民族，屡遭淫威，防触忌讳，百方避之，彼以为此之避我，乃远我也，使不我远，而反我亲，然后相安，驯致相忘，故其监谤之法，细微至此。呜呼，斧锧所及，不止形体，而深入于心术，不其酷哉！贼智相传，其子弘历乃复跨灶，取我四千年历史而点窜之，凡夷夏之闲，悉被扫抹。夫历史为民族精神所寄，我民族于此有深自表见者，司马光之作《通鉴》也，晋亡之后，继以宋齐梁陈，未尝使索虏篡统也。王世贞之作《纲鉴》也，宋帝昺飘零海上，犹不著其失位，明祖义师一起，即以纪元，所以恶元之篡我也。凡此皆民族精义所存，彼篡《御批通鉴辑览》，概删改之，且龂龂致辨焉。凡此皆谬托学术，以行其鬼之蜮技，狐蛊之智，欲我民族帖然归化，自安顺民而已。然民族大义，中更磨砻，益发光莹，今日吾民族思想，更进一步，不复如前者之自尊而卑人，而知以保种竞存为无上义，自今以往，我知彼族终无幸存之理也。彼虽处心积虑以谋同化我，其安能？其安能？

准是以言，彼之不欲同化于我也若此，而强我民族使归化于彼而卒无效也，又若彼。是以三百年满汉之界，照然分明。他日我民族崛起奋飞，举彼贱胡，悉莫能逃吾斧锧，芟剃所余，仅存遗孽，以公理论，固宜以人类视之；而以政策论，则狼性难驯，野心叵测，宜使受特别之法律，若国籍法之于外人之归化者可也。如此则彼有能力，自当同化于我，否则与美洲之红夷同归于尽而已。如此则我民族，自被征服者之地位，一跃而立于征服者之地位，复民族同化公例上第二例之位置。

然则吾前言我民族之在今日将降而列第三例之位置者何也？则以满人自咸、同以来，其状况已大异畴昔故。以云保有习惯，则贱胡忘本，已自失其故吾，迄今日关内满人能为满洲语言文字者，已无多人，他可知矣。以云专擅武事，则八旗窳朽，自嘉庆川湖陕之役，已情见势绌。道光鸦片烟之役，林则徐守两广，边防屹然，其偾事者，皆满洲渠帅也。英法联军之役，僧格林沁率满蒙精骑，以为洋枪队之的，其军遂歼，而天津条约以成。洪杨之役，赛尚阿辈工于溃败，官文则直曾胡之傀儡耳。人才既衰，军制尤腐坏不可方物，胡林翼疏论兵事谓："凡与贼遇，宜使兵勇临前敌，而吉林精骑尾其后，如胜，可使逐利，即败亦不至多所损失。（见《胡文忠遗集》）其轻侮之若此。是故湘淮诸军，势力弥满天下，而捻回诸役，皆以汉人专征。逮乎今日，各省练兵以防家贼，不复恃禁旅驻防。虽近者练兵处侧重满人，已有显象，要之其不能回复已失之势力可决也。是其昔之所汲汲自保，不欲同化于我者，已无复存。而庚子之役，俄军借口以占奉天，彼曹失其首邱，益有孤立之惧，屈意交欢于我，下满汉通婚之诏，以冀同化，凡此皆与嘉、道以前成一反比例者也。虽然，使若是则是少数征服者同化于多数被征服者，同化公例之第四者耳。何至如第三例所云耶？即应之曰：满酋之在今日，又别有新术在。

大抵民族不同，而同为国民者，其所争者，莫大于政治上之势力。政治上之势力优，则其民族之势力亦独优。满洲自入关以来，一切程度，悉劣于我万倍而能久荣者，以独占政治上之势力故也。今者欲巩固其民族，仍不外乎巩固其政治上之势力，由是而有立宪之说。

夫立宪，一般志士所鼓吹者也，一般国民所希望者也。使吾遽状其丑恶，则必有怫然不欲闻者，吾今先想像一至美尽善之宪法，而语其效果曰：此之宪法，于民族上之运动，有二效果。一曰使满汉平等，曩者虽同为国民，而权利义务，各不平等，今则自由之分配已均。二曰使满汉相睦，曩者阴实相仇，怨莫能释，今则同栖息于一国法之下，可以耦俱无猜，如是当亦一般志士，一般国民所喜出望外而心满意足者也。虽然，吾敢下一断语曰，从此满族遂永立于征服者之地位，我民族遂永立于被征服者之地位，而同化之第三例，乃为我民族特设之位置也。请不复语深远，为设浅近之喻以明之，今有大盗入主人家，据其室庐，絷其人口，而尽夺其所有，乃自居户主，释所絷俘，稍予恩赐，使同德壹衷，以奉事己，如是则故主人者，遂欣然愿事之乎？抑引为不共天日之仇雠乎？我民族之愿奉满洲政府以立宪也，胡不思此？况乎宪法者，国民之公意也，决非政府所能代定。盖宪法之本旨，在伸张国民之权利，以监督政府之行为，彼政府乌有立法以自缚者？即在立宪君主国，其宪法或由政府所规定，然实际仍受国民之指挥，今国民已有指挥政府之权力乎？而敢觍然言立宪乎？况今之政府，异族之政府也。非我族类，其心必异，彼惧其族之孤，而虞吾之逼，乃为是以牢笼我，乃遽信之乎！希腊之受制于土耳其也，知求独立而已，不知求土耳其政府之立宪也。比利时之受制于荷兰也，知求独立而已，不知求荷兰政府之立宪也。匈牙利之受制于奥大利也，知求独立而已，而奥大利卒与之立宪为双立君主国。匈虽绌于力，暂屈从之，然至于今日犹谋反动。盖民族不同，而因征服之关系同为国民者，征服者则恒居于优势之地位，而牵制被征服者，俾不得脱其羁绊，而被征服者即甚无耻，亦未有乞丐其沾溉者非惟势所不能为，亦义所不当为也。则知满洲政府之立宪说，乃使我民族诚心归化之一妙用，而勿堕其术中也。

深观乎国民之所以欢迎立宪说者，其原因甚繁。而其最大者，则国民主义与民族主义皆幼稚而交相错也。夫国民主义从政治上之观念而发生；民族主义从种族上之观念而发生。二者固相密接，而决非同物。设如今之政府，为同族之政府，而行专制政体，则对之只有唯一之国民主义，蹐厥政体，而目的达矣。然今之政府，为异族政府而行专制政体，则驱除异族，民族主义之目的也。颠覆专制，国民主义之目的也。民族主义之目的达，则国民主义之目的亦必达，否则终无能达。乃国民梦之不觉，日言排满，一闻满政府欲立宪，则辗然喜，是以政治思想克灭种族思想也。岂知其究竟政治之希望，亦不可得偿，而徒以种族供人鱼肉耶。呜呼，种此祸者谁乎？吾不能不痛恨康有为、梁启超之妖言惑众也！

康有为之《辩革命书》，一生抱负在满汉不分，君民同体。以为政权自由，必可不待革命而得之，而种族之别则尤无须乎尔。此其巨谬极矣，余杭章君炳麟已辞而辟之，公理显然，无待赘矣。然康之所说，其根据全在雍正关于曾静、吕留良之狱所著之《大义觉迷录》，不为揭而出之，恐天下犹有不知其心，而误信其言者。兹刺取《大义觉迷录》中，康氏原书抄袭之语，比较互列于下，《大义觉迷录》有云："本朝之为满洲，犹中国之有籍贯，舜为东夷之人，文王为西夷之人，曾何损于圣德乎？"康氏原书亦云："舜为东夷之人，文王为西夷之人，入主中国，古今称之。"又云："所谓满汉，不过如土籍、客籍，籍贯之异耳。"此其抄袭者一。《大义觉迷录》有云："韩愈有言，中国而夷狄也，则夷狄之，夷狭〔狄〕而中国也，则中国之。"康氏原书有云："孔子春秋之义，中国而为夷狄则夷之，夷而有礼义，则中国之。"其抄袭者二。（康氏平日治春秋，主公羊，斥左传为伪传，今为辨护满洲计，则并引其语矣。）《大义觉迷录》有云："中国一统之世，幅员不能广远，其中有不向化者，则斥之为夷狄，如三代以上之有苗、荆楚、玁狁，即今湖南、湖北、山西之地也，在今而目为夷狄可乎？至于汉唐宋全盛之时，北狄西戎，世为边患，从未能臣服而有其地，自我朝入主中土，并蒙古极边诸部，俱归版图，是中国之疆土，开拓广远，乃中国臣民之大幸，何得尚有华夷之分论乎？"康氏原著亦云："中国昔经晋时，氏羌鲜卑入主中夏，及魏文帝改九十六大姓，其子孙遍布中土，多以千亿，又大江以南，五溪蛮及骆越闽广，皆中夏之人与诸蛮相杂，今无可辨。"又云："国朝之开满洲、蒙古、回疆、青海、藏卫万里之地，乃中国扩大之图，以逾汉唐，而轶宋明。"其抄袭三。呜呼！彼其心岂不以为此我世宗宪皇帝之圣著，为小臣者所宜称述弗衰者耶？尤其甚者，彼雍正仅云"我朝既为中外臣民之主，不当以华夷而有殊视"而已。未尝自认与吾同种族也。康氏原书，乃引《史记》称匈奴为禹后，遂倡言曰："满洲种族出于夏禹。"呜呼，非有脑病，谁为斯言！夫匈奴即与我同所自出，然民族要素，非第血系而已。无社会的共同生活，即不能自附同族，至于满洲，则更与匈奴不同族类。匈奴为北狄，而彼为东胡，彼之蒙古源流已详言之。大抵华人、蒙古人、满洲人皆无不能知之而能言之者。今康有为竟以无端之牵合，而造出"满洲种族出于夏禹"一语，非有脑病，谁能为此言！至于称颂满政府圣德，谓为"唐虞至明之所无，大地万国所未有"，此虽在满洲人犹将愧骇流汗掩耳走避，而彼公然笔之于书以告天下。呜呼！彼真人妖，愿我民族共被除之，毋为戾气所染。

梁启超更不足道矣，彼其著中国魂也，中有句云："张之洞非汉人耶？吾恨之若仇雠也。今上非满人耶？吾尊之若帝天也。"其头脑可想，本此思想以为伯伦知理之学说（见壬寅《新民丛报》三十八、三十九号），于民族主义极力排斥。其第一疑问谓："汉人果已有新立国之资格否？"夫梁氏之意，岂不以我民族历史上未尝有民权之习惯，故必无实行之之能力乎？其所译伯氏波氏最得意之辞即在此也。然历史者进步的也，改良的也。国民于一方保历史之旧习惯，于一方受世界之新思潮，两相冲突，必相调和，故其进也以渐而不以骤，乌有专恃历史以为国基者？至于所云"爱国志士之所志，果以排满为究竟之目的耶？抑以立国为究竟目的？毋亦曰目的在彼，直借此为过渡之一手段云耳。"噫！此真我所谓种族思想与政治思想混而为一者也。则请语之曰：以排满为达民族主义之目的，以立国为达国民主义之目的。此两目的誓以死达，无所谓以此为目的，而以彼为手段也。其第二问曰："排满者，以其为满人而排之乎？抑以其为恶政府而排之乎？"则请语之曰：以其为满人而排之，由民族主义故；以其为恶政府而排之，由国民主义故，两者俱达者也。夫使为国民者，对于政府，但有政治观念，而无种族观念，而有异种侵入，略施仁政，便可戴以为君，此真贱种之所为也。满洲未入关以前，与我国不同，种不同，犹今日之邻国也。乘乱入寇二百余年，使我民族忘心事仇，而犹不以为非，则联军入京，比户皆树顺民旗，亦将推为达时势之君子乎？其第三问曰："必离满族，然后可以建国乎？抑融满洲民族乃至蒙、苗、回、藏诸民族，而亦可以建国乎？”则请语之曰：若云同化，必以我民族居主人之位而吸收之，若明以前之于他族可也。不辨地位，而但云并包兼容，则必非我民族所当出也。彼之言曰："中国言民族者，当于小民族主义之外，更提倡大民族主义，小民族主义者何？汉族对国内他族是也。大民族主义者何？合国内本部属部以对于国外之诸族是也。"此其言有类梦呓，夫国内他族同化于我久矣，尚何本部属部之与有。今当执民族主义以对满洲，满洲既夷，蒙古随而倾服，以同化力吸收之，至易易也。若如梁氏所云："谓满人已化成于汉民俗。"而不悟满之对我其阴谋诡计为何如，容可谓之知言乎？故吾之言排满也，非"狭隘的民族复仇主义"也。劝我民族自审民族同化公例上之位置，以求自处也。梁氏而无以难也，则请塞尔口，无取乎取民族主义，而诋毁之也。（尤可笑者，不敢言民族主义，乃至不敢言共和。鼠目寸光，一读波伦哈克之《国家论》，即颤声长号曰："共和，共和，吾与汝长别矣。"嘻郑人相惊以伯有曰，伯有至矣，则皆走不知所往，梁氏其有此景象乎？请语之曰：子毋恐，子欲知国法学宜先知家数，日本有贺长雄氏言：英国宪法学者，采求王权割让之事实。法国宪法学者，讲究国家新造之理论；德国宪法学者，用力于成文宪法之解释；皆非偶然，诚通论也。故德国学者什九诽斥共和政体，而美国学者巴尔斯且斥曰：欧洲公法学者，无知国家与政府之别者。梁氏见之又当震惊如何。学不知家数，而但震于一二人私说，以自惊自怪，图自苦耳。）

呜呼，吾愿我民族实行民族主义，以一民族为一国民。

呜呼，吾愿我民族，自审民族同化公例上之位置以求自处。

（二）

吾前著论《民族的国民》，其所言者，种族之方面为多，于政治之方面，未及详也。今兹就于政治方面，而欲一言。

考之吾国之历史，六千年来之政治，可名曰君权专制政治；二百六十年来之政治，可名曰贵族政治。

请先言二百六十年来之贵族政治。

贵族政治，世界各国必历之阶级也。观乎欧洲，贵族政治绵亘千年，至十七八世纪以来，摧陷震荡；靡有孑遗，其国法上皆以国民平等为原则，其中虽犹有留贵族之位置者，然特历史上未削除之余孽耳。反观吾国，三代以前犹有贵族之性质，至战国则已破之。炎宋既踣，元胡篡统，而贵族政治遂兴，以豪〔蒙〕古人为第一级，以契丹人为第二级，而我民族乃居第三级。呜呼，此有史以来，未有之奇辱也。三代以上之贵族政治，于同民族中分阶级。若元胡时代之贵族政治，则因民族不同，而战胜民族鄙夷战败民族，斥为贱种，不与为伍，此其惨戾，宁有人道？有明奋兴，荡此恶垢，复吾旧观，而何意仅三百余年，我民族再降列贱种，与元代若同一辙耶！

夫贵族政治，不平等之政治也。自来学者，有辨护专制政治者，而决无辨护贵族政治者。盖人类当一切平等，乃于其中横生阶级，贵者不得降跻，贱者不得仰跂，权利义务，相去悬绝，此其逆天理，悖人道，而不容有于人间世，凡有血气，畴不同认。故国法学者，论次国家，于贵族国体多鄙不欲道，以为是已绝迹于十九世纪之天壤也。乃不谓二十世纪中，四万万之民族，二百万方里之领土，巍然为东亚一大国者，其政治犹为贵族之政治。

呜呼，吾今将述二百六年来之贵族政治，若鲠在喉，惨不欲吐。然有胁我窘我，使我不能不言者，则以世之论者，有曰"清之待我，视元为宽"。噫，是狗彘不食之言也！夫欲断吾国之为贵族政治与否，只当论其有无，不能辨其程度。二百六十年来之政治，可与元代为比例，而决不能与汉唐宋明为比例。然则吾国民以何理由而敢觍然曰"今非贵族政治"。且即以程度之深浅而论，清之肆虐，逊于元胡者，非其政之果宽，乃其力之未逮也。惟时与势，固有阴驱潜率，使彼不得不交欢于我者，而其政治，则固纯然贵族之政治，而不能诬者也。呜呼！我国民而安于贵族政治乎，则吾宁蹈东海而死，不敢为一言；如其否也，则将述二百六十年来之政治。

满洲之入寇也，首严旗人汉人之别，而旗人之中，以满洲人为第一级，以蒙古人为第二级，以汉军为第三级，于是则我民族乃在第四级，此名义上则然也。至其实际，则蒙古职为外藩，非其所亲，汉军本为降卒，非其所贵，其所严者，厥惟满汉。试擥《大清会典》，其中举凡礼、乐、兵、刑、典章、文物，满人汉人之地位，莫不厘然各殊焉。其贱视汉人，列为最下级者，观乾隆三十一年之诏，可恍然矣。诏云："向来八旗有流徒罪名，均以枷责发落。嗣因旗人有染汉习，竟有不顾颜面。甘为败类者，曾降旨令将旗人流徒案件，满洲［人］则案其情罪轻重，分别问遣折抵，汉军则均斥为民，照所犯定例发遣。……至包衣汉军则皆系内务府世仆，向无贬斥出旗为民之例，与八旗汉军，又自有别……"（见《皇朝通典》卷四）嘻！我民族尚自诩神明之胄耶？试观人之待我者何如？其在满洲人，虽犯重罪，终不与我等夷也；其在汉军则犯罪之后，贬斥为民，始与吾曹为耦矣。是其视我民族，直舆台皂隶之不若。盖两族相战，其败北者，悉为俘虏，命曰罪囚，是固当，是固不能责其不恕。第愿我民族自思之耳。彼满人者，适从何来？遽集于此，而我黄帝之苗裔，乃为奴虏供役使耶！嗟夫，嗟夫，吾侪亡国贱种耳！奚哓哓为？

满洲之辨贵贱明等威也既若此，故首清种界。顺治二年，严汉人杂处旗下之禁；三年，严汉人滥投旗下之禁，又严民人犯罪投旗之禁，严旗人收容汉人投充为奴之禁。（皆见《皇朝通典》卷八十）盖如是则贵者自贵，贱者自贱，等级划然，永不少淆。其所谓"杂处""滥投"者，范围尤广，作用尤大，世界各国，凡欲举行贵族政治之实者，罔不由此道也。今欲述二百六十年来之贵族政治，则将举满族汉族其权利义务之不相同者，类次而论之。强分二项：一公权之不平等，二私权之不平等。公权云者，以构成国家机关之资格而获之权利也；私权云者，以个人之资格而获之权利也。人民于一方为构成国家之分子，于他方有自由独立之人格，其权利义务，悉规定于国法，以公理言，宜皆平等，无参歧也。然中遭同种相戕，或异种相竞，优胜劣败之结果，而疆界分，一切生活，异其程度，而于公权，尤侧重焉。盖非是则终于相阋，而优胜之地位，不可永保。彼满族者，既荐食上国，其大愿在以其本族全握政权，然以蕞尔幺么，而欲星罗棋布于禹域，固有限之使不能者；于是遂不能不分其权于汉人，而又虑其启戎心也。故权之不可分者，则全握之，权之不能不分者，则务占优势，且于其间行钤制之术焉，行侦瞷之术焉。故二百六十年来之政治，几无一非贵族政治，其机关之组织与构成机关之分子，显有轩轾，使之然也。至于私权，其重要逊于公权远甚，第以己为贵族，宜享高等生活，而劣等生活则以予战败民族而已。今将先述公权之不平等。

一、公权之不平等复别为二种：

（甲）政权之不平等　　政权为国家之大元素，在民族的国家政治之权，常分配于国民。若异族羼处，则互相倾轧，必不能无所偏颇，其结果恒战胜民族常占优势，而程度之深浅，则随其所演而异。使战胜民族，其政治组织，广大完备，足以含孕被征服者而有余，则对于被征服者，直如主人之家新获奴婢，使之戢戢服家范而已，无取乎使之与闻家事也。若英之待印度，法之待安南，俄之待芬兰犹太，日本之待台湾是也。盖其文化远超乎所征服者，而无取乎效法。其颛愚者，则可决其不能窥我堂奥也，其聪睿者，则恐其实逼处此也。故参政之权，决无可以予之之理。若夫战胜民族，颛豪草昧，其固有之文化，不足以涵濡被征服者，则不能不师资被征服者之文化以自治而治人，盖不如是，则其政治组织，必无繇完美。岂惟不能长驾远驭，且己之所蟠踞，亦将不能安也。故遂不能不师其习，因师其习，遂不能不用其人，然则其肯以参政之权分诸他族者，非其本愿，度德量力，不能不若是也。然使遽与平等，则将失战胜民族特别之位置，而不能衔勒被征服者，使就我范围，故其结果，政权所在不能不畸轻畸重，而贵族政治以成。观夫晋末，五胡僭窃，其国政一师汉制，其参政者胡汉人杂用，其先例矣。然五胡之臣服于中国也已久，其后乘间窃发，所割据者中国之片土，所役治者中国之臣民，其政治组织，折衷于我，势使然也。至若金元，则皆各以本族建成国家，而后并吞中国，其固有之政治组织既具，特并吞之后，穷于治术，不能不用汉人治汉土，为治汉土之故，而不能不用汉人，为用汉人之故，而不能不驾驭汉人。于是遂以本族居最上级，握最大权。故金元时代，实为以贵族政治行于中国，盖为压制亡国贱种计，不得不如是也。今举元史以为例：铁木真起自朔土，统有其众部落野处，诸事草创，设官甚简，以断事官为至重之任，位三公上；丞相谓之大必阇赤，掌兵柄则左右万户而已。后以西域渐定，始置达鲁花赤于各城监治之。达鲁花赤，华言掌印官也。及取中原，窝阔台始立十路宣课司，选儒臣用之，金人来归者，因其故官，忽必烈即位，命刘秉忠、许衡定内外官制：其总政务者曰中书省，秉兵柄者曰枢密院，司黜陟者曰御史台，体统既立。其次，在内者，则有寺有监有卫有府，在外者，则有行省有行台有宣慰司有廉访司，其牧民者，则曰路曰府曰州曰县。官有常职，位有常员，食有常禄。其长则蒙古人为之，而汉人南人贰焉。所谓汉人，契丹人也，所谓南人，宋人也。以此为蒙古人之贰，则可由草昧以导之于文明；而以蒙古人为之长，则足以钤制而监督之无忧其反侧，此元代之政权不平等也。满清之崛起也，与五胡殊，而适与金元为正比例，而其为政治组织，则有大同小异。此有二原因焉：一曰文化之度视之为劣，二曰驾驭之术视之为精。元之为治，官府之文书，专用蒙古文字，不用汉文，盖其文字尚足以达意也；若满州〔洲〕文，窃效蒙古，而劣陋倍蓰之，不能以登于公牍，非不欲也，势不可也。即此一端，其文化已远劣于蒙古，故倚赖汉人，不能不视蒙古为尤笃。皇太极之获洪承畴也，待以殊礼，诸虏咸愠，皇太极曰：吾欲取中原，然如瞽者之不识途，今得承畴，犹水母之有虾也。此其实情矣。故其未入关以前，所恃以为政治组织者，范文程也；既入关之初，所恃以为政治组织者，金之俊也；汉人之得政权，非偶然矣。迨诸虏渐习汉事，乃谋驾驭之术，厘定官制，首分满缺、汉缺、满汉并用缺，满缺专以处满、蒙人者也，汉缺专以处汉人者也。至汉军，国初定制，皆用汉缺，惟六部司员则自有专缺。雍正中，尽汰其额，并入汉缺中。乾隆时，汉军有破格用满缺者，后以为例。（见《啸亭杂录》卷七）其所以为此区分者，何也？以彼为贵族，当享政治上之优先权故也。且彼以少数人而欲临驭大多数人尤不能不用此术。况诸缺之中有宜专用满人者，有宜与汉人分权者，其他无此关系者，则满汉并用。是故满洲人数，得汉族八十分之一，而其官缺，则占三分之二。政权之不平等，未有过此者也。今先论其与汉人分权者。京官，则大学士、尚书、侍郎，满汉二缺平列；内阁学士，则满缺六，汉缺四；侍读学士，满缺六，汉缺二；侍读满缺十二，汉缺二；中书满缺九十四，汉缺三十六；部则郎中、员外、主事，满缺四百名，汉缺一百六十二名。他若都察院，通政司，大理寺，太常寺，太仆寺，光禄寺，鸿胪寺，国子监等，满汉缺数，皆不相等。（详见《大清会典》）若是者何也？盖京官执天下之政枢，宰制各省，以其权重，故以满人处优势；以其政繁，故不能不用许衡、刘秉忠之流，以资赞助。然魁柄所在，终为满人，若汉人不过供趋走被役使而已。由崇德以至顺治，范文程、金之俊辈虽得志，然皆依托满王大臣，以为城社。康熙时，握权者鳌拜、明珠、索额图等，若李光地辈，一弄臣耳。雍正时，握权者鄂尔泰，张廷玉一弄臣耳。乾隆时，握权者阿桂、傅恒、和坤，若陈世倌、汪由敦辈，一弄臣耳。嘉庆以降，权虽渐移，然所移者，主眷而已，官制如故也。二百六十年来，汉人政治上之生活，憔悴困窘，岂偶然耶？次论其专用满人者，则关于军事外交之要职是也。军事后将论之，今专言外交。大抵政府苟欲驯柔其民，莫善于遏绝其外交思想，而异族政府则尤所急。惧其联与国之欢，而胁以谋我，一也；虑其以交通之故，而相形见绌，二也。是故国初之制，理藩院用蒙古尚书一人，汉院判，满蒙郎中、员外、主事，汉知事。至康熙中，而尽裁汉缺。（见《啸亭杂录》）则以汉人与蒙古人渐相亲故也。满之初得志也，忌汉人，兼忌蒙古，既用全力以扑灭之矣，复变其宗教，以柔其志。而尤虑汉人与之相习，同为亡国之民，相与感触愤慨，非彼之利也。故理藩院之裁汉缺也，即由满人所建议，肺腑如见矣。余若回疆之办事大臣，西藏之驻藏大臣，皆以满人为之。康熙时，与俄罗斯盟聘，其使为索额图，亦满人也。咸、同以后，与欧美交际，乃满汉杂用，而总理衙门，犹必以亲王领班，以握全权。盖其时兵权适由满人之手而移之汉人，同时而外交权亦然。满奴之狼狈失计，虽欲不如是而不能也。次论其满汉并用者，督抚其最重者也。顺、康之间，皆以满人为之，汉人寥若晨星。满汉并用，虚有其名而已。道、咸以降，其比例亦犹兵权之渐移也。至亲民之官，其制有至不平等者，满人可为汉族之亲民官，而汉人不能为满族之亲民官。各省驻防旗民，别设理事府以听民事，不受辖于府县也。理事厅同知为满缺，而府县缺则满汉并用。嘻！彼设驻防以制家贼。其必不肯使之受制于家贼，诚当也。不知吾民睹此怪现象，其亦有恶感情否？尤甚者，满酋狼子野心，尝欲尽裁天下府县之汉缺，而专任满人，以死吾民。弘历尝与刘统勋谋，谓州县汉缺，皆宜尽废，而以笔帖式外放，统勋未敢猝答，次日进言曰：州县亲民之官也，宜以民自为之，事乃寝。（见李元度《国朝先正事略》未详其所本也）夫弘历之独居深念，而忽为此谋也，以亲民之官，与民有直接之关系，欲豢其民，宜先从此着手也。而其计之不果也，惧以捍格而激变，非有所爱于民也。非我族类，其心必异，羯胡无赖，一至于此！呜呼，观上所述满清一代之官制，其驾驭之术，远过元胡。贵族政治，较之远且长，曷足怪耶！

（乙）兵权之不平等　满洲自入关以来，兵权悉萃于彼族，前论已详之矣。然尚有宜注意者，满之于我，兵权之不平等，以视政权，盖为尤甚。

何则？政治必渊源于文化，彼不能不与我共之者也。兵权则彼族所自矜擅长，而务独揽之者。吐弃所余，有若鸡肋，始以之处绿营。故其军事组织，未尝有所恃于绿营，且谋所以制其死命焉。其毒谋狡计，舍前论所述外，尚有至不平等者。八旗将弁，可任绿营之缺，而绿营将弁，必不能补八旗之缺。此在国初，尚分泾渭，满洲人员，不必简放绿营将佐。（见《皇朝通典》卷二十一）其后乃汰斯制。康熙八年，兵部奏各省提镇，所关甚重。以后提镇缺出，应将八旗佐领先行补用。（见同上）虽至不足轻重之绿营，犹蹂躏之若此。我民族尚得谓有兵事的生活耶？咸、同之际，湘军淮军，号为恢复兵缺，然此乃我民族所当深自悲自悔，而不当以之自豪者。盖二百六十年来，荦荦诸大战役，舍康熙三藩、嘉庆川湖陕之役外，皆与异种相战。如与蒙古战（康熙之亲征准噶尔，雍正两征厄鲁特，乾隆荡平准部皆是），与回回战（乾隆回疆之战，道光重定回疆之役皆是），与苗猺战（雍正西南夷改土为流之役，乾隆大金川小金川及湖贵征苗诸役，嘉庆湖贵征苗之役，道光湖粤平猺之役是），与缅甸安南战（皆在乾隆时），皆以武功震铄国外，此历史上之光荣也。而诸役皆满人专任之。至于洪杨之役，则为同种相战。其始也，我民族崛起以谋恢复，彼满族力不能胜，则指麾我民族，使自相戕；争地以战，杀人盈野，争城以战，杀人盈城，皆我民族自相杀而已，于满人无与也。悲夫！悲夫！吾尝谓咸同之役，视扬州十日嘉定屠城为尤惨。何则？彼为异族入寇，吾族不武，为其所弱，有愤耻而已。至于湘淮诸军与太平天国战，则自相戕杀，尤可哀痛。其结果固满人之地位，而予四邻以间隙，神州陆沈，实由于此。乃观近人有著《中国秘史》者，于湘淮诸军之得志，沾沾自喜，以为此乃我民族恢复兵缺之机运，噫嚱！何来此鸮声耶？

（丙）爵赏刑威之不平等　爵赏由政事军事之建树而来，政权兵权既不平等矣，则爵赏亦乌得而平等？《啸亭杂录》卷六云："八旗定制：凡从军有功者，视其功之优次，与之功牌，分三等级；凯旋日，兵部计其叙功，与之世职。绿营则有功加之目，凡临阵奋勇者，与之功加一次，然核计功加二十四次，始叙一云骑尉，较之八旗功牌，相去天壤矣。"观彼满人之自言，厚自欣幸之余，对于汉人，犹含愧意，情见乎辞矣。尤甚者，嘉庆川湖陕之役，专恃乡兵以集事。然功成之后，弃置不复道，稍怨望反侧，即草剃禽狝之。无他，方事之殷，则倚以为重，事定，虞其逼处，则去之耳。湘军解散之后，而哥老会炽，其原因亦犹是也。此爵赏之不平等也。至于刑律之不平等，则尤令人发指。夫清律之不进化，源于汉律、唐律、明律，非其专咎也。然清律中，凡酷刑苛律，皆专为我民族而设，而五刑之中，其不适用于满人者凡四。无他，以我为贱族，当待以殊刑而彼族虽身犯不韪，犹不与我同其制裁，以示等威也。试观大清律例名例律上，五刑，一曰笞刑，二曰杖刑，三曰徒刑，（注云：徒者，奴也，盖奴辱之。）四曰流刑，五曰死刑。凡旗人犯罪，笞杖各照数鞭责，军流徒免发遣，分别枷号，徒一年者，枷号二十日，每等递加五日，总徒准徒亦递加五日，流二千里者，枷号五十日，每等亦递加五日；充军附近者，枷号七十日，近边者七十五日，边远沿海边外者八十日。极边烟瘴者，九十日。噫嘻！一部《大清律例》，仅死刑为满汉所同适用，而复多设条例，于满人特为宽假。其他四刑，则皆于满人无与者也。同犯一罪，汉人充军于极边烟瘴者，满人枷号九十日而已。然则满人何所惮而不蹂躏汉人？汉人何所恃而敢对抗满人？彼不过失旬日之自由，而此则亡身破家以殉之。观夫各省驻防，仇视我族，备加凌折，而莫敢与校，二百六十年如一日，何怪其然也？尤可恨者，乾隆以前，旗人犯盗劫案者，刑部于题奏时，夹签声明，情有可原者，辄减免之。至于乾隆，则故靳而不与。然其所据之理由则曰："民人犯法，可云愚氓无知，若我满洲，身居贵显，素风淳朴，忽睹此等下流败类，实为愧愤难释，不可不痛惩创，以息浇风。"（见《东华录》）其贱视我民族若此。悲夫！刑罚之不平等，其原因全生于贵族政治，此真清律之特色。而我民族自有刑法史以来，未蒙之奇辱也。

　　二、私权之不平等　私人之生活，无与国事，此与民族势力消长之大源无关系者。然彼满人既行贵族政治矣，则自必为其本族谋特别之位置，于是私权遂有种种之不平等。其最大者，为强占土地所有权。《皇朝通典》卷二云："国初，以近京各州县无主荒田，及百姓带地投充之田，设立庄屯，自王以下及官员兵丁，皆授以上田，俾世为恒产。嗣后生齿日繁，凡盛京古北口外新辟之壤咸隶焉。其官庄有三，一宗室庄田，一八旗官兵庄田，一驻防官兵庄田。"夫所谓"无主荒田"，盖借口于乱后离散，不可稽考。然稽诸稗史，则强夺力占之惨象，盖不忍言。满奴入关以后，人为刀俎，我为鱼肉，虽在民人，尚有被逼胁投充为奴者，况乎庄田？谓曰无主，诚无主矣。人且为奴，田安有主？试稽户部簿籍，官庄之在近京各州县者，凡数百万顷，此皆吸人之血，敲人之骨，寡人之妻，孤人之子，而以之自肥其族者也。至于各省驻防庄田，则尤类肆劫。卷三云："直隶、江苏、浙江、陕西、山西、河南所设驻防官兵，均量给庄地。""顺治四年，给江宁西安驻防旗员园地，江宁人六十亩至百八十亩不等，西安人二百十有五亩至二百四十亩不等。""六年，外省驻防官员初任未经拨给园地者，拨给。应给地六十亩以下，户部拨给，六十亩以上者，奏请拨给。"此其为虐，且肆于各行省。譬若大盗，入主人家，饱掠脏物，则分诸侪偶，所谓"富贵毋相忘"者也。然满奴不肖，拙于营生，曾不数年，典卖殆尽，于是又剥掠汉人所有以肥之。《东华录》乾隆五年诏："我朝定鼎之初，将近京地亩，圈给旗人，在当日为八旗生计，有不得不然之势。其时旗人所得地亩，原足以资养赡，嗣因生齿日繁，恒产渐少，又或因事急需，将地亩渐次典与民家为业，阅年久远，辗转相授，已成民产。今须将从典出旗地，陆续赎回。""于是定民典旗地减价取赎之令。凡地不论契载年限，以十年为率。在十年之内者，照原价。十年以外，减价十分之一，每十年以次递减。至五十年外者，半价取赎。"夫以国帑为旗人赎地，此国帑何自来？仍取诸吾民而已。且典卖之初，出于双方之契约，今则挟国力以临之，强其必从，又定为减价取赎，以重苦吾民，瘠汉以肥满，莫此为甚。凡此皆所以裕八旗之生计也。然饱食煖衣，逸居无教，则近于禽兽，况彼本兽种耶。百年以来，养生无术，日以憔悴，有由然矣。至其禁旗人不得为商业，本出于贵农贱商之意，以为贵族不当亲贱业也。且彼之深意，固尚有在。彼欲其族专从事于政事上军事上之生活，而不以他业分其心理，故科举亦非所重，不独商业为然矣。要而论之，彼于旗人之私权，独优予之，以为所以肥之也。不悟其流极因坐食而致贫乏，至今日尚为一难解决之问题，美疢之喻，其信然乎？

如上所述，满清之贵族政治，可见一斑矣。今欲破此贵族政治，别无他道，唯恃民族主义而已。夫民族主义，由种族观念而生者也。设有他族，来盗吾国，而残吾种，则必达驱除之目的而后已，即使其屈意交欢，博施仁政，亦决不恕。必如是然后不为孑义煦仁所浸淫，而摇惑失志。是故我民族在今日，当困心横虑，以求民族主义之能达。民族主义充达之日，即贵族政治颠覆之日，盖民族主义之目的，不仅在于颠覆贵族政治。然本实既拨，枝叶必尽，我民族而能实行此主义乎？可以决胡运之终穷也。

若夫六千年来之君权专制政治，则我民族之自演，而非由外铄者。虽二百六十年来，专制政治益以进化，此由演而愈进，非满人之专咎也。故建民族主义，可以颠覆贵族政治，而决不能颠覆君权专制政治。使我民族而仅知民族主义也，即目的既达，而君权专制政治，曾不足损其毫末，亦犹明之取元而代之，于种族界生变动，而未于政治界生变动也。盖二百六十年来之政治，实承六千年君权专制政治之旧，而于其中，更加以贵族政治。譬如因人之平地，而建楼台于其上，以峻崇其阶级。民族主义，平此阶级者也。若夫基址，则非民族主义所能动摇。是故欲颠覆二百六十年来之贵族政治，当建民族主义；欲颠覆六千年来之君权专制政治，当建国民主义。国民者何？构成国家之分子也，以自由平等博爱相结合，本此精神，以为国法。法者，国民之总意也；政府者，国法所委任者也。故曰法治国，故曰立宪政体。由之而政治根本，与专制大异。自国家机关观之，专制则以一机关用事，而无他之机关与之分权；立宪则其机关为统一的分科，立于分功之地位，而非立于越俎之地位者也，立于关系之地位，而非立于钤制之地位者也。自个人权利观之，专制必不认人民之自由，故国家对于个人，只有权利，而无义务；个人对于国家，只有义务，而无权利。若立宪，则国家与个人皆有其权利，有其义务者也。此其相去，何啻径庭？而立宪政体，有君权立宪、民权立宪二种。语君权立宪之由来，大抵其政体本为君权专制，迨国民主义日发达，政府人民互相反抗，而求相调和，乃立宪法。是故立宪君权国之宪法，其中根据事实而不合法理之污点，皆国民所未尝以血涤而去之者也。我民族而持民族主义与国民主义以向于吾国之前途也，则其结果，必为民权立宪政体。可预决也。

虽然，有至难解之问题焉，民权非能骤然发生者也，其发生也有由来，而其进也以渐。观乎欧洲，古代为国家专制时代（古代非无主张民权者，然与近世民权学说，不可谓同。日本法学博士笕克彦所著《法学发达史》云："古代个人主义之发达，虽有遥胜于近世之初期中期者，然其个人主义，非能如近世之伴自觉之人格之观念，此其根本的之相异。"此最精语），降乎中世，则为寺院专制时代。迨近世，因古文复兴、宗教改革之结果，而个人之自由发达，趋于积极。至十八世纪，而奏革命之功。至十九世纪，而食民权之果，其间递演递进，皆有阶级途径之可寻。今吾中国以六千年之惯习，而欲其于旦暮之间，遽翻前辙，而别开一新纪元，毋乃求治太急，而不虑其躐等而蹶乎？虽然，为斯论者，虑则甚远，而见有未至也。夫国民所恃以为国者有二：一曰历史，二曰爱情。因历史而生爱情，复以爱情而造历史。盖国民固有历史的遗传性，然必其所际遇，与古人同，然后乐于因循。若其遭值者，世局人心，均开前古所未有，而外缘之感触，有以浚发其爱情，则因比较心而生取舍心，因取舍心而生模仿心，其变至繁，其进必烈。中国与西洋相交际，视日本为先，而其革新，后于日本，坐地广人众，未易普及耳。循是以往，危亡则已，否则必变，无可疑也。是惟当浚国民之爱情，以新国民之历史；求所以浚其爱情者，自心理以言，则为教育，自事实以言，则为革命。顾教育为众所咸趋，而革命则有迟疑不敢额者；以谓革命之际，国民心理，自由触发，不成则为恐怖时代。即成矣，而其结果，奚啻不如所蕲，且有与所蕲相违者，求共和而复归专制，何乐而为此耶？此其言诚当于理势，下流者有见于此，则姑求一日之富贵，有志者有见于此，则旁皇忧虑，而无复之，民气之不振，此说为之也。顾以余所闻诸孙逸仙先生者，则足以破此疑问。请以转语我民族。（先生今去东京文成不获往质，有误会否，不敢知也。）先生之言曰：革命以民权为目的，而其结果，不逮所蕲者，非必本愿，势使然也。革命之志，在获民权，而革命之际，必重兵权，二者常相抵触者也。使其抑兵权欤？则脆弱而不足以集事；使其抑民权欤？则正军政府所优为者，宰制一切，无所掣肘，于军事甚便，而民权为所掩抑，不可复伸，天下大定，欲军政府解兵权以让民权，不可能之事也。是故华盛顿与拿破仑，易地则皆然。美之独立，华盛顿被命专征，而民政府辄持短长，不能行其志。其后民政府为英军所扫荡，华盛顿乃得发舒，及乎功成，一军皆思拥戴，华盛顿持不可，盖民权之国，必不容有帝制，非惟心所不欲，而亦势所不许也。拿破仑生大革命之后，宁不知民权之大义，然不掌兵权，不能秉政权；不秉政权，不能伸民权，彼既借兵权之力，取政府之权力，以为己有矣，则其不能解之于民者，骑虎之势也。而当其将即位也，下令国中，民主与帝制惟所择，主张帝制者十人而九，是故使华盛顿处法兰西，则不能不为拿破仑；使拿破仑处美利坚，则不能不为华盛顿；君权政权之消长，非一朝一夕之故，亦非一二人所能为也。中国革命成功之英雄，若汉高祖、唐太宗、宋艺祖、明太祖之流，一邱之貉，不寻其所以致此之由，而徒斥一二人之专制，后之革命者，虽有高尚之目的，而其结果将不免仍蹈前辙，此宜早为计者也。察君权民权之转捩，其枢机所在，为革命之际，先定兵权与民权之关系。盖其时用兵贵有专权，而民权诸事草创，资格未粹，使不相侵，而务相维，兵权涨一度，则民权亦涨一度。逮乎事定，解兵权以授民权，天下晏如矣。定此关系厥为约法，革命之始，必立军政府，此军政府既有兵事专权，复秉政权。譬如既定一县，则军政府与人民相约。凡军政府对于人民之权利义务，人民对于军政府之权利义务，其荦荦大者悉规定之。军政府发命令组织地方行政官厅，遣吏治之，而人民组织地方议会，其议会非遽若今共和国之议会也。第监视军政府之果循约法与否，是其重职。他日既定乙县，则甲县与之相联，而共守约法。复定丙县，则甲乙县又与丙县相联，而共守约法。推之各省各府亦如是。使国民而背约法，则军政府可以强制，使军政府而背约法，则所得之地咸相联合，不负当履行之义务，而不认军政府所有之权利。如是则革命之始，根本未定，寇氛至强，虽至愚者不内自戕也。洎乎功成，则十八省之议会，盾乎其后，军政府即欲专擅，其道无繇。而发难以来，国民瘁力于地方自治，其缮性操心之日已久，有以陶冶其成共和国民之资格，一旦根本约法；以为宪法；民权立宪政体，有磐石之安，无漂摇之虑矣。先生之言，大略如是。嗟夫！自今以往，无其正之革命军则已，苟其有之，其必由斯道，以达国民主义之目的。我国民当沉毅用壮，以向于将来，毋自馁也！

呜呼！吾愿我民族实行民族主义，以颠覆二百六十年来之贵族政治。

呜呼！吾愿我民族实行国民主义，以颠覆六千年来之君权专制政治。（《民报》第一、二号，1905 年 11 月 26 日、1906 年 1 月 6 日，署名"精卫"）

胡汉民

述侯官严氏最近政见

庄周有言："重言十三，寓言十九。"重言者所取以为重也。非惟庄周，盖自古作者其所称述明哲先达之言，往往非其本旨，而生与并世，亦未有以为病者。斯古人之不可及，而称述之一如其本旨者勿论矣。侯官严氏为译界泰斗，而学有本源，长于文章，斯真近世所许为重言者也。顾其言恒宁静深远，非浅夫所能识，而严氏亦云：吾书不为若辈道。虽然，彼浅夫者自以为得严氏之意，而踸踔传谬，莫之与纠，则其讹谬所被，乃较原书有力十倍。此犹以为不足重轻而不为之辩不可也。盖近世言者。苟叛乎民族国民主义而立说，则皆脆薄易破，而为之诬陷者，亦必不深，惟彼有所依据以为重，异夫凿空社撰，而听者郑重其所由来，曾不察其解释之谬，贻害为最大。如严氏《社会通诠》第十二章按语，浅人引为排满者讥，吾友精卫已辞而辩之，使吾民族知所以自处，其言伟矣。吾因精卫之辩，以求严氏之书，乃得严氏政见，其对于民族国民主义，实表同情，薄志弱行者慑于革新事业之难，托而自遁，非严氏本旨也。严氏恫乎专言宗法社会主义，而忘军国主义者，将能保其种而不能自强，甚且有种存而国亡之祸，故论次犹太而及中国。其言云："今日党派虽有新旧之殊，至于民族主义，则不谋皆合。今日言合群，明日言排外，甚或言排满，至于言军国主义期人人自立者，则几无人焉。盖民族主义，乃吾人种智所固有者，而无待于外铄，特遇事而显耳。虽然民族主义将遂足以强吾种乎？愚有以决其必不能者矣。"其意欲使人人言军国主义以期自立，而未尝以排满者为非。甚或排满之云，乃对于合群排外者。而著其程度之更烈，故曰甚，非形容不满之意而甚之也。其曰未足以强吾种，即使更求足于军国主义也，此与严氏序《群学肄言》所谓"搪撞号呼，率一世人与盲进为破坏，顾破坏宜矣，而所建设者未必果合。则何如稍审重而先咨于学之为愈"，既以破坏为宜，而更与咨商其建设之合否，同一远虑而已。盗入室而杀主人，主人之子，或尸而出，或徼备而后出，其追盗一也，虽甚苛论，不得以后之追者为有忘仇之志。夫比事物之异同者，不以程度之差，而谓为性质之辨。严氏之所不同于时之革新论者，亦在程度之问题，而不在性质之问题。今概以为歧视，则不善读严氏书之过耳。虽然，吾此之云，仅就严氏言为文字之解释，或者不察，将犹疑为出于辨护严氏之意，而非笃论，则请与之述严氏之言之所为发，与其学说之所本。

盖自明以来，言民族主义，鲜不与政治思想相混（此精卫之言，且言他日当著论详辨之），而晚近之言民族主义者，又往往薄于政治思想者也。言排满者不谋所以代兴，言破坏者不深计乎建设，彼其心以为舍排满革命以外更无余事。此则严氏所指以为搪撞号呼盲进破坏，与所谓仅言民族不足自强，未尝不中其失。而由严氏言之，若举世之言民族、言破坏者，无以逾此，则亦有故。夫以满清篡统二百余年，凡所以压制驯服异种之手段，已无微不至。肉食者鄙，甘中其饵，民族主义，乃散在下，屡更斫丧，生不自聊，又或挟强力以诋诬之，则义益微隐。严氏所得见者，为二三少年率尔操觚之作，暨畸人发愤一吐其怨毒之文而已。故曰严氏之言有所为而发也。

严氏之学，本于斯宾塞尔。斯宾塞尔以生学治群学者也。生物之最大公例曰：与所遇之外缘为体合，物自致于宜，其暌者不可以骤附而强为，故曰任天演自然，又曰在无扰而持公道。缮群者排除其害而群自昌，不悟群理而贪功，则助长之弊甚于不为。此其要旨已见于严氏译述各书。惟斯宾塞尔言政治学为国家有机体说之巨子，及其矫正以前学说流失之功，则严氏所未举。按国家有机体说，实矫契约说之失，而斯宾塞尔之有机体说，又矫其他有机体说之失也。契约论之失，在以国家为器械，重个人之自由，而轻国家之统一。有机体说反之，以国家为一之生物，其生长进步，纯自本体内力之扩充，非漫然累积于外，又其分子各具精神，而其全体则必统一而发达。此其主义使人重国家之观念，然其中或主持太过，求其类似，而忘乎国家之本质，遂有以为国家于社会之位置，犹脑之于生物者。日本小野冢平次郎辨之曰："是以惟国家为能支配社会，外之无有意力者得存也。循之不已，必以政府代表国家，如其说将惟政府为能善（惟有心思意力者能善，今谓只政府为有意力，故必终于此说），而欲有所施设，终不外于政府，其去真理远矣。"惟斯宾塞尔之说不至陷此缺点，其恶助长者之为群害也，于政府攻之尤力。盖不循乎体合自然之序，则勿论其出于群中之分子，或其机关之一部，皆足以为扰，而自窒其生机。斯宾塞尔既以分子分离发达之论为不然，尤以政府万能之言为大谬。骤观其言，若倾重个人自由，与卢梭等契约说之言相近。究其旨归，则其深恶痛绝于政府之干涉者，非为个人争其自由。乃既以之为有机体，则此体之自然发达，为不易之大例。而无如拂此公例而行者，每为强有力之辈，而契约论之焰既熄，代之兴者又矫枉而过直，故其言若有所倚著而非偏，抑所以救他说流弊而独为有机体说中最完之学说也。

严氏之学，既一本斯宾塞尔，则凡世之急张躁进，不问民演之深浅而欲一变至道者，皆严氏所不取。而严氏又非温和者，或保守者也。严氏之意见，实无是种种之分别，其意以一群之存在，犹生物之存在，必与其所遭值之境象宜，然后可竞争以求胜，而所谓宜者，固非撷拾世之良法善政强附之之谓，故必滋养培殖，俟其群之自蒸，其于民智之开发三致意焉。自严氏书出，而物竞天择之理，厘然当于人心，而中国民气为之一变，即所谓言合群言排外言排满者，固为风潮所激发者多，而严氏之功盖亦匪细。严氏乃惧其仅为种族思想不足以求胜于竞争剧烈之场也，故进以军国主义而有《社会通诠》之译。

夫言军国主义，非必与宗法主义相离，即今白种列强，其治化已逾越宗法主义时代，而入于军国主义，然畛畦之不能化，触处可睹者，固不能为讳也。特其建以为一群倡者，或有所注重目的之孰为主从，则有异焉耳。矧吾种尚有自他压制之忧，内不能脱于异种人之轭，即外不能与异国人之捷足争，其理甚明。而以此群进化必不可免之阶，有他群所已经者，则遂以为亦可躐等而舍旃。此其意与以生物学治群学之公例悖，严氏必不出也。为中国民族计者，同时以民族主义而排满人，即同时以军国主义而期自立。非排满不能自立，一义也；而非兼讲军国主义不足以排满，即足以排满，而不能自立，种虽存，亦将为犹太人之续，此又一义也。前义之显豁，为普通人所易解，而严氏则虑后一义之为众所忽视，故责勉之以其所不足。

观于民族主义为吾人种智所固有云云，使其意有所黜，则如养生物者：骤拂其性而自以为能改良也，有是理乎？太上因之，其次善导，使吾民而奄有民族、军国二主义，则可以排满，可以自立，可以破坏，可以建设，严氏希望，不外是矣。或者不学，不察于严氏之意，以其以搪撞盲进专为国民之活动讥也，而疑其护政府而非民族主义。是不知严氏所译斯宾塞尔书，于政府之干涉纵出于善美之意，犹不免诟厉，则其为野蛮专制政府之举动，殆不足道，故专为国民之活动言之。言各有当，学者能就严氏所根据者审之，可无疑义也。

惟于此有不能已于辨释者，则以国家有机体说，不能尽无缺点，而施之于我国，亦容有不宜者也，近时学界译述之政治学书，无有能与严译比其价值者，而严氏所译又悉为有机体学说，其说之行，自有左右舆论之势力。然以高美之学说，而行于幼稚之群，则择或不明，则将并载其瑕类以去，其精英反为所掩没。夫有机体之云，不过以生物为喻，而意有深于喻者，拟议之切，形为定称，故足破前乎此之分子说，而其缺点即在于拟议之过甚。盖学说之发生，不可不观其源流，凡一种新学说之主张，既求合于社会之现象，而对于旧学说之陷失，往往为极端之反攻，即矫枉过直而亦有所不暇计也。小野冢氏集最新之学说而为之批评曰：从历史研究，然后有有机体之说，而其非亦可从历史得之。盖将使治政治学者探其精义而除其弊害。吾国既习闻国家有体机之说，用是不得不介绍小野冢氏之批评，以为读严氏书者助。

小野冢氏谓有机体之特性五，而历史上国家皆不具之。

（1）部分独立之范围。于有机体生活趋高者，其部分独立之范围趋狭，其各部间之关系深也。顾国家之趋文明，其各部分之独立范围，乃日见辟，而野蛮之国类无小己之自由，是其相反也。

按：现今文明各国，采地方自治制，于行政上，与中央集权制，往往相辅，而国度愈高者，其趋弥重即部分独立范围之推广也，至联邦国家，其形制为近数百年而始发达，其独立范围尤大，皆事实之可见者，且人智增进，即社会之势愈张，而政府之权愈缩。不明此之区别，则将有阻小己之自由发达，而反乎文明进化之公例者。

（2）生长死灭之状态。有机体之生也，纯于天然，未有可以人力致者也。而历史上国家，天然发生与人为者常相参。有机体寿不过百年，而国得良治，千载未艾。是故国家生长死灭，人为与能，而天然未得专支配之也。

按：国家成立，有二理由：一从自然必至之关系而存在，一得以人为之自由而发达变迁之。契约说各家，以国家为仅成立于人民之合意，而其散亡也亦得以人民之合意为之，此知人为之自由矣，而不知有自然必至之关系也。有机体说纯以自然必至明国家发达之理由，殆几乎天命持权，而人事退听，则又过重自然，而轻人为之自由，不知发达变迁为天人交互之事也。或者以为人事之有功，其究亦成乎天命之自然，而莫之能外，则与中国旧学之言气运者类，而非有机说本旨也。故不明此之区别，则有以国家之生长死灭，无与人事，方兴之国民，无进取之念，垂危之国民，有待尽之势矣。

（3）部分间隔多少及对外境界明确之度。

按：此之区别，其为实益尚不大，故略之。

（4）物质法则与心理法则支配之程度。有机体受支配于物质法则，而国家受支配于心理法则。受支配于物质法则，则其肢骸之听命神；受支配于心理法则，则其物之相关连微，而恃机关组织以为联络，夫故其号命敷布有应有不应。

按：以社会心理形为国家，爰有国家之强力，组织机关，号令服从，一由社会心理之作用，非若物质法则，有自然不易之关连，可以数理的研究而得之也。不明此之区别，则始谓国家万能，继谓政府万能，而令莫予违，且酿成专制之毒。如中国道学家，以人身譬言治道，谓天君泰然，百体从命，即谓之不知物质法则与心理法则支配程度之异，无不可。

（5）客观可认其存在之程度。夫现象由吾人见精而得知有固也，然草木禽兽则不有人而自存在。国家决不然也，以人成立，则去人无国。今有人矣，而是诸人不志为国，亦无国家之观念，则国犹不能生。于事实必待人志有国家而建之而后国家生，则其去有机体远矣。

按：如游牧之种族，为数虽多，而迁徙无常，无一定土着者，即不志于为国，无国家观念也。故此之区别，其实益为最大。否则以国家为自体存在，不待证认于客观，则团体不以分子之观念为重轻，而分子对团体之观念亦自形薄弱。夫国家为人民心理的集合体，其结果受支配于心理法则，正以其与物质的集合为不同也。昧其集合之原因，则此团体者，日即于散亡，无待于外力之压迫矣。

今由小野冢氏之批评以观中国，则二千年来，政界沉沉，更无进化，内力荼弱，至为他族陵逼者，可综括为二大原因：一曰不知个人之有自由独立，二曰不知机关之性质。不知个人有自由独立，故饮食教诲惟所命之，其始如器械，惟工者之使用雕琢，而良楛不自谋也；其继亦如牛羊，惟牧者之指挥，而意志不能自由也。故以能尽服从奉事之职者为上治之民，反是则有如韩愈氏所谓"民不出粟以事上，则诛"而已。坐是而机关设置之必要，为社会心理综合各个人之意力，从于秩序分配以成者，莫辨所由来，而以为天定（虽以庄周之明达，犹谓君臣之义无所逃于天地间，而王夫之氏诸人又悉以亡国之悲而为易朝之痛，良由不知机关之性质），则其权责无所限制，而分配之不均，亦无如何。故欲明国家之性质，其最重者为分子团体间之关系，而吾国政界之蒙昧，亦于此点为最甚。诏以有机体说，则团体分子知其不能判离，而可免散沙之诮矣。然以为物质法则之支配，而不以为心理法则之支配，重自然必至之关系，而轻人为之自由，则所以为对症发药者，将益其疾而不治。至吾国现时独立范围之狭，为群演之未深，若以有机体为喻，仍将窒其进步，盖小野冢氏所举有机体说之缺点，皆吾国人所最当察者，虽其理旨非甚深远，未必为主张有机说者之不知，而彼特惮于易其故说，即如斯宾塞尔之以生物学为证也，亦但著同然之方，而略其殊异之点。夫有机体说本与吾国黄老之明自然者近。黄老为教已发达数千年，且用之政术，亦未尝无骤施之效，然而养成无耻尚利、贪生守雌、易驯难振之风，致为悍劲之虏所驱策，而虎视于邻者亦将以臧获处我，此则黄老不得不与儒教分谤者。其轻人为之自由也，既甚于有机体说；其明自然也，又不若斯宾塞尔诸人之精。故其说可于支那古哲学占一位置，而断不能复以应用，使读斯宾塞尔书，而不能抉择至于明确，则斯宾塞尔书亦犹是耳。故愿吾人与严氏一商榷之。

严氏民族主义，至译法意而益披露。严氏同是主义为吾人种智所固有，特因事而显耳。夫严氏则固吾民族国民之一分子，吾知民族主义，亦必日萦绕于其脑海，而涉书即是，无怪其然。吾乃今欲使世知严氏为民族主义之一巨子，而此主义可知为感情之共同，亦理论之不可废，又以证明严氏前言之深意，故摘录其要，间附己意，主于发明，无犹有致疑于严氏之言与民族主义者，当谛诵之。

《法意》卷五第六章按语云：中国满汉之民，其始于古之斯巴达、雅典，殆无以异。祖宗立法，所以勖其同种者，不仕则兵，固欲存尚武之精神，而倚之驾驭胜种者也。不幸数传之后，其意渐失，且使居齐民之上，无异使狼牧羊，狼则肥矣，然因肥得弱，弱种流传，狮熊洊至，往者之狼，亦羊而已。卷十第三章按语云：印度有喀斯德、高丽有三户，中国分满汉矣，而分之中又分焉。……夫优满所以爱之者也，乃终适以害之。至于今，虽有欲为其平等者，而以民质阘茸之故，近灾之烈，若不克胜，故其制卒不可改。呜呼，支那之满民，犹法兰西之贵族也，非天下之至仁，其孰能先事而救之？

此二章恫吾民族之见制于满人，而满人之种恶，因于二百年前，而收其恶果者，亦知其无所逃避也。精卫曰：满洲自入寇以来，凡兵权悉萃于彼族。而我民族无与。又曰：满洲无所长，所长惟骑射，故谋保有而精进之。又论乎满洲一切程度悉劣于我，而能久荣，以独占政治上势力故。盖与严氏所言若合符节。前此未闻有尽发彼虏之覆者，今人一语驱除，闻者辄疑为复仇之狭义，岂知彼之自为因果，而就于劣败之林，与我汉族之外竞求存，不能不脱异种之驾驭者，一皆天演自然，而无容心其间耶？夫满汉相遇，既成使狼牧羊之势，狼复为羊，势将俱尽，谁能甘之？此其理盖不待譬解而可共喻。矧夫满洲之形制，一斯宾塞尔所谓：干局定而生机之进长已穷，欲起其限域而大进之，非革其故形而为之新制不可。故知排满革命为吾民族今日体合之必要，严氏征据历史而衡以群学进化之公例，其意盖有可识者。

严氏更探其本原于学说曰：春秋虽成，乱臣贼子未尝惧也。莽、操、懿、温尚已，李唐一代之前后，六朝五代之间，篡弒放逐，何其纷纷也？必逮赵宋而道学兴，自兹以还，乱臣贼子乃真惧尔。然而由是中国之亡也，多亡于外国。何则？非其乱臣贼子故也。王天〔夫〕之论东晋蔡谟驳止庾亮经略中原之议，谓天下有大防，夷夏有大辨，五帝三王有大统，即令温功成而篡，犹贤于戴异族以为中国主。此其言亟矣。然不知异族之得为中国主者，其事即兴于名教。（卷五第十三章按语）

自明以来，最为毒害于人心者，则以君臣之名义，而灭却种族之思想，惟彼虏酋汉奸，皆用以诬世惑民，故《大义觉迷录》之悖谬，三尺童子能辨之。而一语乎君臣之名义，则若是天纲地维不可移易者。故清初诸臣，未尝无故宫禾黍之悲，而终不敌其食毛践土之爱。更阅二百年，至曾、左诸人，乃至为虎伥以残杀同种，以为义之当然，而还与诵彼乡先辈之遗文，有痛心亡国疾视异族者，又未尝不感慨流涕也。徒知易姓之恨，而不悟亡国之惨，且生息于专制之国，以君主为帝天，佴于其身不事二君，即自谓不得罪于名教，是旧教之慰勉吾群者，真利少而害多。近时政治学输入，国家构成之理渐明，知天泽之分无足畏恃，然犹有瞻顾徘徊于新旧之间者，则不若严氏之直能为宋以来之学说纠也。

皮相严氏者，以为严氏主张平和，苟有政号，足以媚悦无识，而纾改革之祸者，则勿问其所出，而相呴以沫，曰是严氏之教。然而严氏则大反其说，谓虽有至仁之国必不为所胜国之民立仁制也。其最近政治学讲义，论欧洲之罗马、俄国，亚洲之元及印度云：此种国家，不以同种，不以同教，亦不以同利益保护，惟以压力。……如封豕长蛇，吞食鹿豕，入其腹中，鹿豕机关，至此尽成齑粉，徐徐转变化合新体。又云：此等非自然之国家，实具二相，新胜之家，如封豕长蛇，自成有机之体，一切尚循天演之常，且是极为强立之官品，其无机而消散者，独见胜之群，见灭之国耳。……如中国当元代时，自有团体，自有国家，而吾民族则无有。……盖亡国之民，虽有国家，实非其国家。然则彼希附异族之一二德政，以为光宠，以为幸福者，断无由合于严氏。且严氏虽纯自学理观察，未尝杂以感情，而其言正足使亡国之民，发至悲痛，今汉人之被征服于满洲，无异元代，而吾民之抵掌盱衡者，犹曰：勿为印度，不悟我之为胜家所有，固已久矣。因吾民固有之种族思想，而用之以谋其公共生活之状态，求脱乎蛮力淫威压制之下，相其机势，当非甚难。纵难之，犹胜于终为亡国之民，而听胜家之虔刘亭毒也。故一时志士，皆欲为吾民族谋将来之位置，然或不知吾民族现在之位置，则所为谋者无有是处。或谓严氏之论亡国胜家之关系切矣，而譬之封豕长蛇，吞食鹿象则不当，亡国之灰可以复燃，而兽之弱肉强食，无再生之理也。曰是亦严氏崇信有机体说之过。国家之常例，犹有不可同于有机之事实，矧其为变乎？然而读者谙其大体，不以词害意可也。

要而言之，苟能读中国之历史，与知进化之理，则未有敢蔑视民族主义者。严氏虽以其学，不为急激，然明于种类之大齐，属词比事，卓荦可见。彼奄然媚世者，终不得以相托也。惟以严氏之深识，足以镕铸一世，而怀宝自藏，不欲为天下先。又世之伪称严氏者，严氏亦姑听之，疑为明哲保身之一道。章太炎曰：处无望之世，炫其术略，出则足以佐寇，反是欲与寇竞，则罗网周密，进退跋疐，能事无所写。夫一代政治，缘势驱迫，有干涉及于学术者，居平国且然，况犬羊俶扰之世乎？严氏既不能与寇竞，尚不忍于佐之，舍译人之事业，殆无所施，犹惧其并此之不能，则有所委记，正不为风概贬损也，且人之所学，与其存心，有至不侔者。严氏既以所学重于世，世亦受严氏学说之影响，而自吾人观之，皆足征其鼓吹民族之精神，而鲜立于反对者之地位，则又何以测严氏之所怀乎？凡人俯仰斯世，有以自存，称过其实，反以为病，为严氏者，或更有他说，然吾闻诎身以伸道，不闻曲学以阿世。但使诵严氏文者，知其为最近言民族主义之一人，是亦足已，其他抑非所知矣。（《民报》第二号，1906 年 1 月 6 日，署名"汉民"）